MEMORIES DREAMS REFLECTIONS

Carl G. Jung

LOFT
有质量的心理阅读

回忆、梦、思考

荣 格 自 传

[瑞士] 卡尔·古斯塔夫·荣格 著
于玲娜 译

上海译文出版社

原版出版前言

他用一台望远镜审视自己的心灵，从那些看起来茫无头绪的东西里，认出了美丽的星座，为意识增添了世间不为人知的东西。

——柯勒律治（Coleridge）《笔记本》

出版这本书的想法，始于1956年夏天在阿斯科纳（Ascona）举行的爱诺思会议。这次会议上，出版人库尔特·沃尔夫（Kurt Wolff）和来自苏黎世的朋友谈到，想让纽约的万神殿图书公司出版一本卡尔·古斯塔夫·荣格的传记。荣格的合作者乔兰德·雅各比博士（Dr. Jolande Jacobi）提出将这一任务委托给我。

当时，大家都明白此事为之不易。众所周知，荣格很不喜欢让自己的私人生活暴露在公众眼前。事实上，荣格犹豫了很长时间才表示同意。而一旦答应，他就每周安排出一整个下午来和我工作。考虑到日常事务的压力，他又很容易疲劳——那时已年过八旬——这时间已经很多了。

我们是从 1957 年春天开始的。照最初的想法，这本书应该是“自传”而不是“传记”，由荣格自己来叙述。这个计划决定了这本书的形式，我最初的任务就是提问，然后记下他的回答。他起初比较含蓄，但很快就热心投入这份工作，怀着日益浓厚的兴趣讲述自己，讲述他的成长、梦境和思想。

年底，荣格对我们共同工作的肯定导致了决定性的一步。经历一段内在动荡后，一系列始自童年、长期潜伏着的意象浮现在他脑海中。他借助之前著作中表达过的一些观点，感觉到了这些意象的联系，但还不能清晰把握。一天早晨，他告诉我想直接把这些童年回忆写下来。此前，他已经告诉我很多早年的回忆，但这些故事之间存在很大的断裂。

这个突如其来的决定令人兴奋，因为我知道写作对荣格来说多么费力。荣格年事渐高之后，不愿从事任何写作类的工作，除非他觉得出于一种内在的“使命感”。这表明，这本“自传”与荣格自己的内在生活是吻合的。

这次新的进展后不久，我记下了他的一段话：“我的作品常常是命中注定的。写作过程中有些事情无法预料，而我也不能事先为自己设定什么。于是，这本‘自传’现在走向一个与我原先的想象大相径庭的方向。对我而言，把早年的回忆写下来，已经成了非做不可的事。如果哪天没这么做，就会立即出现让人不适的躯体症状。一旦开始动笔，这些不适都烟消云散，感觉神清气爽。”

1958 年 4 月，荣格完成了前面三章：“童年”、“中学时代”和“大学时代”。起初，他称之为“生命中的早年事件”。

这一部分写到1900年他完成医科学业为止。

但这并不是荣格对本书所做的唯一直接的贡献。1959年1月，他住在波林根（Bollingen）乡居，每天上午的时间都用来审读书中初具规模的章节。当他把“论死后的生活”这一章还给我时，说道：“我心中有个地方被触动了，一种不一样的东西已经形成，我必须写下来。”这便有了“晚期思想”这一章，他在其中表达了自己最深入、或许也是所及最远的想法。

同年夏天，也是在波林根，荣格完成了“肯尼亚和乌干达”这一章。关于“普韦布洛印第安人”的部分，来源于一份未发表也未完成的手稿，讨论的是原始人心理的概况。

为了完成“西格蒙德·弗洛伊德”和“直面无意识”这两章，我加入了1925年一个研讨会资料中的部分段落。在这份资料中，荣格第一次谈到了他的内在成长。

“精神病学实践”这一章，以1956年荣格和他的年轻医师助手们在布尔格尔兹利（Burghölzli）的苏黎世精神病院的对话记录稿为基础。那时，他的一位孙子是那家医院的精神科医生。对话是在荣格位于屈斯纳赫特（Küsnacht-Zürich）的家中进行的。

荣格通读了此书的手稿并表示赞许。他偶尔会修改一些段落，或增加一些新材料。相应地，我也用我们对话的记录来补充他自己写的章节，有时帮他扩展一些简洁的典故，有时删掉一些重复的内容。随着这本书的展开，我们双方的工作也日渐紧密地融合到一起。

某种程度上，这本书的缘起决定了它的内容。对话和自发的叙述难免随意，这样的基调贯穿这整本“自传”。这些章节像是迅速移动的光线，只是转瞬即逝地照亮了荣格生活和工作的外部事件。作为补偿，这些光线传递出他智识世界的氛围和心理世界的经验，而对他这样的人来说，心理世界就是一种深刻的现实世界。我经常向荣格询问一些外部事件的具体细节，结果只是徒劳。唯有生活经验的精神本质才留存在他的记忆中，在他看来，仅仅是这个，就值得去努力讲述。

另有一个障碍，比行文组织困难得多。这个障碍更加靠前、更加个人化，荣格在一封写给学生时代朋友的信里有所提及。1957 年下半年，在答复对方想要写下一些关于他年轻时代回忆的请求时，荣格写道：

“……你说得很对，老的时候，我们就撤退到年轻时代的回忆中，内在和外在都退了回来。曾经，大概三十年前，我的学生问我，我是怎么形成无意识观念的。为此，我做了一次专题讲座[①]。过去几年中，我听到很多人的建议，希望我写一个类似自传的作品。我一直无法想象自己做这样的事。我见过太多自传，见过那些自欺欺人、指鹿为马。我太明白自画像的难度，以致根本不想冒险一试。

“最近，有人来问我自传的事。在回答一些问题时，我发现有些客观性的议题埋藏在我的记忆里，看来需要进一步的审视。经过衡量，我得出结论：应该尽量放下其他一切责任，回到生命最初的那些事情上，用客观的态度审视它们。这项工作如此艰难

① 即前文提到的 1925 年那次研讨会。

而非凡，为了完成它，我要答应自己，这些内容绝不会在我有生之年发表出来。为了维持我所需要的距离和冷静，这样一个承诺对自己而言是有必要的。我明白，所有那些对我来说仍然生动鲜活的记忆，都和我的情感体验有关，这些体验让我内心激动难平——而这显然不是进行客观审视的最有利条件！我刚下决心投入其中，你的信就‘自然地’来到了我手上。

“命中注定，我一生中所有的外部事件都是偶然；最终，只有内在的东西才有具体和确定的价值。结果就是，关于外部事件的所有记忆都消退了，而也许这些‘外部’经验本来就不是很必要；或者说，仅当外部事件和我内在成长阶段相呼应时，它们才是必需的。生活中大量这些‘外在’呈现已经从我记忆里消失了——在我看来，这正是因为我曾全力以赴地参与其中。然而，正是这些事情构成一部符合常识的自传：主人公认识的人、旅行、冒险、纠葛、厄运，凡此种种。但除了少数例外，所有这些事情对我而言都已成幻象，我只能勉强回想起来，却没有愿望重新去认识，因为它们再也激发不起我的想象力。

“另一方面，对‘内在’经验的回忆却越来越生动有色。这就产生了一个描述上的问题，让我至今觉得难以胜任。很不幸，由于这些原因，我无法满足你的请求，我很抱歉自己实在没有能力做到……”

这封信表明了荣格的态度，虽然他已“下决心投入其中”，这封信还是以回绝告终。直到他去世那天，这种同意和拒绝之间的冲突都没有完全得到解决。他总是保留一丝怀疑，试图羞怯地避开他未来的读者。他并不把这些回忆当作一份科学工作，甚至不认为这本书是他自己写的。相反，谈到这本书时，他总说这是“阿尼拉·杰菲（Aniela Jaffé）的项目”，而他只是为此做了些贡献。在他的特别要求下，这本书没有收录到“荣格文集”中。

说到和其他人的交往时，荣格尤其节制，不论是公众人物、密友还是亲戚。“我和我那个时代的许多名人都有过交谈，科学巨匠、政治人物、探险家、艺术家、作家、王公贵族、金融大鳄。但如果说实话，这些交流中只有很少一部分对我产生过重要意义。我们的相遇就像公海上航行的船只，只是彼此扬旗致意。他们常常也会问我一些我不便透露的问题。因此，我并没有保留他们的记忆，不论他们在世人眼中多么重要。这些会面没有任何预兆，很快从记忆中褪去，也不会留下更深的影响。但那些对我来说重要的关系，像来自遥远年代的回忆一样造访我，我却无法谈及，因为它们不仅从属于我最内在的生活，也从属于别人的，不应该由我来贸然向公众打开那些已经永远关闭的门。”

不过，外部事件内容的缺乏，由于荣格提供的内在经验和丰富的思想沉淀，得到了充分弥补。用他自己的话来说，这些思想沉淀是他传记不可或缺的部分。荣格的宗教观念尤其如此，因为这本书包含了他的宗教遗言。

荣格一生中多次遭遇宗教问题。儿童时代的宗教幻象让他直面了宗教经验的现实性，这些幻象一直延续到垂暮之年。其次，他对任何与心灵内容及其呈现有关的事物都有难以抑制的好奇心——这种求知欲是他科学工作的典型特征。最后但并非最无关紧要的，是他作为医生的良知。荣格首先把自己看作一个医生、一个精神病学家。他非常清楚，病人的宗教态度在精神疾病的治疗中起着关键作用。这一观察和他的一个发现是吻合的：心灵会自发地制造一些有宗教内容的意象，心灵“本质上是宗教的”。在他看来显而易见的是，很多神经症都起源于对心灵这一基本特质的漠视，尤其是在一个人的后半生。

荣格的宗教观念在很多方面都与传统的基督教有所不同，尤其是他对“邪恶”的回答；且他认为，一个完整的上帝并非至善而仁慈。从教条主义的基督教观点来看，荣格无疑是个“门外汉”。由于他在全世界享有盛名，这一判断经由对他作品的回应强加到他身上。他为此难过，作为一个研究者，他感到自己的宗教观点并没有得到恰当的理解，他时不时在本书中表达了这种失望之情。他不止一次严肃地说：“要是在中世纪，他们会把我当作异教徒烧死的！”他死后，才有越来越多的神学家开始承认，荣格无疑是本世纪宗教史上一位杰出的人物。

荣格明确表达了他对基督教的忠诚，他作品最重要的部分也是在讨论基督教问题。他从心理学角度来审视这些问题，有意把自己的观点与神学路径区别开来。因此，他强调的是理解和反思的必要性，而非宗教对信仰的盲目需要。他把这种必要性视为理所当然，认为这是生活的根本特征之一。1952 年，他在写给一位年轻牧师的信中说：“我发现我所有的思想就像行星环绕太阳那样围绕着上帝，而且不可避免地被祂吸引。如果对这种力量有丝毫抗拒，我就会觉得犯下了最严重的罪孽。”

迄今为止，荣格在这本书里第一次谈论了上帝和他对上帝的个人体验。在写到年轻时对教会的反叛时，他曾说："那时我意识到，至少对我而言，上帝是最直接的体验之一。"在科学著作中，荣格很少谈到上帝，只勉为其难地使用"人类心灵中的上帝意象"这一术语。这里并无矛盾：前一种情况下，他的语言是主观的，以内在体验为基础；后一种情况下，他使用的则是科学研究的客观语言。前者，他作为一个个体说话，激情、强烈感受、直觉、漫长而异常丰富的人生体验都会影响他的思想。后者，他作为科学家说话，有意地把自己限制在事实和证据支持的范围内。作为科学家的荣格是一位经验主义者。本书中谈到他的宗教体验时，他假设读者愿意进入他的视角。他那些主观描述，只能被有过类似体验的人接受——换句话说，就是那些心灵中有着同样或相似上帝意象的人。

尽管荣格怀着主动而肯定的心情写这本自传，但有很长一段时间，他对这本书的出版前景抱有强烈的批评和否定态度——这当然是可以理解的。他十分担心公众的反应，一方面是因为他在书中坦诚表达了自己的宗教体验和观念；另一方面，就在不久之前，他那本《答约伯书》就引发了敌意，公众的不解和误会令他十分苦恼。"我毕生都在保护这些材料，之前从来没想让它们暴露在世人眼前，如果这些内容受到攻击，带给我的影响会超过我的其他任何一本书。我不知道自己是不是应该与世隔绝到让那些批评的利箭射不到我，让我有能力承受这些负面的回应。我受够了公众的不理解，受够了当一个人说出些别人不理解的事时会陷入的孤立状态。如果《答约伯书》受到如此多的误解，那我的‘回忆录’会遭遇更不幸的命运。这本‘自传’，是我借助从科学探索中获得的知识之光来审视的我的人生，两者是一回事，所以这本书给那些不知道或不理解我的科学观点的人带来很大挑战。某种意义上，我的人生是我所写的东西的精华，而不是反过来。我存在的方式和我写作的方式是一个整体，我所有的观念和所有的常识都是我自己。所以这本自传只是‘我’字上面的那一撇。”

本书逐渐成形的那些年间，荣格身上也发生了一种蜕变和客观化的过程。随着每一章的进行，他离自己越来越远，最终得以拉开一段距离审视自己，审视他的生活和工作的重要性。“如果要问我这一生的价值，我只能拿过去的岁月来衡量自己；然后说，是的，我这一生是有点意义。如果用当今的观念来衡量，那它一点意义也没有。”读者将会看到，这些话中表达的非个人性和历史延续感在这本书中呈现得更加强烈。

“著述”这一章简要回顾了荣格最重要的几本著作的缘起，显得有些散乱。这是无奈之举，因为他的选集已将近二十卷。而且，荣格自己从不觉得有必要提供一份他的思想简述——不论是在对话还是在写作中。有人建议他这样做时，他以非常个性化的严厉方式答道：“这种东西完全不在我的能力范围内。我在论文中对主题进行详细讨论，一点不怕麻烦，我看不出再把他们浓缩起来发表有何意义。省略所有的证据，只做一些分类上的说明，这并不会让我的结论更容易被理解。有蹄类动物的典型特征，把嚼过的东西再反刍一遍，这种事绝不会让我有胃口……”

因此，读者可以把这一章看作一种回顾式的概要，是为了回应一种特殊需要而写，但不要期待它是综合全面的。

应出版者的要求，我在本书末尾加上了一份简短的词汇表，希望能对那些不熟悉荣格作品和术语的读者有所帮助。经得《心理学及相关领域词典》的编者、医学博士库尔特·冯·舒里（Kurt von Sury, M.D.）的许可，我引用了这本书中的少量定义。我尽量使用荣格著作中的话来解释荣格的心理学概念，也用这种方式来补充词典上的定义。然而，这些引用只应当作提示来看。荣格不断使用新的方式来定义自己的概念，因为他认为，一个终极的定义是不可能完成的。在他看来，让那些总是附着在心理现实上的无法解释的成分保持神秘，实乃明智之举。

在这个鼓舞人心又困难重重的任务中，我得到了许多人的帮助。工作进展缓慢，他们的兴趣却经久不衰，提供了有用的建议和批评来推动这本书的完成。我想对他们所有人表示诚挚的感谢。篇幅有限，这里只提其中少数几位的名字：洛迦诺（Locarno）的海伦·沃尔夫（Helen Wolff）和库尔特·沃尔夫夫妇，他们提议写这本书，并促成其实现；苏黎世屈斯纳赫特的玛丽安娜·尼修斯-荣格（Marianne Niehus-Jung）和沃尔瑟·尼修斯-荣格（Walther Niehus-Jung）夫妇，他们在这项工作持续的多年间提供了言语和行动上的支持；还有马略卡岛帕尔马（Palma de Mallorca）的 R. F. C. 赫尔（R. F. C. Hull），他以极大的耐心为我提供了建议和帮助。

阿尼拉·杰菲，1961 年 12 月

目录

引　言

我的一生，是个无意识自我实现的故事。无意识里每一种东西都寻求向外呈现，人格自身也渴望从其无意识状态中进化出来，并把自身经验为一个整体。我没法用科学语言来追溯发生在自己身上的这一成长过程，因为我无法把自己经验为一个科学问题。

从内在的视角看，我们自己是什么；在永恒的状态下，我们人类是什么——这些问题的答案只能通过神话来表达。比起科学，神话更加个人化，对人生的表现更加准确。科学使用的概念是平均化的，太过泛泛，无法公正描绘个人生活的主观丰富性。

如今，在八十三岁高龄，我承担的任务就是讲述我个人的"神话"。我只能直接陈述，"把故事讲出来"。这些故事是不是"真的"并不重要，唯一的问题是，我讲的是不是"我的"寓言、"我的"真相。

写一本自传如此困难，是因为我们没有能用来判断自己的标准或客观基础。的确找不出什么合适的比较基础。我知道自己在很多方面与众不同，但我不知道自己到底是什么样子。人类无法拿自己和其他任何生物来比较，人不像猴子、不像奶牛，也不像树木。我是一个人，但这又意味着什么呢？我和其他事物一样，只是无限神性中微不足道的一小片，但我无法拿自己和动物、植物甚或石头作比较。只有虚构的存在才拥有比人更广泛的光谱。如此一来，人怎么能对他自己形成一种确定的看法呢？

我们是一个心理过程，这个过程并不在我们自己的掌控之中；或者说，我们只能直接掌控其中的一部分。因此，我们无法对自己或是我们的生活作出任何终极判断。如果可以，我们早就无所不知了——但这最多只是一种假象。毕竟，我们从来不知道这一切都是怎么发生的。生命的故事开始于某个地方，某个碰巧被我们记住的瞬间。但即便在那一刻，事情已经非常复杂了。我们也不知道生命会变成什么样子。于是乎，这个故事没有开头，它的结局也只有一些模糊的暗示。

人生是一次含糊的实验，它只在数字上才成为一种惊人的现象。对个人来说，它如此稍纵即逝、捉襟见肘，有些东西居然能够存在其中并且得到发展，不得不说是个奇迹。很久以前，当我还是一个医学院学生时，这个事实让我印象深刻。对当时的我来说，自己居然没有早夭，真是个奇迹。

对我来说，生命总像一株长着根茎的植物。真正的生命力是不可见的，藏在根茎当中。地面上能看到的部分，只有一个夏天的寿命。然后它就枯萎——仿佛昙花一现的幻影。当我们想到生命和文明那永无止境的成长和衰亡时，不免有种一切皆是徒劳的感觉。但我总觉得，在这永恒的涌动之下，有种东西存活并延续着。我们眼见鲜花盛放、好景不长，但根茎一直在那儿。

最终，我毕生唯一值得讲述的，就是当那个不朽的世界冲进这个转瞬即逝的世界时发生的事。这就是为什么我会描述自己的内在体验，包括梦和幻觉。是这些构成了我科学研究的原初物质。它们是那熊熊燃烧的岩浆，要加工的石头由此凝结而成。

和这些内在事件相比，其他所有记忆——旅行、人物、周遭的一切——显得黯然失色。许多人参与过我们这个时代的故事，还写了下来；如果读者想要了解这些，可以去找他们、听他们讲。我生命中外部事件的记忆，大部分不是模糊褪色就是消失不见。但我和“另一种”现实的相遇，和无意识的较量，深深镌刻在记忆中，永难磨灭。在那个国度，宝藏总是比比皆是，相比之下，其他一切都不再重要。

同样，只有当一个人的名字从一开始就写在我命运的卷轴里，他才会成为我记忆中不可分割的一部分，和他的相遇也才会成为一份回忆。

内在经验也会在我所遭遇的外部事件上留下印记，并在年轻时代或后来的时光里呈现出重要性。我很早就明白，如果生活中的问题和复杂性没有得到内心的回答，它们的意义就会极其有限。外在环境不能代替内在经验，所以我的生活从外部来看出奇贫乏。它们对我来说空洞而虚幻，我也没多少可说的。我只能在内在事件的光亮中理解自己。这些内在事件弥补了生活的单一性，也是我这本自传要讲的内容。

1. 童年

我六个月大时，父母从康斯坦茨湖（Lakc Constance）的凯斯维尔（Kesswil）搬到了莱茵河瀑布（Falls of the Rhine）边上的劳分城堡（Lauten），住进一所教区牧师的宅子，那是1875年。我自己的记忆始自两三岁，我记得那宅子、花园、洗衣房、教堂、城堡、瀑布、沃思的小城堡，还有教堂司事的农场。这些不过是漂浮在混沌海洋上的一些记忆之岛，彼此之间显然没有什么关联。

我一生中也许是最早的一个记忆浮现出来，事实上它只是一种朦胧的印象。我躺在树荫下的一辆婴儿车里。那是个晴朗温暖的夏日，碧空如洗，金色的阳光透过绿色的树叶落下来。婴儿车的罩子打开了，我刚刚醒来，面对这美好的景象，有种难以描绘的幸福感。我看到阳光透过树叶和花丛闪耀着，一切都那么多姿多彩、妙不可言。

另一个记忆是：我坐在房子西头的餐厅里，在一把高椅子上，舀温热的牛奶喝。牛奶里泡着碎面包片，有种独特的香味，非常好吃。这是我第一次意识到牛奶的香味，也就是说，那一刻，这种香味第一次进入了我的意识。这个记忆也非常久远。

还有：一个美妙的夏天傍晚，姨妈说："我带你去看点东西。"她带我出去，来到房前那条通往达赫森（Dachsen）的道路上。远方的地平线上，阿尔卑斯山脉沐浴在红光闪闪的落日余晖中。那天晚上，阿尔卑斯山脉显得格外清楚。"看那边"——我能听到她用瑞士方言对我说——"那一片山都红了。"这是我第一次在意识中看见阿尔卑斯山脉。然后，听说第二天，村里的孩子都要去苏黎世附近的玉特利山（Uetliberg）郊游，我也很想去。他们说，我这么大的小孩不能一起去，一点儿办法也没有，我难过极了。从那时起，白雪皑皑、光芒闪耀的高山旁边的玉特利山和苏黎世，就成了一片难以企及的梦想之地。

晚些时候留下了另一段记忆。妈妈带我去图尔高（Thurgau）拜访几位朋友，他们在康斯坦茨湖边拥有一座城堡。我被湖水迷住了，不肯离去。轮船带起的波浪冲到岸边，阳光在水面闪耀，水下的沙子被波浪拂过，形成了小小的皱褶。湖面渐渐向远处伸展开去。这种水面的延伸，美丽得无与伦比，让我感觉妙不可言。从那时起，我心里就打定一个主意：我应该住在湖的附近。那时我想，没有了水，人是活不下去的。

又一段回忆涌上心头：陌生人，喧哗，兴奋。女仆跑来惊呼道："渔夫们发现了一具尸体，从瀑布上漂下来的，他们要抬到洗衣房里！"爸爸说："好，好。"我立刻想去看看那具尸体。妈妈把我拉了回来，坚决不许我到花园里。等所有人都走了，我立即溜进花园，来到洗衣房，但门已经锁上了。我绕到房子背后，那儿有一条排水沟，里面流着细细的血水。我觉得这件事相当有趣。那时我还不满四岁。

还有一幅画面：我发着烧，焦躁不安，难以入睡。爸爸把我抱在怀里，一面走来走去，一面哼唱他学生时代的老歌。尤其记得其中一首我特别喜欢的歌，它总能让我安静下来。开头好像是："周围静悄悄，每个孩子都睡觉……"时至今日，我仍能记起父亲的嗓音，于寂静的夜晚在我的头顶哼唱。

后来母亲说，我当时正在犯湿疹。那时我心里隐隐担忧，觉得父母的婚姻好像出了问题。1878 年我生的这场病应该和父母当时短暂的分离有关。母亲在巴塞尔的一家医院里住了几个月，也许她的病和婚姻中的问题有关。期间我由一位姨妈照顾，她是个老处女，比母亲大二十几岁。母亲的离开让我深感困扰，从那时起，有人谈到"爱"这个词时，我就有种不信任的感觉。在我心里，有很长一段时间，和"女人"这个词相关的是一种天生就不靠谱的感觉。而"父亲"意味着可靠，以及——没有权力。这是我最初的障碍，之后，这些早期印象得到了修改：我信任男性朋友，却被他们辜负；我不信任女人，她们却没有让我失望。

母亲不在的时候，女仆也会照看我。我还记得她把我抱起来，让我的头靠在她肩膀上。她头发乌黑，皮肤是橄榄色，这一点和母亲迥然不同。直到现在，我仍能看到她的发际线、她的喉咙、她色素沉积的皮肤，还有她的耳朵。这一切对我来说非常陌生，又有一种奇怪的熟悉感，仿佛她并不属于我的家人，而只属于我一个人，仿佛她和其他那些我无法理解的神秘事物有某种联系。这一类型的女性后来构成了我的阿尼玛[①]的一部分。她传达出的那种既陌生又似乎早已熟知的感觉，正是阿尼玛的一个特性。我的阿尼玛，后来象征了我所认识的女性的整体特质。

从父母分开的那段时间起，我记忆中有了另一幅画面：一个明媚的秋日，有位年轻迷人的姑娘，湛蓝的眼睛、金色的头发，带着我沿着莱茵河瀑布下面的河岸行走在金色的枫树和栗树下。阳光透过树叶洒落下来，黄色的叶子铺在地面上。这位姑娘后来成了我的岳母。她很崇拜我父亲，再次见到她时，我已经二十一岁了。

这些是外在事件的记忆，接下来我要说一些更强大、更势不可挡的意象，其中一些我只是依稀记得。有一次我从楼梯上摔下来，还有一次摔在火炉腿的角上。我记得那痛楚和流出的血，记得一位医生给我缝头上的伤口。直到上大学预科最后一年时，这条疤痕仍清晰可见。母亲说，有一次我要取道莱茵河瀑布上的桥去诺伊豪森（Neuhausen）时，一条腿滑到栏杆外面，差点掉下去，幸亏女仆及时拉住了我。这些事指向一种无意识的自杀倾向，或者说，有可能是对活在世间的一种极力反抗。

那时候，我也会在夜晚产生莫名的恐惧。我听到有东西在房子里走来走去。莱茵河瀑布无声的咆哮清晰可闻，附近就是

---

① 如果读者不熟悉或已不记得荣格经常使用的这些术语，可以查看本书末尾的词汇表。

危险地带。有人被淹死，尸体从岩石上冲下来。教堂司事在附近的墓地里挖了一个坑，褐色的泥土被翻过来，一堆一堆的。几个男人身着黑色长袍，戴着相当高的帽子，脚踏锃亮的黑靴，神情肃穆，抬过来一只黑箱子。父亲穿着他的牧师袍站在那里，声如洪钟。女人们哭泣着。有人告诉我，某人正在被埋进这坑里。先前还在的人突然没了踪影，然后我就听说他们被埋掉了，主耶稣把他们带到了自己身边。

母亲教给我一段祈祷文，每天晚上都要念。我很乐意做这件事，因为它让我在面对夜晚那莫名的不确定时能够得到安慰：

仁慈的吾主耶稣，请张开你的羽翼，
吞下你的小鸡，你的孩子。
“即便撒旦前来，
也无力伤害。”
让天使高唱颂歌！①

主耶稣是位亲切、友好、仁慈的绅士，就像城堡里的维根斯坦因先生（Herr Wegenstein）一样。这位先生富有、威严、

---

①（德语原文）
Breit' aus die Flüglein beide,
O Jesu meine Freude
Und nimm dein Küchlein ein.
Will Satan es verschlingen,
Dann lass die Engel singen：
Dies Kind soll unverletzet sein.

受人敬重，而且对夜里的小孩子关怀有加。至于他为什么像鸟一样长着翅膀，这个问题并不困扰我。比这更重要、更发人深省的，是小孩被比作小鸡，而主耶稣显然很不情愿地“吞下”他们，就像吃下苦药一样。这很难理解。但我立刻明白，撒旦喜欢小鸡，不能让他吃了他们。所以，主耶稣虽然不喜欢那种味道，但还是吞了下去，这样他们就不会被撒旦吃掉了。如此理解，我的论据还算令人欣慰。但现在，我听说主耶稣还吞下了其他人，而这种“吞下”，就是把他们放进地上的一个坑里。

这个不祥的比喻带来了不幸的后果。我开始怀疑主耶稣，在我心中，他丧失了慈爱温和的大鸟特质，反而和那些戴着高帽子、穿着长袍和锃亮黑靴子、神情阴郁的男人们联系在了一起，他们只会忙活那些黑箱子。

这些思考带来了我意识层面的第一次创伤。一个炎热的夏天，我和往常一样独自坐在屋前的路上玩沙子。这条路绕过房子，通到山上，消失在山顶的一片树林中。所以从房子所在的地方，可以看到延伸出去的一段。我抬起头，看见一个人戴着一顶奇怪的宽边帽，穿着一袭黑色长袍从树林里走下来。他看上去像一个穿着女人衣服的男人。他慢慢地走过来，现在我可以看清楚，的确是个男人，穿着一件长及脚踝的袍子。看到这景象，一阵难以克服的惊惧袭来，我脑海里突然闪过一个可怕的念头，这种惊惧迅速转变成死一般的恐怖:“那是个耶稣会会士！”不久前，我无意中听到父亲和一位来访的同事谈到耶稣会会士的邪恶活动。从父亲那半是恼怒半是害怕的语调中，我感觉“耶稣会会士”是些非常危险的人物，连父亲都不敢掉以轻心。其实我并不明白耶稣会会士是什么，只是从我念的祈祷文里知道有“耶稣”这个词。

我想，走下来的那个人应该是不想被发现才穿上了女人的衣服，搞不好是想做坏事。想到这儿，我吓坏了，慌乱地跑进屋里，冲上楼梯，躲进阁楼最黑暗角落里的一根房梁下面。我不知道在那儿待了多久，但肯定很久了，因为当我壮着胆子回到一楼，小心翼翼从窗口探出脑袋张望时，那个黑衣人早就没了踪影。随后好几天，那种地狱般的恐惧一直深深攫住我，让我不敢迈出屋子一步。即便当我重新回到那条路上玩耍时，山顶那片树林仍然让我警觉不安。后来我才意识到，那黑衣人只是个无害的天主教牧师。

几乎就是在那个时候——我没法确定是在这次事件之前还是之后——我出现了记忆中最早的梦境。这个梦毕生都笼罩着我。那时，我只有三四岁。

教区牧师的宅子安静地坐落在劳芬城堡附近，后面有一片巨大的草甸，一直延伸到教堂司事的农场。梦中，我就在这片草甸上。突然，我发现地上有一个黑黢黢的矩形坑洞，边上围着一圈石头，之前我从来没见过。我好奇地跑上前去，朝里面张望，看到了通往下面的石阶。我忐忑不安地向下走去。到底，是一道圆拱门，门上掩着一块绿色的帷幕。这块帷幕又大又沉，像是织锦做的，看起来很气派。我很想看看后面藏着什么，就把它拉开了。在微弱的光线下，我看到一个长方形的房间，大概有三十英尺长；顶部是拱形，有在石头上凿成的形状，地面上也铺着石板，中间一块红地毯从入口处通向一个低矮的平台；平台上放着一个金光灿灿的宝座，也许上面还有一块红色的垫子；宝座富丽堂皇，简直就是童话里的国王御座，上面有个庞然大物，十二到十五英尺高，一英尺半到两英尺宽，几乎要顶到天花板了。我起先以为那是个树桩，后来才发现是个怪东西：有皮肤，有裸露的肉，顶部有一个像圆形脑袋一样的东西，却没有脸和头发，脑袋顶上有一只眼睛，一动不动地盯着上空。

屋子里相当明亮，虽然既没有窗户也没有明显的光源。那脑袋上方还有一个光环。那东西一动不动，但我感觉它随时可能从宝座上下来，像条蠕虫一样朝我爬过来。我吓得四肢瘫软。就在这时，我从外面（上方）听到了母亲的声音，她叫道："看啊，那是个吃人的东西！"这更加剧了我的恐惧。我惊醒过来，浑身冷汗，怕得要死。之后的几个晚上我都不敢睡觉，就怕再做类似的梦。

这个梦困扰了我很多年，很久以后我才意识到，当时看到的是一根阴茎。又过了几十年，我才明白那是一种宗教仪式中的阴茎。我一直没弄明白母亲的意思是"那是个吃人的东西"还是"*那是个吃人的东西*"。第一种意思也许是说，并不是主耶稣或耶稣会会士吞下了小孩子，而是这个阴茎。在第二种意思里，这个阴茎象征了普遍意义上的"吃人的东西"，这样阴郁的主耶稣、耶稣会会士和阴茎就是等同的了。

阴茎在抽象意义上的重要性得到了如下事实的支持：它把自己加冕为王，"挺立"在那里。草甸上的洞穴也许象征一座坟墓，这坟墓是个地下神殿，绿色帷幕象征草甸，也就是说，绿色植被覆盖着大地的神秘。地毯则是血红色的。拱顶呢？也许我那时已经去过沙夫豪森（Schaffhausen）的姆诺特城堡（Munôt）？不太可能，因为没有人会带一个三岁的孩子去那儿。所以，这个细节根本不可能来自记忆。同样，我也不知道这个在解剖学上准确无误的阴茎是从哪儿来的。而把尿道外口解释成一只眼睛，上面还有光亮，这正指向了“阴茎”一词在希腊语中的词源意思：闪光、明亮。[①]

无论如何，这个梦里的阴茎是位“无法命名”的地下之神。这个意象一直保留到我的青年时期，每当有人过于强调主耶稣时，它就会又一次出现。对我来说，主耶稣从来也没显得多么真实、多么能让人接受、多么亲切，因为我会不断地把他和这个地下对应物、这个可怕的启示联系在一起。它不请自来。那个耶稣会会士的“伪装”为我所学习的基督教教义蒙上了阴影。对我来说，这常常像是一场庄严的假面舞会，就像那些在葬礼上默哀的人们，刚才还表情严肃沉痛，没一会儿就悄悄笑起来，毫无悲伤之意。在某种意义上，主耶稣对我而言是一位死神，虽然能在黑暗中帮人驱散恐惧，但他自己却是个被钉在十字架上、血淋淋的可怕死尸。人们经常赞颂他的爱和仁慈，私底下，这对我来说显得可疑，主要是因为最常谈论“亲爱的主耶稣”的人，总是穿着黑色的长袍和锃亮的黑靴子，让

① 参看《转化的象征》，《荣格文集》第5卷，第2页和第20页。《荣格文集》由普林斯顿大学出版社出版，其中作品列表见本书最后一部分。

我想到葬礼。这些人中，有父亲的同事和我的八个叔叔——他们全是牧师。有好多年，他们都让我感到害怕，更别说那些不时见到的天主教牧师，他们让我想起可怕的耶稣会会士。耶稣会会士惹恼了父亲，甚至让他感到惊恐。后来的许多年间，一直到行坚信礼的时候，我都一直想方设法逼迫自己对基督怀有人们认为应该怀有的积极态度，但我从来没能成功克服内心的怀疑。

每个孩子都有对“黑衣人”的恐惧，这段经历的重点不在这里，而在于我幼小的心灵被一个可怕的认识刺穿：“那是一个耶稣会会士。”所以，这个梦的关键，在于那非凡的象征场景和令人震惊的解释：“那是个吃人的东西。”不是小孩想象的食人魔，而是一个事实：这就是个吃人的东西，它正坐在地底下一把黄金宝座上。在我稚气的想象中，首先，只有国王才能坐在黄金宝座上；其次，在碧空中一个很远很远的地方，在一把更漂亮、更气派、更加金光灿灿的宝座上，坐着上帝和主耶稣，他们戴着金色王冠，穿着白色长袍。然而，就是从这个主耶稣那里，来了一位“耶稣会会士”，他穿着女人的黑袍子，戴着黑色宽边帽，从山上的树林里走下来。我得频繁地朝山坡上张望，以防有别的什么危险靠近。在梦里，我走进地下洞穴，发现黄金宝座上有个迥然不同的东西，它不是人，属于地下世界，一动不动盯着上空，以人肉为生。五十年后，我读到一篇研究宗教仪式的文章，论及弥撒的象征意义中包含食人主题。直到那时我才明白，这两段经历中那些早早闯入意识层面的想法有多么复杂、成熟，甚至是老成。是谁在我心里说话？

是谁的心智想出了这些观点？是怎样一个高级智能在做这些事？我知道，每个笨蛋都能就“黑衣人”、“吃人的东西”、“偶然”和“事后诸葛”来一番胡言乱语，妄图以此驱散那些可怕的不适感，以免他们心中关于童年的纯真印象遭到玷污。哎，这些善良、能干、心灵健康的人啊，总让我想起那些性情乐观的小蝌蚪，在阳光下最浅的小水坑里聚集成群，晒着太阳，彼此亲切地扭着尾巴享受乐趣，完全意识不到第二天一早水坑就会干涸，使它们无处容身。

那么，是谁在对我说话呢？谁在讨论那些远远超出我认识的问题？是谁把天上和地下联系在一起，给那些为我后半生注入强烈激情的事物打下了基础？除了那位既来自天上又来自地下的陌生客人，还会有谁呢？

经由这个童年梦境，我踏上了探访大地秘密的旅程。那时发生的像是一次埋葬，直到很多年后我才从中解脱。如今，我明白这种埋葬是为了把尽可能多的光亮带到黑暗中。这是踏入黑暗王国的一次启程。那时，我的智识生活就有了无意识的开端。

我已经不记得 1879 年我们搬到巴塞尔附近小胡宁根（Klein-Hüningen）的事了，但我记得几年后发生的事。一天晚上，父亲把我从床上抱起，来到朝西的门廊上。他指给我看那夜晚的天空，上面闪耀着最绚烂的绿色，那正是 1883 年喀拉喀托火山（Krakatoa）喷发的情景。

还有一次，父亲带我到外面，指给我看东边地平线上一颗硕大的彗星。

有一次发大洪水，从村里穿流而过的维瑟河（Wiese）决堤了，上游的一座桥被冲毁，十四个人被黄色的洪水卷走，冲进了莱茵河。洪水退去，有几具尸体卡在泥沙中。听说这件事的时候，再也没有谁来拉住我了。我找到一具中年男人的尸体，穿着黑色的长袍，显然是刚从教堂里出来。他的半边身体埋在沙里，胳膊搭在眼睛上。我还看到一头猪被宰杀，觉得非常有趣。我从头看到尾，把妈妈吓坏了。她觉得很可怕，但对我而言，杀猪、死人只不过是些有趣的事情。

我对艺术的最早记忆可以追溯到在小胡宁根的那几年。我父母住的地方是一所十八世纪的牧师住宅，其中有一间很暗的屋子。在这里，所有家具都完好无损，墙上挂着古老的油画。我尤其记得一幅表现大卫和歌利亚的意大利油画[①]，它是从吉多·雷尼（Guido Reni）的工作室里镜像复制过来的，原作挂在卢浮宫里。我不知道它怎么跑到我家来了。屋里的另一幅古画现在挂在我儿子家，是一幅作于十九世纪早期的巴塞尔风景画。我经常溜进那间黑暗幽静的屋子，在那些画前一坐就是几个小时，目不转睛地欣赏。那是我当时知道的唯一美丽的事物。

大约就在那时——我应该还是个小不点儿，不超过六岁——一位姨妈带我去巴塞尔参观博物馆里的动物标本。每件

① 《圣经》中的故事，年轻牧童大卫在战争中杀死了著名的巨人歌利亚。——译者

东西我都看得很仔细，所以我们待了很长时间。到了四点，钟声响起，提醒大家博物馆快要关门了。姨妈在耳边念叨，我却没法让自己离开那些展柜。就在这时，门被锁上了，我们得穿过一条古董画廊，从另一个通道下楼。转眼间，我就站在了这些奇妙的人物跟前！他们扑面而来，我睁大双眼，只因从来没有见过这么美的东西！我怎么也看不够，姨妈拉着我的手朝门口走去，我在后面跌跌撞撞地跟着她。她嚷道："小混球，闭上眼睛。小混球，闭上眼睛！"那时我才意识到，画上的人赤裸身体，只用无花果树叶遮羞。之前想都没想到，这就是我第一次接触高雅艺术。姨妈恼羞成怒又不好发作，仿佛她被人拖着穿过了一所色情学院。

六岁时，父母带我去阿勒斯海姆（Arlesheim）远足。那时母亲穿的一件衣服让我一直难以忘怀，这也是她唯一一件我还记得的衣服：黑色的料子上印满了绿色的小月牙。母亲在我记忆中最早的印象，就是一位穿着这样的衣服、身材曼妙的年轻女子。在其他所有记忆中，她都显得又老又胖。

我们来到一座教堂，母亲说："这是天主教堂。"在混杂着害怕的好奇心驱使下，我从她身边溜走，从开着的门朝里张望。刚看了一眼装饰华丽的祭坛上放着的大蜡烛（当时正值复活节前后），我就跌了一跤，下巴磕在一个铁片上。我记得父母把我抱起来时，伤口血流不止。当时我心里感到好奇，一方面为我的尖叫吸引了做礼拜的人们注意而感到羞愧，另一方面我觉得我做了被禁止的事情。"耶稣会会士——绿色帷幕——吃人的东西的秘密……所以，这座天主教堂和耶稣会会士有关，就是因为他们，我才跌倒、才尖叫。”

之后的许多年，每当我踏进一所天主教教堂，就会感到一阵对鲜血、跌跤和耶稣会会士的隐秘恐惧。这就是那种地方弥漫的气息，但这气息也让我着迷。天主教神父的靠近也会让我紧张不安，如果这种事有可能发生的话。直到三十几岁的时候，在维也纳的圣史蒂芬教堂（St. Stephen's Cathedral）里，我才第一次毫无压迫感地身处圣母院之中。

满六岁后不久，父亲就开始教我拉丁语，同时我也去学校上学。上学对我来说是小菜一碟，因为我总是领先其他同学，在上学之前我就学会了阅读。但我还记得学会阅读之前，我缠着妈妈朗读一本古老的、有很多插图的童书，名叫《世界图解》。书里讲到了一些异国宗教，尤其是印度教；里面关于梵天（Brahma）、毗湿奴（Vishnu）、湿婆（Shiva）的插图给我带来了源源不断的乐趣。母亲后来告诉我说，我经常回顾这些插图。看着插图，我能隐约感觉到它们和我那“原初启示”有种亲近感。这一点我从没跟任何人说过，这是个我永远不该泄露的秘密。母亲间接证实了这种感觉，因为我发现当她谈到“异教徒”时，语气里有种淡淡的鄙视。我知道如果告诉她我的“启示”，她会报以嫌恶的拒绝，我也不想把自己置于这样的伤害中。

这种少年老成的行为不仅和我的过度敏感、脆弱有关，更和我早年的孤独感有关（妹妹比我小九岁）。我只能以自己的方式自娱自乐。很不幸，我已经不记得当时玩的是什么，只记得我不想被人打扰。我深深沉浸在自己的游戏中，不能忍受旁人的观看或评判。我最早关于游戏的确切记忆是在七八岁的时候。当时我很喜欢玩砖，先用砖来搭建塔楼，然后欢天喜地地用一场地震来毁掉它。八岁到十一岁间，我画了好多画：陆战、海战、围困、轰炸……然后，我在整个练习本里涂满墨渍，再用各种离奇的想象来解释他们。我喜欢学校的原因之一是在那儿我终于能找到玩伴了。

在学校里，我还有一些别的发现。讲这件事之前，我要先说说那日益浓重的夜晚氛围。很多难以理解、让人害怕的事，都发生在夜里。父母是分开睡的，我睡在父亲的房间。从通向母亲房间的门那儿传来一些可怕的力量。一到夜晚，母亲就显得奇怪而神秘。一天晚上，我看到一个闪着微光、轮廓模糊的人从门里出来，他的头没有连在脖子上，而是漂浮在前方的空气里，像一枚小月亮。很快，另一个头出现了，然后也从脖子上脱落下来。这个过程重复了六七次。我还做了些焦虑不安的梦，梦里的东西忽大忽小。比如，我看见很远的地方有一只小球，它慢慢靠近，变成一个可怕、让人窒息的大球；或者看到几只鸟停在电线上，那些电线变得越来越粗，我的恐惧也越来越强烈，直到最后惊醒过来。

虽然这些梦是青春期心理变化的序曲，但它们在我七岁那年就来了一段前奏。那时我患了假性哮吼，伴随间歇性窒息。一天晚上发作时，我站在床尾，父亲抱着我的身体，我的头越过床栏杆向后弯曲。我在上空看见一个蓝色的光环，有满月那么大，里面有一些金色的身影在移动，我认为那就是天使。这个景象重复了很多次，每次都能减轻我对窒息的恐惧。但在那些焦虑的梦中，窒息感又回来了，我在其中看到了一个心因性原因：这所房子的氛围开始变得让人难以呼吸了。

我讨厌去教堂，除了圣诞节那天。我很喜欢圣诞颂歌《上帝创造了这一天》。然后，到了晚上，当然就有圣诞树了。圣诞节是唯一一个我会热烈庆祝的基督教节日，其余的节日我都很淡漠。新年前夜也有类似圣诞节的魅力，但显然位列其后。基督降临节也有类似的吸引力，但仍无法和随后到来的圣诞节媲美。和圣诞节有关的，是夜晚、暴雪、大风，以及屋子里的黑暗；有些东西在喃喃低语，有些奇怪的事在发生。

现在回来说我在和乡下同学交往过程中发现的事。我发现他们让我离自己更远了。我和他们在一起时，变得和在家里时很不一样。我加入他们的恶作剧，或者发明一些在家里永远不会想到的把戏。虽然我很清楚，自己一个人的时候想象力非常丰富，但似乎学校里的小伙伴影响了我，让我有所改变。不知怎么地，他们误导或者推动我成为一个和我认为的自己很不一样的人。在我看来，这个涵盖父母以外的其他人的广阔世界对我产生的影响，如果不是完全有问题，至少也是可疑的，而且有种隐隐的敌意。虽然我越来越能意识到青天白日、光明世界的美，那种“金色的阳光透过绿色的树叶落下来”的美，但同时我预感到存在一个无法回避的阴影世界，其中充斥着没有答案的可怕问题，全凭它们高抬贵手我才侥幸苟活。当然，晚间的祈祷给了我一种仪式上的保护，因为它恰如其分地结束了白天，又恰如其分地引入了夜晚和睡眠。但新的危险日渐潜伏，仿佛我感受到了自身的分裂，并因之恐慌。我内在的安全感遭到了威胁。

我也记得，从这段时期起（七岁到九岁），我喜欢上了玩火。花园里有一堵巨石砌成的老墙，石块的间隙形成一些有趣的小洞。我在别的孩子帮助下，在洞里生起一堆小火。为了让火苗持续燃烧，我们必须不断协力工作，包括找到足够的木头做燃料。只有我一个人才有权在这个洞里生火，其他人可以在其他的洞里生火，但他们的火不神圣，和我没有关系。我的火苗独自燃烧着，拥有一种无从质疑的神圣光辉。

这堵墙前面有一道斜坡，上面嵌着一块突出来的石头——那是我的石头。一个人的时候，我经常坐在这块石头上，开始玩一个想象游戏，类似于“我正坐在这块石头上，它就在我下面”。但石头也会说“我”，还会想：“我躺在这道斜坡上，而他正坐在我身上。”于是问题来了：“我是那个坐在石头上的人，还是他坐着的那块石头？”这个问题经常困扰着我。然后我会站起来，想知道现在到底谁是谁。答案仍然没有定论，但我的不确定感伴随着一种好奇心和一种让人着迷的黑暗气息。这块石头和我之间无疑有种隐秘的关系，我可以在上面坐好几个小时，沉浸在它带给我的迷思中。

三十年后，我再次站在那道斜坡上。我已经结了婚，有了孩子、房子，在这世上有了一个位置，还有一个充斥着观点和计划的头脑。突然间，我又成了那个孩子，点燃一个充满隐秘意义的小火堆，坐在一块石头上，不明白究竟它是我还是我是它。我突然想到了苏黎世的生活，那种生活似乎很陌生，就像来自遥远时空的消息。这让我害怕，因为刚刚沉湎其中的童年世界是永恒的，而我从它那里被拉出来，掉进一段滚滚向前展开的时间中，离它越来越远。这个世界的拉力如此强大，我不得不把自己粗暴地从现场拽走，以免失去对未来的把控。

我从来没有忘记那个时刻，因为那一闪而过的光芒照亮了童年的永恒。不久以后，在我十几岁的时候，它的意义就显露出来了。我与自身的分裂和我身处世间的不确定感，使我做出一件自己当时完全无法理解的事。那时我有一个涂着清漆的黄色铅笔盒，当时很多小学生都用这个。铅笔盒配了一把小锁和一根寻常的尺子。我在尺子的末端刻了一个小人，大概两英寸高，穿着长袍、戴着高帽、脚蹬锃亮的黑靴子。我用墨水把它涂成黑色，从尺子上锯下来，放进铅笔盒里。我在里面为他准备了一张小床，甚至用一小片羊毛给他做了件毛衣。我还在铅笔盒里放了一块从莱茵河捡来的光滑椭圆的黑色石头。我用水彩上了颜色，让石头看起来好像分成上下两半，之后很长时间把它装在裤兜里。这是他的石头。这一切是个大秘密。我悄悄把铅笔盒放到屋子顶部那个禁止人去的阁楼（因为上面的地板已经被蛀虫朽坏），带着极大的满足感把它藏到天花板下面的一根房梁上——因为谁也不会发现它！我知道放在那儿连鬼都找不着。谁也不能发现我的秘密，谁也不能摧毁它。我觉得安全，而那种和自己分裂的痛苦感受也消失了。遇到再困难的事，不论是我犯了错还是情感受到伤害，不论是父亲的烦躁易怒还是母亲的体弱多病又给了我压力，我都会想到自己小心翼翼包裹起来安放在小床上的小人，想起他那颜色漂亮的光滑石头。我时不时——经常间隔几个星期——在确保谁也不会看见时悄悄溜上阁楼，爬上房梁，打开盒子，看着我的小人和他的石头。每次我都会在盒子里放一张卷起来的小纸条，之前在学校上课时，我会用一门自己发明的秘密语言在纸条上写点东西。增加一个小纸条的行为常常有种仪式感。不幸的是，我已经记不起当时想给小人传递什么样的信息了。我只知道这些“信”成了他的一个小型藏书室。虽然不能确定，但我猜这些信里写的话让我很愉快。

我从不在意这些行为有什么意义，也不在意怎么解释它们。重获安全感让我很满足；而拥有一种谁也不知道、谁也无法得到的东西，也让我很满意。这个秘密神圣不可侵犯，绝不容许背叛，因为我生活的安全感仰赖于它。我并不问自己为什么，事情就是如此而已。

拥有这样一个秘密，对我性格的形成产生了强大影响。我认为这是我童年时代的本质特征。同样，我从来没有告诉过别人那个关于阴茎的梦。耶稣会会士也属于那个我认为不应该说出来的神秘领域。小木人和石头，是给这个秘密赋予形状的最初尝试。这种尝试仍停留在无意识层面，稚气未脱。我经常沉浸在这个秘密中，觉得自己应该去领会它的意思，但我并不知道自己试图表达的是什么。我总希望自己能找到点什么——也许在自然界——能给我一些线索，告诉我这个秘密在哪里、是什么。那时我对植物、动物和石头的兴趣开始增长。我总想找到点神秘的东西。在意识层面，我在基督教意义上是虔诚的，然而总是有所保留:“但并不一定是这样！”或“地下那个东西又怎么说呢？”当人们把教义灌输给我的时候，他们会说:“这就是美，这就是善。”我心里会想：“是啊，但还有点别的什么，有些隐秘的东西人们并不知道。”

雕刻小人的插曲成为我童年时代的高潮和终结。这件事持续了大约一年，之后我就把它全都给忘了；直到三十五岁之后，这段经历才从童年的迷雾中再次浮现，生动清晰、历历在目。当时我正在为《力比多的转化与象征》[①]一书做准备。我读到阿勒斯海姆附近储藏着灵魂石，澳大利亚人也有圣石，突然发现我对这样一块石头该是什么样了有着非常确定的想象，虽然我从来没看到过任何复制品。它是椭圆形的，带点黑色，被涂上颜料，区分成上下两半。这个图像掺杂着铅笔盒和小人的记忆。那小人是古代世界一位披着斗篷的神明，就像忒勒斯福罗斯（Telesphoros）一样，刻在阿斯克勒庇奥斯（Asklepios）的碑上，向他宣读一个卷轴上的文字[②]。伴随这一回忆，我第一次确信，一些古老的心理因素不必经由任何直接的传承就能进入个体心灵中。多年以后，我查阅过父亲的藏书室，里面没有任何一本书涉及相关的内容。而且，我父亲显然也不知道这些事情。

1920年在英国时，我在完全没有记起任何相关童年经历的情况下，雕刻了两个相似的小人，其中一个是用石头雕的，尺

---

① 1917年译为《潜意识心理学》，修订版标题为《转化的象征》，《荣格文集》第5卷，1956年版。

② 阿斯克勒庇奥斯是古希腊神话中的医神，在石碑上的形象是一位蓄着胡子、手持蛇杖的中年男性。忒勒斯福罗斯是他的儿子，康复之神，石碑上的形象是站在阿斯克勒庇奥斯左边阅读卷轴的小个子。——译者

寸更大些，如今放在我在屈斯纳赫特的花园里。只在我雕刻的时候，无意识才为这个人像提供了一个名字——“阿特马维图”（Atmavictu），意为“生命的呼吸”。这是我童年梦境中那棵吓人的树的进一步发展，现在看来它正是“生命的呼吸”，是创造的冲动。最终，那小人是卡比尔（Kabir）[①]，穿着他的小斗篷，藏在小棺材中，那黑色的椭圆石头为他提供一种生命力。但直到许多年以后我才明白其中的关联。儿时的我做这些仪式，就像后来在非洲土著那里看到的一样，他们做的时候并不知道自己在干嘛，很久以后才明白过来。

① 卡比尔（1440—1518），印度教虔诚派大师，宗教改革家，诗人。——译者

2. 中学时代

十一岁那年对我来说特别重要，我被送到巴塞尔去上大学预科，从此远离了那些乡下的玩伴，真正进入“大世界”。这里不少人比我父亲位高权重得多，住着豪宅、坐着高贵马匹拉着的华丽马车、操一口文雅的德语或法语。他们的儿子衣着光鲜、仪表堂堂，口袋里塞满零用钱。现在他们成了我的同学。我怀着强烈的惊讶和隐秘而可怕的嫉妒，听他们讲述在阿尔卑斯山度假的情景。他们不仅去过苏黎世附近那些白雪皑皑、光芒闪耀的高山，还去过海边——后面这一点简直让我目瞪口呆。我看着他们，仿佛他们来自另一个世界，来自那遥不可及、光辉灿烂、白雪覆盖的群山，来自那远在天边、难以想象的大海。那时，我第一次意识到我们家多么贫穷，父亲只是个寒碜的乡村牧师，而我是乡村牧师那更加寒碜的儿子，鞋底上破了几个洞，不得不穿着湿袜子在学校里坐了六个小时。我看父母的视角改变了，开始理解他们关心和担心的事。我尤其对父亲感到心有戚戚，奇怪的是，对母亲就不这样。在我看来，她总是比父亲强些。不过，当父亲宣泄他那容易激动的情绪时，我总是站在母亲一边。这种站位对我当时性格的形成并没有多少好处。为了把自己从这些冲突中解放出来，我进入一个高高在上的仲裁人角色，肆意评判父母。这导致了我的妄自尊大，原来就不稳定的自信心现在变得忽上忽下。

我九岁那年，母亲生了一个小女孩，父亲兴高采烈地对我说："今晚你有了一个小妹妹！"我惊呆了，因为我什么也没注意到。母亲躺在床上的时间比平时更久，但我并没有当回事，以为她卧床不起是由于一种不可原谅的软弱。父亲把我带到母亲床边，她抱出一个小东西，看起来让人十分失望：红色的小脸皱缩着，像个老人，眼睛闭着，像只小狗仔，多半什么也看不见。父母还让我看她背上几根长长的红色毛发——她本来打算长成猴子吗？我很震惊，不知道自己是什么感受。这就是新生儿的样子吗？他们嘀咕着鹳鸟的事，说是鹳鸟把婴儿送来的。但那些杂七杂八的小猫小狗又怎么回事呢？一窝小崽子出生之前，鹳鸟得来来回回飞多少趟？还有奶牛呢？我没法想象鹳鸟用嘴巴叼着整只小牛犊。而且，农夫说小牛是奶牛生出来的，不是鹳鸟带来的。这显然是他们强加给我的另一个谎言。我确信母亲又做了一些不该我知道的事。

妹妹的突然出现给我带来了一种模糊的不信任感，这增强了我的好奇心和观察力。母亲后来的奇怪反应证实了我的怀疑：有些可悲的事和这次生育有关，否则这件事也不会让我如此困扰，尽管它可能使我十二岁时发生的一件事更加印象深刻。

母亲有一个让我不舒服的习惯，就是在我受邀外出要临出门时，在我耳边喋喋不休地叮咛嘱咐。这种时候，我正穿着最光鲜的衣服，鞋子擦得锃亮，为即将出现在众人面前感到志得意满，母亲却在大街上跟着我喊道:“别忘了代爸妈向他们问好！把鼻子擦一擦——你带手帕了吗？洗手了吗？”此情此景简直让我颜面扫地。正当我出于自爱和虚荣，竭尽所能想要展现一个无可挑剔的外表时，那种低人一等的感觉又伴随着妄自尊大同时暴露在世人面前，让我愤愤不平。那些场合对我意义重大，赴约的路上，我觉得自己重要而高贵，就像在平时穿着星期天的礼服一样。然而，当我要去拜访的地方出现在眼前时，这幅画面彻底改变了。那富丽堂皇、位高权重的感觉压倒了我。我害怕他们，觉得渺小，想钻到地底下去。这就是我按下门铃时的感觉。屋里响起的叮咚声就像我耳边敲响的丧钟，我惶恐不安，如丧家之犬。如果母亲提前帮我准备周到，那感觉就更糟了。警钟在我耳边响起:“我的鞋是脏的，手也是，没有手帕，脖子上也沾着黑泥。”出于反抗，我就会不传达父母的问候，或者害羞笨拙、手足无措。如果事态严重，我就会想到阁楼上的秘宝，然后就能恢复应有的风度。孤立无援时，我会记起自己也是“另一个人”，这个人拥有神圣不可侵犯的秘密；还有那块黑色石头和那个穿长袍戴高帽的小人。

我不记得儿时是否想过，在主耶稣——或那个穿着黑色长袍的耶稣会会士、那些穿长袍戴高帽站在坟墓前的男人、草甸上那个像墓穴一样的洞、阴茎的地下神殿和我放在铅笔盒里的小人有什么联系。那个阴茎神祇的梦是我的第一个大秘密，小人是第二个。然而，我的确有种模糊的感觉，“灵魂石”和那块也是我本人的石头之间，有着某种联系。

时至今日，在八十三岁写下自己的回忆时，我也没有完全解开这些最早记忆的缠结，它们就像同一个地下根茎长出来的一个个嫩芽，就像无意识发展道路上的一个个驿站。虽然要我对主耶稣采取积极的态度越来越不可能，但我记得从十一岁起就对“上帝”这一观念产生了兴趣。我喜欢向上帝祈祷，这在某种程度上满足了我，因为祈祷文里没有自相矛盾的东西。上帝并不因我的怀疑而变得更加复杂。而且，他也不是那个身着黑袍的人，不是画里那披着颜色鲜亮的衣服、让人感到亲切熟悉的主耶稣。相反，他是个独一无二的存在，所以我听说，人不可能用任何概念来描述祂。无可否认，祂像是个非常有权力的老男人，但好在有这么一条戒律，大意是说：“你不应该雕刻任何偶像，或者任何类似的东西。”[①]所以，人们不应该像对待主耶稣那样对待上帝，主耶稣并不神秘。我开始把这和我在阁楼上的秘密做了一个类比。

上学开始让我乏味，耗费在学业上的大量时间我更愿意用来描画战争场面或者玩火。神学课无聊得难以形容，数学课又让我感到彻头彻尾的恐惧。老师表现得好像代数是件完全自然的事，简直理所应当，而我甚至不知道数字是什么东西。它们不是花朵、不是动物，也不是化石，它们不是任何可以想象的

① 此处应指摩西十诫中的第二条：“不可为自己雕刻偶像，也不可做什么形象仿佛上天、下地，和地底下、水中的百物。”——译者

东西，只是计算得到的数目。让我困惑的是，这些数目现在又由字母来代表，字母又表示了声音，这样就可以听到它们，把它们念出来了。奇怪的是，同学们都能驾驭这些事，还认为是不证自明的。没人能告诉我什么是数字，我甚至没法把这个问题说清楚。我发现谁也不能理解我的困难，这让我害怕。我承认，老师花了相当大的力气跟我解释这种把可以理解的数目翻译成声音的奇怪做法目的何在。我终于明白，这是为了建立一套简化系统，这样就可以把很多数目放进一个简短的公式里了。但我对此一点儿兴趣也没有，我认为这整件事儿都是主观的。为什么数字要用声音来表示呢？人们也可以用苹果树来表示 a，用盒子来表示 b，用问号来表示 x。a，b，c，x，y，z 都不是具体的东西，在解释数字的本质上提供的信息不比一棵苹果树更多。但最让我生气的是这样一个命题：如果 a=b 且 b=c，则 a=c。然而根据定义，a 意味着是和 b 完全不同的东西，既然不相同，就不可能相等，更不要说跟 c 了。每当遇到一个等式的问题，就说 a=a、b=b，如此这般我还能接受，但对我来说 a=b 这样的事情，就是彻彻底底的欺骗。当老师公然不顾他自己对平行线的定义，声称它们在无穷远处相交时，我也一样愤怒。对我来说，这无异于捉弄乡巴佬的愚蠢把戏，我不能也不想沾染这种事。智力上的道德感在和这些反复无常自相矛盾的东西作斗争，使我永远无法理解数学这回事儿。直到晚年，我都有种无可救药的想法：如果我当年像同学一样顺从地接受了这些命题，什么 a=b、太阳=月亮、狗=猫，那数学就会一直把我愚弄下去——直到八十四岁我才会明白到底被愚弄到什么程度。虽然我会算算术，但为什么从来都不能忍受数学，这在我人生中一直是个谜。我尤其不能理解自己对数学的道德怀疑。

要理解方程式，我只能把具体数值代入字母中，然后把操作转变为真实的计算。在数学上，我只能把公式抄写出来，死记硬背黑板上那些特定的字母组合，才能勉强跟上。我再也没法用替换数字来取得进步，因为老师时不时会说："这里有这样一个表达式，所以……"然后就在黑板上简单写几个字母。我根本不明白这些字母是哪儿来的，他为什么要用——我看到的唯一一个理由是，这样做可以使计算过程最终得出一个让他满意的结果。而我为自己的困惑感到如此害怕，根本不敢提问。

对我来说，数学课变得只剩恐惧和折磨，其他科目都不在话下。幸好我的视觉记忆不错，所以还在数学课上蒙混过关了好长时间，常常能得到不错的分数。但是，对失败的恐惧，以及面对周围广阔世界的渺小感，让我不仅心生厌恶，也产生一种无声的绝望，这完全毁掉了我对学校的感觉。我还因完全无力应对，而被免除了绘画课。某种意义上这是好事，因为我有了更多自由时间。另一方面，这是一次新的失败，我在绘画上其实有一定能力，虽然没有意识到这种能力本质上取决于我的感受方式。我只能画激发我想象力的东西，却被逼临摹那些双眼无神的希腊神祇复制品。这些临摹达不到要求时，老师显然认为我需要一些更自然的东西，然后就把一幅山羊脑袋的画作放在我面前。这个任务彻底失败了，我的绘画课也到此结束。

除了数学和绘画，我的失败一而再、再而三。一开始我就不喜欢体操，我无法容忍别人来告诉我该怎么做动作。我去学校是为了学习，而不是为了练习一些既没有用处又没有意义的杂技。而且，由于早年的事故，我在身体上有种羞怯，直到很久以后才克服。这种羞怯又和对世界及其可能性的不信任联系在一起。诚然，世界对我来说美好而诱人，但也充满模糊不定、不可思议的危险。所以，我往往一开始就想知道，我要把自己托付给谁、给予什么。这和母亲抛弃过我几个月有关吗？当我的神经性晕厥开始发作的时候（这一点后面会提到），医生禁止我参加体操活动，这正中下怀。我摆脱了这个负担，也咽下了另一个失败。

这些额外得到的时间并不只是用来玩耍，也用来更加自由地沉浸在如饥似渴的阅读中，不放过任何一个落到我手里的印刷品。

十二岁是决定我命运的一年。1887 年初夏的一天，我站在大教堂广场上等一个和我同路回家的同学。那是十二点，上午放学的时候。突然，另一个同学推了我一下，把我撞倒在地，我的头重重磕在路边石头上，几乎失去了意识。随后大概半小时里我都有点恍惚。在我感觉被撞倒的那一刻，有个念头闪过脑海:“现在你再也不用去上学了。”我处在半清醒的状态，但到可以起来的时候，还在地上多躺了一会儿，主要是为报复一下肇事者。后来人们把我扶起来，带我到附近一所房子里，那儿住着我的两位没结婚的老姨妈。

那次之后，每当我要去学校，或者父母要让我做作业时，我就会晕厥。我停学了六个多月，这段时间对我来说犹如野餐郊游。我自由了，可以连续几小时做白日梦，想去哪儿就去哪儿，树林、水边，或者去画画。我继续描绘激烈的战争场面，描绘古老的城堡被攻占焚毁，或者一页一页地画着漫画。直到现在，有时睡觉前我脑海里还会出现类似的漫画。咧着嘴的面具在我眼前移动变换，如果熟人的脸出现在他们中间，这人不久就会死去。

最重要的是，我可以一头扎进神秘世界了。这个世界包括树木、池塘、沼泽、石头、动物，还有父亲的藏书室。但我离现实世界越来越远了，而且一直有种良心上的隐痛。我把时间浪费在游荡、收集、阅读和玩耍上，却并不因此而更快乐。我隐隐觉得是在逃避自己。

我已经忘了这一切是怎么发生的，但我同情父母的忧虑。他们咨询了形形色色的医生，医生们抓耳挠腮，打发我去温特图尔（Winterthur）和亲戚们一起度假。这座城市有个火车站，后来带给我无穷乐趣。但等我回到自己家，一切又恢复原状。有个医生说我得了癫痫，我知道癫痫发作是怎么回事，心里对这种无稽之谈嗤之以鼻。父母却更忧心忡忡了。一天，父亲的一位朋友前来，他们坐在花园里。我出于一种贪得无厌的好奇心，躲在一丛灌木后面，听见来客对父亲说："那你儿子怎么样了？""啊，真糟糕，"父亲答道，"医生都不知道他出了什么问题，他们说可能是癫痫。如果治不好，那就太可怕了。我仅有的东西也失去了，要是这孩子将来不能自食其力，那可怎么办呢？"

我如遭雷击。这和现实是那么不一致。我突然想："如果这样的话，我可得用功了！"

从那一刻起，我变成了一个严肃认真的孩子。我蹑手蹑脚地走开，来到父亲书房里，拿出我的拉丁语法书，全神贯注、如饥似渴地用功起来。十分钟后，晕厥果然发作，我几乎从椅子上摔倒。又过了几分钟，感觉好些，我就继续用功。“让魔鬼把晕厥带走吧，我可不要再发作了。”我一边这样对自己说，一边继续坚持。这回又过了十五分钟才出现第二次晕厥。像第一次一样，过去就好了。我坚持道:“现在，你必须好好用功了！”第三次发作一小时后才出现。我仍然没有放弃，又用功了一个小时，直到我感觉已经克服了晕厥发作。突然间，我感觉比之前的几个月都好多了。实际上，晕厥再也没有复发。从那时起，我每天都努力学习语法和其他功课。几周后我回到学校，即便在那儿也再没出现过晕厥发作。所有的戏法都结束了！那时，我明白了什么是神经症。

我渐渐回想起这一切都是怎么发生的，也十分清楚正是我自己安排了这整个不光彩的局面。这就是为什么我从来没有对那个推倒我的同学真的生气。我知道，可以说，他只是摊上了这件事，而我才是那个背后主使的人。我也知道，这种事再也不会发生在我身上了。我对自己非常生气，同时又感到羞耻。我知道，我委屈了自己，又在自己眼皮底下愚弄了自己。别人没有错，我自己才是可恨的叛徒！从那以后，我再也不能忍受父母对我忧心忡忡，或用一种同情的口吻谈论我。

这神经症成了我的另一个秘密，但它是个丢脸的秘密，是一次失败。不过，它让我学会了谨慎和一种少见的勤勉。那时就能看到我责任心的端倪，这种责任心既不是为了表现，也不是为了得到什么，而是为了我自己。为了学习，我通常五点起床，有时会从早上三点用功到七点，然后再去上学。

这次危机中，是我对独处的渴望和喜悦让我误入歧途。大自然对我来说无比奇妙，让我想全情投入。每一块石头、每一棵植物、每一样东西似乎都有生命，美妙神奇难以言喻。我沉迷其中，可以说是深入自然的精髓，同时远离了整个人类世界。

这一时期我还经历了另一件重要的事。从我家住的小胡宁根到巴塞尔的学校，有很长一段路。路上，我突然有种扑面而来的印象，好像我刚从厚厚的云里摆脱出来。一时间，我什么都知道了。现在，我就是我自己！那种感觉就像刚穿过一道雾墙，在墙那头还没有一个“我”，但这一刻我出现了。之前我也存在，但那时只是别的事情发生在我身上，现在是我发生在我自己身上。我明白：现在，我就是我自己；现在，我存在。之前是意愿落在我身上，现在是我想要。这种体验对我来说极其重要新颖：我心里有“权威”。奇怪的是，这一时期，以及患晕厥神经症的几个月里，我丧失了关于阁楼宝藏的所有记忆。否则，也许那时我就会意识到，我的权威感和宝藏让我产生的价值感之间的相似之处。但事实并非如此，关于铅笔盒的一切记忆都消失了。

大约就在这一时期，我应邀和家人的朋友一起度假。朋友在卢塞恩湖畔有一所宅子，就坐落在湖边，还有船屋和小船。我开心极了。主人允许他儿子和我去划船，同时严厉警告我们千万不可大意。不幸的是，我还知道怎样驾驶一艘威德令船（贡多拉船的一种）——也就是说，站着划。家里有这样一艘平底船，我们在里面玩尽一切花样。因此，我做的第一件事，就是站到船尾座上，用一支桨把船撑进湖中。这对那位焦虑的主人来说可太过分了，他吹哨子把我们叫回去，给我一顿狠狠的训斥。这顿训斥可是一流水平，我灰溜溜如丧家之犬，却不得不承认我做的恰恰是他不让做的，他的训斥很有道理。同时我又充满愤怒：这个无知的死胖子乡巴佬，居然胆敢羞辱我。这个我不仅长大了，而且很重要，有权威、有地位、有尊严，是个长者，应该受到尊重和敬畏。然而这和现实的对比如此荒诞，以至于我在暴怒中突然让自己停了下来，疑问已经来到舌尖："不管怎样，在这世上，你究竟是谁呢？你表现得好像只有魔鬼才知道你有多重要！但你知道他一点儿没错。你只是个十二岁的小屁孩儿、一个中学生，而他已为人父，有钱有势，还有两所宅子、几匹好马。"

之后，我相当疑惑地发现，自己其实是截然不同的两个人：其中一个是在校男生，不懂代数，对自己也很不确定；另一个则是大人物，有权威，不会被人看不起，像眼前这个制造商一样有权力、有影响。这"另一个人"，是一位生活在十八世纪的老者，穿着有搭扣的鞋子，戴一顶白色假发，坐着马车出行，车上两个高高的后轮凹进去，车厢悬挂在弹簧和皮带上。

这个想法来自之前一段奇特的经历。我们还住在小胡宁根时，有一天一辆古老的绿色马车从黑林山（Black Forest）方向驶来，经过我们的房子。这马车真是个古董，像是直接从十八世纪驶来的。我看到它，兴奋极了，说："就是它！没错的，它是来自我的时代。"仿佛因为那是我自己曾经乘坐过的那种马车，我才认了出来。之后，一阵奇怪的厌恶感袭来，仿佛别人偷走了我的东西，或像是有人骗了我——把我从挚爱的过去中骗走了。我说不清自己心里发生了什么，也说不清是什么如此强烈地影响我：一种渴望、一种怀旧、一种再认，它不断述说着："是啊，从前就是这样！是啊，从前就是这样！"

我的另一个体验也可以追溯到十八世纪。在一位姨妈家里，我看到过一个十八世纪的小雕像。那是个古老的陶制残片，上面有两个上色的人物。一位是老史杜克伯格（Dr. Stückelberger），直到十八世纪末，他在巴塞尔城里都是响当当的人物。另一位是他的病人，塑像上的她闭着眼睛、伸着舌头。故事说的是，老史杜克伯格有一天正从莱茵桥上走过，这位惹人讨厌的病人突然不知从哪儿冒了出来，对他咕咕哝哝地抱怨。老史杜克伯格不耐烦地说："是，是，你是出了点儿问题。闭上眼睛，把你的舌头伸出来给我看看。"这女人照做不误，史杜克伯格立即脚底抹油，她则伸着舌头站在那儿，周围的人都笑了起来。塑像上的这位老医生，穿着有搭扣的鞋子，不知为什么，我觉得这鞋就是我自己的。我确信自己穿过这鞋子，感到兴奋至极："哎呀，这肯定是我的鞋！"我仍然能体会这双鞋套在脚上的感觉，却说不清这种疯狂的感觉是从哪儿来的。我无法解释自己对十八世纪产生的这种认同感。那时候，我经常会把日期里的1886写成1786，每次写错时，心中都涌起一阵莫名的乡愁。

经过这次乘船冒险和理所应得的惩罚，我开始思索这些孤立的印象，它们形成一幅连贯的画面：我同时活在两个时代，是两个不同的人。我感到困惑，被不堪重负的思考塞得满满当当。最终，我沮丧地意识到，不管怎样，我现在只是一个小学童，活该受罚，应当有和自己年龄相符的举止。另一个人只是胡思乱想，我怀疑他和我从父母亲戚那里听到的许多祖父的故事有关。但这也不太对，因为祖父出生在1795年，所以是生活在十九世纪，况且他在我出生前很久就去世了，我不可能是在认同他。我得说，当时这些思考，大部分是以朦胧的灵光一现或梦境的形式进行。传说我和歌德是亲戚，我不记得当时是不是已经知道这件事。我想应该还不知道，因为我最早是从陌生人那里听到这个传闻的。要补充一点，有个讨厌的传闻，说我祖父是歌德的私生子。①

---

① 本书中两次提到这个传说，指荣格是歌德的后代。对此，荣格说："我曾祖父〔弗朗茨·伊格纳茨·荣格（Franz Ignaz Jung），死于1831年〕的妻子索菲·齐格勒（Sophie Ziegler）和她的姐妹与曼海姆剧院（Mannheim Theater）有来往，也是当时许多作家的朋友。有传言说索菲·齐格勒有个歌德的私生子，这个孩子就是我祖父卡尔·古斯塔夫·荣格，这几乎被认定为事实了。我祖父在他的日记中对此只字未提，只有一次，他谈到在魏玛看到歌德，而且是从他身后！索菲·齐格勒·荣格后来和洛特·克斯特纳（Lotte Kaestner）交好，后者是歌德的'小洛特'的一位侄女。洛特来看过我的祖父，弗朗兹·李斯特也顺便来看过他。后来，洛特·克斯特纳在巴塞尔定居，显然是因为和荣格家族这些密切的联系。"

现有的资料、位于美因河畔法兰克福的歌德故居中的档案，以及曼海姆耶稣教堂的受洗登记，都无法证明这一血缘关系。相应的时期，歌德并不在曼海姆，也没有记录显示索菲·齐格勒在魏玛或歌德附近的其他地方逗留过。

荣格曾用一种欢快的娱乐口吻谈到这个顽固而持久的传奇，因为这可以成为他对歌德的《浮士德》那么着迷的一个原因：可以说，这是一种内在现实。另一方面，他也说这个故事"让人讨厌"，认为它"低级趣味"，坚称这世上已经充满了"太多讲述这种'失散的生父'故事的傻瓜"。总之，他觉得他的合法血统也很重要，尤其是从博学的天主教医生和法学家卡尔·荣格（Carl Jung，死于1645年，在第八章结尾会提到）那里传承的血统。——阿尼拉·杰菲同年夏天，一个舒服的日子，我中午从学校出来走到大教堂广场。阳光灿烂，天空一碧如洗，大教堂屋顶光芒闪耀，阳光照在崭新明亮的釉面瓦片上熠熠生辉。我被眼前这美景征服，心想："世界美如斯，教堂美如斯，上帝创造了这一切，世界之上，在那遥远的蓝天中，有一个黄金宝座，上帝安坐其上……"就在这时，我脑海中出现一个巨大的洞，让我透不过气来。我感到麻木，只知道："不要再想下去了！可怕的东西快出现了，我不想想到它，甚至不想靠近。为什么？因为这样我会犯下最可怕的罪过。最可怕的罪过是什么？谋杀？不。最可怕的罪过是对圣灵犯下的，这种罪过无可饶恕。犯下这罪的人，将万劫不复。如果父母唯一的儿子，他们如此依恋的儿子，永堕地狱不得翻身，那会伤透他们的心。我不能这样对他们，我要做的，就是别再想下去了。"

说来容易做起来难，放学回家的漫漫长路上，我试着去想其他事情，却发现我的思维一次次回来，想到如此喜爱的美丽大教堂，想到坐在宝座上的上帝——然后就像受了猛烈的电击一样再次跑掉。我不停地对自己重复道："别去想它，别想就好了！"回到家时，我神经相当紧张，妈妈注意到，问："你怎么了？在学校出什么事了吗？"我向她保证，学校没出什么事，这是实话。我的确想过，如果向母亲坦言自己焦虑的原因，可能会有所帮助，但要这样，我就得先做一件似乎不可能的事：把我的思考进行到底。亲爱的妈妈丝毫没有起疑心，更不知道我正身处即将罪无可恕、永堕地狱的危险中。我放弃了向她坦白的想法，尽量装作什么事也没有。

当晚，我睡得很糟，那个我并不知道的被禁止的想法，一次次想冲出来，而我竭尽全力挡开它。之后的两天简直是场折磨，母亲确信我病了，但我仍抗拒着坦白的诱惑，同时还在想，这会让我的父母非常难过。

然而，到第三天晚上，这种折磨如此难受，我已经不知道还能做什么了。我从焦躁不安的睡梦中醒来，正好发现自己又在想大教堂和上帝的事了。我几乎就要继续想下去！我发现我的阻抗削弱了。我吓出一身冷汗，从床上坐起来，想要驱走睡意。“现在它来了，事态严重！我必须思考，我得把它提前想出来。为什么我要去思考一件我不知道的事？上帝作证，我可不想这样。但谁想让我这样呢？谁想逼迫我思考一件我不知道也不想知道的事呢？这个可怕的意志是从哪儿来的？为什么承受这个意志的人是我？我心里正在赞扬这个美好世界的造物主，感谢它恩赐这无与伦比的礼物，为什么我还得去想一些极其邪恶的事呢？我不知道它是什么，真的不知道，因为我不能也不应该去任何靠近这个思想的地方，因为那样就会有马上想到它的危险。我没有这样做过，也从来不想这样做，它就像一个噩梦发生在我身上。这些事是从哪儿来的？为什么我什么都没做就遇到了这样的事？毕竟，我并没有创造自己，我来到这世界，是按照上帝创造我的方式——也就是，父母塑造我的方式。难道我父母想要的就是这个？但我那善良的父母永远不会有这样的想法，他们肯定不会想到如此穷凶极恶的事。

我发现这个想法极其荒唐。然后，我就想到了祖父母，我对他们的了解仅限于肖像画。他们看上去如此端庄高贵、乐善好施，足以反驳任何可能的罪愆。我脑子里迅速追溯了那些代代相传、不为人知的祖先，最终想到了亚当和夏娃。然后，我就有了一个决定性的想法：亚当和夏娃是最早的人类，他们没有父母，而是直接由上帝创造的。上帝有意使他们成为那样，他们别无选择，只能成为上帝创造的样子，不多也不少。所以，他们并不知道还有其他什么可能的方式。他们是上帝的完美造物，因为祂只创造完美的东西。然而，他们却做了上帝不想让他们做的事，犯下了第一桩罪行。这怎么可能呢？如果上帝没有赋予他们做这件事的可能性，他们就不可能做出来。从蛇的角度来说，也显然是这样：上帝创造了它，并把它置于亚当和夏娃跟前，这样它才能引诱他们犯罪。全知全能的上帝安排了这一切，这样最早的父母才能犯下罪愆。所以，是上帝要让他们犯罪。

这个想法立即把我从痛苦的折磨中解救出来，因为现在我知道，是上帝自己让我陷入这处境的。起初，我并不知道他是不是想让我犯罪。我再也不想通过祈祷来获得启示了，因为上帝不顾我的意愿把我置于这样的困境中，又弃我而去，不施与任何帮助。我确信我应该自己弄明白祂的意图，自己找到出路。这时，另一个讨论展开了。

“上帝想要什么？行动还是不行动？我要弄明白上帝想要我怎样，现在就弄明白。”当然我明白，根据传统道德，毫无疑问，罪孽肯定应当避免。迄今为止，我就是这样做的，但我知道以后不能继续这样了。睡眠问题和精神压力让我精疲力竭，以至于要挡开这个想法，我就会陷入不堪忍受的纠结，不能再这样下去。与此同时，如果不弄明白上帝的意图是什么、祂想让我做什么，我就不能甘心。因为现在我确信，祂就是这个令人绝望的问题的始作俑者。奇怪的是，我当时丝毫没有想过这可能是魔鬼的把戏。那时候，魔鬼在我的精神世界里微不足道，反正我认为，和上帝相比他软弱无力。但自从我走出迷雾，对自我有了意识之后，上帝的整全、伟大和超人的威严就占据了我的想象。因此，我心中的疑问一扫而空，只剩下一件事：上帝亲自为我安排了这样一个决定性的测验，一切都取决于我是否正确理解祂的意图。当然，我知道自己最终也许会失败，会被迫放弃，但我不希望自己败得不明不白，因为我永恒的灵魂能否获救就在此一举了。

“上帝知道我坚持不了多久了，虽然我快要犯下不可饶恕的罪过，祂却并没有伸出援助之手。全知全能的祂可以轻而易举帮我摆脱这种冲动，但祂显然不打算这样做。祂强加给我这个非同寻常的任务，去做一件违背我的道德判断和宗教训诫，甚至违背祂命令的事，一件我因为害怕永堕地狱而竭力抵制的事，这是不是为了考验我对祂的服从？上帝是不是想看看，即便我的信仰和理性用死亡和地狱来施以恐吓，我是否仍能服从祂的意旨？这有可能就是答案！但这些只是我的想法，有可能错了。我不敢信任自己这么远的推论，应该从头来过，再想一遍。”

我重新想了一遍，得出同样的结论。“显然，上帝也希望我能展现自己的勇气，”我想到，“如果是这样，而我经受了考验，祂会赐予我祂的恩典和启示。”

我鼓起所有勇气让这个想法出现，仿佛即将往前纵身一跃跳进地狱的火坑。眼前出现了大教堂和蓝天，上帝高坐在世界之上，祂的黄金宝座里。大量的粪便从宝座下面落到那熠熠生辉的新屋顶上，把大教堂的屋顶和墙都砸成了碎片。

“原来如此！”我体会到一阵强烈、难以描绘的解脱感。惩罚并没有出现，相反，恩典降临在我身上，伴随着从未体验过的难以言表的狂喜。我因幸福和感恩而哭泣。现在，既然我已经顺从了上帝不可动摇的意旨，祂的智慧和慈爱就展现在我面前。我仿佛经历了一次神启。许许多多之前不明白的事，现在都变得清晰起来。我想，这就是我父亲没有明白的事。他没有体验到上帝的意旨，他以最好的理由和最深的信仰来抗拒它。这就是为什么他从来没有体验过恩典的奇迹，这种奇迹能够治愈一切，帮人理解一切。他把《圣经》的戒律视为指南，他相信上帝是《圣经》上描绘的样子，是祖先教给他的样子。但他不知道，那直接而鲜活的上帝，全知全能而自由自在地站在祂的《圣经》和祂的教堂之上，号召人们分享祂的自由，迫使人们放弃自己的观点和信念，以便毫无保留地实现祂的意旨。在考验人类勇气的过程中，上帝拒不遵循传统，无论这传统多么神圣。全知全能的祂会考虑到，在这对勇气的考验中，没有什么是真正邪恶的。如果一个人实现了上帝的意旨，他就必能走上正途。

上帝也用这样的方式创造了亚当和夏娃，让他们去思考自己根本不愿意思考的事。祂这样做，是要看看他们会不会服从祂。祂也可能要求我做一些我基于传统宗教会拒绝的事。正是服从给我带来了恩典，而且经过这件事，我明白了上帝的恩典到底是什么。人应当完全臣服于上帝，除了实现祂的意旨，别的什么都不重要。否则，一切都是毫无意义的蠢行。从那一刻开始，体验到恩典，我就真正开始负起责任了。上帝为什么要毁掉祂的大教堂呢？这对我来说，是个可怕的想法，但我模模糊糊理解到，上帝也有可能是某种可怕的东西。我经历了一个黑暗而吓人的秘密，一生都在这个秘密的阴影中，我成了一个喜欢深思的人。

这件事带来的另一个影响，是增加了我的自卑感。我想，我要么是个魔鬼，要么是头蠢猪，反正无可救药。但是之后，我开始翻阅《新约》，带着一定满足感阅读法利赛人和酒馆老板的故事，还有堕落的人才是上帝选民的段落。这让我产生了一种持久的印象：不公正的管理者是受到赞扬的，而犹豫不决的彼得却要成为修建教堂的基石。

我的自卑感变得越强，上帝的恩典对我来说就越难以理解。毕竟，我从来无法确信我自己。母亲有一次对我说："你一直是个好孩子。"我就是不明白这话的意思。我，一个好孩子？这对我来说太新鲜了，我经常觉得自己是个堕落而卑劣的人。

上帝和大教堂的经历，让我最终得到一种有形的东西，它是那伟大秘密的一部分——仿佛我一直在谈论从天而降的石子，而现在我兜里也有了一块。但事实上，这是一次丢人的体验。我掉进了有害、邪恶、不祥的东西里，即便这也是一种荣誉。有时，我感觉有强烈的表达欲，不是要说这件事，只是要提醒，有些奇妙的事情发生在我身上，而别人还不知道。我想知道其他人是不是也有过类似的体验，但我从来没发现其他人也经历过这样的恩典。所以，我有种感觉，要么我被上帝放逐，要么我被祂选中，要么我被诅咒，要么我被祝福。

我从来没有机会公开讲述这些体验，包括地下神殿里阴茎的梦境、我自己雕刻的小人。事实上，关于那个阴茎的梦，六十五岁之前我只字未提。我也许对妻子讲过其他一些体验，但那也是在晚年。从童年开始，这些事上就有了严格的禁忌，我从来没能和朋友谈论。

借助这个秘密，可以理解我的整个青年时代。它在我身上引发了难以忍受的孤独感，那些年间，我抵挡住了要和别人谈论这件事的诱惑，这是我一个巨大的成就，预示了我和这个世界的关系模式：如今，我也像当时那样孤独，因为我知道一些其他人并不知道、通常也不想知道的事，而且我得指出来。

母亲家族里有六位牧师；父亲的家族里，除了他，还有两位叔叔也是牧师。因此，我听到过很多宗教对话、神学讨论、宣讲布道。彼时，我总有种感觉："是，是，这些都很好，但那个秘密呢？那个秘密也是恩典的秘密。你们都对它一无所知。你们不知道上帝想迫使我去做错事，迫使我思考可憎的事物，好让我感受到祂的恩典。"其他人说的一切都不得要领。我想："看在上帝的份上，应该有人多少懂一点，某个地方应该有真理的。"我把父亲的藏书室翻了个遍，读了所有我能读懂的关于上帝、三位一体、圣灵和意识的东西。我狼吞虎咽，却一无所获。我发现自己总在想："原来他们也不知道。"我甚至去翻了父亲的《路德译本圣经》。不幸的是，约伯惯常的“训导式”解释打消了我深入阅读的兴趣，否则我可能会在这本书中找到安慰，尤其是第九章第三十页开始的诗句:“即便我用雪水清洗了自己……你也要使我陷入泥潭。”

后来，母亲告诉我，那段时间我经常情绪低落。事情并非如此，我只是在为这个秘密冥思苦想。这种时候，如果能坐在我那块石头上，就会出奇地安心、镇定。不知为什么，它会让我摆脱一切疑虑。每当想到我就是那块石头，内心冲突就戛然而止:“石头没有不确定，也不急于表达，千百年来，它恒久不变。”我会想，“而我只是个过客，爆发出各种情感，就像 团火焰，快速燃烧，之后熄灭。”我只是我所有情感的总和，我之中的那另一个，就是那恒久不变、不灭不朽的石头。

也是在那个时期，我对父亲说的一切都产生了严重的怀疑。听他讲关于恩典的布道时，我常想到自己的体验。他的话听起来如此陈腐空洞，仿佛一个讲故事的人只是道听途说知道这件事，自己也不是很相信。我想帮他，却不知道怎么做。而且，我不好意思告诉他我的体验，也不好意思干涉他个人的成见。一方面，我觉得自己还太小；另一方面，我又害怕运用“第二人格”在心中激起的权威感。

后来到了十八岁，我和父亲有了很多讨论，我常常隐隐希望能让他知道恩典的奇迹，从而帮他平复良心的折磨。我确信，一旦他实现了上帝的意旨，就会事事顺遂。但我们的讨论无一例外，都以不快告终。他感到愤怒而悲伤。“噢，一派胡言。”他常常这样说，“你总是想思考，人应该做的不是思考，而是相信。”我心想：“不，人应该做的是体验，然后知晓。”但我会说：“那就给我这个信仰吧。”于是，他耸耸肩，无可奈何地转身走开。

我开始建立一些友谊，大多是和那些背景简单、性格腼腆的男孩。我在学校的成绩有所提高，随后的几年里甚至能在班里名列前茅。但我发现后面的同学会妒忌我，想尽办法超过我，这就破坏了我的乐趣。我讨厌一切形式的竞争，如果一个人玩游戏时表现得太有竞争性，我就会转身走开。自那以后，我总保持在班里的第二名，发现这样非常舒服。学习已经那么讨厌，我不想再加入竞争，让它变得更困难。少数几位老师对我表示特有的信任，想起他们我仍心怀感激。想到拉丁语老师时，我最愉快，他是个大学教授，非常聪明。巧的是，我六岁时就懂拉丁语了，那时父亲就开始给我上拉丁语课。于是，这位老师并不让我成天坐在教室里，而是常常派我去大学图书馆为他取书，而我也尽量放慢回来的脚步，快乐地沉浸在这些书里。

多数老师认为我又蠢又狡猾，一旦学校里发生了什么事，我总是第一个被怀疑的对象。如果什么地方有人吵起来，他们就认为是我挑起的。实际上，我只有一次卷入过这样的争执，也是在那时，我发现许多同学都对我有敌意。七个同学埋伏着，对我发动突然袭击，那时我十五岁，长得又高又壮，脾气也火爆。我突然怒不可遏，抓住其中一个男孩的两只胳膊，拎着他转起来，他腾空的两条腿把其他几个男孩撞倒在地。老师们后来查清了此事，但我只模糊记得，他们受到的一些惩罚对我而言是不公正的。从那时起，我就清静了，再没人敢惹我。

我不想树敌，也不想得到不公的指责，但不知为什么，我并不觉得这些事情难以理解。指责我的理由会激怒我，但我没法在自己心里否认它们。我对自己所知甚少，而这有限的了解又自相矛盾，所以我没法心安理得地拒绝任何指责。我经常有种良心上的罪疚感，不仅知觉到事实上的过失，也会想到可能的过失。我对别人的责难特别敏感，因为所有的责难都或多或少击中要害。虽然现实中并没做过别人指责我的那些事，但我感觉好像做过了一样。我甚至会列一张清单，写上各种可以为自己开脱的证据，以备受到指责时用。等到真正做错了什么，我会感到如释重负，至少那时我知道，自己的良心到底是在为什么而不安。

我很自然地用外在表现出的安全来补偿内在的不安全感——确切地说，不经我的意志干涉，缺点就补偿了其自身。就是说，我发现我既有罪疚感，又希望自己变得清白无辜。在背景深处的某个地方，我一直知道自己是两个人。一个是我父母的儿子，他在学校读书，和其他孩子相比，没他们那么聪明、细心、勤奋、得体、干净；另一个是成人——实际上是老人——他喜欢怀疑，不信任别人，与人的世界疏离，却亲近自然、大地、太阳、月亮、天气、一切生命，尤其亲近夜晚、梦境，以及任何“上帝”放在他心中的事物。这里的“上帝”是打引号的，因为自然就像我一样，被上帝当作不神圣的东西搁置一边，虽然这都是祂创造出来表达祂自己的。谁也不能让我相信，“按照上帝的形象”创造出来的只有人。其实对我来说，崇山峻岭、江河湖海、树木花草和飞禽走兽，都远比衣着可笑、卑鄙自负、虚伪自私的人类更能体现上帝的本质。人类的这些毛病，我从自己的第一人格——那个活在1890年的男孩身上看得再清楚不过了。他的世界之外还有另一个领域，那就像一座庙宇，任何人一旦踏入就会受到感化，惊讶于整个宇宙的景象，只能啧啧称奇乃至忘我。这里住着“另一个人”，他知道上帝是一个隐而不显、个人化的同时又是超个人的秘密。在这里，没有什么把人从上帝那里割裂开来，实际上，仿佛是人类的心灵和上帝一起见证了创造的过程。

我此刻在这里逐句展开的事，当时并没有以一种可以被表达的方式意识到，虽然我已经带着强烈的预感和情感明白了这些事。在这种时候，我知道我值得拥有自己，我，就是真实的自己。每当我独自一人时，就会渐渐进入这种状态。于是，我有意寻求“另一个人”，那第二个人的安宁和孤独。

这两个人格之间的一来一回，贯穿我的一生。这和一般医学意义上的“分裂”或解离并没有关系，恰恰相反，每个人身上都有这种现象。在我的生命中，第二人格占据首要地位，我也经常为任何想要从我内心出来的东西留出空间。他是个有代表性的人物，但只有极少数人能感觉到他，大多数人的意识理解能力还不足以明白，其实他也是他们自己的一部分。

对我来说，教堂渐渐变成了一个刑室，因为那儿的人胆敢大声布道——不客气地说，是寡廉鲜耻地布道——讲上帝，讲祂的意旨和行动。人们被劝诫要怀有那些情感，并相信那个秘密，而我知道这个秘密有着最深刻、最内在的确定性，任何一句话都无法泄露这种确定性。我只能得出结论，认为显然谁也不知道这个秘密，连牧师本人也不知道。因为如果他们知道，没有人会胆敢在大庭广众之下暴露上帝的神秘，并用陈腐不堪的多愁善感来亵渎这些难以言表的情怀。而且，我确信用这种方式接近上帝是错误的，因为我知道，从经验中知道，这种恩典只会降临在那些毫无保留实现上帝意旨的人身上。布道的人也这样说，但常常基于一个假设：启示可以让上帝的意旨更加清楚明白。对我来说，启示却是最晦涩不明、难以知晓的东西，而日复一日探寻上帝的意旨就是人的责任。我并没有这样做，但我确信，一旦出现需要这样做的迫切理由，我会毫不犹豫去做。第一人格占据了我太多的时间。我常常觉得，上帝的意旨被宗教戒律取代了——如此出乎意料，如此令人担忧——而这只是为了免去人们理解上帝意旨的必要性。我的怀疑越来越多，父亲和其他牧师的布道变得让我极其难堪。周围所有人都对这套黑话信以为真，认为其中散发的艰深奥涩是理所应当。他们不假思索、囫囵吞枣地吸收所有这些矛盾，比如上帝是全知全能的，能预见人类的全部历史；祂创造了人类，让他们有可能犯罪，然而又禁止他们犯罪，甚至将他们打入永恒的地狱之火来施以惩罚。

奇怪的是，很长时间里，魔鬼都不在我的思考之中。对我来说，魔鬼并不比大人物的一头拴着链子的看门恶犬更坏。除了上帝，没有任何人对世界负有任何责任，而且我很清楚，上帝可能是可怕的。每当听到父亲在他那慷慨激昂的布道中描述上帝的“善”，称赞祂对人的爱，并劝导人们通过爱上帝来报答时，我的怀疑和不安就滋长起来。“他真的知道自己在说什么吗？”我心想，“他会不会把我，他的儿子，作为一个人牲置于屠刀之下，就像以撒那样？或者送到一个不公的法庭上钉上十字架，就像耶稣那样？他不会那样做的。所以，在某些情况下，上帝的意旨可能非常可怕，就像《圣经》里写的那样，而父亲没有能力实现上帝的这些意旨。”显而易见，当人们被劝导要服从上帝而非人的时候，这种劝导的表达非常随意、不加思考。我们当然并不知道上帝的意旨，如果知道了，我们就会心怀敬畏来对待这个核心问题，哪怕只是出于对强大上帝的单纯恐惧（上帝能把可怕的意旨强加到无助的人类身上，就像祂对我做的那样）。有没有任何一位假装知道上帝意旨的人预见到祂让我做了什么？在《新约》里，没什么可以与此相提并论。《旧约》中，尤其是《约伯记》，本可以在这方面打开我的视野，但那时我对它还不够熟悉。在我当时接受的坚信礼教诲中，也没有任何这类内容。对上帝的恐惧有所提及，却被认为已经过时，是“犹太人的”，之后的很长时间，这都被基督教关于上帝的爱和善的说法所取代。

童年经验的符号象征，还有那些意象中的暴力成分，让我心烦意乱。我问自己：“这是谁说的？谁这么厚颜无耻，把一根赤裸的大阴茎陈列在神殿里？是谁让我去想上帝会用如此恶劣的方式毁掉祂的教堂？”最后，我问自己，这难道不是魔鬼所为？因为我从不怀疑，用这样的方式说话做事的，不是上帝就是魔鬼。我十分确信，这些想法和意象不是我自己发明出来的。

这就是我人生中至关重要的经历，就是在那时，我开始明白：我应该承担起责任来，我的命运怎样是由我自己决定的。我遇到一个问题，必须找到答案。这个问题是谁提出的呢？没有人告诉过我。我知道我必须从自己内心最深处找到答案，我知道我是独自一人面对上帝，也只有上帝要问我这些可怕的事情。

一开始，我就有种宿命感，仿佛命运把我的人生安排给我，要我去完成它。这给了我一种内在的安全感，而且虽然我永远不能向自己证明这一点，它却能向我证明它自己。并不是我拥有这种确定感，而是它拥有我。谁也不能让我怀疑，我的使命就是做上帝想要的事，而不是我想要的事。这种确信给我力量去走自己的路。我经常觉得，在所有决定性的事情上，我并不是人群中的一员，而是独自和上帝在一起。在“那里”，我不再孤独，我在时间之外，我属于历史，而那个给出答案的祂一直存在着，在我出生之前就已存在。从过去到现在，祂一直在那里。这些和“另一个人”的对话，是我最深刻的体验：一方面是血腥的斗争，另一方面是极致的狂喜。

自然，我不能跟任何人谈论这些事。也许除了母亲，我不知道还能和谁交流这些。她思考的方向似乎和我接近，但在交谈中我很快发现，她还不足以和我对话。她对我的态度主要是钦佩，而这对我没什么好处。于是，我仍然独自思索。总体上看，这是我最喜欢的状态。我独自玩耍，独自做白日梦，独自在树林里散步，独自拥有我的秘密世界。

母亲非常好，有种热忱的动物式的温暖，烧得一手好菜，极其友善愉快。她非常结实，是个很好的倾听者，也喜欢说话，闲聊起来就像愉快的喷泉一样。她显然具备文学天赋，也有品位和深度，但这种特质从来没得到合适的表现，一直藏在那善良、肥硕、热情好客、极富幽默感的老妇人外表下。她有一切该有的传统观念，但她的无意识人格却会不时突然露个面。这个人格的力量让人始料未及：阴沉严厉、威风凛凛，拥有无懈可击的权威，而且敢作敢为。我确信她有两个人格，一个是无害的人类，另一个人则怪异可怕。这第二个虽然只是不时出现，但每次都让人大为惊骇。那时她仿佛在自言自语，但说话的内容都针对我，而且命中要害，让我噤若寒蝉。

我印象中最早的一次，是在六岁。那时我们邻居条件相当好，他们有三个孩子，最大的男孩和我年纪相仿，还有两个小妹妹。他们是城里人，会在星期天把孩子们打扮成我觉得滑稽可笑的样子——脚穿漆皮鞋，衣服上有白色荷叶边，戴着白手套。即便在工作日，这些孩子也精心打扮。他们举止奇特，而且和那些穿着破裤子、鞋上有洞、手上脏兮兮的粗鲁男孩焦虑地保持距离。母亲没完没了的比较和训诫让我很恼火："看看那些漂亮的孩子，又有教养又懂礼貌。你呢，就像个小笨蛋。"这话让我觉得羞辱，我决定揍那男孩一顿——说到做到。他母亲愤怒极了，立即来找我母亲，大惊小怪地告了我一状。我母亲当然被吓坏了，训了我一顿。她声泪俱下的训斥比我之前从她那儿听到的任何话都更冗长、更声情并茂。那时我并不觉得自己做错了什么；相反，我对自己很满意，我认为自己对这个陌生小子在村里这种不和谐的存在进行了某种修正。母亲的激动让我敬畏，我忏悔般地退到旧钢琴后面的桌子那儿玩起积木来。房间里安静了一会儿，母亲坐到窗边她惯常的座位上织着毛衣。然后，我听到她喃喃自语，我从只言片语中拼凑她的意思，原来她正在从另一个角度琢磨这件事。突然，她大声说道:“当然啦，谁也不应该养这么一窝崽子!”我立刻意识到，她是在说那些“衣冠楚楚的猴子”。母亲最喜欢的兄弟是个猎人，养了许多狗。他经常谈起狗的育种、杂交、纯种、下崽。我松了口气，意识到她也认为这些令人作呕的孩子是一群小兔崽子，所以她对我的责骂也不必当真。但即便在那样的年纪，我也知道应该面不改色心不跳，而不是洋洋得意地说:“瞧，你不是和我想得一样嘛!”不然，她会恼怒地否定道:“你这个混小子，怎么敢这样揣测你妈!”我由此得出结论，我应该在更早的时候有过类似的经历，只不过已经不记得了。

讲这件事，是因为在我对宗教的怀疑日益增长的时期，另一个例子也能为我母亲的双重性格提供线索。一天，我们在餐桌上聊起一些赞美诗的沉闷音调，提到修订赞美诗集的可能。母亲喃喃低语道:“啊，你这爱中之爱，你这该诅咒的[1]极乐。”我像从前一样，尽管有种胜利的感觉，却假装没听到，小心不让自己欢呼起来。

母亲的两个人格差异巨大，这就是为什么我小时候经常会

① erwünscht（渴望）的口误。

做和她有关的焦虑的梦。她白天看上去像个可爱的母亲，夜晚却显得神秘可怕。她就像那些先知一样，不仅是人，也是一只奇怪的动物，比如那种住在狗熊洞穴里的女祭司，既古老又无情，像真理和自然那样无情。在这种时刻，她就是我所说的“自然心智”[①]的化身。

我性格里也有这种古老的部分，在我这儿，它和一种天赋关联起来——这种天赋并不总是让人愉快——就是能看到人和事的本质。如果我不想意识到什么，我可以让人从这儿骗到爱尔兰的蒂珀雷里郡（Tipperary），但我骨子里十分清楚事情的真相。在这一点上，我像狗一样，会被愚弄，但最后总能闻出来。这种“洞察”是基于一种本能，或是对他人的“神秘参与”，仿佛是“背景中的眼睛”在做客观的观察。

很久以后，等我经历了一些非常奇怪的事情，才意识到这一点。比如，我在还不了解一个人的时候，就描述出了他的人生故事。那是在我妻子朋友的婚礼上，新娘和她的家人我都不认识。用餐期间，我坐在一位中年绅士对面，他长着修长帅气的胡子，是名律师，之前经人介绍给我认识。我们就犯罪心理学娓娓而谈，为了回答他的问题，我虚构了一个故事来举例，还用各式各样的细节加以润色。讲故事的时候，我发现这个男人脸色大变，桌上所有人都陷入沉默。我尴尬难当，停了下

---

① “自然心智”是“绝对直接、无情地表达看法的心智”。〔《对视象的解释之讨论》（苏黎世，私下印刷，1940 年），第五部分，第 4 页〕“这种心智来源于自然，而非书本上的观点；它就像天然的泉水一样，从地面涌出，带来一种独特的自然智慧。”（同上书，第六部分，第 34 页）

来。幸好已经在吃甜点了，于是我迅速起身，来到饭店的休息室。当时坐在一桌的另一位客人走过来责问道:“你怎么说话那么不注意呢?”“不注意?”“是啊，你说的那件事。”“可那都是我编的啊!”

后来事实表明，我编的那个故事原来就是我对面那个男人自己的事，连细节都分毫不差，这让我又惊奇又害怕。那一刻，我还发现自己再也记不起这个故事的内容了——时至今日也一点想不起来。乔克[①]在《自我呈现》一书中描述过类似的事：他在一家小酒店里，揭穿一位素昧平生的年轻人是小偷，因为他在心里看到了这个小偷犯罪的画面。

我一生中经常有这样的事发生，突然间就知道了一些自己根本不可能知道的事。这些信息来到我心中，就好像是我自己的想法一样。母亲也是这样，她不知道自己在说什么，那就像是一个拥有绝对权威的声音，说出来的话和事实完全相符。

母亲常常觉得我在心智上异常早熟，会像对一个成年人那样跟我说话。显然，她把所有不能告诉父亲的事都告诉了我，因为她很早就把我当作知己，向我吐露心事。我大约十一岁时，她告诉了我一件和父亲有关的事，让我十分惊恐。我冥思苦想，最终得出结论，应该向父亲的一位朋友咨询此事，据说此人很有影响力。一天下午放学后，我瞒着母亲，来到镇上拜

---

① 约翰·海因里希·丹尼尔·乔克（Johann Heinrich Daniel Zschokke）（1771—1848），瑞士历史小说作家，研究瑞士和巴伐利亚史。参看《转型中的文明》，《荣格文集》第10卷，第850段。

访此人。来开门的女仆说他出去了，我失望沮丧地回到家中，但谢天谢地那天他不在。不久，母亲又提到此事，这次的描述截然不同，缓和多了，麻烦顿时烟消云散。我大吃一惊，心想：“你真是个笨蛋，居然相信这种事，太认真了，差点儿酿成大祸。”从那时起，我决定把母亲说的话都一分为二。我对她的信任很有限，所以从不把自己的心事告诉她。

但后来，她的第二人格呈现出来，说话真实到位，简直让我颤抖。如果能把这时的母亲固定下来，我就有一个知己了。

父亲却很不一样。我本该乐于把宗教上的困惑告诉他，寻求建议，但我没有这样做，似乎已经知道，他出于对本职的尊重会怎样回答。不久后的事情证明，这实在是明智之举。父亲私下给我进行关于坚信礼的教导，无聊得要死。一天，我翻着教义问答手册，想找出一点关于主耶稣的阐述，只要不多愁善感，也不像通常那样既难以理解又枯燥乏味就好。我翻到了关于三位一体的段落，这里有点儿我感兴趣的东西：“一”同时也是“三”。这个问题内在的矛盾让我着迷，我热切期待着谈论一番。但终于讲到这里时，父亲说：“现在到三位一体了，但我们会跳过去，因为我自己也一点儿不明白。”我钦佩父亲的诚实，但另一方面，我非常失望，心想：“问题就摆在这儿，他们对此一无所知，也不想去思考一下，那我还怎么能说出我自己的秘密呢？”

在那些喜欢思考、让我印象深刻的同学那里，我也做了一些尝试，结果却是徒劳。我不仅没有得到回应，相反，他们呆若木鸡的反应更让我和他们疏远。

即便乏味无聊，我也竭力让自己不理解就去相信（这种态度似乎与父亲相一致），并为领圣餐做准备——我把最后的希望都寄托在上面了。在我看来，这只是一顿纪念餐，一种为1890-30=1860年前去世的主耶稣举行的周年庆典。但他的确留下一些暗示性的话，比如："你们拿去吃吧，这是我的身体。"意思是说，我们应该吃圣餐饼，仿佛那是他的身体一样，而这饼最初就是肉。同样，我们也要喝葡萄酒，那酒最初就是血。对我来说，我们显然是用这种方式把他吸收到自己身体里。这在我看来荒唐至极，我确定背后隐藏着重要的秘密。我会在领圣餐的过程中参与这个秘密，而父亲似乎也给领圣餐赋予了极高的价值。

按照习俗，教会委员会的一名成员成了我的教父。他是一位和蔼可亲、沉默寡言的老人，一位车匠。我常常站在他的工作间里，看他熟练地摆弄车床和扁斧。现在他来了，穿着长袍、戴着高帽，变得郑重其事。他把我带到教堂，在那里，父亲穿着他惯常的法衣站在圣坛后面，从祈祷书上宣读祈祷文。圣坛上铺着白布，白布上放着一个个大托盘，里面装满小片的面饼。看得出这些面饼是我们的面包师做的，他烤出来的东西不太好，寡淡无味。葡萄酒从锡壶倒进一只锡杯中。父亲吃了一片面饼，喝了一口酒——我知道这酒是哪家酒馆里的——然后把杯子递给一位老人。一切都呆板而庄严，对我来说十分无趣。我心怀悬念，却看不到也猜不到这位老人心中有没有发生什么不寻常的事。这种氛围，和其他那些发生在教堂里的表演并无二致：洗礼、葬礼，诸如此类。给我的印象是，这里正在依照传统礼仪上演着某种东西。看来，父亲最关心的，也是要按照所有仪轨来完成。特定的词句要着重念出，也是这仪轨的一部分。没有人提到耶稣去世已经一千八百六十年这个事实，虽然在其他所有纪念仪式上日期都是被强调的。我既没有看到悲伤，也没有看到欢乐，只觉得这顿宴席方方面面都很拙劣，尤其考虑到仪式要纪念的那个人如此超凡卓绝。它根本不能和世俗节日相媲美。

突然，轮到我了。我把面饼吃进嘴里，和预想的一样，嚼起来没什么味道。至于葡萄酒，我只是小小地抿了一口，又淡又酸，显然不是上乘。之后就是结尾的祈祷。人们鱼贯而出，既不感到难过也不觉得开心，脸上的表情像是在说："就这样了。"

我和父亲一起走回家，强烈地意识到我身上崭新的黑色毛毡帽和黑外衣现在已经变成长袍了。那是一种加长夹克，在臀部分成两个小下摆，其间的夹缝中有一只口袋，可以在里面塞一块手绢——这对我来说，是一个成年男性的仪态。我觉得自己的社会地位提高了，这也意味着被其他男人所接受。那天的周日晚餐相当好，我可以整天都穿着新衣服走来走去。但除此之外，我内心空空，不知道自己是什么感觉。

之后的几天里，我才慢慢意识到，什么也没有发生。我经历了宗教入会仪式的顶峰，有所期待——虽然不知道期待什么——但什么也没发生。我知道上帝会对我做一些了不起的事，这些事关乎火焰与神秘之光。但这个仪式里却没有上帝的踪影——对我来说一点儿也没有。诚然，仪式上谈论了祂，但都只流于空谈。我在其他人那里没有看到巨大的绝望、难以抗拒的快乐和倾泻而出的慈悲，对我来说，正是这些构成了上帝的本质。我没有看到任何“共享”，任何“联合，成为一体”的迹象。和谁呢？耶稣吗？但他只不过是个一千八百六十年前去世的人，为什么要跟他合为一体？他被称作“上帝之子”——一位半神，就像那些希腊英雄一样。那么，一个普通人怎么能跟他合为一体呢？这被称为“基督教”，但其中并没有什么跟我所体验到的上帝有关。另一方面，显然耶稣这个人的确和上帝有关。他教导人们上帝是宽容慈爱的父亲之后，在客西马尼园[1]和十字架上感到过绝望。他应该也见识过上帝的可怕，这我可以理解，但这个用寡淡的面饼和酸葡萄酒举行的拙劣纪念仪式又目的何在呢？我慢慢理解到，这次圣餐仪式对我来说是至关重要的体验。事实证明，它不仅空洞虚伪，而且完全是一次失败。我知道我以后再也不会参加这样的仪式了。“为什么呢？这根本无关宗教，”我心想，“上帝缺席了，我不应该到教堂去。那里没有生命，只有死亡。”

我对父亲产生了最强烈的怜悯之情，我立即明白，他的职业和人生都是悲剧。他一直和死亡抗争，无法接受它的存在。我和他之间出现了一道深渊，奇大无比，以致我看不到任何连接彼此的可能性。我那亲爱、慷慨的父亲，许多事情都让我自己做主，从不对我施以暴政，我不能让他陷入那种要体验神圣

---

① 据《新约全书》，耶稣在受难前夕与门徒相聚的花园。耶稣在此被犹大出卖而被捕。——译者

恩典所必须经历的绝望和渎神。只有上帝才能那样做，我不能，那太不人道了。我想，上帝并不是人类，这正是祂的伟大之处，没有什么人类的东西能侵犯到祂。祂既慈悲又可怕——二者同时存在——所以是个巨大的危险，每个人都想从中拯救自己。人们害怕被引诱和毁灭所害，于是抓住祂慈爱善良的一面。耶稣也注意到了这一点，他教导说："指引我们，使我们不受诱惑吧。"

那种与教堂、与人类世界合一的感觉，就这样破碎了，我遭遇了一生中最严重的打击。我想象出来的宗教观构成了我和宇宙之间唯一有意义的联系，现在它瓦解了。我再也无法拥有普通的信仰，反而卷入无法表达的东西中，卷入我自己的秘密中，这些东西没有人可以分享。这很可怕，最糟的是，它们粗俗而荒唐，像是魔鬼的嘲弄。

我开始寻思：人应该如何思考上帝呢？那个关于上帝和大教堂的想法不是我发明的，三岁时候做的那个梦更不是。这些都是一个比我更强的意志施加在我身上的。大自然应该为此负责吗？但大自然也只不过是造物主的意旨。谴责魔鬼也没有用，因为魔鬼也是上帝创造的。只有上帝是实在的——那毁灭一切的火焰和那难以言喻的慈悲。

领圣餐为什么没能影响我呢？这是我自己的失败吗？我竭诚为这件事做准备，指望得到恩典和启示，结果什么也没发生。上帝并不在场。看在上帝的份上，现在我切断了和教堂的连接，切断了和父亲及其他人的信仰的连接。他们都代表了基督教，我却是一个局外人。明白了这一点，我心中充满忧伤。

那些年，这种忧伤一直笼罩着我，直到进入大学。

我开始在父亲那规模有限的藏书室里搜寻讲述上帝的书——那时他的藏书室对我来说还很不错。起初只找到一些传统观念，但我想找的，是一位独立思考的作者。最后，我偶然发现了1869年出版的比德尔曼（Biedermann）的《基督教教义学》，他显然是一个为自己思考、形成自己观点的人。我从他那儿得知，宗教是“在人和上帝建立自己独有的关系过程中的一种精神行动”。我不同意这个观点，我认为宗教是上帝对我做的事，是祂那边的行动，对此我只应服从，因为祂更强大。我的“宗教”并不承认和上帝之间能建立任何人的关系，我们对上帝所知甚少，怎么可能建立关系呢？要和祂建立关系，我需要更了解他。在比德尔曼论述“上帝的本质”一章中，我读到上帝将自己呈现为“通过与人类的自我相类比而构想出来的人格：独一无二，超凡脱俗，含纳整个宇宙”。

就我对《圣经》的了解，这个定义似乎是合适的。上帝有一个人格，祂是这个宇宙的自我，正如我是我的身心存在的自我。但在这里，我遇到一个棘手的难题：人格毕竟意味着某种个性，个性是这个而不是那个，也就是说意味着一些具体的属性。但如果上帝就是一切，祂怎么还能拥有独一无二的个性呢？另一方面，如果祂确实有一种个性，那祂只能是一个主观、有限的世界的自我。何况，祂会拥有怎样的个性、怎样的人格呢？一切都取决于此，如果不知道这个问题的答案，人就无法和上帝建立关系。

我感到自己非常抗拒在想象中拿上帝和我的人格作对比。对我来说，这种做法即便不是彻底的亵渎，也是狂妄至极。不管怎样，我的自我对我来说已经很难把握了。首先，我意识到我的自我包括两个相互矛盾的方面：第一人格和第二人格。其次，在这两个方面，我的自我都极其有限，受制于所有可能的自我欺骗和错误、心境和情绪、激情和罪过。它遭遇的挫败远多过胜利，它孩子气、虚荣、自私、目中无人、渴望爱、贪婪、不公正、敏感、懒惰、不负责任……让我伤心的是，很多我在别人身上羡慕嫉妒的优点和才华，它并不具备。当我们想象上帝的本质时，怎能以此作为类比呢？

我热切寻找上帝的其他特质，发现在我接受的关于坚信礼的教导中，这些特质都以我熟悉的方式列了出来。我发现，根据第127条："上帝超越世俗的本性最直接的表达是：1）否定的：祂对人类来说是不可见的"等；"以及2）肯定的：祂在天堂里"等。这是灾难性的，因为我脑海中立即闪过上帝直接或间接（比如通过魔鬼）强加在我意志之上的那个亵渎画面。

第183条告诉我："上帝超越世俗的本性在道德方面"体现在祂的"公正"上，这种公正不仅是"明断是非"，也是"祂的神圣存在的一种表达"。我曾期待这一段能讲讲上帝的阴暗面：祂的恶毒，祂那危险的怒火；全能的祂创造出世间万物，又对它们做出种种不可理喻之事；全知的祂理应对这些生命的缺陷了如指掌，却似乎乐于让它们误入歧途，至少要去考验它们，即便祂事先就知道考验的结果——这一切都让我困惑。上帝的个性到底是什么呢？如果一个人表现出这些个性，我们会怎样形容他呢？我不敢把这个问题想到底。之后，我读到，上帝“虽然自身是自足的，在祂之外也一无所求”，但“为了让自己满意”，祂创造了这个世界，这世界“作为一个自然世界，上帝已用祂的仁慈充满它；作为一个道德世界，上帝也渴望用祂的爱充满它”。

起先，我琢磨着“满意”这个令人困惑的词。对什么满意？对谁满意？显然是对这个世界，因为祂看了看自己的作品，表示称赞。但我一直不明白的正是这一点。这个世界当然美不胜收，但也同样可怕之至。在乡下的一个小村庄里，人口很少，也没什么事情发生，“衰老、疾病和死亡”带给人的感受比在其他任何地方都更强烈、更丰富、更直接。我虽然还不满十六岁，却已见到过许许多多人和动物的生命现实，在学校和教堂里也听到太多这个世界的苦难和败坏。上帝最多会对天堂感到“满意”，但随后在祂老人家的授意下，毒蛇，即魔鬼被放进了天堂，以致天堂的荣光没能维持多久。祂对此也感到满意吗？我确信比德尔曼不是这个意思，他只是用这种宗教训导特有的无心方式唠唠叨叨，没有意识到自己写的是一派胡言。正如我看到的，有理由假定，虽然上帝并没有在人和动物所不当承受的苦难中残忍地获得满足，但祂还是有意创造了一个充满矛盾的世界，其中弱肉强食，生命仅仅意味着走向死亡。在我看来，自然法则的“奇妙和谐”更像是被可怕的力量驯服的混乱，而那“永恒”的星空和其中已经注定的运行轨道只是一堆物体随机的叠加，既没有秩序也没有意义，因为谁也没法真正看到人们谈论的那些星座，它们只是随意的排列。

我并没有看到，或者说，是严重地怀疑上帝让自然世界充满祂的仁慈这件事。显然，这也是这些观点中又一个应该被相信而不应该被思考的。如果上帝是最高的善，为什么祂创造的这个世界如此不完美、如此败坏、如此可悲？我想：“显然是魔鬼侵染了这个世界，将它置于混乱中。”但魔鬼也是上帝的造物。我得好好研究一下魔鬼，毕竟他看起来挺重要的。我再次翻开比德尔曼关于基督教教义的书，为这个棘手的问题寻找答案。苦难、缺陷和罪恶的原因是什么呢？我徒劳无获。

对我而言，事情到此结束。这本关于教义的沉重巨著不过是一派胡言；更糟的是，这本书欺骗了读者，它罕见地愚蠢，一心想着遮蔽真相。我的幻想破灭了，甚至感到愤慨，又一次对父亲充满怜悯，他已经成了这种胡言乱语的牺牲品。

但是，在别的地方、别的时代，应该有人和我一样在寻找真相。他们理性地思考，不想自欺欺人，也不想否定这个世界的悲惨现实。差不多是在这个时候，我母亲，确切地说，是她的第二人格，突然直截了当地说：“你最近应该读一读歌德的《浮士德》。”我们家有一套很好的歌德著作的版本，我找出了《浮士德》。这本书像神奇的香油一样流进我的灵魂。“终于，”我想道，“有人认真考虑魔鬼的问题，甚至和他定下可怕的契约——对方有能力挫败上帝创造一个完美世界的计划。”我为浮士德的行为感到遗憾，因为在我心里，他不该如此一边倒，如此容易上当受骗。他本该更明智、更有道德。如此轻浮地拿自己的灵魂做赌注，不是太孩子气了吗！浮士德显然有点饶舌。我觉得这场戏的中心和意义，主要是在靡菲斯特

（Mephistopheles）这边。如果浮士德的灵魂下了地狱，我并不会感到难过，他活该。我不喜欢结尾处“魔鬼受骗”的想法，毕竟靡菲斯特绝不是一个呆笨的魔鬼，他被愚蠢的小天使哄骗并不符合逻辑。在我看来，靡菲斯特是在一个完全不同的意义上受骗的：他并没有得到自己应得的权利，因为浮士德，这个某种意义上平庸无奇的家伙，带着他的欺骗直接去了来世。无可否认，到了那里，他的天真幼稚就会暴露出来。但在我看来，他不配接受那伟大秘密的启示，我宁愿让他尝尝地狱之火的滋味。我认为，真正的问题在靡菲斯特那里，他整个形象给我印象极深，我隐隐约约感到，他和大母亲（Mothers）的秘密有关[①]。不管怎样，靡菲斯特和结尾处的伟大启示对我来说一直是美妙而神秘的体验，留在我意识世界的边缘。

我最终得到证实，确有一些人曾注意到邪恶的无限力量，而且更重要的是——邪恶在把人从黑暗和苦难中解救出来的过程中所扮演的神秘角色。在这个意义上，歌德成为我眼中的一位先知。但我不能原谅他用一个骗人的小伎俩打发了靡菲斯特，对我来说，这太神学、太轻率、太不负责了。歌德也不免落入这种把魔鬼塑造成无害力量的狡猾骗局，为此我深感遗憾。

读这本书的时候，我发现浮士德勉强算得上是个哲学家，虽然他放弃了哲学，但显然已经从里面学到一种对真理的感受

---

① 《浮士德》第二部，菲利普·韦恩（Philip Wayne）译（英格兰哈蒙兹沃思，企鹅出版社，1959 年），第 76 页及以下。

性。那时候，我对哲学还一无所知，但看到了一丝希望。我想，也许有的哲学家和这些问题搏斗过，可以给我一些启发。

既然父亲的藏书室里没有哲学家的书——他们在思考，所以是可疑的——我只好从克鲁格（Krug）1832年第二版的《哲学科学通用词典》中获得满足。我立即翻到关于上帝的部分。让我失望的是，其中从“上帝”这个词的词源学意义开始，声称这个词“不可否认”来源于“善”，意指最高存在或完美。书中继续称：上帝的存在无法被证明，上帝这一观念的固有性也无法被证明；然而，上帝这一观念即便不能以任何现实的可能性存在，也可以先验地存在于人心中；不管怎样，我们的“智识力量”应该“在有能力产生这样崇高的想法之前，已经发展到一定水平”。

这个解释让我无比惊讶。我想，这些“哲学家”到底怎么了？他们显然只是通过道听途说了解上帝。神学家在这一点上不一样，他们至少确信上帝是存在的，即便他们关于上帝的描述自相矛盾。这位词典编纂者克鲁格表达自己观点的方式如此不中立，显然他乐于声称自己完全相信上帝的存在。那为什么他不能直言不讳呢？为什么他要假装——好像他真的觉得是我们“形成”了上帝的观念，而且在此之前我们必然已经达到了某个发展水平？据我所知，即便丛林中裸身而行的野人也有这样的观念，他们显然不是坐在那里“形成上帝这一观念”的“哲学家”。我也从来没有形成过上帝的观念。上帝当然无法被证实：一只吃澳大利亚羊毛的衣蛾，怎样向其他蛾子证明澳大利亚的存在呢？上帝的存在并不依赖于我们的证明。我是怎样获得对上帝的确信呢？虽然听说过许多关于上帝的说法，但我什么也没法相信。这些并不能让我信服，也不是我观念的来源。实际上，那根本不是一个观念——不是想出来的东西。不是想象出一个东西，经过仔细考虑以后再相信它。比如，对我来说，关于主耶稣的一切都是值得怀疑的，我从来没有真正相信过，虽然他带给我的印象比上帝还深，而上帝经常只是隐现在背景中。为什么我认为上帝理所当然是存在的呢？为什么这些哲学家要假装上帝是一种观念、一种任意的假设，可能形成也可能不形成？上帝显然是存在的，就像掉在你脑袋上的砖头一样明白无误。

我突然明白，至少对我而言，上帝是最确定、最直接的体验之一。不管怎样，那个关于大教堂的可怕意象不是我发明出来的；恰恰相反，是它被强加到我身上，极其残忍地逼迫我去思考它，之后那种难以言喻的慈悲降临到我身上。这些事并不受我控制。我得出结论，认为这些哲学家一定出了什么问题，因为他们的想法很奇怪，居然认为上帝是一种假设，可以被讨论。哲学家们也没有提供任何关于上帝阴暗作为的想法或解释，这也让我相当不满。对我来说，这些议题值得从哲学的角度予以特别关注和慎重考虑，因为它们构成的问题对神学家来说十分棘手。我极其失望地发现，哲学家们甚至都没有听说过。

于是，我来到下一个感兴趣的话题——魔鬼这部分。我读到，如果我们设想的魔鬼从一开始就是邪恶的，就会陷入明显的矛盾中，也就是说会陷入二元论。如果我们假设魔鬼最初是作为一个善良的存在被创造出来，后来被自己的骄傲所败坏，这样就会更好一些。然而，正如文章作者指出的——我很高兴能看到这一点——这个假设预先假定，它尝试要解释的邪恶，其实就是骄傲。作者继续说，除此之外，邪恶的来源“无法解释，莫可名状”。对我来说，这意味着他就像那些神学家一样，并不想去思考这件事。关于邪恶及其起源的这一段，也没能给我带来什么启发。

这些思想的形成和观念的发展持续多年，中间有长期的间断，我在此描述的只是一个概要。这些过程都是在我的第二人格中发生的，非常私密。用父亲的藏书室来进行这些研究，是秘密的，没有征询过他的许可。在间断的时期，我的第一人格公开阅读格斯特克（Gerstäcker）的所有小说，以及译成德语的经典英语小说。我也开始阅读德国文学，主要是那些还没有被学校里吃力不讨好的解释败坏胃口的经典作品。我的阅读范围广阔且漫无目的，有戏剧、诗歌、历史，后来还有自然科学。阅读不仅让我兴味盎然，而且提供了一种受欢迎而有益的方式，让我从日渐消沉的第二人格中摆脱出来。在宗教问题的领域，我所到之处无不门户紧闭，即便能打开一扇门窥见其中内里，我也会大失所望。其他人似乎都在关心截然不同的问题。在我确信的事情上，我感到十分孤独。我比任何时候都想与人交谈，但哪儿也找不到切入点；相反，我在其他人那儿感受到的是隔阂、猜疑和不安，让我欲言又止。这也令我沮丧，不知道该怎么办。我想，为什么没有人和我有相似的体验呢？学术书里为什么只字未提呢？我是拥有这种体验的唯一一人吗？为什么我要成为这唯一呢？我从来没觉得自己有可能疯了，因为对我来说，上帝的光明和黑暗即便让我觉得沉重，也是可以理解的事实。

我觉得自己被逼进一种奇怪的局面，有些凶险，它意味着与世隔绝。而且，我被不公正地当作替罪羊，次数之多难以消受，让我更加不快。学校里发生的一些事加剧了我的孤立。我在德语课上表现平平，因为这门科目，尤其是德语的语法和句法，我根本不感兴趣。我又懒又烦，对我来说，作文题目常常显得肤浅愚蠢，于是我写的文章也要么漫不经心、要么力所不逮。我以平均分数过关，这倒是很适合我，因为我通常倾向于低调。大体上，我和那些出身贫寒的男孩有共鸣，他们和我一样没有背景。我也喜欢那些一点儿也不聪明的人，虽然可能会被他们的愚蠢和无知激怒。其实，他们能提供一些我内心深处渴望的东西：他们天真质朴，不会注意到我有什么不一样。我的“与众不同”逐渐带给我一种不友善且相当危险的感觉：我身上应该有些自己没意识到的让人讨厌的特质，使老师和同学对我避而远之。

在这些先入之见中，有一件事发生在我身上，让我如遭雷击。老师给我们布置一个作文题目，就这一次，我有了兴趣，于是劲头十足开始动笔，写出一篇在我看来既认真又出色的文章。我期待得到的分数至少是第一等——当然不是最高分，那会让人注意到我，但也是接近最高分的。

我们老师有个习惯，就是按照作文的优劣顺序来进行点评。他提到的第一篇当然是班里成绩最好的那个男孩写的，这没有问题。随后就是其他人了。我等了又等，始终没有听到我的名字。“不可能，”我想，“我的作文不可能那么差，比他已经评点过的这些可怜虫分数还低。到底是怎么回事？”是不是我如此无与伦比，以致会被孤立，以最可怕的方式吸引了注意力？

所有的文章都讲过之后，老师停了停，说：“现在我这儿还有一篇作文——荣格的。到目前为止这是最好的一篇，我本应把它放在第一，但不幸的是，这不是他写的。你是从哪儿抄来的？老实交代！”

我猛地站起来，既震惊又愤怒，哭道：“这不是抄的，我费了好大劲儿才写出一篇好作文。”但老师叫道：“你撒谎！你永远写不出这样的作文，没有人会相信。说，你到底是从哪儿抄的？”

我赌咒发誓也没用，老师坚持他的想法。他开始威胁我：“我告诉你，如果我知道你是从哪儿抄的，你会被赶出学校。”说完，他转身离去。同学们向我投来异样的眼光，我惊恐地意识到他们是在想：“啊，原来如此。”我的申辩被当成了耳边风。

我感觉从那时起，就被打上了耻辱的烙印，所有能让我不要与众不同的方式都没用了。我感到深深的沮丧和羞辱，发誓要报复老师。而且，如果我有机会的话，某些直接出于丛林法则的事可能已经发生了。在这世上，我怎样才能证明自己并没有抄袭那篇文章呢？

有好几天，我翻来覆去思考这件事，一次次得出结论：我没有权力，盲目而愚蠢的命运游戏给我贴上了骗子的标签。现在，我明白了许多之前不懂的事：比如，当父亲向老师询问我在学校的表现时，其中一位老师说："哦，他表现平平，但是非常努力。"他们认为我比较笨、比较肤浅。这并不让我不快，但如果他们认为我会耍手段，在道德上诋毁我，那我就会火冒三丈。

就在我的悲伤和愤怒快要失控时，发生了一件事，这个现象我之前已经在自己身上看到过几次：突然出现了一阵内在的宁静，仿佛吵闹的房间里突然关起一扇隔音门。我心中似乎升起一阵冷漠的好奇，问自己："这里到底在发生什么？好吧，你很激动，那个老师当然是笨蛋，不理解你的本性——就是说，不比你自己更理解，所以他像你一样不相信。你不相信自己，也不相信别人，这就是为什么你和那些纯真、简单、一眼就能看透的人在一起。当一个人不理解事物时，他就变得激动起来。"

在这些不掺杂个人情感的思考中，我突然想到在我不想去思考被禁止的思想时，仍然强加在我身上的一系列观念。虽然那时我并没有看到第一人格和第二人格之间有什么不同，虽然我仍把第二人格的世界当作我的私人世界，但在背景深处，我总觉得有我之外的其他力量介入。仿佛这群星璀璨之浩渺宇宙的一次呼吸触碰了我，又仿佛一个不可见的灵魂走进了房间——拥有这个灵魂的人早已死去，但这个灵魂不受时间限制，一直存在着，直至遥远的未来。这种结局被内在灵性的光辉所环绕。

当然，那时候我不可能用这种方式来表达自己。但现在，我也并没有把某种当时不存在的东西加入我所描绘的意识状态中。我只是想试着表达出当时的感受，并借助我现在知道的东西去言明那个朦胧的世界。

那件事过去几个月之后，同学们给我取了一个外号，叫“亚伯拉罕老爹”。第一人格不明白为什么，觉得这个称呼愚蠢可笑。但在背景里的某个地方，我觉得它正中要害。所有对这一背景的暗示都让我痛苦，因为我读的东西越多、对城市生活越了解，就越有这样的印象：我正在认识的现实和在乡下长大获得的世界观很不一样，那里有树木河流，人和动物居住的小村庄沐浴在阳光下，天空中风动云移，被黑暗笼罩的夜晚不知会发生什么。它并不只是地图上的一个位置，而是“上帝的世界”，依循祂的秩序，充满神秘的意义。但显然，人类并不知道这一点，就连动物，某种程度上也失去了对此的感知。这一点很明显，比如在奶牛那悲伤而若有所失的样子里，在马儿那逆来顺受的眼神里，在狗的忠诚里（它们不顾一切地依赖人类），甚至在那些选择房屋和谷仓作为居所和猎场的猫那自信的步伐里。人就像动物，而且似乎像它们一样无意识。他们低头看地、抬头看树，想找点什么有用的东西，看能拿来做点什么。他们像动物一样群集、配对、打斗，却不明白自己栖居在同一个宇宙里，在上帝的世界里，在永恒之中，这里一切都已出生，一切都已死去。

正因为动物和我们如此相似，和我们一样蒙昧，所以我喜欢所有的恒温动物，它们的灵魂和我们一样，我想我们能在直觉上相互理解。我们共同体验到欢乐和悲伤、爱和恨、饥和渴、恐惧和信任——这些是存在的基本特质，语言、敏锐理解力和科学不在此列。我虽然像普通人那样敬佩科学，但也看到，它让人从上帝的世界中异化、偏离出来，导致一种动物没有能力经历的退化。动物是宝贵的，忠心耿耿、不改初衷、值得信赖。至于人，我从来没有像现在这样不信任他们。

我并不把昆虫视为动物，我认为冷血的脊椎动物也只处在接近昆虫的一个很低的中间阶段。这类动物是观察和收集的对象，只是用来满足好奇心，是外在于人类的。它们是非人生命的呈现，更接近植物而不是人类。

“上帝的世界”在地球上的显现，作为一种直接沟通的方式，是从植物王国开始。仿佛谁越过造物主的肩膀观看，造物主却认为自己没有被注意到，制造起玩具和装饰来。另一方面，人和真正的动物则是上帝身上独立出来的部分。这就是为什么它们可以到处走动，选择自己的居所，而植物只能待在原地自生自灭。它们不仅表达出美，也表达出上帝的世界之思想；它们没有自己的意愿，也不会离经叛道。其中，树木尤为神秘，在我看来，它直接体现了生命那不可思议的意义。所以，在树林里，我感觉和生命最深的意义、最叹为观止的创造最为接近。

熟悉了哥特教堂之后，我这种印象得到加强。其间的石头蕴含着宇宙的无限性、意义和无意义交织的混乱、非个人的目的和机械规律。既包含也是那无尽的存在之神秘，那灵性的化身。不论在死去还是活着的事物中，这二者的神圣本质都让我对石头有种依稀的亲切感。

正像之前说的，那时我还没有能力把这些感受和直觉形成一种生动形象的表达，因为它们全都发生在第二人格中，这时候我那活跃而有领会能力的自我处在被动状态，被吸收进了那属于时间长河的“老人”中。我以一种奇妙、不假思索的方式体验到他和他的影响，他一出现，第一人格就变得黯淡，几乎不存在。而当自我越来越认同第一人格的主导时，这位老人（如果还记得他的话）就变成一个遥远而虚幻的梦。

十六岁到十九岁间，进退两难的迷雾逐渐消散，我的抑郁状态也有所改善。第一人格越来越明显地浮现。学校和城市生活占据了我的时间，日益增长的知识也慢慢渗透或压抑了直觉和预感。我开始系统探究我在意识层面考虑的问题。我读到一篇哲学史简介，由此获得一幅鸟瞰图，知道这个领域里都思考过哪些问题。我满意地发现，自己的很多直觉在前人那里都能找到对应。最吸引我的，是毕达哥拉斯、赫拉克利特、恩培多克勒和柏拉图的思想，除了那长篇大论的苏格拉底式论证。他们的思想美妙而无用，就像画廊里的画，只不过更有距离。只有在梅斯特·爱克哈特（Meister Eckhart）那里，我才感受到生命的气息——不是说我理解他。经院哲学家让我觉得冷冰冰，圣托马斯①的亚里士多德式理智主义，对我来说比沙漠还了无生机。我想：“他们都想借助逻辑把戏，逼迫某种东西呈现出来，而这种东西他们既没得到过，也不真的了解。他们想向自

① 此处应指经院哲学家圣托马斯·阿奎那（St. Thomas Aquinas）。——译者

己证明一种信仰，而事实上这是体验的问题。”对我来说，他们就像那些听说大象存在却从来没见过的人，如今想在逻辑的基础上论证这种动物应该是存在的，也应该由事实上构成它们的那些东西构成。由于显而易见的原因，十八世纪的批判哲学一开始就对我毫无吸引力。至于十九世纪的哲学家黑格尔那自大而费力的语言让我分心，我完全不信任他。对我来说，他就像一个被囚禁在自己的话语大厦里还大模大样指手画脚的人。

但这些研究带来了一个很好的结果：让我发现了叔本华。他第一个谈到这世上围绕在我们周围显而易见的苦难，还谈到了混乱、激情和邪恶——别人对这些事几乎不予留意，而且经常试图把它们消解在那无所不包的和谐与理解之中。这里终于有个哲学家有勇气看到，宇宙的基础中并非一切都是出于好意。他既不谈论造物主的至善和全知，也不谈论宇宙的和谐，而是直言不讳地描述一个根本的缺陷，人类历史的可悲进程和大自然的残酷都是由此而起：创世意志的盲目性。证实这一点的，有我早期观察到的染病死去的鱼类，生疥癣、冻僵挨饿的鸟儿，以及发生在野花遍地的草地上的悲剧：蚯蚓被蚂蚁折磨致死，昆虫把彼此撕成碎片，如此等等。和人类相处的经验也绝没有让我相信人的本性善良正直。以我对自己的了解，我知道我是慢慢把自己和动物区分开的。

我对叔本华描绘这个世界的阴沉画面心悦诚服，但并不赞同他对问题的解决。我确信，他用“意志”一词，指的就是上帝、是造物主，而且他在宣称上帝是盲目的。我从经验中懂得，上帝并不会被任何亵渎所冒犯；恰恰相反，祂甚至鼓励这种亵渎，因为祂不仅想激发人光明和积极的一面，也想激发人阴暗和不信神的一面。叔本华的观点并不让我难过，我将它视为一种得到事实支持的定论。但他有一个理论却让我非常失望：为了让盲目的意志转变自身，理智只需用它的意象直面盲目的意志就行了。既然意志是盲目的，它又怎能看到这意象呢？即便它能看到，又怎能被说服而改变它自身呢——意象呈现的内容，不正是受意志所左右吗？理智又是什么？它是人类灵魂的一种功能，不是一面镜子，而是一片无限小的镜子碎片，就像小孩拿着一小片对准太阳，想把太阳晃晕一样。我很疑惑，叔本华怎么会对这样一个有缺陷的答案感到满意。

所以，我想史全面地了解他，他和康德的关系越来越让我印象深刻，于是我开始阅读康德。首先是《纯粹理性批判》，这本书让我绞尽脑汁，回报就是我发现了叔本华体系的一个基本缺陷：他犯了个致命的错误，把隐喻表达实体化，为一个本体、一个物自体赋予了一些特殊的性质。康德关于知识的理论教会我这一点，它带给我的启发也许超过了叔本华的“悲观主义”世界观。

哲学上的发展，从我十七岁那年，一直延续到就读医学院期间。这让我对世界和人生的态度发生了革命性的转变。从前的我害羞、腼腆、不信任人、苍白瘦弱，而且明显体弱多病，现在我对一切都相当有胃口，我知道自己要什么，而且会去行动。我也明显变得更容易接近，更能与人交谈。我发现，贫穷并不是障碍，而且远不是苦难的主要原因。富家子弟并不比破衣烂衫的穷孩子多什么优势，决定一个人幸福与否的原因远比他兜里的零用钱更深刻。我比以前交到了更多、更要好的朋友，我感觉脚下的地面更加坚实，甚至有了勇气公开表达自己的观点。但我很快发现，这只是个让我后悔的误解，因为我不仅遭遇尴尬和嘲笑，还有敌意的拒绝。我惊慌而狼狈地发现，有些人觉得我爱说大话、装腔作势、诡计多端。早年指责我是骗子的事再次重演，虽然形式更加温和。这种事又一次和我感兴趣的一个作文题目搭上了关系。我认认真真写这篇文章，竭尽全力加以润饰，结果却让人崩溃。“这是荣格写的文章，”老师说，“相当出色，但却是如此不用心地一挥而就，很容易看出没下什么工夫。荣格，我可以告诉你，这种草率的态度在生活中是行不通的。生活需要认真和责任心，需要工作和努力。看看 D 的文章，他没有你那点小聪明，但他诚恳、负责、努力，这才是生活的成功之道。”

我没有像第一次那样感觉很受伤，因为他虽然这么说，但对我的文章还是印象深刻，而且至少没有指责我抄袭。我抗议他的指责，却被这样一段话驳回：“《诗艺》[①]认为，最好的诗歌能把创作的努力隐藏起来。但你无法让我相信你的文章也是这样，因为它轻浮，是仓促写成的，没有经过任何努力。”我知道我的文章里有一些很好的观点，但老师甚至不想费心去讨论。

这件事让我有些苦闷，但同学对我的怀疑才更棘手，他们威胁要让我回到原来那种孤立沮丧的状态。我绞尽脑汁，想明

① 古罗马时期的文艺理论著作，由古罗马的贺拉斯著。——译者

白是什么惹来他们的诽谤。经过小心的询问，我发现他们对我侧目而视，是因为我经常对那些我不可能知道的事做出评论或暗示。比如，我假装知道康德和叔本华，或古生物学，这些东西学校里可还没教过。这些惊奇的发现让我明白，所有这些我急切想要了解的问题，其实和日常生活都没什么关系，而是像我的终极秘密那样，属于“上帝的世界”，对这个世界最好保持沉默。

从此以后，我留意不要在同学面前提起这些深奥的问题，在我认识的成年人中也没有一个人可以交谈，我不想被当作牛皮大王和骗子。最痛苦的，是我尝试克服两个内在世界的分裂而未能成功。事情接二连三地发生，迫使我从日常的存在状态中出来，进入那无边无际的“上帝的世界”。

“上帝的世界”这种表述对有些人来说也许富有情感，但对我来说根本不是这样。一切非凡的事物都属于上帝的世界——闪耀的光芒，深渊里的黑暗，无限时空那无情的泰然自若，还有非理性变化之世界那神秘的怪诞。对我来说，“上帝”就是一切——除了“训导”之外的一切。

随着年岁渐长，父母和旁人越来越多地问我想成为怎样的人。我并没有清晰的想法，我的兴趣把我拉向不同的方向。一方面，科学强烈吸引着我，它有基于事实的真理；另一方面，我又很喜欢任何跟比较宗教有关的东西。科学领域，我最感兴趣的是动物学、古生物学和地理；人文方面则是希腊罗马、埃及和史前考古学。那时，我当然没有意识到，这些迥然不同的科目正好呼应了我内在世界的二分状态。科学吸引我的，是具体的事实及其历史背景；而比较宗教吸引我的，是灵性问题，哲学也对这些问题有所涉及。在科学中，我错过了意义的部分；在宗教中，又错过了经验主义的部分。科学在很大程度上满足了第一人格的需要，而人文和历史研究则为第二人格提供了指导。

由于这两股力量的撕扯，我有很长时间都无法专注。我叔叔是母亲家族的领导者，也是巴塞尔的圣奥尔本斯（St. Albans）的牧师。我发现他轻轻地朝神学方向推动我。一次，他在餐桌上和他的一个儿子——他所有的儿子都是神学家——讨论一个宗教观点，我当时在旁边那难得一见的殷勤态度没能逃过他的眼睛。我想知道，是不是有些神学家和大学里的顶尖人物有密切来往，这样就知道得比我父亲多一些。我从不觉得这些对话和真实的体验有关，和我的那种体验就更没关系了。他们只关注《圣经》叙事的教义观点，关于奇迹的描述数不胜数，让人难以相信，于是所有这些观点都让我很不舒服。

等到我上大学预科时，被获准每周四在这位叔叔家里吃午饭。我对他心存感激，不仅是因为午饭，更因为这是一次独一无二的机会，能在他的餐桌上听到聪明、理智的成年人的对话。发现确有这样的东西存在，对我是相当惊奇的体验。在我的家庭环境中，从来没听到过任何学术讨论。有时，我的确尝试过和父亲讨论严肃的问题，得到的却是防御性的不耐烦和焦虑，让我摸不着头脑。多年以后我才明白，可怜的父亲不敢思考，因为他被内在的怀疑所消耗。他在逃避自己，于是坚守着盲目的信仰。他不能把这当作一种恩典，因为他想“通过斗争来赢得它”，用痉挛似的努力逼迫它到来。

叔叔和几位堂兄可以心平气和地讨论教父[1]的教条和教义，以及现代神学家的各种观点。他们似乎安全地居住在一个不证自明的世界秩序里，尼采的名字在其中根本不存在，而雅各布·布尔克哈特（Jakob Burckhardt）也只能勉强得到一点赞许。布尔克哈特是“自由主义者”，“想当过火的自由思想家”，这就暗示在事物永恒秩序的问题上，他的立场偏颇了。我知道，叔叔从来没想过我和神学有多么遥远，我深感抱歉让他失望了。我从不敢在他面前提出我的问题，因为我太清楚这对我来说会是怎样一场灾难。我没什么能为自己辩解。相反，第一人格却一马当先，我的科学知识虽然还比较贫乏，却受到了彼时科学唯物主义的充分滋养。只不过它被历史证据和康德的《纯粹理性批判》所制约，后者在我当时的成长环境中显然无人能懂。虽然神学家叔叔和堂兄们用赞赏的语气提起康德，但他们只用康德的原理来批驳他们反对的观点，却从不用在自己身上。对这件事，我也不置一词。

于是，我和叔叔一家坐在餐桌前时，开始感觉越来越不舒服。由于我那习惯性的内疚，星期四变成了可怕的日子。在这个社会生活和精神生活都安全舒适的世界里，我越来越感觉生分，尽管我也渴求那不时流出的一点一滴的智力刺激。我自觉不诚实，心中惭愧，不得不对自己承认：“是啊，你是个骗子，

① 此处意为“教会的父老”，指在神学上具有权威的早期著作家。——译者

你欺骗那些善意待你的人。他们生活在一个人际和智识都很安定的世界，对贫穷一无所知。他们的宗教是一份谋生的职业，他们完全没有意识到，上帝自己会把一个人从他惯常的精神世界里调转出来，罚他亵渎神明——这一切并不是他们的错。我没法向他们解释这些，我得自己肩负厌恶的感觉，学会忍受它。”不幸的是，这种尝试我还从来没成功过。

随着这种道德冲突的加剧，第二人格对我来说越来越难以预料，让人不快，我再也没法回避自己的这一面了。我试着消除第二人格，却也徒劳无功。在学校里、在朋友面前，我可以忘掉他；我学习科学的时候，他也不见踪影。但独处时，不论是在家还是在乡下，叔本华和康德就威风凛凛地回来了，随之而来的就是那宏伟壮观的“上帝的世界”。我的科学知识也构成了这个世界的一部分，用生动的颜色和形象填充这块巨大的画布。第一人格和他担心的职业选择问题沉到地平线以下，仿佛只是十九世纪最后十年的一个小插曲。但当我从远征中回到现世时，带回一种宿醉的感觉。我，确切地说是第一人格，生活在此时此地，而且早晚得形成一个确定的想法，明白他要追求的职业是什么。

父亲跟我严肃地谈了几次。他说，我喜欢什么，就可以学什么，但如果我想听听他的建议，他觉得我应该离神学远一点。“想做什么都可以，但不要做神学家。”他强调说。这一次，我们心照不宣地达成一致，认为有些事可以说出来、做出来，而不必受到非难。我尽可能少去教堂，也不再参加圣餐仪式，而他从来没有揭穿过我。离教堂越远，我感觉越好。我唯一错过的是风琴和合唱音乐，而绝不是“宗教共同体”。这个词对我来说毫无意义，那些习惯去教堂做礼拜的人，远没有“世俗”中人之间更像一个共同体。世俗中人可能德行少些，但他们更友好，情感更自然、更随和、更开朗、更热心也更真诚。

我可以让父亲放心，一点儿也没想做神学家。但我仍在科学和人文之间摇摆不定，二者都很吸引我。我开始意识到，第二人格并没有容身之处。在那种状态里，我从此时此地中脱离出来，感觉自己是那千眼宇宙中的一只眼睛，却像地面上的一颗小卵石一样，无力移动多少距离。第一人格反叛这种被动性，他想起来做点什么，但此刻他又困在一个无法解决的矛盾中。显然，以后会发生什么我只能走着瞧了。如果有人问我以后想成为什么样的人，我会习惯性地说：语言学家。这话在我心里真正的意思，是亚述和埃及考古学家。但事实上，我用空余时间继续学习科学和哲学，尤其放假的时候，那时我总是和妈妈、妹妹一起待在家里。我跑去向母亲哀叹“我很无聊，不知道做什么好”的日子已经过去很久了，如今假期是一年中最好的时候，那时我可以独处了。而且，至少在暑假期间，父亲会离开家，他习惯去萨克瑟恩（Sachseln）度假。

我只有过一次假期旅行，当时十四岁，遵照医嘱被送到恩特勒布赫（Entlebuch）疗养。我那时食欲和健康状况不稳定，希望有所改善。我生平第一次独自待在陌生的成年人中间。我被安排住在天主教牧师的房子里，对我来说这既诡异又是迷人的冒险。我很少见到牧师本人，他的管家虽然容易敷衍了事，但绝不是一个让人害怕的人，一点凶险的事也没发生。一位年老的乡村医生监护我，他开了一家酒店式疗养院，接待各式各样的康复病人。这些人形形色色：农民、小职员、商人和几个从巴塞尔来的有教养的人，其中一个化学家达到了学术荣耀的顶峰——获得了博士学位。我父亲也是博士，但他只是个语言学家。这位化学家对我来说迷人而新鲜，他是个科学家，也许是个可以解开石头之谜的人。他还是个年轻人，教我打槌球，他或许知识渊博，但并没有传授给我。我太害羞、太紧张，而且实在太愚昧，以致没有问他什么。他是我遇到的第一个获知自然秘密（至少是其中一部分）的大活人，我为此而敬重他。他和我坐在同一张桌前，吃一样的食物，甚至时不时地和我说上几句。我感觉自己进入了成年人那高端的世界。当我被允许参加为寄宿者安排的郊游时，这种地位的提升得到了确认。有一次，我们去了一座酿酒厂，被邀请品尝样品。用诗歌来描绘就是：

不怕来者多抱怨，
且看眼前杯中酒。[①]

我发现眼前这些小瓶子如此美妙，让我飘飘欲仙，进入一种全新的、意料之外的意识状态。再也没有什么里面和外面，什么“我”和“其他人”，什么第一人格和第二人格；谨慎和羞怯消失了；大地和天空，宇宙和其中的一切，爬的、飞的、旋转的、上升的、下降的，都合为一体。我醉得丢脸，醉得光

① 威廉·布什（Wilhelm Busch）的《约卜西之歌》。

荣，醉得得意洋洋。我仿佛掉进一片至乐冥想的汪洋大海，被强有力的海浪席卷着，不得不用眼睛、手和脚抓住任何可能的固体，从而在摇摇摆摆的街道、房屋和树木之间保持平衡。“太棒了，”我心想，“唯一不幸的是，稍微多了一点。”这次体验结局悲惨，但仍然是个发现、一种对美和意义的预感，只是被我的愚蠢所破坏。

疗养结束时，父亲来接我一起去卢塞恩湖旅行。我们登上一艘汽船，快乐极了。我从来没见过这样的东西，还没看够蒸汽发动机的运转就突然听说已经到菲茨瑙（Vitznau）了。一座高山耸立在村庄之上，父亲说这就是里吉山（Rigi）。一条齿轮铁路盘山而上。我们来到一个小火车站，这里的机车是世界上最奇怪的，锅炉是竖直的，却朝一个奇怪的角度倾斜，车厢里的座位也是倾斜的。父亲把一张车票塞进我手里说：“你可以一个人坐着上山，我留在这儿，两个人一起坐太贵了。小心不要掉下去。”

我高兴得说不出话来。伫立在面前的这座雄伟山峰比我见过的任何东西都要高，而且和我在遥远的童年见到的火红山峰很相似。现在，我差不多是个大人了。为了这次旅行，我给自己买了一根竹手杖和一顶英国赛马帽——这正是一个世界旅行家的合适装备。现在，我就要登上这座大山了！我已经忘了自己和这座山哪个更大。随着一股巨大蒸汽喷出，这神奇的机车抖动着，嘎嘎作响，把我带到令人头晕目眩的高度。眼前的深渊和山景时时更新，让我惊叹不已。最终，我来到山顶，站在奇怪的稀薄空气中，望向那难以想象的远方。“是的，”我心想，“就是这个，这就是我的世界，真实的世界，那个秘密。这里没有老师，没有学校，没有无法回答的问题。这里，不问任何问题也能存在。”我沿着路小心行走，四周都是悬崖峭壁。一切都非常神圣，我觉得在这儿人应该彬彬有礼、保持沉默，因为这是在上帝的世界里。这里是上帝世界的有形存在。这是父亲给我的最好、最珍贵的礼物。

这些景象让我如此难忘，以致在“上帝的世界”中后来发生的事，都从我的记忆中被抹掉了。不过，第一人格在这次旅行中获得了自主，他得到的印象伴随我余生。我仍能看到自己长大成人、独立自主，戴着一顶硬挺的黑帽子，拿着一根昂贵的手杖，坐在卢塞恩湖边一座富丽堂皇的酒店台阶上；或者在菲茨瑙一个美不胜收的花园里，坐在阳光闪耀的条纹遮阳棚下一个铺着白布的小桌前，喝着清晨第一杯咖啡，吃着涂满金色黄油和各种果酱的牛角面包，计划着去哪儿度过这个漫长的夏天。喝完咖啡，我心绪宁静，迈着谨慎的步子朝一艘汽船踱去。它会把我带到哥达岭（Gotthard）山脚，那些宏伟的山峰顶上覆盖着银光闪闪的冰川。

之后几十年间，每当我工作繁忙、劳累不堪，想休息一下时，这个意象就会浮现在我眼前。现实生活中，我一次次向自己承诺去实现这样一次旅行，却从未兑现。

这是我意识到的第一次旅行；一两年后，又有了第二次。我获准去看在萨克瑟恩休假的父亲。他告诉我一件事，让我印象深刻：他和当地的天主教牧师交上了朋友。在我看来，这是个相当大胆的举动，私底下，我很佩服父亲的勇气。逗留期间，我参观了弗鲁伊利（Flü-eli）的修道院以及克劳斯修士（Brother Klaus）的圣物，那时他已被宣布升入真福品位。我不明白天主教徒是怎么知道他已进入真福品位的；是他仍然逗留于此，亲口告诉人们的？那个地方的气场让我印象深刻，我不仅能想象一个人把自己的一生完完全全献给上帝，甚至能理解这种感情。但这样想的时候，我内心有种不寒而栗的感觉，一个我无法回答的问题冒了出来：有这样一个圣人做丈夫和父亲，他的妻儿需要承担什么呢？不正是由于我父亲的缺点和不足，我才觉得他很可爱吗？“是啊，”我心想，“谁能和圣人一起生活呢？”显然，他也看到那是不可能的，所以不得不成为一名隐士。不过，他隐修的小屋离家并不远。我想，这主意不坏：家人住在房子里，而我住在不远处的一个小屋，里面有一堆书、一张写字台，生一堆明火，可以烤烤栗子或者在三足鼎里煮点儿汤。作为一个神圣的隐士，我再也不用去教堂了，我将拥有自己的私人小教堂。

我从修道院那儿漫步上山，沉浸在自己的思绪中。正要下山时，左边出现了一个年轻女孩的苗条身影。她穿着当地的服装，容貌可人，用一双友好的蓝眼睛和我打招呼，仿佛我们一起走下山是世上最自然不过的事。她和我一般大。我还不认识除了表亲之外的任何女孩，感觉尴尬极了，不知该怎么和她说话。于是，我犹豫不决地解释说，我来这里待几天，休假；我在巴塞尔念大学预科，之后想进大学学习。说话的时候，一种命中注定的奇怪感觉向我袭来。“她正是在这时候出现的，”我心里对自己说，“她这么自然地和我走在一起，仿佛我们就该在一起似的。我从侧面看她，她脸上有一种害羞和钦佩混杂在一起的表情。这让我有些不安，某种程度上甚至打动了我。我不明白，这有可能就是命运吗？我遇到她只是偶然吗？一个农家女孩——有可能吗？她是个天主教徒，但她的牧师会不会就是和我父亲交上朋友的那个？她不知道我是谁。我显然不能和她谈叔本华，谈意志的消极面，不是吗？看不出她有什么邪恶的地方。也许她的牧师不是那种穿黑色长袍、鬼鬼祟祟走来走去的耶稣会会士，但我也不能告诉她，我父亲是一位新教牧师。这也许会吓到她，或者冒犯她。谈谈哲学，或者魔鬼——即便歌德把魔鬼描绘成傻瓜，他也比浮士德更重要——但这也不可能。她仍然住在那遥远的天真之地，而我已深入现实，深入到创造的辉煌和残忍之中。她怎么受得了听我说这些？我们之间竖起一堵无法穿越的墙壁，我们既没什么关系，也不可能有什么关系。”

我心中伤感，退回自身，把话题转到不那么危险的内容上。她是要去萨克瑟恩吗？天气不是很好吗？景色多美啊！诸如此类。

从外在来看，这次相遇没有任何意义。但从内心来看，它却很重要，不仅好几天在我心头萦绕不去，而且永远留在了我的记忆中，就像路边的一处圣地。那时，我还处在孩子气的状态，生活由彼此孤立、没有关联的经历构成。而谁又能发现那将我从克劳斯修士引向漂亮女孩的命运之线呢？

那个时期，我的生活充满各种矛盾的想法。首先，叔本华和基督教对不上号；其次，第一人格想从第二人格忧郁的压制中解脱出来。不是第二人格感到沮丧，而是第一人格记起第二人格的时候感到沮丧。就是在那时候，我人生中第一个有规律的幻想从对立面的碰撞中产生了。它是一片一片出现的，就我记忆所及，是来自一段让我深受震动的经历。

一天，一阵西北风把莱茵河刮得浪起浪伏。我去上学的路沿着河边。突然，我看到一艘船从北面驶来，张着巨大的主帆，赶在风暴到来之前朝莱茵河上游驶去。莱茵河上的一艘帆船！这种景象我从来没见过。我的想象力张开了翅膀。如果不仅有这条水流湍急的河，而整个阿尔萨斯地区是一个大湖，我们就会有许多帆船和大轮船了，巴塞尔就是一个港口了，几乎就和住在海边一样好。那样一切都会不同，我们会生活在另一个时代、另一个世界；没有什么大学预科班，不需要走很远的路去上学；我会长大成人，按照自己的意愿安排自己的生活。湖里会有一座岩石小山，经一条狭窄的地峡和大陆相连；地峡又被一条宽阔的运河切断，运河上有一座木桥，通向一扇两翼有高塔的大门，里面是一座小型的中世纪城市，建造在周围的斜坡上。岩石上耸立着坚固的城堡，里面给养充足，还有一座瞭望塔。这就是我的家。里面没有高雅的大厅，也没有任何富丽堂皇的迹象。房间布置简单，镶着木板，而且很小。有一个极其迷人的图书馆，任何值得学习的东西都可以在里面找到。也有武器收藏，堡垒里堆满了重型火炮。除了这个，城堡里还有一队驻军，由五十个武装人员组成。小城市有几百个居民，由市长和一个老年人组成的市政委员会共同统治。我自己呢，是治安法官、仲裁人和顾问，时不时露面，只为开庭问案。在小城朝向陆地的一侧，有一个港口，那儿停着我的双桅帆船，上面还装备了几座小加农炮。

这一切的神经中枢，或说是存在的原因，是给养的秘密。这个秘密只有我知道。这一想法像电击一样进入我的脑海。塔楼内部有一根铜柱，或说是重型电缆，有手臂那么粗，从城堞一直延伸到拱形地窖。它的顶端分成相当细小的枝杈，就像树冠一样——确切地说，像植物的主根，上面有许多细小的须根，向上伸展到空中。它们从空气里吸收一种难以想象的物质，这种东西沿着铜柱传导，来到地窖中。在这儿，我也有一种难以想象的装置，类似实验室，里面用铜根从空气中吸收的神秘物质来提炼黄金。这的确神秘，我既没有也不想形成任何概念来描述其本质。我的想象力也并不关心提炼过程是怎么发生的，它得体而小心翼翼地绕过了实验室里真正发生的事。这里有种内在的禁令：人不应该把里面的事看得太清楚，也不该问从空气中吸收的物质是什么。正如歌德谈到大母亲时说的："即便谈论，也是胆大妄为。"①

当然，"灵性"对我来说意味着某种难以言喻的东西，但说到底，我不认为它和非常纯净的空气有什么本质不同。须根吸收并传导到铜柱里的，是一种灵性的精华，它到达地窖后就有了可见的外形——金币。这当然不是变戏法，而是大自然的一个秘密，庄严而极其重要。我不知道自己是怎么知道这个秘密的，而且我不仅要向市政委员会的老人隐瞒这个秘密，某种

---

①《浮士德》第二部，第76页。

意义上也要向我自己隐瞒。

去学校那条漫长而无聊的道路，现在相当愉快地缩短了。我几乎一出学校就进了城堡，那里正在进行一些重建工作：委员会在召开会议，坏人被判刑，纠纷得到仲裁，加农炮也在开炮。帆船的甲板清理干净了，帆和索具都装备好了。帆船在一阵微风中缓缓出港，当它从岩石背后驶出时，借着强劲的风力向西北方向驶去。突然间，我发现自己已经站在家门口，仿佛时间只过去了几分钟。我从幻想中走出来，就像走出一驾轻而易举把我载回家的马车。这件事非常享受，持续了几个月我才开始厌倦。之后，就觉得这幻想愚蠢而荒谬。我开始用小石子来建造城堡和防备森严的炮台，用泥做砂浆，以此取代白日梦。那时，胡宁根的城堡还完好无损，我就以它为模板。我研究了所有能找到的沃邦（Vauban）的防御计划，很快就对一切技术问题了如指掌。后来又从沃邦转向了现代防御方法，用我有限的手段建立了各种不同的防卫模型。这件事占据了我两年多的闲暇时间，期间我对自然科学和具体事务的知识稳步增加，而这是以第二人格为代价的。

我想，既然我对真实的事物所知甚少，那也就没有理由去思考它们了。谁都可以有幻想，但真实的知识是另一回事。父母允许我订阅一本科学期刊，我读得非常起劲。我在我们的汝拉山（Jura）上寻找所有可能找到的化石，并收集起来，还有任何能到手的矿石、昆虫、猛犸象和人的骨头——猛犸象骨是从莱茵兰平原的砾石坑中找到的，人骨是从胡宁根附近一个万人坑里发现的，此坑可追溯至1811年。我对植物也有兴趣，但不是在科学的意义上。我并不明白植物吸引我的原因，只是强烈地觉得它们应该被拔起来晒干。它们是有生命的东西，只在生长和开花的时候有意义——这是种隐秘的意义，是上帝的想法。我应该敬畏它们，并用一种哲学式的惊叹予以深思。生物学家对它们的描述很有趣，但并非必要。然而我又无法对自己解释清楚，到底什么是必要的。比如，植物和基督教、和上帝意志的对立面有什么关系呢？这我无法理解。它们显然参与了神圣的纯真状态，对此还是不要打搅为好。对比之下，昆虫则是变性的植物——本是用脚来爬、用翅膀（它们的翅膀就像花朵的花瓣一样）来飞的花朵和果实，成天在植物上面忙于捕食。正是因为这种不正当的活动，它们遭到大量杀灭，六月鳃金龟和毛虫尤其成为这种惩罚性活动的目标。我那“对一切生物的同情”严格局限在恒温动物的范围内，冷血脊椎动物中唯一例外的是青蛙和蟾蜍，因为它们和人类有相似之处。

3. 大学时代

除了对科学的兴趣日渐增长，我也时不时会再去看些哲学书。职业选择的问题越来越迫在眉睫。我热切盼望着中学时代的结束，这样就可以去上大学了——当然，是去学自然科学，这样我就能获得一些真实的知识了。但刚对自己许下这样的承诺，我就开始怀疑了。我的爱好不是更偏向历史和哲学吗？然后，我又一次对埃及和巴比伦文化产生了浓厚的兴趣，非常想成为一名考古学家。但我没钱去巴塞尔之外的地方学习，巴塞尔又没有老师教这个科目，于是这个计划迅速告吹。我举棋不定很久，不断拖延做决定的时间。父亲非常担忧，一次他说："这孩子对一切能想象的东西都感兴趣，但他不知道自己要什么。"我得承认他说对了。随着入学考试的临近，我们需要决定报考哪个专业。我唐突地决定报考科学，却让同学摸不到我的底，不知我是真要去学科学，还是要去学人文。

突然做出这样的决定是有原因的。几周前，当第一人格和第二人格为了决定权相互较劲时，我做了两个梦。第一个梦是在莱茵河畔一片阴暗的树林里。我来到一个小丘前，那是座古坟，我动手挖掘起来。过了一会儿，我找到一些史前动物的骨头，惊奇不已。我觉得有趣极了，那一刻我就知道，我应该去了解大自然，了解我们身处其中的这个世界和我们周围的万事万物。

之后做了第二个梦。我仍然在一片树林中，许多小河在其中川流而过。在最黑暗的地方，我看到了一个池塘，周围有一圈茂密的灌木丛。一只最奇特、最美妙的动物半没在水中：它身体呈圆形，闪烁着乳白色的光芒，由不计其数的小细胞，或说是形状像触须一样的器官组成。这是一只巨大的散线虫类生物，约有三英尺宽。它的美丽如此难以形容，以致我觉得，它就该躺在这隐蔽之处、这清澈的深水中，不受打扰。它在我心中唤起一种强烈的求知欲，我醒了过来，心脏突突直跳。这两个梦打消了所有的疑虑，让我一边倒地偏向科学。

我明白，在我所处的时代和地方，一个人要自谋生计，这样就得成为某一种人。让我印象深刻的是，所有同学都被这种必要性占据，不想其他任何事情。我觉得自己有点古怪，为什么不能下定决心投入一件明确的事呢？就连D，那个德语老师在我面前把他树为勤勉尽责典范的书呆子，也知道自己要去学神学。我觉得自己应该静下心来，把这件事想清楚。比如，如果我学的是动物学，也许只能当个老师，最多也就是去动物园当个职员。即便一个人想要的不多，这条路也是没有前途的——尽管比起在学校教书，我还更愿意去动物园工作。

在这条死胡同里，我突然有了灵感，觉得可以去学医。很奇怪，之前从未有过这个想法，虽然我的祖父就是个医生。我听说过他很多事情，正是因为这一点，我对这份职业有种抗拒。我的座右铭是:“绝不模仿”。但现在，我告诉自己，学医至少会从学习科学类科目开始，这样我就可以做我想做的事了。而且，医学领域如此广泛，之后总能有机会选择专攻方向。学习科学确定无疑了，唯一的问题是：怎么学？我需要自谋生路。由于囊中羞涩，不能去国外的大学学习，没法获得让我有望能从事科学职业的培训，我最好的出路，也不过是个科学的“票友”。我的个性使我被许多同学和重要人物（比如老师）讨厌，所以也不可能找谁来资助我实现愿望。于是，当我最终决定学医时，有种很不愉快的感觉，觉得带着这样的妥协开始生活不是什么好事。不过，决心已下，无可更改，这还是让我感到相当宽慰。

随后出现了一个苦恼的问题：钱从哪儿来呢？父亲只能负担其中一部分；他为我申请了巴塞尔大学的助学金，让我丢脸的是，居然获准了。我觉得丢脸，还不全是因为我们的贫穷赤裸裸暴露在世人面前，而是因为我心里相信，所有那些“领导”、那些“要人”都对我心怀恶意，我从没指望能从他们那里得到这样的善意。显然，我得益于父亲的好名声，他是个善良而简单的人。然而，我觉得自己和他完全不同。其实，我对自己有两种不同的看法。在第一人格看来，我是个中等天赋的年轻人，很不友善、野心勃勃、任性散漫、举止可疑，在天真的热情和孩子气的失望发作之间摆荡，内心深处是个隐士和反启蒙主义者。另一方面，第二人格把第一人格看作一项困难而吃力不讨好的道德任务，一门必须通过的课程，种种缺陷轮番出现又增加了过关难度：懒惰、泄气、沮丧；对没人重视的想法和事物怀有愚蠢的热情；容易想象友情的存在；见识短浅、有偏见、愚蠢（尤其是数学！）；对他人缺乏理解；在哲学问题上想法混乱；既不是一个诚实的基督徒，也不是别的什么。第二人格没什么具体的性格，他是个完成了的生命，出生、活着、死去，一切都合而为一，他是生命的全景。虽然他无情地洞悉自己，却无法通过第一人格那密集、阴暗的介质来表达自己，尽管他渴望这样做。第二人格觉得，任何关于他自己的可以想象的表达，都像一块扔过世界边缘的石头，无声地掉进那无尽的黑夜。不过，在他身上，光明占主导地位，就像皇宫里的宽敞大厅，许多高高的窗户正对外面阳光普照的开阔风景。这里有意义和历史的传承。第一人格的生活有着支离破碎的偶然性，和他所在的环境并没有真实接触；第二人格则与此形截然不同，他觉得自己和中世纪有种隐秘的一致性，就像《浮士德》所象征的那样，来自过去的遗产显然让歌德内心深处激动不已。所以，对歌德来说也一样，第二人格是一种真实——这给了我莫大的安慰。现在，我惊讶地发现，《浮士德》对我的意义胜过我所喜爱的圣约翰（St. John）的《福音书》。《浮士德》里有种东西直接打动了我的情感。约翰笔下的基督对我来说显得陌生，当然其他《福音书》中的救世主更让我觉得陌生。《浮士德》则是我第二人格的活生生的对等物，我确信他就是歌德对自己所处时代的回答。这一想法不仅让我感到安慰，也增加了我内心的安全感和对人类社会的归属感。我不再孤立，不再是个怪人，不再是残忍大自然手中的玩物。我的教父、我的权威，就是伟大的歌德本人。

大约在这一时期，我做了一个梦，既吓到了我，也给了我勇气。梦里是黑夜，在一个不知名的地方，我缓慢而痛苦地顶着大风前行，周围到处飘着浓雾。我的双手拢着一盏随时有可能熄灭的小灯，一切都指望我能不能让这盏小灯不熄灭。突然，我感觉有种东西从后面跟上来，我向后看，只见一个巨大的黑色身影跟着我。害怕的同时，我也意识到，不论有多么危险，也要保护这盏小灯，穿越夜晚和强风。醒来后，我立刻意识到这个黑影是“布罗肯山（Brocken）的幽灵”，是在那盏小灯的光线下，我自己的影子投在打旋的浓雾上产生的。我也知道，这盏小灯就是我的意识，我拥有的唯一光源。我的理解力就是我唯一的财富，也是最宝贵的财富。虽然和巨大的黑暗相比显得渺小而脆弱，但它仍然是光源，我唯一的光源。

这个梦给我带来巨大启发。现在我知道，第一人格就是那个持灯的人，第二人格像影子一样跟着他。我的任务就是保护灯光，而且不要去看完成了的生命：那显然是另一种光的禁区。我必须顶风前行，这风要把我推进身后那无边无际的黑暗世界中去：在那里，人除了背景中事物的表面，别的什么也意识不到。在第一人格的角色里，我需要前进——去学习、赚钱、承担责任、经历纠缠、体验混乱、犯错误、屈服、失败。朝我吹来的风暴就是时间，它一刻不停地流向过去，过去也一刻不停地贴着我们的脚后跟。它产生一种巨大的吸力，贪婪地把所有生命都吸进它的身体。我们只有努力向前才能逃脱一段时间。过去真实而近得可怕，如果不能用一个满意的回答来保住性命，就会被它抓住。

我的世界观又一次转了九十度。我清楚地意识到，我的道路通向外在，进入三维世界的极限和黑暗中无法回头。在我看来，亚当应该就是用这种方式离开天堂的。伊甸园成了他的幽灵，而那光芒就是他要流着汗水努力耕种的、满是石头的土地。

我问自己:“这个梦是从哪儿来的呢？”直到那时，我一直想当然地以为，这些梦都是上帝直接送来的。但是现在，我已经吸收了大量的认识论，开始为怀疑所苦。比如，也许有人会说，我的洞察力经过长时间的缓慢成熟，突然在一个梦里有了突破。事实的确如此。但这种解释只是一个描述，真正的问题是，为什么这个过程会发生，为什么它会破壳而出进入意识。意识层面，我并没有做什么来推动这样的发展；相反，我支持的是另外一面。所以，有些东西应该是在幕后完成的，那是种智能，至少是比我自己更有智能的东西。在意识光芒的照耀下，内心的光之国度呈现为一个硕大的阴影，这种非凡的观点不是我自己能想出来的。现在，我突然明白了许多年之前无法理解的事——尤其是每当我说起内在国度的任何往事时，人们脸上掠过的那种混着尴尬和隔膜的冰冷阴影。

显然，我应该抛开第二人格，但我绝不能对自己否认他的存在，也不能宣布他无效。那样就是一种自残，而且会让我再也不可能解释这些梦的来源。我心中确信，第二人格和这些梦的产生有关，而且我很容易相信，他具有必要的高级智能。但我感觉自己越来越认同第一人格，而且这种状态反过来被证实只是那更加广泛的第二人格的一小部分，正是由于这个原因，我感觉自己再也不能认同第二人格。实际上，他是个幽灵、一个精神体，可以自己对抗黑暗的世界。做这个梦之前，我并不知道这一点，甚至做了这个梦之后——在我的回忆中，这一点是确定的——我也只是模糊地意识到这一点，虽然在情感上毫不怀疑。

不管怎样，我和第二人格之间出现了分裂，结果“我”被指派给第一人格，并在同等程度上和第二人格分离开，于是第二人格获得了一种自主的人格。我并不把这和任何一种确定个性的想法联系起来，比如把他看作一个归来的亡灵，尽管考虑到我出身农村，这种可能性对我来说并不陌生。乡下人根据具体情况来选择是否相信这些事：有些相信，有些不相信。这个灵魂唯一的特点，就是他的历史性，他在时间中的延伸，或者说他的无时间性。当然，我当时并没有对自己讲这么多话，也没有对他的空间存在形成任何看法。他是我第一人格的存在背景中的一个因素，从没有被清晰地定义，但却明确地存在。

孩子对大人的话的反应，比对周遭氛围中无法估量的因素的反应要少得多。孩子无意识地让自己适应这些因素，这在他心中产生了种种具有补偿作用的联系。“宗教”相关的各种独特观念，在我很小的时候已经来到我心中，它们是自发产生的，只能将其理解为对我的家庭环境和时代精神作出的反应。那种后来让我父亲屈服的宗教怀疑，自然需要经历很长时间的孵化。个人世界中，乃至外部世界中的这样一场革命，把它的影子投向前方，这个影子越长，我父亲在意识层面就越会不顾一切抵挡它的力量。可以理解，父亲心中那不祥的预感给他带来了不安，随后又传递给了我。

我从没觉得这些影响来源于母亲，因为在某种程度上，她深深扎根在看不见的土地里，虽然我从不觉得这土地是她那坚定的基督教信仰。对我来说，这土地和动物、树木、高山、草原和流水有关，所有这一切都和她表面的基督信仰及传统的信仰观念大不相同。这一背景和我自己的态度如此一致，以致没有给我带来任何不安，反而给了我一种安全感，让我确信这里有可以让人立足的坚实土地。我从未想过这一地面是不是“异教徒的”。那时，在我心中的父性传统和无意识受激发产生的奇异的补偿性内容之间开始出现冲突，而母亲的“第二人格”在这场冲突中给了我最有力的支持。

回望过去，我现在发现童年时的发展历程在很大程度上预见了未来发生的事，也为适应父亲的宗教崩溃、适应我们今天所见的全世界大范围暴发的启示做了准备。这个启示不是一天一天形成的，而是很久之前就投下了自己的阴影。虽然我们人类有自己的个人生活，但在很大程度上，我们是一个存在了千百年的集体精神的代表、受害者和推动者。我们可能认为自己一生都在凭直觉行事，可能从来没有发现，多数时候我们只是世界舞台上跑龙套的。有些东西，虽然我们不了解，却影响着我们的生活，尤其当它们处在无意识中。所以，我们存在的至少一部分是活在时间长河里的——这一部分，我自己称之为“第二人格”。西方宗教已经证明，这不是一种个人的好奇，这种宗教明确地把自己运用到这一内在人物上，两千年来一直认真尝试用人格化的关注把它带到我们表层意识的知识中来：“不要外求,真理在内在的人那里。”

1892年至1894年间，我和父亲有过一系列十分激烈的讨论。父亲从前在格丁根（Göttingen）学了东方语言，写了一篇关于阿拉伯语版《雅歌》的学位论文。到了毕业考试，他的光荣时代便结束了，从那以后他就忘记了自己的语言学天赋。作为乡村牧师，他陷入伤感的理想主义和对他黄金学生时代的怀旧中。他继续抽着一支学生用的长烟斗，发现他的婚姻和之前想象的并不一样。他做了许多好事——太多了——因而，他常常容易发火。父母都竭力过着虔诚的生活，结果他们之间常常愤怒相向。这些困难后来让父亲的信仰破灭，也是情理之中。

那时，他的易怒和不满与日俱增，让我很担心。母亲竭力避免激惹他，拒绝卷入争论。虽然我意识到这是上上策，却常常无法控制自己的脾气。他愤怒暴发时，我绝不抵抗，但等他的情绪看起来缓和一些，我有时就会试着和他交谈，希望能听到他内心的想法和他对自己的理解。在我看来，显然有很具体的事在折磨他，我怀疑这和他的信仰有关。从他留下的一些蛛丝马迹中，我确信他是因为对宗教产生怀疑而痛苦。在我看来，如果必要的体验没有发生在他身上，他就不免会是这个样子。我尝试和他进行对话，发现有种东西出了差错，因为我所有的问题得到的不是一样陈腐而没有生命力的神学答复，就是一个无奈的耸肩，这在我身上引发了矛盾的心情。我不理解他为什么不抓住这些机会迎难而上，接受自己的处境。我发现自己批评性的问题让他感到悲伤，但我何尝不想建设性地交谈？因为我简直难以想象，难道他不该有对上帝的体验吗？这可是所有体验中最直白的。我所学习的认识论足够让我懂得，这种知识是不能被证明的；但我同样清楚，它就像日落的美丽或黑夜的恐怖一样无须证明。我笨拙地尝试向他表达这些显而易见的真理，希望帮他承受那不可避免降临到他身上的命运。他需要和人争吵，于是他和家人、和他自己争吵。他为什么不和上帝争吵呢？祂才是一切造物的暗中作者，只有祂需要为这个世界的苦难负责。上帝定会给他一个神奇迷人、意义深远的梦作为回答，就像曾经给我的梦那样。这种回答决定了我的命运，而我甚至都没有问过祂。不知为什么，事情就是这样发生的。祂甚至让我瞥了一眼祂自己的存在。这是个伟大的秘密，我不敢、也不能透露给父亲。如果他能理解关于上帝的直接体验，我也许会告诉他。但我和他的交谈从来没有到达那一步，甚至从来没有触及这个问题，因为我总是用一种相当非心理学、相当理智的方式开始谈话，竭力避免涉及情感层面。每一次，这种方式就像公牛面前的一块红布一样把他激惹起来，让我摸不着头脑。我实在不明白，为什么完全理性的讨论会遇到这样情绪化的阻力。

这些毫无效果的讨论恶化了我和父亲之间的关系，最终我们都放弃了，陷入各自的自卑情绪中。神学让我和父亲彼此疏远，我感觉又遭受了一次致命的打击，尽管我觉得自己并不孤独。我有种模糊的预感，觉得他正在向自己的命运屈服，无计逃避。他很孤独，没有朋友可以说话，至少在我们的熟人中间，我不知道有谁是可以敞开心扉说点心里话的。一次，我听到他在祈祷，他努力挣扎着保存自己的信仰。我立即激愤不已，因为我看到他多么绝望地被困在教会和神学思维中。他们堵上了一切让他有可能直接接近上帝的通路，然后背信弃义地抛弃了他。现在，我理解了早年体验最深刻的含义：上帝自己拒不承认神学和以神学为基础建立的教会。另一方面，上帝宽恕了神学，就像他宽恕其他许多事情一样。对我来说，认为人要为这些结果负责是很荒唐的。为什么是人呢？“他们生下来就像小狗一样又哑又瞎，”我心想，“像上帝的所有造物一样拥有微乎其微的光芒，从来不足以照亮他们在其中摸索前行的黑暗。”我也很清楚，我所知道的神学家，没有一个曾经用自己的眼睛看到“那在黑暗中闪耀的光芒”，如果他们看到过，就不会去教“神学宗教”。这种宗教对我来说极其匮乏，因为除了不怀希望地相信它，就没别的事情可做了。这就是我父亲曾英勇尝试却搁浅的事，他甚至不能在精神病学家那愚蠢的唯物主义面前保护自己。这种唯物主义，也是人们得去相信的东西，就像神学一样，只不过是在一个相反的意义上。我比以前任何时候更确信，这两种东西都既缺乏认识论批判，又缺乏体验。

父亲显然觉得，精神病学家发现了大脑里的某种东西能够证明，在心智应该存在的地方只有物质，没有任何“精神的”东西。他对我的告诫可以证明这一点。他说，如果我去学医，应该对上天起誓，千万不要成为一个唯物主义者。在我看来，这个警告的意思是，我应该什么也别信，因为我知道，唯物主义者相信自己的定义，就像神学家相信自己的定义一样；而我可怜的父亲才出龙潭又入虎穴。我意识到，他这个声名远播的信仰给他开了一个致命的玩笑，不仅是他，还有大部分我认识的有教养而认真的人。对我而言，信仰的首要罪过就是它垄断了体验。神学家怎么知道上帝有意安排了一些事，又“允许”了另一些事呢？精神病学家又怎么知道物质被赋予了人类心智的特性呢？我如果屈服于唯物主义，不会有什么危险，但我父亲就会有。显然，有人悄悄和他谈到了“联想”，因为我发现他在读伯恩海姆（Bernheim）一本讨论联想的书，是西格蒙德·弗洛伊德翻译的。[1]这是全新而重要的启程，因为我从未见过父亲阅读小说和临时旅游书籍之外的东西，所有“聪明”而有趣的书都是禁忌。但读精神病学的书也没有让他更快乐，他的抑郁情绪越来越频繁而强烈地出现，疑病症也是。许多年间，他抱怨过各种各样的腹部症状，尽管医生没能给他任何确诊。现在，他抱怨说感觉“肚子里有石头”。很长一段时间我们都没有严肃对待这件事，但最后医生也怀疑起来了。这种状况一直持续到 1895 年夏末。

那年春天，我开始在巴塞尔大学读书。我人生中唯一一段感到无聊的时光——读大学预科的日子——终于结束了，通向知识的总和与学术自由的金色大门朝我敞开。现在，我将听到关于自然界，至少是它最本质的方面的真理。我将了解关于人体解剖学和生理学的一切，还将学到各种疾病的知识。此外，

①《暗示及其治疗效果》（莱比锡和维也纳，1888 年）。

我还将加入父亲之前加入过的佩戴彩色徽记的大学生联谊会。大一那年的早些时候，他来参加了一次联谊会的远足，去的是位于马克伽芬（Markgrafen）的一个葡萄酒种植村。他在那儿做了一次异想天开的演讲。那时，我高兴地发现，他学生时代那种欢快大胆的精神重新出现了。有一瞬间，我觉得他的人生在毕业那一刻就停滞了，一首校园歌曲中的一段歌词在我耳边回响：

他们双目低垂，
朝着市侩庸人的土地前进，
天哪，天哪，天哪！
沧海桑田！①

这些句子重重地落在我心上。很久以前，他也曾是一个满怀热情的大一新生，就像现在的我一样；世界向他敞开大门，就像现在对我敞开一样；知识的无尽宝藏摆在他面前，就像现在摆在我面前一样。这一切，怎么就在他面前干枯凋零，变成了心酸和苦涩？我找不到答案，要么是找到了太多答案。那个夏夜，他发表的关于酒的演讲，是他最后一次活出自己记忆中应有的样子。不久之后，他的健康状况恶化了。1895 年深秋，他开始卧床不起；1896 年初，他去世了。

① "With downcast eyes they marched back to the land of the Philistines. O dear, O dear, O dear, how things have changed!"（原文为德语）。

上完课，我回到家中，问他情况怎样了。“哎，还是老样子，非常虚弱。”母亲答道。父亲对她耳语了几句，她又把话重复给我听，同时朝我使眼色，告诉我他已经神志不清了:“他想知道你有没有通过国家考试。”我明白自己得撒谎了:“是的，考得非常好。”他长舒一口气，闭上了眼睛。不一会儿，我又走进去看他。他很孤单，母亲在隔壁房间里做事。他喉咙里发出嘎嘎的声响，看得出他正在经历临终的痛苦。我站在他床边，看得入了迷。我从来没有亲眼见过死亡。突然，他停止了呼吸。我等了又等，等着下一次呼吸出现，但它没有出现。然后，我想到了母亲，于是来到隔壁房间。她正坐在窗边织毛线。“他快死了。”我说。她和我一起来到床边，看到父亲已经死了。她看似惊奇地说道:“这一切发生得太快了。”

之后的几天阴沉而痛苦，很少留在我的记忆中。一次，母亲用她的“第二个”声音对我或是对周围的空气说道:“他为你而死，死得正是时候。”意思好像是:“你们不了解对方，他有可能已经妨碍你了。”在我看来，这一观点正好符合母亲的第二人格。

“为你”这个词给了我相当沉重的一击。我觉得过去日子的一部分现在已经走到尽头，无可挽回了。但同时，一些男子气概和自由在我心中觉醒。父亲死后，我搬进他的房间，也接替了他在家中的位置。比如，我每周都要把日常家用的钱拿给母亲，因为她不会节约开支，不懂理财。

父亲去世六周后，出现在我的梦里。他突然站在我眼前，说刚刚度假回来，还说自己恢复得很好，现在回家了。我以为他会因为我搬进了他的房间而生气，但他居然一点儿也没有！不过，我感到羞愧，因为我曾以为他已经死了。两天后，这个梦又重复了一遍。父亲身体康复回到家中，而我又为自己认为他已经死去而自责。后来，我一直自问："父亲在梦里回来，感觉如此真实，这是什么意思？"这个体验让我无法忘怀，第一次逼迫我去思考死后的生活。

父亲去世后，我怎样继续学业这个难题也出现了。母亲的一些亲戚认为，我应该去商行里谋个职位，尽快挣到钱。母亲最小的弟弟愿意资助她，因为她自己的钱根本不够维持生活。父亲这边的一位叔叔帮了我，到完成学业时我欠了他三千法郎。我靠做初级助理，帮一位上了年纪的姨妈处理她收藏的一小批古董挣到了余下的部分。我把这些古董一件一件卖掉，卖了好价钱，得到一笔可观的提成。

我不该错过这段贫穷的时光，人会在其中学会珍惜简单的事物。我仍记得收到一盒雪茄作为礼物的时刻，这礼物对我来说慷慨之至。这盒雪茄抽了整整一年，我只允许自己每个星期天抽一根。

大学时代对我来说是一段美好的时光，每样东西都有智识上的生命力，而且这也是个交朋友的时期。在大学生联谊会的聚会上，我做了几次神学和心理学主题的演讲。我们有过许多生动愉快的讨论，而且不局限于医学问题。我们就叔本华和康德展开辩论，我们知道西塞罗的文体中所有微妙之处，也对神学和哲学感兴趣。

大学期间，我在宗教问题上得到了许多启发。在家里，我有了一个好机会，可以和一位神学家谈话，他曾是我父亲的牧师。他很有名气，不仅因为他胃口惊人让我相形见绌，也因为他学识渊博非凡。我从他那儿知道了许多关于教父和教义历史的事，他也把新教神学的许多新内容介绍给我。那时正风行里敕尔（Ritschl）的神学，其中的历史相对论激怒了我，尤其是和火车的对比。[①]在大学生联谊会里和我讨论的神学学生，似乎都很满意基督一生产生的历史影响这样的理论。对我来说，这样的看法不仅愚蠢，而且死气沉沉。我也不赞同把基督放到突出位置上，让他成为人和上帝的戏剧里唯一的决定性人物。对我来说，这完全辜负了基督自己的观点，即他的圣父圣灵会在他死后取代他在凡人中的位置。

对我来说，圣灵是那难以描述的上帝的显现。圣灵的作用不仅庄严崇高，也分享了耶和华的作为中那种特有的、奇怪甚至可疑的品质。我天真地把耶和华等同为上帝的基督教意象，这正是我在坚信礼的指导中学到的。（这一时期，我也并没有意识到，魔鬼，确切地说是和基督教一起诞生的。）对我来说，主耶稣毫无疑问是一个人，所以也会犯错，或者说，他只是圣灵的一个代言人。这个观点相当异端，和神学观念大相径庭，自然会让人完全无法理解。对此的失望逐渐让我进入一种顺从、默然的状态，也更让我确信，在宗教问题上，只有体验

---

① 阿尔布雷希特·里敕尔（1822—1889）把基督的到来比作火车启动，引擎从后面给一个推力，动能传遍整列火车，然后最前面的车厢开始移动，于是基督给出的推动沿着历史传承下来。——阿尼拉·杰菲

才有价值。

大学的第一年里，我发现科学的大门里虽然有不计其数的知识，却很少有真正的洞见，而洞见属于一种专门的类型。我从哲学书里读到，是心灵的存在造成了这种状况。如果没有心灵，知识和洞见都不会存在。但是关于心灵，前人却什么也没说。每当遇到这个问题，人们都认为是理所当然的，即便有人提到它——比如 C · G · 卡鲁斯（C. G. Carus）——也没有提供真正的知识，只有些很容易混淆不清的哲学思考。这些奇怪的看法让我摸不着头脑。

不过，第一学期结束时我有了另一个发现，这个发现产生了许多重要的影响。在一个同学父亲的藏书室里，我偶然发现一本关于降神术现象的小书，出版于七十年代，讲的是灵学的起源，作者是一位神学家。我最初的怀疑很快就消散了，不禁发现书中描绘的现象和我早年在乡下一遍又一遍听到的故事大致相同。毫无疑问，材料是真实可信的，但这些事在物理上是否真实，对这个重大的问题该书却没有提供让我满意的答案。不过可以确定，在每一个时代，在世界各地，同样的故事都被一遍一遍地讲述。这背后应该是有原因的，而且不太会是出于同一种宗教观念在各地的主导，因为事情显然不是这样。这应该是和人类心灵的客观活动有关。但是，关于这最重要的问题——心灵的客观本性——除了哲学家的话，我几乎找不到任何说法。

灵学家的观察在我看来奇怪而可疑，却是我最先见到的对客观心灵现象的描述。佐尔纳（Zoellner）和克鲁克斯

（Crookes）这样的名字给我留下了印象，我读了当时这方面能找到的几乎所有文献。自然，我也和朋友们聊起这些事，但他们不是报以嘲笑和怀疑，就是焦虑地防御起来，让我很惊讶。他们声称，像鬼魂和转动桌子这样的事不可能发生，所以只是骗局。我惊叹他们居然那么有底气，也惊叹他们的防御是那么明显地带着焦虑。我也并不确定这些报告是不是全然可信，但说到底，鬼魂为什么不能存在呢？我们怎么知道某些事情是“不可能的”？而且，最重要的是，那种焦虑意味着什么？对我自己来说，这类可能性相当有趣迷人，给我的生活增加了另一个维度，也让这个世界获得了深度和背景。比如，梦有可能和鬼魂有关吗？康德的《精神先知的梦》一文出现得正当其时，没多久我还发现卡尔·杜普莱尔（Karl Duprel）从哲学和心理学的角度评价过这些想法。我钻研了埃申迈尔（Eschenmayer）、帕萨旺（Passavant）、尤斯蒂努斯·克纳（Justinus Kerner）和格雷斯（Görres），还读了斯维登堡（Swedenborg）的七卷本。

母亲的第二人格全心全意支持我的热情，但我认识的其他所有人都明确反对。此前，我只在传统观念上碰壁；但现在，我遇到了人们铁板一块的偏见，发现他们完全没有能力承认非常规的可能性。我甚至在最亲密的朋友那里发现了这一点：在他们看来，这些东西比我对神学的成见糟糕多了。我觉得自己已经走到了世界的边缘，让我兴致勃勃的事对其他人来说等于零，甚至会引起恐慌。

怕什么呢？我想不出原因。毕竟，认为有些事超越了空间、时间和因果律的有限范畴，这样的看法既不荒谬也不惊世骇俗。动物就能提前预感到暴风雨和地震，有些梦会预见某些人的死，钟会在死亡的那一刻停下来，玻璃会在关键时候碎裂。在我童年所处的世界里，这些事都被认为理所当然。而现在，我显然成了唯一听说过这些事的人。我语重心长地自问，我究竟走入了怎样一个世界。显然，都市世界一点儿也不了解乡村世界，那是一个有着群山、树林、河流、动物和“上帝的思想”（植物和晶体）的真实世界。我发现这样的解释让我宽慰，不论如何，它支撑了我的自尊，因为我意识到都市世界尽管是个知识的宝库，在精神方面却相当有限。这样的洞见后来证明是危险的，它给我带来优越感、错位的批判、攻击性，这理所当然让我不讨人喜欢；其结果又带来了以前所有那些怀疑、自卑和抑郁——我决心不惜一切代价打破这个恶性循环。我再也不想站在世界外面享受一个怪胎的暧昧名声。

第一次预备课程后，我成了解剖学的初级助理。后面一学期，示范老师让我负责组织学的课程——自然，我十分满意。我主要对进化论和比较解剖学感兴趣，也逐渐熟悉了新活力论的原理。最吸引我的，是最广泛意义上的形态学观点。最不喜欢的则是生理学，由于要进行活体解剖，且仅仅出于示范的目的，我对这门课相当抵触。恒温动物和我们相似，并不仅仅是大脑控制的机器，这种感觉我一直难以释怀。所以，一有可能，我就逃掉解剖示范课。我意识到，人需要拿动物来做实验，但展示这样的实验对我来说太可怕、太野蛮，而且毫无必要。我的想象力足以仅借助关于展示过程的文字描述，就形成相关的画面。我对动物的恻隐之心并不是来自叔本华哲学中的佛教装饰，而是建立在对心灵的原始态度这种更深的基础上——是一种对动物的无意识认同。当然，我当时完全没有意识到这个重要的心理学事实。我对生理学的抵触如此强烈，所以这门课的考试结果也很糟糕。不过，我还是勉强过关了。

随后几学期的临床课让我十分忙碌，几乎没有时间涉足其他领域。我只在星期天还能读一读康德。我也孜孜不倦地阅读爱德华·冯·哈特曼（Eduard von Hartmann）。想读尼采已经有一段时间了，但在犹豫要不要开始，因为觉得自己还没有完全准备好。彼时，那些据说很有才华的哲学系学生经常讨论他，大部分是非议，我能从其中推断出尼采在高阶层中引起的敌意。最高权威，非雅各布·布尔克哈特莫属，他对尼采的许多批评被人津津乐道。而且，大学里有些人和尼采本人有些来往，传播着关于他的各种不入耳的闲话。这些人大多没有读过尼采的作品，于是对他的各种小癖好大做文章：比如，说他装出一副绅士姿态，他弹钢琴的架子，他那夸张的文体——这些嗜好都触碰到当年巴塞尔的好人家的神经。这当然不是我推迟阅读尼采的原因，恰恰相反，是最强的诱惑。但一种隐秘的害怕让我退缩，我怕我也许会变得和他一样，至少在那让他和周围环境隔离开的“秘密”上。谁知道呢？也许他有过内在的体验和领悟，可惜他试图和别人谈论，结果发现谁也不理解他。显然他是，或至少被认为是一个怪人，是大自然手中的玩物，而我无论如何也不想成为这样的人。我怕我不得不意识到自己也是这样的怪人。当然，他是个教授，写过长篇巨著，由此达到了难以想象的高度。他和我一样，是个牧师的儿子。不过，他出生在德国，那片伟大的土地一直延伸到海边；而我只不过是个瑞士人，出生在边境小村一个安分守己的牧师家庭。他讲一口优雅的高地德语，懂拉丁语和希腊语，可能还会法语、意大利语和西班牙语；而我唯一熟练运用的语言，只有韦吉斯-巴塞尔（Waggis-Basel）方言。他占尽这些优势，有资格成为一个怪人，但我不应该让人发现自己可能有多像他。

即便有这些顾虑，我还是很好奇，最终下决心读了他的作品。来到我手边的第一本，是《不合时宜的考察》，其中的热情让我很兴奋。不久以后，又读了《查拉图斯特拉如是说》。这本书像歌德的《浮士德》一样，对我来说是一次惊人的体验。查拉图斯特拉就是尼采的浮士德，是他的第二人格；而我的第二人格，现在也相当于是查拉图斯特拉——虽然这更像是把鼹鼠丘和勃朗峰相提并论。查拉图斯特拉无疑是病态的。我的第二人格也是病态的吗？这种可能性让我充满恐惧。很长时间，我都对这恐惧拒不承认，但这种想法一次次在不合时宜的时候突然浮现，把我吓出一身冷汗，于是我最终不得不反思自己。尼采到晚些时候才发现他的第二人格，那时他已过中年；而我从童年起就认识了我的第二人格。尼采天真而鲁莽地谈论他的阿尔希顿（arrheton），那个难以名状的东西，仿佛它稀松平常。但我及时发现，这只会带来麻烦。他如此聪颖，可以年纪轻轻就来巴塞尔当个教授，不去想前面可能发生什么。凭他这样的聪颖，应该及时注意到有些事情出了差错。我想，这就是他的病态误解：他无畏而懵懂，把他的第二人格放出来在这世上乱跑，而这个世界还既不知道也不理解这种东西。他被一种孩子气的希望打动，想找到一些人，能和他们分享这种狂喜，能明白他所谓的“重估一切价值”。但他找到的，只是受过教育的市侩庸人，而他自己也是这样的人——这可真是个悲喜剧。当他最先一头撞进那难以言说的神秘中，想对迟钝而凄凉的大众唱出对它的赞颂时，他也和其他人一样，并不理解自己。这就是为什么他的语言夸夸其谈，他的比喻堆积如山，他的欢乐心情像赞美诗一样——这一切都只是徒劳地想抓住世界的耳朵，而这个世界已经出卖了自己的灵魂，换来一大堆相互没有关联的事实。他说，自己是个走钢丝的人，而他所掉落的深度远超出自己的想象。他不知道自己在这世上的存在方式，像个附体的人一样；而这种人，只能用最小心的方式来对待。我的朋友和熟人中，我只知道两个人公开宣称支持尼采：两个都是同性恋，一个最终自杀，另一个就像被误解的天才那样衰弱下去。我的其他朋友并没有对查拉图斯特拉现象如此震撼，他们对这种吸引力免疫了。

正如浮士德为我打开了一扇门，查拉图斯特拉则把一扇门“砰”地关上了。这扇门在后来很长时间里都关着。我就像一个老农夫，发现他的两头奶牛都着了魔，把它们的脑袋塞进同一个笼头。“怎么会这样？”他的小儿子问。“孩子，人们不谈这种事。”父亲回答说。

我意识到，一个人如果不和别人谈论他们知道的事情，就哪儿也去不了。天真的人不明白，和他的朋友们谈论一件他们不知道的事情是怎样一种侮辱。只有当对方是作家、记者或诗人时，他们才会原谅这种冷酷的行为。我发现，一个新的观念，甚或只是老观念一个不同寻常的方面，只有借助事实，才能传达给别人。事实放在那里，不能置之不理，早晚会有人碰到，并明白自己发现了什么。我意识到，我和别人谈论，只是因为缺乏一些更好的东西，应该提供事实，而这正是我所缺乏的，我手头没有实在的东西。我发现，一股比以往任何时候都要强烈的力量推着我走向经验主义。我开始责怪哲学家们在缺乏体验的时候就开始喋喋不休，又在需要用事实来回答问题时缄口不言。在这方面，他们都像是掺水的神学家。我感觉自己时不时穿过钻石山谷，却无法让任何人相信我带回来的样品不是破砖碎石——当我仔细审视时，自己也没法相信。

这是在 1898 年，我开始更加认真地思考自己的职业。我很快得出结论，需要有所专攻。从医的选择看来是在外科和内科之间，我倾向于前者，因为我在解剖学上受过专业训练，比较喜欢病理学，也很有可能把外科作为我的职业，如果我能有必要的经济来源。为了学业而负债一直让我非常痛苦。我知道，最后的考试一结束，就要尽快开始挣钱养活自己。我想象过在一个市区医院当助手的工作，那里比诊所更有希望得到一个带薪的职位。而诊所中的职位很大程度上取决于主管的支持或个人兴趣。由于我不怎么受欢迎，落落寡合——我经常感受到这些——我不敢想象遇到这样的好运气，于是想到能在本地医院里谋到一个职位就心满意足了。剩下的，就要靠努力工作、发挥能力了。

不过，暑假里发生了一些事，注定对我产生深刻影响。一天，我坐在自己屋里学习功课，隔壁房间门半开着，母亲坐在里面织毛线。那是我家的餐厅，里面有一张圆形的胡桃木餐桌，是我奶奶的嫁妆，那时已经有七十年历史了。母亲坐在窗边，离桌子大概有一码远。我妹妹在上学，女仆在厨房里。突然，从隔壁房间传来一阵像是手枪射击的声音。我跳起来，冲了进去。母亲目瞪口呆地坐在她的扶手椅里，毛线从手里掉了下来。她结结巴巴地说:“出，出，出什么事了？它就在我旁边！”她盯着那张桌子。我顺着她的目光看过去，见到桌面从边缘到中心裂开一条缝，而且不是沿着任何接缝裂开的，裂缝直穿坚硬的木材。我如遭雷击。怎么会发生这种事？风干了七十年的坚硬胡桃木桌怎么会在夏天裂开？我们这里的气候夏天湿度相对还挺高的，如果是干冷的冬天放在烧热的火炉旁也许可以想象。是什么造成了这样的状况？“总有些奇怪的意外发生。”我心想。母亲脸色阴沉地点点头。“是啊，是啊，”她用第二人格的声音说道，“这有某种含义。”我不情愿地被打动了，而且因为找不出什么话可说，对自己感到生气。

大概两周后，一天晚上我六点回到家，发现全家人——母亲、十四岁的妹妹、女仆——都相当激动。大约一小时前，又出现了一次震耳欲聋的响声。这次不是那张已经坏了的桌子，而是从餐具柜那里传来的：这件家具很重，可以追溯到十九世纪早期。她们已经里里外外看了个遍，什么裂痕也没发现。我立即又检查了一遍柜子和周围区域，还是什么也没发现。然后，我开始检查内部。在放面包篮的食橱里，我发现一块面包，旁边还有一把面包刀，刀片已经折断成好几块，刀柄在长方形篮子的一角，其他每个角落里都有一块刀片碎块。这把刀在四点钟喝茶的时候刚用过，用完就收了起来，之后再没有人去过餐具柜。

第二天，我带着那把断掉的刀去找镇上最好的刀匠。他用放大镜检查完碎块，摇了摇头。“这把刀相当坚固，”他说，“钢没有问题，应该是被人故意一段一段弄坏的。比如，有可能是把刀刃插到抽屉缝里，每次弄断一片；或者从一个很高的地方扔到石头上。但好钢是不会炸裂的，应该是有人在捉弄你。”至今，我都小心保存着这把刀的碎块。

巨响传来时，母亲和妹妹待在房间里，被吓了一大跳。母亲的第二人格意味深长地看着我，但我什么话也说不出。我困惑至极，给不出什么解释，更讨厌的是，我得承认我被深深地触动了。桌子裂开，刀子断掉，这种事为什么会发生？又是怎么发生的呢？说都是巧合，未免过分。对我来说，如果说莱茵河会出于偶然——这样其他可能的解释都被自动排除——而倒流，那未免太不靠谱。到底怎么回事呢？

几周后，我听说一些亲戚曾经参加过移动桌子的降神会，还有个灵媒，是个十五岁半的年轻姑娘。他们一直在考虑让我去见见这个灵媒，她能触发梦游状态，还会降神术。听到这话，我立即想到家里发生的奇怪现象，猜测这些事可能和这位灵媒有关。于是，我开始参加他们每周六晚的固定聚会。我们在沟通形式上有了成果，从墙面和桌子里听到了敲击声。桌子的移动是否不受灵媒的操控，这是可疑的。我很快发现，限定实验条件一般会妨碍结果。于是，我接受了敲击声是自主发出的，然后把注意力转到交流内容上。我在博士论文里详尽叙述了这些观察结果。经过大约两年的实验，我们都很厌倦这种方式了。我发现这位灵媒试图耍花招来制造异象，于是退出了实验——这让我很后悔，因为从这件事中我发现了第二人格是怎样产生的，它怎样进入一个孩子的意识，最终把孩子的意识整合进自身当中。这位灵媒是那种性格早熟的人，二十六岁时死于肺结核。在她二十四岁时，我又见过她一次，留下的最后印象是她那独立而成熟的人格。她死后，我从她家人那里知道，在生命的最后几个月，她的性格一点点瓦解，最终退回到两岁孩子的状态，就在这种状态中进入长眠。

总之，这是一次相当重要的经历，它彻底摧毁了我早年的所有哲学思想，让我有可能获得一种心理学视角。我已经发现一些关于人类心灵的客观事实。然而，这种体验的本质又是一些我难以言说的东西。我找不到一个人可以把这整个故事告诉他。我又一次不得不把没解决的问题放在一边，直到两年后我的学位论文问世时。[①]

在内科门诊部，弗里德里希·冯·穆勒（Friedrich von Müller）取代了老伊默曼（Immermann）的位置。穆勒有种吸引我的内在品质，我看到一个敏锐的理智怎样捕捉到症结并用问题阐释出来，而这些问题本身已经提供了一半的解答。他似乎也在我身上看到了什么，因为学习快结束时，他提议我做他的

---

① 《论所谓神秘现象的心理学和病理学》（1902），收入《荣格文集》第 1 卷《精神病学研究》。

助手，和他一起去慕尼黑，他在那儿得到了一个职位。这个邀请几乎说服我献身内科医学。我差点就去了，不过同时发生了其他一些事打消了我对未来职业的所有疑虑。虽然我参加过精神病学的课程和临床实习，但那时的精神病学老师平淡无奇；而且当我回忆起父亲在精神病院的经历带给他的影响时，也并不会事先对精神病学产生好感。所以，在准备国家考试时，我最后才去攻克精神病学教科书。我没有期待从中得到什么，还记得翻开克拉夫特-埃宾（Krafft-Ebing）[①]的书时，我心里想道："好吧，现在来瞧瞧一位精神病学家会为自己说点什么。"不论是讲课还是临床示范，都没有给我留下一点印象。我记不起见过的任何一个临床案例，只记得自己的无聊和反感。

我从序言开始，想看看一个精神病学家怎样介绍自己的学科，或者说，他是怎样为自己学科的存在寻找理由的。我要为这种趾高气扬的态度做点辩解：在当时的医学界，精神病学普遍被瞧不起。没有人真正懂这门学科，也没有把人当作一个整体并将其病理异常纳入全景考虑的心理学。医务工作者和他的病人被关在同一所机构里。这些机构地处郊区，与世隔绝，就像古代麻风病人的传染病院。没有人喜欢朝这个方向望去。医生懂的几乎和外行一样少，于是也有和外行一样的感受。精神疾病是种毫无希望的致命病症，它的阴影也笼罩了精神病学。那时的精神病医生被看作怪人，不久之后，我就对这一点有了切身体会。

① 《精神病学教科书》，1890 年第四版。

在序言里，我读到:“很可能是由于这门科目的独特之处，和它不完备的发展现状，所以精神病学的教科书多少有一种主观性的烙印。”几行之后，作者把精神病称为“人格的疾病”。我的心脏突然狂跳起来，不得不站起来，做了一次深呼吸。我非常兴奋，因为得到了一闪而过的启发，清楚地意识到，对我来说，唯一可能的目标就是精神病学。只有在这里，我的两股兴趣才能汇成一条河流，冲出它们自己的河床。这是一片经验主义的土地，为生物学和精神事实所共有，正是我四处寻觅而不得的地方。在这里，自然和灵性的碰撞总算可以成为现实了。

当克拉夫特-埃宾说到精神病学教科书的“主观性”时，我出现了剧烈的反应。于是我想，这本教科书某种程度上是作者的主观供认。他带着自己特有的偏见，带着自己的整个存在，站在自己经验的客观性后面，用自己的整个人格来回应“人格的疾病”。在医院里，我从未听老师说起这样的事。克拉夫特-埃宾的教科书和其他此类教科书并没有本质差别，但在此之外，这寥寥的几个提示给精神病学打上了一道美化的灯光，让我不顾一切臣服于它的魅力。

决意已定。当我把自己的意愿告诉内科医学老师时，从他脸上看到了惊奇和失望。我的旧伤口，那种自己是个局外人、和别人疏远的感觉，又开始作痛。但现在我明白了为什么。谁也没想到我会对这种无名小路感兴趣，就连我自己也没想到。朋友们目瞪口呆、怒气冲冲，觉得我是个傻瓜，放弃了从事内科医学职业这样的明智决定，错过了这个在眼前晃来晃去让人羡慕的好机会，却选了精神病学这样一个莫名其妙的玩意儿。

我又一次看到自己走进一条侧巷，谁也不能且谁也不会跟随我。但我知道，这个决定是有道理的，这就是命运，没有任何人、任何事能让我偏离自己的目标。这就仿佛两条河汇成一条宽阔的急流，以不可阻挡之势带着我朝遥远的目标前进。我是“双重个性的统一”，这种自信的感觉像有魔力的波浪一样载着我，带我通过考试、名列前茅。奇特的是，奇迹之路上埋伏的绊脚石，最后恰恰在我真正擅长的科目上绊倒了我——病理解剖学。在一张除了各式各样的碎屑似乎只有上皮细胞的片子上，由于一个愚蠢的错误，我忽略了藏在角落里的霉菌。其他科目上，我甚至能猜出自己会被问到什么样的问题，凭着这一点出色地清除了好几处危险的暗礁。作为报复，之后我在最自信的地方受到了最荒诞的愚弄。如果不是因为这个，我本应在考试中得到最高分。

另一位候选人和我的分数一样高。他是一只孤狼，性格让我捉摸不透，看上去显得平庸，我和他除了“专业”之外没什么可谈的。他对所有事物的反应都是一个高深莫测的微笑，让我想起埃伊纳岛的希腊雕塑。他有种优越感，但优越感下面的他显得局促不安，在什么场合都很难融入。这或者是种愚蠢吗？我一直没能理解他。唯一确定的是，他留给我的印象是一种几近偏执狂式的野心，这种野心使他对绝对事实之外的任何东西都不感兴趣。几年后，他患上了精神分裂症，我把这件事作为平行对应事件的一个典型例子。我的第一本书是关于早发性痴呆（精神分裂症）的心理学，其中，我性格的倾向性，或说“个人观察容许误差”，呼应了这种“人格的疾病”。我坚持认为，在最广泛的意义上，精神病学是一场在病人的心灵和医生的心灵之间展开的对话，后者被假定为是“正常的”。它是病人的人格和治疗师的人格达成共识的过程，原则上，二者一样主观。我想表明，妄想和幻觉不仅是心理疾病的具体症状，也有人类层面上的意义。

最后一场考试结束的那天晚上，我去了剧院作为对自己的犒劳（平生第一次），这是我渴望已久的奢侈享受。直到那时，我的经济状况都不允许我这样挥霍。但我还有些卖古董剩下的钱，这些钱不仅够我去听一次歌剧，还够去慕尼黑和斯图加特游览一趟。

比才的音乐让我欣喜若狂，它淹没了我，带着我在一片无尽的大海上随波摇摆。第二天，火车载着我穿越边境来到一个更广阔的世界时，《卡门》的旋律还陪伴着我。在慕尼黑，我第一次见到了真正的古典艺术。它和比才的音乐一起，给我带来一种既像春天又像婚礼的心情。这种心情的深度和意义，我只能模模糊糊领会到。不过，在外部世界里，1900 年 12 月 1 日到 9 日期间，正是天气阴沉的一周。

在斯图加特，我去拜访姨妈赖默尔·荣格夫人（Frau Reimer-Jung），向她问候。她丈夫是一位精神病学家，她是我祖父和弗吉尼亚·德·拉索尔克斯（Virginia de Lassaulx）第一次婚姻所生的女儿。她是个迷人的老太太，蓝色的眼睛闪闪发光，性情活泼。在我看来，她似乎沉浸在一个无形的幻想和不愿意消退的回忆世界里——那不复存在、无可挽回的过去的最后一口气。这次见面成了我和自己童年乡愁的诀别。

1900年12月10日，我接受了苏黎世布尔格尔兹利精神病院的助手职位。我很高兴能去苏黎世，因为在过去的几年里，巴塞尔于我已经变得过于沉闷。对巴塞尔来说，世上只有他们这一个市镇：只有巴塞尔是“文明的”，比尔河（Birs）以北，就是野蛮人居住之地。朋友们不能理解我为什么要走，认为我很快就会回来。但这是不可能的，因为在巴塞尔，我一直被认为是保罗牧师荣格的儿子、卡尔·古斯塔夫·荣格教授的孙子。我是个知识分子，属于一个既定的社会群体。我对此感到抗拒，因为我不能也不愿意让自己被归类。对我来说，巴塞尔知识界的氛围有种令人羡慕的世界性，但传统带给我的压力太大。当我来到苏黎世，立刻感觉不一样。苏黎世不是通过知识而是通过贸易和这个世界产生联系。这里的空气是自由的，对此我一直很看重。在这儿，虽然没有了丰富的文化底蕴，但你不会被历史的棕色雾气所压倒。对巴塞尔，我至今有种乡愁，尽管我知道它不再是从前的样子了。我还记得巴霍芬（Bachofen）和布尔克哈特在街上散步的日子，还记得大教堂后面古老的牧师会礼堂，以及横跨莱茵河、一半用木头做成的古桥。

我要离开巴塞尔这件事对母亲来说很不容易。但我知道自己无法替她排解这种痛苦，而且她勇敢地承受住了。她和妹妹住在一起，妹妹体弱多病，在每一方面都和我截然不同。她仿佛生来就注定要过老姑娘的生活，也的确终身未嫁。但她发展出一种卓越的人格，她的态度让我敬佩。她不得不做一次据说没什么危险的手术，却为此送了性命。她事先把自己所有的事都安排好，滴水不漏。我发现这一点时甚为触动。说到底，我一直不了解她，但我非常尊重她。我很情绪化，而她总是沉着冷静，尽管她内心深处很敏感。我能想象她在妇女敬老院里度日的情形，就像我祖父唯一的妹妹那样。

我在布尔格尔兹利工作时，生活呈现为一种不可分割的现实——都是意图、意识、义务、责任。我就此进入这个世界的"修道院"，要服从誓言，只相信可能的、平均的、寻常的、缺乏意义的事，抛弃所有奇怪而重要的事，并把一切非同寻常的东西变得平庸无奇。从此之后，表面以下空空如也，开始之后没有延续，事件之间没有关联，知识的范围越缩越小，失败被说成是问题，视野狭窄压抑，例行公事像沙漠一样没有尽头。整整六个月时间，我把自己锁在修道院的围墙里，想要适应精神病院的生活和风气，为了熟悉精神病患者的心理，还把五十卷本的《普通精神病学杂志》从头读了一遍。我想知道人类心灵是怎样对自己的破坏性景象作出反应的，因为对我来说，精神病学清楚地表达了当精神疾病出现时那支配所谓健康头脑的生物反应是怎样的。在我看来，我的同事和病人一样有趣。之后的几年间，我秘密收集了瑞士同事们的遗传背景数据，从中学到不少东西。这样做既是为了理解精神病人的心理，也是为了满足我个人的好奇心。

不用说，这种专心致志和自我强加的约束自然让我和同僚们疏远。当然，他们并不知道精神病学对我来说有多么陌生，我多么想参透其中玄机。那时，我对治疗的兴趣还没有觉醒，但所谓常态的病理变异让我着迷，因为这给我提供了渴望已久的机会，对一般意义上的心灵获得更深刻的洞见。

我的精神病学职业生涯就是在这样的条件下开始的——这种主观实验产生我的客观生活。我既没有愿望也没有能力站在自身之外，用一种真正客观的方式来观察自己的命运。我也许犯了人所熟知的自传作品的错误，不是编织一种事情本应如何的幻想，就是写一部自我人生的辩护。最终，人是一个事件，无法评价它自身。或好或坏，留给他人评断。

4. 精神病学实践

布尔格尔兹利这几年是我的学徒期。我的兴趣和研究方向主要在一个急迫的问题上："精神疾病内部到底发生了什么？"那时我还弄不明白，同事中也没有人对类似的问题感兴趣。精神病学老师并不关心病人要说什么，他们更关心怎样做诊断、描述症状、收集数据。在当时流行的临床观点看来，病人的人格和个性根本不重要。医生面对的是一个病人 X 和一长串枯燥无味的诊断、事无巨细的症状描述。病人被贴上标签，打上一个诊断的烙印，就此事情算是完成了一大半。病人的心理世界根本没有位置。

在这一点上，弗洛伊德对我来说变得相当重要，尤其是他对癔症和梦的心理所作的基本研究。我认为，他的观点指向的道路是对个案进行更贴近的研究和理解。弗洛伊德虽然是个神经病学家，却把心理学引入了精神病学。

我依然清晰记得当时相当感兴趣的一个案例。有位年轻女子住进医院，说是得了"忧郁症"，按惯例进行了仔细检查：既往病史、测试检验、身体检查，如此等等。诊断结果是精神分裂症，或者用当时的话来说，是“早发性痴呆”；预后：较差。

这个女人恰好来到我所在的部门。刚开始，我还不敢质疑她的诊断。那时我年纪轻轻，刚入行，不敢鲁莽地提出另一种诊断。不过，这个案例让我觉得奇怪，我感觉她的情况不是精神分裂，而是一般性的抑郁，于是决定用一下我自己的方法。那时，我很关注诊断性联想研究，于是给这位病人做了一个联想测验，并和她讨论她的梦。我用这种方法成功了解了她的过去，这些事过往病史中并没有说明。我直接从无意识中得到信息，了解到一个阴暗而悲惨的故事。

这个女人结婚之前认识一个男人，是个富有实业家的儿子，那一带所有的女孩都对他感兴趣。这女人十分漂亮，心想自己还是很有机会得到他的。但对方显然并不在乎她，于是她嫁给了另一个男人。

五年后，一位老朋友前来拜访。谈起往事，他对她说：“你结婚的时候，有个人可是吃了一大惊——就是你的 X 先生（那位富有实业家的儿子）。”从那一刻起，她就开始抑郁了，几周后引起一桩大祸。她给孩子们洗澡，先是四岁的女儿，然后是两岁的儿子。她住在乡下，那里的供水不是很卫生，干净的泉水用来饮用，从河里打来的不干净的水用来洗澡和洗衣服。她给女儿洗澡时，看到她在吮吸海绵，但并没有制止，还给小儿子喝了一杯不干净的水。她做这些事当然是无意识的，或只是半意识的，因为她的心智已经处在早期抑郁的阴影中。

不久，病菌的潜伏期过去，女孩患伤寒症而死，那是她最喜欢的孩子；男孩没有受到感染。那时，她的抑郁变得非常严重，被送进了医院。

我从联想测验里发现她犯下谋杀的罪过，又了解到这个秘密的许多细节。真相大白，这就是她抑郁的充分理由。本质上，这是一例心理障碍，而不是精神分裂症。

那应该怎样来治疗呢？当时我们已经给这个女人开了一些麻醉剂来应对失眠，有人看护她，防止她自杀，此外就没有别的措施了。她的健康状况良好。

我遇到难题：应该向她挑明吗？应该做这个大手术吗？我面对责任的冲突，自己经验中又没有过先例。我要回答一个良心上的难题，又要独自解决这个问题。如果去问同事，他们很可能会警告说："看在上帝的份上，别告诉她这件事，这只会让她更疯狂的。"但在我看来，效果可能正好相反。一般来说，心理学上几乎没有确定的原则。问题的答案可能是这个，也可能是那个，取决于我们是否考虑无意识的各种因素。当然，我很清楚自己所冒的个人风险：如果病人变得更严重，我也会陷入困境！

不管怎样，我决定碰碰运气，虽不知道结果，也想试试这种疗法。我把联想测验发现的事都告诉了她。可想而知这样做有多么困难；直截了当地指出一个人犯了谋杀罪，这可不是小事。对病人来说，听到这样的话、接受这样的事，也是个痛苦的过程。但结果，两周后，她可以出院了，而且之后再也没有进过精神病院。

在同事面前，我之所以对这个案例只字未提，还有其他原因。我怕他们议论纷纷，提出法律上的疑问。当然，找不出什么对病人不利的证据，但这样的议论也许会给她带来灾难性的后果。命运已经给了她足够的惩罚！在我看来，她应该回去，在生活中为自己的行为赎罪，那样更有意义。她出院时背负着沉重的负担，她必须背负这种负担。失去孩子对她来说很可怕，患上抑郁住进医院时，她的赎罪已经开始了。

许多精神病学案例中，来找我们的病人都有一个没有说出来的故事，这个故事一般不为人知。在我看来，只有完全考察过这个私人故事，治疗才真正开始。这故事是病人心中的秘密，是那块把他撞碎的石头。如果我知道这个故事，就得到了一把治疗的钥匙。医生的任务，就是弄明白怎样得到这个故事。多数案例中，探查意识层面的材料就足够了。有时，一个联想测验可以打开局面，释梦或者和病人进行长期、耐心、人道的接触也可以。在治疗中，问题经常是整个人，而从不只是症状。我们需要去问那些挑战整个人格的事。

1905 年，我成了苏黎世大学的精神病学讲师；同年升成了精神科诊所的高级医师。我在这一职位上待了四年，而后在 1909 年，我不得不辞职，因为那时这份工作对我来说太简单了。这几年间，我从事了大量私人执业工作，以致再也无力胜任日常事务。不过，我在教授职位上一直工作到 1913 年。我讲授精神病理学，也讲弗洛伊德精神分析的基础课程和原始人心理学。这些是我的主讲科目。最早的几个学期，我的课程主要是关于催眠的，也介绍雅内（Janet）和弗卢努瓦（Flournoy）。

后来，弗洛伊德精神分析的疑难问题变成了主要内容。

催眠课上，我曾在学生面前询问病人的个人历史，其中一个案例我至今记忆犹新。

一天，来了一位显然有强烈宗教倾向的中年女人。她已五十八岁，拄着拐杖，由女仆领着。过去十七年来，她的左腿一直瘫痪，痛苦不已。我把她安顿在一把舒适的椅子上，询问她的过往。她开始告诉我这一切多么可怕——用一种强烈的病理性赘述的方式谈论她生病以来的漫长故事。我终于打断她，说："好吧，现在，我们没有时间谈太多了。我要给你进行催眠。"

话音刚落，她就闭上眼睛，进入一种深深的恍惚状态——根本没有经过任何催眠！我对此很好奇，但并没有打断她。她继续一刻不停地说着，还谈到各种相当神奇的梦境——这些梦代表了无意识中的深刻体验，这一点几年后我才弄明白。当时，我以为她处在一种神志昏迷的状态。局面越来越让我不适，面前坐着二十几个学生，我本来是要向他们展示催眠的！

半小时后，我又想把病人唤醒，但她醒不过来。我开始慌张了，心想，自己也许在不经意间探入一种隐性精神病里了。我用了大概十分钟才成功把她唤醒，自始至终都不敢让学生看到我的紧张。这女人醒来觉得头晕、迷惑。我对她说："我是医生，一切都好。"然后，她哭了起来："可我好了！"她扔掉拐杖，可以走路了。我尴尬地涨红了脸，对学生说："现在你们看到催眠可以做什么了！"其实我一点儿也不明白到底发生了什么。

这是众多导致我放弃催眠的经历之一。我不明白到底发生了什么，但这个女人的确被治好，兴高采烈地走了。我让她给我写信，因为我预计最多二十四小时后她的病就会复发。但尽管我心存疑虑，她的病痛的确没有复发，我不得不接受她痊愈的事实。

次年夏季学期的第一堂课上，她又出现了。这次，她向我抱怨后背的强烈疼痛，说这是最近刚刚出现的。于是我自问，这和我继续讲课有没有什么关系。也许她在报上读到了开课通知。我问她疼痛是什么时候开始的，有什么原因。她想不起任何特殊时刻发生过什么事，也给不出任何解释。终于，我探问出来，疼痛就是在她看到报纸上的通知那一刻开始的。这证实了我的猜测，但我还是不明白那奇迹般的好转是怎么发生的。我又催眠了她一次——也就是说，她又一次自动进入了恍惚状态——之后，疼痛消失了。

这一次，课后我把她留下来，想多知道一些她的经历。我了解到，她有一个弱智的儿子，正在医院里我所在的那个部门治疗。我对此一无所知，因为她用的是第二任丈夫的姓，她的儿子则是第一次婚姻所生。她只有这一个孩子，自然希望他才华出众、事业有成。儿子小时就患上精神疾病，这对她是一次可怕的打击。那时我还是个年轻的医生，各方面都代表了她对儿子的期待。于是，她把成为英雄母亲的强烈渴望寄托在了我身上。她把我认作她的儿子，大肆宣扬治疗奇迹。

原来，我在当地有了“巫师”的名声，因为她我有了第一批私人接诊的病人，这些都要归功于她。一个母亲把我放在她那患有精神疾病的儿子的位置上，开启了我的心理治疗实践！自然，我把整件事情解释给她听，不管会有怎样的后果。她完全接受了，再也没有复发。

这是我第一次真正的治疗经验——我的第一次分析。我能真切地回忆起和这位老太太的谈话，她很聪明。我对她的重视、对她和她儿子命运的关心让她相当感激。这的确对她有帮助。

开始，我在自己的私人诊疗中也使用催眠，但很快放弃了，因为使用催眠时医生只是在黑暗中摸索，永远不知道改善或痊愈的效果能持续多久。在这样的不确定性中工作，经常让我感到内疚。我也不想单方面决定病人应该做什么，更想从病人那里学习，而他天性的倾向会引领他。为了弄清这一点，有必要对梦或其他无意识呈现进行仔细分析。

1904—1905 年间，我在精神科诊所为实验精神病理学建立了一个实验室。我在里面有一些学生，我和他们一起对心理反应（也就是联想）进行研究。大弗朗茨 · 瑞克林（Franz Riklin,Sr.）是我的合作者。卢德维希 · 宾斯万格尔（Ludwig Binswanger）当时正在写他的博士论文，研究的是与心理电效应[①]有关的联想测验，而我在写《论对事实的心理学诊断》这篇论文[②]。我们的同事中也有一些美国人，包括弗雷德里克 ·

---

① 心理电效应，指皮肤电阻明显暂时降低的现象，是心理兴奋引起汗腺活跃所导致的。——阿尼拉 · 杰菲

② 《论对事实的心理学诊断》，发表于《神经病学与精神病学核心期刊》1905 年第 28 期，第 813－815 页，收入《荣格文集》第 1 卷《精神病学研究》。

彼得森（Frederick Peterson）和查尔斯·里克什（Charles Ricksher），他们的论文发表在美国期刊上。正是这些关于联想的研究使我在1909年受到了克拉克大学的邀请，到那里就我的研究做学术报告。那时，弗洛伊德也不约而同地受到了邀请。我们俩都被授予“荣誉法学博士”的头衔。

我在美国的名声主要是联想测验和心理电效应实验带来的。很快，这个国家的许多病人也来找我了。我现在仍清楚地记得第一批病人里的一个。他是一位美国同事介绍来的，病历上写着“酒精性神经衰弱”，预后说“无法治愈”。同事担心我的治疗会没什么效果，于是采取预防措施，建议病人也去看看柏林的一位神经病学权威。病人前来咨询，我和他谈了一小会儿，发现他患有一种普通的神经症，却没说出心理上的起因是什么。我做了一次联想测验，发现他正为强烈的恋母情结所苦。他来自一个富裕、有声望的家庭，有一位可爱的妻子，生活无忧无虑——从表面上看。他只是酒喝得太多。喝酒是一种绝望的尝试，用来麻痹自己，忘掉自己压抑的处境。当然，这起不到作用。

他母亲拥有一家大公司，作为儿子他才华出众，占据公司里的一个领导地位。的确，他早就该挣脱对母亲的压抑的从属关系，但下不了决心放弃自己优越的职位。所以，他仍然受制于母亲，被母亲安置在她的生意里。每当和母亲待在一起，或者不得不服从母亲对他工作的干涉时，他就开始喝酒，以此麻醉自己或释放情绪。他的一部分并不真想离开这个安乐窝，而他违背本能，允许自己被财富和舒适所诱惑。

短暂的治疗后，他不再喝酒，认为自己已经好了。但我告诉他："如果你回到原来的环境，我不能保证你不会旧病复发。"他不相信，带着良好的精神状态回到美国家中。

一俟回到母亲的影响下，他立即又开始喝酒了。于是，他母亲在瑞士停留时，请我去进行了一次会谈。她是个聪明的女人，但也是个真正的"权力恶魔"。我看到她儿子需要抗衡的是什么，也意识到他根本无力抵抗。身体上他也弱不禁风，根本不是母亲的对手。我于是决定动用不可抗力。我背着他给了他母亲一张诊断书，声称儿子的酗酒问题已让他无法胜任自己的工作，建议免除他的职务。这个建议被采纳了——当然，儿子对我火冒三丈。

一般认为，我做的这件事对一个医生来说是不道德的。但我知道，为了病人的利益，必须迈出这一步。

后来呢？和母亲分开之后，他的人格得到舒展，他从事了一份很好的职业——正是因为我给了他强力大药丸。他妻子很感激我，因为丈夫不仅克服了酗酒问题，也开拓出自己的道路，取得极大成功。

然而，好多年我都对这位病人有种良心上的内疚感，因为我背着他开了那张诊断书，尽管我知道只有这样才能解救他。而事实上，一旦他解放出来，神经症也就消失了。

临床实践中，人类心灵对无意识犯罪的反应方式经常让我印象深刻。毕竟，那位年轻女子起初并没有意识到她杀死了自己的孩子，后来陷入的状况却像是在表达自己已经明显意识到了内疚感。

还有一个相似的案例让我终生难忘。一位女士来到我的办公室，她拒绝透露姓名，说这并不重要，因为她只想做一次咨询。显然，她来自上层社会。她说自己曾经当过医生。她想和我谈的是一个忏悔：二十几年前，她出于嫉妒犯下谋杀罪。她毒死了最好的朋友，因为她想嫁给这位朋友的丈夫。之前她以为，只要谋杀没有被发现，就不会影响她。她想嫁给那个男人，最简单的方式就是除掉她的朋友。她以为，道德方面的问题对她来说并不重要。

结果呢？她的确嫁给了那个男人，但他很快英年早逝，后面那些年发生了一些奇怪的事。这次婚姻所生的女儿一长大就努力离开她。女儿很早就结婚，然后就从她视野中消失，走得越来越远，最终和母亲失去了所有联系。

这位女士热衷骑马，拥有几匹骏马，十分喜爱。一天，她发现这些马在她胯下变得紧张起来，连她最喜欢的一匹也受了惊要把她甩下来。最终她只得放弃骑马。之后，她喜欢上了养狗。她有一头相当漂亮的猎狼犬，非常喜爱。碰巧，这只狗瘫痪了。这件事成了压倒骆驼的最后一根稻草，她觉得自己在道德上已经破产了。她必须忏悔，于是来到我这儿。她犯下谋杀罪，但在此之上，她也谋杀了自己。一个人犯下这样的罪行，就毁了自己的灵魂。谋杀者已经审判了自己。一个罪犯如果被抓，会受到司法处罚。如果没有被发现，也没有被自己的道德意识到，惩罚仍然会落到他头上，就像这个案例中那样。惩罚最终出现了，有时就连动物和植物似乎也“知道”。

谋杀的后果是这位女士陷入难以忍受的孤独中，连动物也开始疏远她。为了摆脱这种孤独，她把这件事告诉了我。她需要和一个没有犯过谋杀罪的人分享这秘密。她想找到一个人能不带成见接受她的忏悔，这样她就能再次建立一种人与人之间的关系。这人应该是一个医生，而不是一个职业接受忏悔的人。如果牧师听她说这些，她会怀疑只是因为这是对方的工作，怀疑对方不是接受这些事实本身，而是出于对自己的道德要求才接受这些事实。她曾见到人和动物离她而去，为这种无声的判决感到震惊，以致不能再承受更多谴责了。

我一直不知道她是谁，也没有任何证据证明她的故事是真的。我有时会问自己，她后来怎么样了，因为这绝不是她的结局。也许她最终自杀了，我无法想象她怎么能继续活在那种彻底的孤独中。

临床诊断是重要的，它带给医生一定的方向，但对病人并没有帮助。他们的故事才是关键。故事呈现出人性的背景和苦难，只有在这时，医生的治疗才能开始起作用。有个案例最痛切地向我表明了这一点。[1]

这个案例是女病房的一位老病人。她约有七十五岁，卧床已经四十年了。大概五十年前，她进了精神病院，但谁也想不起她入院的情况，当时的医务人员现在都已经去世了。只有一位在那里工作了三十五年的护士长还记得这位病人的一些故事。老太太没法说话，只能吃一些流质或半流质的食物。她用

① 参看《荣格文集》第3卷《精神疾病的心理原因》，第171－172页。

手指吃东西，让食物从手指滴到嘴里。有时，她要用将近两小时才能喝完一杯牛奶。不吃东西的时候，她用手和胳膊做出有节奏的奇怪动作。我不知道这是什么意思。心理疾病造成破坏的程度如此严重，让我印象深刻，但我找不到可能的解释。在临床授课时，她被当作一个紧张型精神分裂症的案例，但这对我来说只是空话，因为这些词一点儿也不能帮助理解那些奇怪姿势的意义和来源。

这个案例给我留下的印象代表了我当时对精神病学的反应。成为助理医师时，我觉得自己一点儿也不理解精神病学的意图何在。待在主管和同事身边，我感到相当不舒服，他们摆出一副确有其事的模样，我则在黑暗中困惑地摸索。因为我认为，精神病学的首要任务是去理解发生在病人心灵中的事，尽管我对这些事一无所知。在这儿，我从事了一份职业，却根本不知道该怎么做！

一天晚上，我穿过病房，看到那位老太太又在做那种神秘的动作，我自问道:“这会是什么呢？”于是，我找到老护士长，问她这位病人是不是一直这样。“是的，”她答道，“但我的前任告诉我，她以前是做鞋的。”我于是又去翻阅了她那本发黄的病历，确有一段记录，大意是说，她有重复鞋匠动作的习惯。从前的鞋匠总是把鞋放在双膝之间，用这样的动作来拉扯穿过皮革的线。(现在仍然可以在乡村看到这样做的鞋匠。)不久，这位病人去世了，她的哥哥前来参加葬礼。我问他:“你妹妹当时是怎样精神失常的？”他告诉我，病人当时爱上了一位鞋匠，出于某种原因，这位鞋匠不想和她结婚。她最终被拒绝时，就“失常了”。重复的鞋匠动作，表明她对心爱之人的一种认同，这种认同一直持续到临终。这一案例给了我最早关于精神分裂症心理起源的想法。那以后，我把所有注意力都放在了与精神疾病有重要关联的事件上。

另一个病人的故事向我展示了精神疾病的心理背景，尤其是所谓“愚蠢”妄想的心理背景。在这个案例身上，我第一次理解了精神分裂症患者的语言，此前人们认为这些语言毫无意义。这位病人是芭贝特·S（Babette S.），我在其他地方发表过她的故事[①]。1908 年，我在苏黎世市政厅做过一次关于她的讲座。

她来自苏黎世老城区狭窄肮脏的街道，出身贫寒，又在一个残酷的环境中长大。她的姐姐是个妓女，父亲是个酒鬼。三十九岁时，她患上了妄想型精神分裂症，伴随自大特征。我见到她时，她已经在精神病院里住了二十年，作为实例给几百个医学学生展示过。他们在她身上看到过精神分裂的可怕过程，她是个经典案例。芭贝特完全精神错乱，说的话极其疯狂又毫无意义。我尽一切可能想要理解那些奇怪话语的内容。比如她会说：“我是洛勒莱（Lorelei）。”[②]因为每当医生们想弄清她的

---

① 参看《论早发性痴呆的心理学》和《精神病的内容》，收入《荣格文集》第 3 卷《精神疾病的心理原因》。

② 德国圣戈阿斯豪森（St.Goarshausen）附近莱茵河中的回音岩。传说洛勒莱原为一少女，因恋人不忠而投河自尽，后化为水妖坐在这块石头上，唱着悦耳的歌声，诱使船只触礁沉没。这个故事因被诗人海涅作为一首短诗的题材而闻名。——译者

情况时，她总说:“我不知道,这意味着什么。”[①]有时，她会哭道:“我是苏格拉底的代言人。”我发现，这句话想表达的是:“我像苏格拉底一样受到了不公的指控。”她还会突然爆发出荒谬的话语，比如:“我是不可取代的双料工艺学校”或“我是玉米粉底的李子蛋糕”、“我是特甜黄油的德国和瑞士”、“那不勒斯和我要为全世界供应面条”。这些话表明她自我价值的提高，也就是对自卑感的一种补偿。

对芭贝特和其他此类案例的关注让我确信，许多我们之前认为毫无意义的东西，其实并不像看起来那样疯狂。我不止一次看到，即便是这样的病人，其背景中也有一个应该称之为“正常”的人格站在一边袖手旁观。偶尔，这个人格——通常借助声音或梦境——可以做出完全理性的评论和抗议。身体生病时，他甚至可以再次进入台前，让病人看起来几乎像正常人一样。

一次，我诊治了一位患精神分裂症的老太太，她让我十分清楚地看到背景里那个“正常”人格。这样的案例无法治愈，只能提供一些照料。毕竟，每个医生都有一些无望治好的病人，对这些人他只能帮他们把走向死亡的旅程变得容易些。这位老太太听到一些声音，分布在全身各处，而胸膛中间的那个声音是“上帝的声音”。

“我们应该信赖那个声音。”我这样说时，也为自己的勇气感到惊讶。通常，这个声音说的话非常理智，在它的帮助下，我可以和这位病人很好地交流。一次，这个声音说:“让他在

---

① “我不知道这意味着什么。”（原文为德语。）海涅名诗《洛勒莱》的第一行。

《圣经》上考考你。”于是，她带着一本翻得又旧又破的《圣经》，每次我见到她都要为她指定一个阅读章节，下一次我会就这一章考考她。这件事我做了七年，每两周一次。起初，我在这样的角色里感到很古怪，但不久我意识到了这种学习的重要性。这让她的注意力保持警觉，就不会深深陷入分裂的梦幻中。结果，大概六年之后，从前遍布全身的声音退到她的左半边身体，而右半边身体完全不受影响。左半边的情况并没有加重，还和从前一样。这样，可以说病人得到了治愈——至少一半。这是个意外的成功，因为我不可能想到这些记忆练习会有治疗效果。

在和病人的工作中，我意识到，偏执妄想和幻觉的来源是有意义的。精神病背后有一种人格、一段生活史、一种希望和欲求的模式。如果我们理解不了这些东西，那错在我们。我第一次领悟到，精神病学中隐藏着关于人格的一般心理学，我们甚至会在这里遇上古老的人性冲突。病人也许看起来迟钝、冷漠，甚至愚不可及，但有别的事情在他心中发生，这些事比乍看之下更有意义。说到底，我们并没有在精神疾病中发现什么新的、不为人知的东西，只是遇到了我们自己本性中的深层特质。

精神病学要花这么长时间才能看到精神病的内容，这一点经常让我感到震惊。没有人关心幻想的意义，没有人想到去问为什么这个病人的幻想是这样，而另一个人的幻想又是那样；一个病人幻想被耶稣会会士迫害，另一个病人想象犹太人要毒死他，第三个病人相信警察正在跟踪他——没有人关心这些幻想的含义有什么不同。那个时代的医生似乎对这些问题都不感兴趣。幻想被简单地合并到一起，放在一个通用的名目下，比如“被害妄想”。我同样感到奇怪的是，我当时的研究今天几乎都被忘记。本世纪初，我已经在用心理治疗的方式治疗精神分裂症了。所以说，这种方法不是最近才被发现的，但的确过了好长时间人们才开始把心理学引入精神病学中。

在诊所的时候，我必须极其小心地治疗我的精神分裂症病人，否则就可能被指责心不在焉。精神分裂症被认为是无法治愈的，如果有人在治疗一个精神分裂症案例时取得些进展，就会被认为这并不是一例真正的精神分裂症。

1908 年，弗洛伊德在苏黎世探访我时，我向他描述了芭贝特的案例。他对我说:“你知道，荣格，你在这位病人身上的发现当然很有趣，但你怎么能容忍把这么多时间花在这个灰头土脸的丑女人身上？”当时，我应该是相当迷惑地看了他一眼，因为我从没有过这样的想法。某种程度上，我甚至觉得这女人是个令人愉快的老家伙，因为她有这么可爱的幻觉，说出来的话也很有趣。而且，就连她疯癫的时候，荒诞不经的废话中也浮现出一个人的样子。从治疗上说，芭贝特并没有取得什么进展，她病的时间太长了。但我在其他案例身上看到，这种细心进入病人人格的做法产生了持久的疗效。

从外面来看，我们只能看见精神疾病那可悲的破坏力，很少见到从我们面前转开的那一面心灵的活动。外表常常有欺骗性，在一个年轻的紧张症病人身上，我惊奇地发现了这一点。

这位病人十八岁，来自一个有教养的家庭。十五岁时，她被哥哥诱奸，又受到一个同学的虐待。十六岁时，她就开始退缩，与外界隔离。她不与人接触，最终，唯一和她有情感联系的，是另一户人家的一只看门恶狗。她试着要把这只狗争取过来。她的性格日渐古怪，十七岁时被送进精神病院，在那儿待了一年半。她有幻听，拒绝进食，缄默不语。我第一次见到她时，她就处在一种典型的紧张症状态。

之后的好多个星期，我一点点尝试，慢慢地终于成功说服她开口说话。克服许多阻抗后，她告诉我，她曾经住在月亮上。那上面似乎有人居住，但起先，她看到的只有男人，他们把她带走，安置在地底下的一个住处，他们的妻儿也住在那里。月亮的高山上住着一个吸血鬼，他会绑架并杀害女人和小孩，那样月亮上的居民就会面临灭绝的危险。这就是为什么占半数人口的女性居民都住在地底下。

我的病人决定为月亮上的居民做点什么，她打算消灭那只吸血鬼。经过长时间的准备，她在一个专为此目的建起的高塔平台上等吸血鬼。过了几个晚上，她终于看见那只怪物从远处靠近，像黑色的大鸟，拍打着翅膀朝她飞来。她拿出她的长祭刀，藏在长袍里，等着吸血鬼到来。突然，他站在了她面前。他有好几对翅膀，遮住了脸和整个身体。这样，除了他的羽毛，她什么都看不见。她非常吃惊，被好奇心攫住，想弄清他到底长什么样。她握着刀走了过去。突然，翅膀张开了，面前站着一个美貌的男人。他那长着翅膀的胳膊像铁钳一样紧紧抓住她，于是她再也不能拔刀了。总之，吸血鬼的相貌让她如此着迷，再也没有力量进攻。他从平台上把她抱起来，带着她飞走了。

说完这件事，她又能顺畅地讲话了。但现在，她的阻抗出现了，似乎是我不让她返回月球，似乎她再也不能从地球上逃走了。她说，这个世界并不美好，但月亮上很美好，那里的生活很有意义。不久后，她的紧张症复发，我不得不让她进疗养院。有一段时间她极度疯狂。

大约两个月后，她出院了，可以再次和她交谈。她渐渐明白，地球上的生活是无法回避的。她绝望地对抗这个结论及其结果，于是又被送进了疗养院。一次，我去病房看她时说："这样做对你没有任何好处，你没法回到月亮上了！"她默默地接受了，一副无动于衷的样子。这次，没多久她就出了院，安于天命。

有一阵子，她在一家疗养院当护士。那儿的一位助理医生有点鲁莽地想接近她，结果她掏出左轮手枪朝他开了一枪。幸运的是，这个男人只受了点轻伤。但此事表明，她一直随身携带一把左轮手枪。此前，还有人看到她拿着一把上膛的枪。最后一次访谈治疗结束的时候，她把枪交给了我。我惊讶地问她拿枪做什么，她答道："要是你曾经让我失望，我可能已经把你撂倒了！"

枪击事件余波平息后，她回到家乡，结了婚，有几个孩子，并在东部的两次世界大战中幸存下来，期间再也没有复发过。

通过解释这些幻想，我们能得到什么结论呢？少年时经历的乱伦，让她感觉在这个世界眼中遭到羞辱，而在幻想世界中，她的地位变高了。她被带进一个神话世界，因为乱伦在传统上是皇室和神灵的特权。结果，她进入一种完全与世隔绝的精神错乱状态。她变得“超越现世”，失去了与人的联系。她一头扎进遥远的宇宙，来到外太空，在那儿遇到长着翅膀的恶魔。按照类似情况下的一种规律，她在治疗中把这个恶魔形象投射到我身上。这样，我自动受到了死亡威胁，任何劝她回到普通人类生活的人都会遇到这个威胁。通过把自己的故事告诉我，她在某种意义上背叛了恶魔，依附在一个地球的人类身上，于是就可以回归生活，甚至结婚了。

自那以后，我用另一种眼光来看待精神疾病的痛苦，因为我对它们内在经验的丰富性和重要性已经有了洞察。

经常有人问我心理治疗或分析的方法，我给不出明确的答案。每个案例的治疗都不一样。如果一个医生告诉我他严格坚持这种或那种方法，我会怀疑他的治疗效果。关于病人阻抗的文献对此谈了很多，使得医生看起来似乎是在给病人强加某种东西。但是，治疗应该是从病人身上自然生长出来的。心理治疗和分析的多样性就像人类个体的多样性一样丰富。我尽可能用个性化的方式对待每一位病人，因为解决问题的方式常常是个性化的。对普遍原则，需要持保留态度。只有当一个心理学真理可以被推翻时，它才可能是有效的。一个对我来说根本不可能的解决办法，也许正好适合另一个人。

自然，医生应该熟悉所谓的“方法”，但他也该避免落入任何具体、例行的方式中。总而言之，应该避免进行理论假设。今天也许这些假设有效，明天也许其他假设才有效。在我的分析中，理论假设没有位置。我很不愿意有系统性。在我看来，和个体打交道时，只有个性化的理解才有用。我们需要对每个病人使用不同的语言，我可能在一次分析中用阿德勒派的语言说话，另一次则用弗洛伊德派的语言。

重要的是，我像一个人面对另一个人那样面对病人。分析是一场需要两个人参与的对话。分析师和病人面对面坐着，四目相对；医生有些话想说，但病人也有。

既然心理治疗的本质并不是方法的应用，光学习精神病学就不够了。我不得不进行很长时间的工作，才具备心理治疗的素养。早在 1909 年我就意识到，如果不理解隐性精神病患者的象征手法，我就无法治疗他们。就是在那时，我开始学习神话学。

对受过教育、理解力强的病人，精神科医生需要的不仅是专业知识。他应该知道在所有的理论假设之外，让病人发病的真正原因是什么；否则，就会激起不必要的阻抗。毕竟，重要的不是一个理论能否得到证实，而是病人能否把自己理解为一个独特的个体。然而，如果不参照集体视角，是无法做到的，医生应该知道这一点。所以只有医学训练是不够的，人类心灵的地平线无所不包，比医生诊室里有限的视野广阔得多。

心灵显然比身体更复杂、更难接近。可以说，它是一半的世界，只当我们意识到它，它才能进入存在。所以，心灵不仅是个人问题，也是世界性问题，而精神病学家需要处理的是整个世界。

如今，我们比以前任何时候都更清楚，我们面临的危险不是来自自然界，而是来自人，来自个体和群众的心灵。人类心灵的畸变正是危险所在。一切都取决于我们的心灵是否恰当地发挥功能。现在，如果某些人失去理智，就有可能引爆一颗氢弹。

然而，心理治疗师不仅应该了解病人，了解自己也同样重要。所以，分析师接受分析是必不可少的条件，这被称为训练式分析。可以说，病人的治疗是从医生开始的。只有当医生懂得怎样对付自己和自己的问题时，他才能教会病人做到这一点，非如此不可。在训练式分析中，医生需要学习了解他自己的心灵，并且严肃对待它。如果他做不到，那病人也无法学会。病人会失去自己心灵的一部分，正如医生会失去他心灵中自己还不理解的那一部分。所以，如果训练式分析只是掌握一个概念系统，那是不够的。接受分析的人应该明白，这关乎他自己，训练式分析是真实生活的一部分，而不是一种通过死记硬背可以学会的方法。学生如果在自己的训练式分析中不明白这一事实，日后会为这一错误付出昂贵代价。

虽然有种被称作“轻微心理治疗”的疗法，但在任何一段彻底的分析里，病人和医生的整个人格都会参与其中。许多案例，医生如果不把自己投入进去，就无法取得疗效。事关重大时，医生是把自己看作这场戏的一部分，还是躲在自己的权威里，结果会大不一样。在遇到重大危机或生死存亡的紧要关头，提建议的小把戏派不上用场。这种时刻，医生的整个存在会受到挑战。

治疗师需要时时刻刻密切注意自己，注意他对病人的反应方式，因为我们不仅是用意识作出反应。我们也要经常自问：我们的无意识是怎样体验这种局面的？所以要观察自己的梦境，像对病人那样对自己进行密切关注和仔细研究。否则，整个治疗就脱轨了。我会举个例子来说明这一点。

我有过一个病人，是个非常聪明的女人，有很多原因引起我对她的怀疑。起初，分析进行得很顺利，但不久我开始觉得再也不能对她的梦进行正确解释了。我想我也注意到，谈话变得越来越肤浅。有些事情不对劲，这当然也没能逃过她的眼睛，于是我决定和她谈一谈。就在要和她谈话的前一天晚上，我做了这样一个梦：

午后的阳光中，我沿着一条公路步行穿过山谷。右侧是一座陡峭的小山，山顶耸立着一座城堡，城堡最高的塔楼上有个女人坐在类似栏杆的东西上。为了看清楚她，我不得不把脑袋拼命朝后仰。我在一阵后颈肌肉的痉挛中醒来。即便在梦里，我也认出，那个女人就是我的病人。

这个梦的意思对我来说立刻变得十分明显。如果在梦里我得用这种方式注视她，那在现实中，我很可能是低着头看她的。毕竟，梦是对意识态度的补偿。我把这个梦和我的解释告诉了她。局面立即改变，治疗又开始向前推进。

作为医生，我经常自问，病人传递给我什么样的信息。他对我来说意味着什么？如果什么也不意味，我就没有着力点了。只有当医生自己受到感染时，治疗才有效。“受伤的医生才能治疗。”医生如果像穿盔甲一样穿着他的人格，治疗就不会有效。我认真对待我的病人。也许我和他们一样，也面临困难。病人常常就是医生自己痛点的一帖良药。所以，医生也会遇到困难的局面——确切地说，医生尤其会遇到。

每一位治疗师都应该有第三个人来给他影响，这样就能对不同的观点保持开放。就连教皇也有一个忏悔师。我经常建议分析师："去找一个听忏悔的父亲，或一个听忏悔的母亲吧！"女性尤其有天赋担当这种角色。她们通常有敏锐的直觉、犀利准确的洞察力，可以看穿男人的心思，有时甚至能看到男人的阿尼玛的阴谋。她们能看到男人看不到的部分，这就是为什么从来没有女人相信她的丈夫是个超人！

如果一个人有神经症，他应该去接受分析，这可以理解；但如果他觉得自己是正常的，就没有动力这样做。不过我可以向你们保证，对于所谓的"正常"，我有过一些让人惊讶的经历。一次，我遇到一位完全"正常"的学生。他是个医生，一位老同事推荐他来，给了他极高的评价。他曾是这位同事的助手，后来接管了他的事务。现在，他有一份正常的工作，取得了正常的成功，有个正常的妻子，几个正常的孩子，住在一个正常的小镇上一所正常的小房子里，有一份正常的收入，饮食大概也正常。他想成为一名分析师。我对他说："你知道那意味着什么吗？意味着你必须先学习了解你自己，你自己就是你的工具。如果你有问题，病人的问题怎么能得到解决呢？如果你自己不相信，怎么能让他相信你呢？你自己应该成为真材实料。如果你不是，谁能帮你呢！那样你会把病人引入歧途。所以，首先要自己接受分析。”他说好的，但几乎立即补充道：“我没什么问题好跟你说。”对我来说，这应该是个预警信号。我说：“很好，那就来看看你的梦吧。”“我没有梦。”他说。“你很快就会有的。”我答道。其他人都很可能在那样的一天晚上做梦，但他什么梦也想不起来。这样的情况大概持续了两个星期，而我开始对整件事感到更加不安。

终于，一个让人难忘的梦出现了。我要来讲讲这个梦，因为它表明在精神病学实践中，理解梦有多么重要。他梦到自己乘火车旅行，火车要在一个城市停留两小时。他没有来过这里，想四处看看，于是下了火车来到市中心。那儿有一座中世纪建筑，很可能是市政厅。他走了进去，沿着长长的走廊闲逛，来到很多漂亮的房间门口。房间墙上挂着古老的油画和精美的挂毯，还放着许多珍贵的古董。突然，他发现天色暗了下来，太阳落山了，心想：我应该回火车站去。这时，他发现自己迷路了，再也想不起出口在哪儿。他警觉起来，意识到他在这座建筑里一个人也没有遇到。他开始感到不安，加快了步伐，希望能遇到什么人，但谁也没有遇到。之后，他来到一扇大门前，宽慰地想：这就是出口了。他打开门，发现自己来到一个很大的房间。这房间如此之大，光线如此暗淡，以致他都看不见对面的墙。他惊慌失措，跑着穿过这间巨大的空屋，希望能在另一边找到出口。在房间正中央，他看到地上有一个白色的东西。走近一看，发现那是个大约两岁的傻孩子坐在一个尿壶上，身上沾了些粪便。那一刻，他哭着醒过来，十分恐慌。

我知道了我需要知道的一切——这就是一例隐性精神病！

我得说，我费尽心力试着把他从这个梦境里带出来，把这个梦说得非常无害，对所有危险的细节都加以掩饰。

梦的大意是这样：他梦中的旅行是到苏黎世的旅行，然而他只在那儿待了很短的时间。房间中央的小孩就是他自己，一个两岁大的孩子。对于小小孩儿，这种不雅的行为不常见，但也是有可能的。他们会对自己的粪便产生好奇，这种东西有颜色，还有种奇怪的味道。如果一个孩子在城市长大，受过严格的管教，可能很容易对这类行为感到内疚。

但做梦的这个人，这个医生，并不是孩子，而是个成年男性。所以，房间中央的意象是个危险的象征。他把这个梦告诉我时，我意识到他的正常是一种补偿。我恰好发现了它，因为隐性精神病一触即发，发作会变得明显起来，需要防患于未然。最终，在他另一个梦的帮助下，我成功找到一个可以接受的托辞，结束了这次训练式分析。我们俩都很高兴能到此为止。我没有把我的诊断告诉他，但他很可能开始意识到，他处在一场致命的惊恐爆发的边缘，因为在一个梦里，他被一个危险的疯子追赶。这之后，他很快就回家了，再也没有去搅扰自己的无意识。他那明显的正常反映了一种不会再发展的人格，这人格在直面无意识时会被击得粉碎。这种隐性精神病上了心理治疗师的黑名单，因为它们通常很难被发现。

借助这个例子，我们来谈谈对外行进行分析的问题。我支持医科以外的人学习心理治疗并进行实践，但在遇到隐性精神病时，他们可能犯一些危险的错误。所以，我支持外行从事分析师的工作，但要有职业医生做指导。外行分析师一旦感觉到最微小的不确定，应该立刻咨询他的导师。就连医生，要认出并治疗隐性精神分裂症也很困难，更不要说外行了。不过，我不断发现，从事心理治疗多年、自己也接受过分析的外行人士眼光敏锐，能力也强。而且，从事心理治疗的医生还不足够。这样的工作需要漫长而彻底的训练和一种少有人具备的广博文化修养。

医生和病人的关系，尤其是在病人这边发生移情时，或者医生和病人之间出现或多或少的无意识认同时，会导致一种超心理现象。我经常遇到这种事。有一个案例尤其让我印象深刻。我帮这位病人摆脱了心因性抑郁的状态，他回到家中，结了婚，但我并不喜欢他的妻子。第一次见到她时，我就有种不安的感觉。她丈夫对我很感激，而我看出，由于我对她丈夫有影响力，她把我视作眼中钉。那些并不真心实意爱丈夫的女人，常常会嫉妒并破坏丈夫的友谊。她们希望丈夫完全属于自己，因为她们自己并不属于丈夫。一切嫉妒的核心都是爱的缺乏。

妻子的态度给这位病人带来很大负担，让他无力应对。在这样的压力下，结婚一年后，他又陷入新的抑郁。我已经预见到这种可能性，事先做好安排，告诉他一旦发现自己的精神状况变糟，就立即和我联系。他没有这样做，部分是因为妻子奚落他的情绪状态。我没有收到他的任何来信。

那段时间，我在 B 市做了一次演讲，回到旅馆时已近午夜。演讲结束后，我和几个朋友坐了一会儿，然后上床睡觉。但我在床上躺了很久，难以入眠。大约两点钟——应该刚刚睡着——我突然惊醒，觉得有人走进了我的房间，甚至感觉门突然被打开。我立刻开了灯，但周围什么也没有。我想也许有人走错了门，还朝走廊里看了看，但周围还是一片死寂。“怪了，”我心想，“的确有人进来过啊！”然后，我试着回想到底发生了什么。突然想起，我是被一阵钝痛惊醒，仿佛什么东西打在我的额头，又打到后脑勺。第二天，我接到一份电报，说这位病人自杀了，他用枪射中自己。后来我听说，子弹一直穿到他后脑的颅骨上。

这次经历是一次真正的共时性现象。这种现象经常可以在和原型有关的情境中观察到——在这个案例中这原型就是死亡。经由无意识中时空相对化的方式，我可能会感受到一些现实中发生在其他地方的事。集体无意识是普遍存在的，它就是古人所说的“感通万物”的基础。在这件事里，无意识知道了我的病人的情况。事实上，那整个晚上，我都莫名其妙地感到焦躁不安，这和我平时的心境完全不同。

我从来没有要让病人皈依什么，也从不强制。对我来说，最重要的是，病人应该形成自己的看法。经过我的治疗，异教徒成了异教徒，基督徒成了基督徒，犹太人成了犹太人，这都取决于他们的命运为他们安排了什么。

我还能清楚地回忆起一个犹太女人的案例：她失去了自己的信仰。刚开始，我做了一个梦，梦见一个不认识的年轻女孩来找我求医。她向我大概介绍了自己的病情。她说话时，我想：“我根本不能理解她，根本不明白这是怎么回事。”但突然间，我想到她应该有一种罕见的恋父情结。梦到此就结束了。

第二天，我的预约本上记录着四点钟有一个咨询。一位年轻女子如约出现。她是个犹太人，一位富裕银行家的女儿，很漂亮，衣着时髦，而且非常聪明。她已经接受过一次分析，但那位医生对她产生了移情，最终恳求她不要再来找他了，否则会毁了他的婚姻。

这女孩多年遭受严重焦虑症的折磨，遇到这种情况病情自然加重了。我从既往病史入手，但没发现什么特别之处。她是个适应良好、西化了的犹太人，启蒙精神深入骨髓。起初，我不明白她的问题到底在哪儿。突然，我想起了那个梦，心想："上帝啊，原来这就是我梦里那个女孩。"不过，由于并没发现她有恋父情结的任何迹象，我于是问起她的祖父，在类似的案例中我经常这样做。她把眼睛闭上了一小会儿，这时我立即意识到，问题的核心就在这里。我请她讲讲这位祖父，进而了解到，他是一位拉比，属于某个犹太教派。"你说的是哈西德派吗？"我问道。她说是的。我追问："如果他是个拉比，那他有可能是个犹太教圣贤吗？""是的，"她答道，"据说他是某种圣徒，开了天眼。但这都是一派胡言，根本没有这种事！"

说到这里，我结束了病史的询问，理解了她的神经症史。我向她解释道："现在我要告诉你一些你也许不能接受的事。你的祖父是个犹太教圣贤，你父亲成了犹太信仰的叛教者，他背叛了那个秘密，转身背朝上帝。你得了神经症，是因为对上帝的畏惧进入了你心里。"这话像一道闪电般击中了她。

当晚，我又做了一个梦。我家里在招待宾客，瞧，那个女孩儿也在那儿。她走到我跟前，问道："您没有伞吗？雨下得非常大。”我的确找到一把伞，笨手笨脚地把它打开，正准备递给她。但是，发生了什么啊？我跪了下来，把伞递给她，仿佛她是一位女神。

我把这个梦告诉了她，一周以后，她的神经症消失了。[①]这个梦告诉我，她并不是一个肤浅的小女孩，这种表象下面隐藏着一个圣人的气质。她没有神话观念，于是她天性中最本质的特征找不到表达的出口。她的意识活动全都指向调情、穿衣打扮和性，因为除此之外她什么也不知道。她只懂得理智，而且过着一种毫无意义的生活。但其实，她是上帝的孩子，她的命运是去实现上帝的秘密意旨。我需要唤醒她的神话和宗教观念，因为她属于那种需要从事精神活动的人。这样，她的生活就有了意义，神经症也就不见踪影了。

在这个案例中，我并没有使用什么“方法”，而是感觉到了内在灵性的存在。我把这一点解释给她听，就完成了治疗。在这里，方法无关紧要，重要的是“对上帝的畏惧”。[②]

我常常看到，当人们满足于对人生问题作出片面或错误的回答时，就会患上神经症。他们追求地位、婚姻、名声、外在的成功或是金钱；而即便得到了自己追求的东西，他们仍然不快乐，仍然有神经症。这样的人常常局限在极为狭窄的精神视野里。他们的人生没有足够的内容、足够的意义。如果他们能

---

① 这个案例治疗时间很短，和荣格的其他大部分案例都不同。——阿尼拉·杰菲

② 参看《象征的生命》，“田园心理学协会讲座”第 80 期（伦敦，1954 年）第 18 页。

有更广阔的人格发展空间，神经症一般都会消失。因此，发展的观念对我来说常常是最重要的。

我的病人中大部分不是有信仰的人，而是那些失去了信仰的人。来找我的人是迷途的羔羊。即便在当今这个时代，有信仰的人也有机会在他的教堂里过上“象征的生活”。我们只要想想弥撒、洗礼、效法基督，以及其他许多宗教体验。但是，要活在象征中，要体验象征，意味着信仰者要积极参与，而今天的人们常常缺少这一点，神经症患者身上尤其缺少。在这样的案例中，我们要观察，无意识是否会自发地引出象征来替代缺失的东西。但即便那时，仍然存在一个问题：这个拥有象征梦境或意象的人是否能理解这些东西的意义，并自己承担后果。

比如，有一个神学家的案例，我曾在《集体无意识的各种原型》里描述过。[①]这位神学家有一个反复出现的梦境。他梦见自己站在一道斜坡上，在那儿可以看见下面一片美丽的山谷覆盖着茂密的树林。在梦里，他知道树林中央有一个湖，也知道有种东西一直在阻止他去那儿。但这一次，他想实现自己的计划。当他走近湖边时，气氛变得诡异，突然一阵轻风吹过湖面，湖水泛起阴暗的涟漪。他惊叫一声，醒了过来。

起初，这个梦似乎难以理解。但作为一个神学家，他应该记得有一个“水塘”，上面突然刮起一阵风，生病的人在其中洗浴——那就是毕士大水塘。一位天使降临，触碰了塘中的水，这水于是获得治疗的力量。那阵轻风就是圣灵，它想吹到

① 《集体无意识的各种原型》，《荣格文集》第 9 卷第 1 部分，第 17－18 页。

哪儿就吹到哪儿，它的出现吓到了这个做梦的人。这里暗示着一种不可见的存在，一种内在的灵性，它过着自己的生活，一旦现身就会让人不寒而栗。做梦的人不愿意接受关于毕士大水塘的联想，他不想要这种联想，因为这些东西只在《圣经》里出现，最多会在星期天早晨作为布道的对象出现，和心理学一点儿关系也没有。间或谈论一下圣灵很好，但它可不是一种能被体验到的现象！

我知道他需要克服自己的害怕和恐慌。但如果病人不愿走呈现在他面前的道路并承担后果，我从不勉强。我不会贸然认为病人只是由于普通的阻抗而止步不前。阻抗值得注意，尤其是当病人很固执时，因为阻抗经常是不应忽视的警告。治疗的方式可能是一剂不是每个人都能喝的毒药，也可能是一个操作不当就会致命的手术。

每当抵达内心最深处的体验来到人格的核心时，大部分人会被恐惧打败，许多人会逃之夭夭。这位神学家就是这样。我当然知道，神学家面对的处境比一般人更困难：一方面，他们离宗教更近；但另一方面，也受到更多教会和教条的束缚。不管怎样，内在体验的冒险、灵性的奇遇对大多数人来说都是陌生的。这种体验可能具有心理现实性——对多数人来说，这样的可能性即便只是想一想也让人生厌。如果它是基于超自然，或至少是基于历史，这就很好。但基于心理？面对这样的问题，病人经常会对心灵表现出一种始料未及但却深刻的蔑视。

当代心理治疗常常要求医生或心理治疗师“陪伴”病人和

他的情绪。我不认为这样做总是对的。有时，医生这边有必要做出积极的干预。

一次，一位贵族女性来找我：她有个习惯，会扇她雇佣的人耳光——包括她的医生。她患有强迫性神经症，在一家疗养院里治疗。自然，主治医生很快就不免吃了她的耳光。毕竟，在她眼里，他只不过是个高级男侍从。她付了钱，不是吗？这位医生把她送到另一家医院，同样的事情又上演了一遍。这位女士并不是真的疯了，但显然需要小心对待。于是，那位倒霉的医生让她来找我。

她是个仪表高贵、威风凛凛的女人，有六英尺高——我告诉你们，她可真有扇人耳光的资格！她来了，我们谈得很投机。到了某一刻，我不得不对她说一些不中听的话。她火冒三丈，跳起来威胁要扇我耳光。我也跳了起来，对她说："很好，你是女士，你先打——女士优先！但你打完我会还手的！"我是认真的。她坐回椅子里，在我面前泄了气。"从来没有人这样跟我说话！"她抗议道。从那一刻起，治疗开始取得成效。

这位病人需要的是一种有男子气概的反应。在这个案例里，"陪伴"是完全错误的，比没有效果更糟。她患上强迫性神经症，是因为她无法在道德上约束自己。这样的人需要有一些其他形式的约束——强迫症状的出现就能达到这个目的。

多年以前，我曾对自己的治疗结果进行过统计。我不记得具体的个人，但是保守估计，有三分之一的案例真正得到治愈，三分之一有相当的改善，还有三分之一并没有发生本质变化。但正是那些没有改善的案例最难判断，因为有很多东西这些病人直到多年以后才意识到并理解，而只有那时，作用才显现出来。从前的病人经常写信给我："治疗结束十年之后，我才意识到这一切到底是怎么回事。"

有些病人，治疗没结束就离我而去；很偶尔的情况下，我不得不把一个病人打发走。但即便在他们中，也有一些人后来写了信，给我积极的反馈。这就是为什么要给治疗是否成功下结论常常很困难。

显然，一个医生在从业过程中会遇到一些对他影响很大的人。有些人不论好坏，从来无法引起公众的兴趣。但是，或者说恰恰是因为这个，他们拥有一些罕见的品质，或者，他们命中注定要经历前所未有的发展和灾难。他们有时天赋异禀，可能会激发别人为他们献身；但这种才华可能植根在异常不利的心理状态中，很难说这是种天才还是种不完善的发展。这些看似不可能收获的土地上常常会开出罕见的心灵之花。而在社会的平原上，我们从来无法想象能遇到这样的东西。要让心理治疗有效，需要一种亲近的融洽关系，亲近到医生无法对人性苦难的高度和深度视而不见。归根结底，这种融洽关系存在于持续的对照和相互的理解中，存在于两种对立的心灵现实的辩证相遇中。如果出于某种原因，这种对彼此的印象没有发生碰撞，心理治疗的过程就起不到效果，产生不了任何改变。只有当医生和病人都成为对方的问题时，才能找到解决办法。

在我们今天所谓的神经症中，有许多人如果生在其他时代，就不会得神经症——也就是说，不会和自己割裂。如果他们生在这样一种时代和环境——人们仍然通过神话和祖先的世界保持连接，从而也和真实体验到的自然保持连接，而不只是从外部看它们——就能免于这种和自我的割裂。我说的这些人，不能容忍失去神话，他们既找不到通向纯粹外部世界、通向科学所看到的世界的道路，也不能心安理得满足于用词语进行的智力杂耍，这种杂耍和智慧一点儿关系也没有。

我们这个时代心灵二分法的受害者并不必然患上神经症，只要自我和无意识的裂痕弥合起来，表面的症状就会立即消失。一个医生如果能在他自己存在的深处感受到这种割裂，就能更好地理解无意识心理过程，也能避免心理学家易犯的自命不凡的毛病。如果一个医生没有从他自己的体验中了解到原型的超自然力量，那么当他在实践中遇到这些原型的负面影响时就很难逃脱。由于只有智识上的观点而没有体验上的标准，他可能高估或者低估这种负面的影响。那些危险的差错就从这里开始：首先就是试图用智力来主宰一切。用智力主宰一切，能实现一个隐秘的目的，就是让医生和病人都和原型的影响保持安全距离，这样也就和真实体验保持了距离，从而一个看起来安全、人造但只有两个维度的概念世界取代了心理现实。在这样的世界里，所谓的清晰概念掩盖了真实的生活。体验被剥离了本质，取而代之的只有名称，此后名称被放到了现实的位置上。没有人对概念有什么义务，这就是为什么概念化让人如此愉快——它承诺让人免于体验。精神并不存在于概念中，而是在行动和事实中。话不顶用，然而，这个徒劳的过程无休无止重复着。

所以，在我的经验中，最困难、最忘恩负义的病人，除了习惯性说谎的人，就是所谓的知识分子了。他们总是言而无信、自相矛盾。他们发展出一种“区隔心理学”，什么事都可以用理智来解决，而理智不受情感左右——但是，如果情感没有得到发展，知识分子也会受神经症所苦。

我遇到的病人和心理现象成为一个没有尽头的意象之流，在我眼前逐一经过，我从他们那里学到了很多东西——不仅是知识，最重要的是对我自己本性的洞察。我也从自己的错误和失败中学到了很多。我的病人大部分是女性，治疗之始她们常常已经有了非凡的责任心、理解力和智力。本质上说，是她们让我能够发展出新的治疗方式。

一些病人成了我的“门徒”（在这个词最初的意义上），并把我的思想传播到世界各地；其中一些人和我建立了经久不衰的友谊。

我的病人们让我离人类生活的现实如此之近，以致不可能不从他们身上学到重要的东西。和这么多截然不同的人、在这么多截然不同的心理水平上相遇，这对我来说，远比和名流进行的碎片式谈话重要得多。我生命中最美好、最有意义的谈话，都是和默默无闻的人进行的。

5. 西格蒙德·弗洛伊德[1]

通过成为精神病学家，我踏上了自己智力发展的探索之旅。我一无所知，从外在临床角度开始观察心理病患，遇到一些惊人的心理过程。我对这些过程的内容一无所知，但还是做了记录和分类。在当时看来，只要把这些内容归为“病理性的”，就算是做了足够的考量。随着时间的推移，我的兴趣越来越集中在那些我感觉有某种可以理解的东西的案例上，比如偏执妄想、躁郁症、心因性障碍。成为精神病医生后，布罗伊尔和弗洛伊德的研究，还有皮埃尔·雅内的工作，都给了我很多教益和启发。最重要的是，我发现弗洛伊德对梦进行分析和解释的技术促进了我对精神分裂症各种表达形式的理解。早在1900年，我就读了弗洛伊德的《梦的解析》。[2]当时我还读不懂，就把这本书搁在了一边。二十五岁的时候，我还不具备欣赏弗洛伊德理论所需的足够体验。这些体验要到后来才出现。1903年，我再次拿起《梦的解析》，发现它和我自己的想法都贯通起来了。我最感兴趣的，是“压抑机制”这一概念在梦境上的应用，这个概念来自神经症心理学。这对我来说很重要，因为我在词语联想测验中经常遇到压抑。对某些刺激词进行反应时，病人要么没有联想答案，要么反应时间过长。后来发现，每当刺激词触碰到病人的心灵伤口或冲突时，就会发生这样的干扰。大部分时候，病人并没有意识到这一点。如果询问干扰的原因，病人回答的态度通常十分虚假。读了弗洛伊德的《梦的解析》，我明白这种情况下是压抑机制在起作用，而且我观察到的事实也符合他的理论。这样，弗洛伊德的一系列观点就在我这里得到了证实。

说到压抑的内容，我就无法赞同弗洛伊德的看法了。他认为是性创伤导致了压抑。但在我的工作中，有许多神经症案例中性的问题只是次要的，而其他因素更突出，比如社会适应的问题、被悲惨的生活环境压迫的问题、声望的考虑，等等。后来，我把这些案例拿给弗洛伊德看，但他不愿意承认性之外的因素也可能是原因，这让我非常不满。

起初，要把弗洛伊德放在我人生中一个合适的位置上，或者要对他秉持正确的态度，对我来说并不容易。我开始熟悉他的作品时，正计划从事学术工作，而且即将完成一篇论文，希

---

① 这章应看作荣格就弗洛伊德写的很多文章的一个补充。这些文章中最重要的部分收录在《弗洛伊德和精神分析》(《荣格文集》第 4 卷) 中。另参见《人类、艺术和文学中的灵性》(《荣格文集》第 15 卷) 中的《历史背景中的西格蒙德·弗洛伊德》和《纪念西格蒙德·弗洛伊德》两篇。

② 荣格在为弗洛伊德写的讣告 (1939) 里称这本书是“时代巨著”，“也许是迄今为止在经验主义的坚实基础上解开无意识心灵之谜的最大胆尝试。对我们，以及年轻一代精神病学家来说，这本书是……启迪的源泉，而对老一辈的同行来说，它只是嘲弄的对象”。——阿尼拉·杰菲

望借此在大学里得到晋升。在当时的学术界，弗洛伊德无疑是个不受欢迎的人，跟他有任何关系都会妨碍一个人在学术圈的发展。“大腕们”最多只会暗地里提到他，学术会议上人们从来不在会议室里提他，只在走廊里议论纷纷。所以，发现我的联想实验结果符合弗洛伊德的理论远不是什么高兴的事。

一次，我待在自己的实验室里又思索起这些问题。魔鬼在我耳旁低语，说我完全可以不提及弗洛伊德，直接发表自己的实验结果和结论。毕竟，我在读懂他的作品之前很久，就已经完成了这些实验。但我听到第二人格的声音：“如果你那样做，好像自己根本不知道弗洛伊德，那就是欺骗。你不能把自己的生活建筑在一个谎言之上。”听到这话，问题就解决了。从那时起，我成了弗洛伊德的公开拥趸，开始为他而战。

在慕尼黑的一次学术会议上，我第一次为弗洛伊德拿起了棍棒。当时的一位演讲者在讨论强迫性神经症时，故意不提弗洛伊德的名字。1906 年，我写了一篇和此事有关的论文[①]，讨论弗洛伊德的神经症理论，发表在《慕尼黑医学周刊》上。他的这个理论为理解强迫性神经症做出了巨大贡献。两位德国教授回应了这篇文章，写信给我，警告说如果我继续站在弗洛伊德这边并为他辩护，将会危及我的学术前途。我复信说：“如果弗洛伊德说的是真的，我就站在他这边。如果我的职业要建立在限制研究、隐瞒真相的基础上，那就让它见鬼去吧。”我继

① 《弗洛伊德的癔症理论：答阿沙芬堡》，收入《荣格文集》第 4 卷《弗洛伊德和精神分析》。

续为弗洛伊德和他的思想辩护。但是，基于自己的研究结果，我仍然不觉得所有神经症都是性压抑和性创伤导致的。某些案例的确如此，但其他案例并不是。不过，弗洛伊德还是开启了一条新的探索道路，当时外界的震惊和对他的公开反对，在我看来是荒谬的[①]。

我在《论早发性痴呆的心理学》一书中表达的观点并没有获得多少认同，同行对我报以嘲笑。但通过这本书，我结识了弗洛伊德。他邀请我去拜访他。1907 年 3 月，我们在维也纳第一次会面。我们下午一点钟见了面，几乎一刻不停地聊了十三个小时。弗洛伊德是我遇到的第一个真正重要的人，此前我的经历中没有任何人可以和他相比。他的看法中丝毫没有琐碎的东西。我发现他非常聪明、敏锐，总之，卓尔不群。不过，我对他的第一印象仍然有些混乱，我没法理解他。

他对性欲理论的说法让我印象深刻，但并没有消除我的犹豫和怀疑。我有好几次想把保留意见提出来，但每一次他都认为，有这些意见是因为我经验不足。弗洛伊德是对的，那时我还没有足够的经验来支持自己的异议。我知道性欲理论对他来说相当重要，不论是从个人角度还是从哲学角度。这一点让我印象深刻，但我无法确定这种对性的过度强调多大程度上和他自己的主观偏见有关，多大程度上又基于可以

① 1906 年，荣格给弗洛伊德寄去《诊断性联想研究》（1960 年，英文版见《荣格文集》第 2 卷《实验研究》）之后，两人开始通信，一直持续到 1913 年。1907 年，荣格给弗洛伊德寄去自己的《论早发性痴呆的心理学》（见《荣格文集》第 3 卷《精神疾病的心理原因》）一书。——阿尼拉·杰菲

证实的经验。

最重要的是，弗洛伊德对灵性的态度在我看来很不靠谱。不论在一个人身上，还是在一件艺术作品中，只要灵性的表达（在智识意义上，而不是在超自然意义上）一显露，他就表示怀疑，暗示这是压抑的性欲。任何不能被直接解释成性欲的东西，他都称之为“心理性欲”。我反对说，这样的假设以及它的逻辑结论会导致一种彻底消灭文化的判断：文化看上去就只是一场闹剧，是压抑性欲的病态后果。“是的，”他赞同道，“文化就是这样，这只是个命运的诅咒，而我们对此无能为力。”我一点儿不赞同，也不想善罢甘休，但还是不觉得自己有能力和他争论清楚。

第一次会面中还有一些东西对我来说很重要。我们的友谊结束之后，我才能想清楚并理解与之相关的事情。有一点确凿无疑：弗洛伊德在他的性欲理论上卷入了相当强烈的情感。他谈到这个理论时语调急促，几近焦虑，惯常的批判和怀疑作风全都消失不见，脸上浮现出一种古怪、深有触动的表情。我不知所措，难以理解。我有种强烈的直觉：性对他来说是一种心驰神往的东西。大约三年之后（1910），我们在维也纳的又一次谈话证实了这一点。

我还能生动地回想起弗洛伊德怎么跟我说的：“亲爱的荣格，答应我永远不要抛弃性欲理论。这是最重要的东西，我们应该把它当作一个信条、一座不可动摇的堡垒。”他带着强烈的感情对我说这番话，以一种父亲的口吻：“答应我，亲爱的儿子，答应我你每个星期天都会去教堂。”我有些吃惊地问：“一座堡垒——防的是什么呢？”他答道：“防的是黑色的泥流。”在这儿，他犹豫了一会儿，补充道：“神秘学的黑色泥流。”起先，“堡垒”和“信条”这样的词让我警觉起来：信条，也就是说，毫不质疑地承认信仰，这种东西的建立只是为了一劳永逸地镇压怀疑；但这和科学判断已经没有任何关系了，只和个人的权力欲有关。

就是这件事给我们的友谊带来致命打击。我知道我永远无法接受这样的态度。弗洛伊德所说的“神秘学”，似乎就是哲学和宗教，包括当代兴起的超心理学对心灵的几乎全部认识。对我来说，性欲理论和神秘学一样，它就像一个无法被证实的假设，和其他思辨观点是一样的。我认为，科学真理是一种暂时适用的假设，而不应被当作永远不变的信仰。

我当时虽然还不十分明白，但已经在弗洛伊德身上看到了无意识宗教因素的井喷。显然，他需要我帮他建立一道防线，抵御这些无意识内容的威胁。

这次谈话得到的印象让我更加困惑，直到那时我仍没有把性欲当作一个珍贵而受到威胁的概念，不认为需要对它保持忠诚。显然，性欲对弗洛伊德的意义大于对其他人的意义。对他来说，这是一种需要虔诚地进行研究的东西。面对这样深刻的信念，一个人通常会变得害羞而含蓄。我支支吾吾做了几次尝试之后，对话很快就结束了。

我不知所措、局促不安，感觉自己瞥见了一个全新的、未知的国度，新的想法从其中向我蜂拥而来。有一件事是清楚的：弗洛伊德，这个常常对自己不信仰宗教这一点大加利用的人，现在建立了一个教条；确切地说，他失去了一个精心守护的上帝，于是用一个更引人入胜的意象——性欲——代替了上帝的位置。这个形象固执、严苛、专横跋扈、凶险、道德上自相矛盾，这些方面一点儿不比原来那个逊色。正如精神上更强大的东西被冠以“神圣”或“恶魔”这样的形容，“性欲力比多”也接替了一个隐藏的神的角色。对弗洛伊德来说，这种转变的好处显然是他可以把这一新的神秘原理当作一种无可指摘的科学，不受任何宗教色彩的玷污。然而，说到底，耶和华和性欲，这两种理性上不可通约的对立物，它们的超自然性，也就是说，他们的心理特质，仍然是一样的，只有名称发生了改变。随之而来的观点当然是：人们失去的上帝现在要低头才能找到，而不是抬头。但是，那个更强大的东西被冠以不同名字的时候，到底有什么不一样呢？如果心理学并不存在，只存在有形的物体，那么一个就会被废掉，另一个取而代之。但实际上，在心理经验中，我们所拥有的，只是紧急、焦虑、强迫，如此等等。问题仍然存在：怎样克服或摆脱我们的焦虑、良心不安、内疚、强迫、无意识和本能反应。如果我们不能从光明、理想主义的一面做到这一点，那从黑暗、生物学的一面接近问题，也许能有些好运气。

这些想法就像突然烧起来的火焰一样蹿过我的头脑。很久以后，当我开始反思弗洛伊德的性格时，这些想法显示出重要性。他有一个性格特点引起我最多的思索：痛苦。初次见面时，这种痛苦就让我吃了一惊，但我一直不理解，直到看见这种痛苦和他对性欲的态度有关。尽管对弗洛伊德来说，性欲无疑是种令人心驰神往的东西，他的术语和理论却似乎把性欲完全定义为一种生物功能。只有他谈到性欲时的情感，才表露出他内心更深层回荡着的内容。至少在我看来，根本上他是想要教育大家，从内在来看，性欲包括了灵性，并且有一种先天的意义。但他那具体主义的术语过于局限，无法表达出这种意思。他给我留下的印象是：骨子里，他的工作是在反对他自己的目标，反对他本人；毕竟，他所受的痛苦并不比一个和自己不共戴天的人的痛苦更强烈。用他的话来说，他感觉到自己“黑色泥流”的威胁——他比任何人都更想让自己进入那黑暗的深处。

弗洛伊德从不自问为什么他必须不断地谈论性，为什么这个观念让他如此着迷。他还没有意识到，这种“单调的解释”表达了一种对自己的逃离，或者说逃离他身上那可以称为“神秘”的另一面。既然拒绝承认这一面，他就永远无法跟自己和解。他看不到无意识内容的自相矛盾和模棱两可，也不知道每种从无意识里浮现出来的东西都有它的顶端和底端、内在和外在。当我们谈论外在时——这就是弗洛伊德所做的——我们只考虑了整体的一半，结果就是，无意识里会浮现出一种反作用。

对弗洛伊德的这种片面性，旁人无能为力。也许他自己的某种内在体验会让他睁开眼睛，但那时他的智力可能会把任何类似经验都还原成“单纯的性欲”或是“心理性欲”。他仍然是他所能认出的那一面的受害者。所以，我认为他是一个悲剧人物——既是个伟大的人，也是个受魔鬼控制的人。

经过在维也纳的第二次谈话，我也理解了阿尔弗雷德·阿德勒的权力假设，此前我对这个假设关注得很少。阿德勒像许多“儿子”一样，从“父亲”那里学到的不是他说了什么，而是他做了什么。爱〔厄洛斯（Eros）〕和权力的问题突然沉重地落到我心上。弗洛伊德自己曾告诉我，他从来没有读过尼采；现在，可以说，我把弗洛伊德心理学看作知识史上一次机敏的变动，补偿了尼采对权力原则的神化。问题显然不应该说成是“弗洛伊德对阿德勒”，而是“弗洛伊德对尼采”。所以我认为，这不仅是精神病理学领域的一次内部争论。我突然觉得，在某种意义上，厄洛斯和权力驱力就像同一个父亲的两个意见相左的儿子，或是同一种心理驱力的两种不同产物。在经验层面，这种驱力用相反的方式来呈现自己，就像正负电荷一样，其中厄洛斯是受动者，权力驱力是施动者，反之亦然。厄洛斯对权力驱力提出很多要求，后者对前者亦然。没有一个，另一个怎能存在？人一方面屈服于驱力，另一方面又试图掌控它。弗洛伊德展示了对象是怎样屈服于驱力的，阿德勒展示了人是怎样使用驱力来把自己的意志施加给对象的。尼采在自己命运的手中感到绝望，不得不为自己创造一个“超人”。我认为，弗洛伊德自己一定受到厄洛斯力量的深刻影响，以致希望把这种力量提升为一种教义——让它像宗教神明一样永垂不朽。“查拉图斯特拉”是福音的宣布者，这已经不是秘密；而弗洛伊德也在这里尝试超越教会，宣布一个理论为圣徒。诚然，他并没有大张旗鼓地做这件事，反而怀疑是我想当一个先知。他一边作出悲剧性的声明，一边又把它给摧毁了。这就是通常人们对待超自然事物的方式。这种方式也在情理之中，因为这些事情一方面是真的，另一方面又不是真的。超自然体验会同时让人感到鼓舞和屈辱。性欲是超自然的，它既是上帝也是魔鬼，如果弗洛伊德对这一心理学事实有过更多思考，他就不会一直受到生物学概念的束缚。而尼采如果更坚定地以人类的存在为基础，也许就不会被自己过多的智力活动带得越过世界边缘。

每当一种超自然体验给心灵带来强烈波动时，那悬系着人生的绳索就有被扯断的危险。如果发生这种情况，一个人要么偶然遇到一种绝对的肯定，要么遇到一种同样绝对的否定。“Nirdvandva”（脱离相对性之苦）就是东方对这个问题的补救办法。我没有忘记这一点。心智的钟摆是在理性和非理性之间摆荡，而不是在对和错之间摆荡。对超自然的神往和敬畏状态是危险的，因为它把人引向极端：一个谦虚的真理被当作了那真理，一个小小的错误也等同于致命过失。逝者如斯——昨天的真理是今天的骗局，昨天的错误论断有可能是明天的启示。心理学问题上尤其如此，这方面，即便有了真理，我们也所知甚少。任何事情，如果一点没有——哪怕在一瞬间——被意识觉知到，就是不存在的。要理解这意味着什么，我们还有很长的路要走。

和弗洛伊德的对话让我明白，他害怕自己洞察性欲的超自然之光被“黑色泥流”所熄灭。这样就出现了一个神话场景：光明与黑暗的斗争。这解释了它的超自然性，解释了弗洛伊德为什么立即撤退到他的教义上，把这教义当作一种宗教的防御手段。我的下一本书——《力比多的转化与象征》①，讨论了英雄为自由而进行的斗争、弗洛伊德的奇怪反应，推动我对他的原型主题及其神话背景做进一步研究。

一方面是性的解释，一方面是教义的权力驱力，这让我在之后许多年里对类型学的问题进行了思考。研究心灵的极性和动力是有必要的。我还开始了一个持续数十年的研究——“神秘学的黑色泥流”，也就是说，我试图理解当代心理学背后的历史假设，包括意识层面和无意识层面的。

我想听听弗洛伊德对预知未来和超心理学的一般看法。1909年在维也纳拜访他时，我问他对这些事怎么看。由于自己的唯物主义偏见，他把这一切都贬为无稽之谈，而且是用如此肤浅的实证主义语言，以致我好不容易克制住才没有进行尖锐的反驳。若干年后，他才意识到超心理学的严肃，并承认“超自然”现象的真实性。

当弗洛伊德用这种方式说话时，我有一种奇怪的感觉，仿佛我的横膈膜是铁做的，而且变得火红，像一个发光的拱顶。就在这时，身边的书架发出一声砰响，我们都警觉地站起来，害怕这个书架倒在身上。我对弗洛伊德说：“瞧，这就是一种催化的外化现象。”

“得了吧，”他说，“一派胡言。”

① 出版于1912年，英文版译为《无意识心理学》（1917）；修订版名为《转化的象征》（1952），英文版译为《转化的象征》（《荣格文集》第5卷，1956年）。

“不是的，”我答道，“您弄错了，教授先生。为了证明我的观点，我预测，很快就会有第二次这样的响声。”的确，话音刚落，书架上就传出一声相同的爆响。

直到今天，我也不知道是什么给了我这样的确信。但我当时就是相信，那种响声会再次出现。弗洛伊德只是目瞪口呆地看着我，我不知道他在想什么，也不知道他的表情意味着什么。不管怎样，这件事引起他对我的不信任，而且我觉得自己做了什么反对他的事。之后，我再没和他讨论过这件事[①]。

1909年对我们的友谊是决定性的一年。我受邀到马萨诸塞州伍斯特市的克拉克大学做一次关于联想测验的讲座[②]。弗洛伊德也不约而同受到邀请，于是我们决定一同前往。我和他在不来梅碰头，费伦齐（Ferenczi）在那里加入我们一行。在不来梅，人们议论纷纷的弗洛伊德晕厥事件发生了。这件事是我对“泥炭沼泽尸体”的兴趣间接引发的。我知道在德国北部的一些地区能找到这种所谓的沼泽尸体。那是史前人类的尸体，它们不是陷进了沼泽里，就是被埋在那里。尸体所在的沼泽水里含有腐殖酸，会溶蚀骨骼，同时把皮肤鞣制起来，这样皮肤和头发就完好地保存下来。本质上，这是一种把尸体变成木乃伊的自然过程，尸体在这个过程中会被泥炭的重量压扁。它们偶尔会被荷兰、丹麦、瑞典等地的泥炭挖掘者发现。

我之前读过关于泥炭沼泽尸体的材料，在不来梅的时候我

---

① 关于弗洛伊德对此事的反应，见附录1。

② 见附录2。

想了起来，但是有点糊涂，分不清它们和该市铅棺里的木乃伊有何不同。这一兴趣让弗洛伊德神经紧张，他问了我好几次："为什么你那么关心这些尸体？"整件事让他感到相当烦恼。一次，我们一起吃饭时谈到这件事，他突然就晕倒了。后来他告诉我，他确信所有这些关于尸体的谈话意味着我希望他死掉。这个解释让我惊讶不已。他的幻想之强烈让我感到警觉——如此强烈，显然可以导致晕厥。

一个类似的情形下，弗洛伊德的晕厥又在我面前发生了一次。那是在1912年慕尼黑的精神分析大会期间。有人把话题转向阿蒙诺菲斯四世（阿肯那顿，Amenophis IV Ikhnaton），[①]认为他对父亲的消极态度致使他毁掉了父亲碑石上名字周围的椭圆形装饰；而且，他创立一神教的伟大作为背后，潜伏着一种父性情结。这种论调激惹了我，我试图指出阿蒙诺菲斯是一位深刻、有创造力的宗教人士，他的行为不能被解释为对父亲的个人抵抗。我说，恰恰相反，他一直尊重对父亲的纪念，而他破坏装饰的热忱只是针对阿蒙神的名字；他在所有地方都废弃了这位神的名字，所以他父亲阿蒙霍提（Amon-hotep）名字周围的椭圆形装饰也被凿掉了；而且，其他法老王会用自己的名字把纪念碑和雕像上祖先（真实的祖先或是神话的祖先）的名字取代掉，他们觉得既然都是同一个神的不同化身，就可以这样做，不过他们也没有开创新的风气或新的宗教。

就在这时，弗洛伊德从椅子上滑下来晕倒了。大家无助地

① 埃及第18王朝国王（公元前1379—公元前1362）。——译者

聚集在他身边。我把他抱起来，带到隔壁房间安顿在沙发上。我抱着他的时候，他半醒过来，我永远无法忘记他当时看我的眼神。他虚弱地看着我，仿佛我是他的父亲。不论还有别的什么原因造成他的晕厥——当时气氛十分紧张——弑父幻想在两个例子中都存在。

那时，弗洛伊德经常隐晦地暗示他把我当作继承人，让我很尴尬，因为我知道自己永远无法恰如其分地秉承他的观念。所谓恰如其分，就是像他希望的那样。再则，我还没有成功找到一种方式让自己的批评引起他的重视，而我对他十分敬重，不想逼他非理解我的想法不可。在我心里，那种担任一党领袖的想法其实一点儿也不吸引人。首先，我的天性中没有这种东西；其次，我不想牺牲自己的思想独立；再次，我很不喜欢这样的光芒，它只会让我偏离自己的真正目标。我关心的是探索真理，而不是个人声望。

1909年不来梅开始的美国之行持续七周。我们每天都待在一起，分析彼此的梦境。期间，我做了一些重要的梦，但弗洛伊德什么也分析不出来。我并不想为这件事从他身上找原因，最好的分析师也有解不开梦境谜题的时候。人非圣贤，我也从来不想因此而停止我们对梦的分析。相反，这种分析对我意义重大，我们的关系也相当珍贵。我把弗洛伊德当作一个更年长、更成熟、更有经验的人，在这方面，我感觉自己像个儿子。但之后发生了一些事，结果表明是对我们整个关系的严重打击。

弗洛伊德做了个梦——这个梦所涉及的问题我认为不应该公之于众。我竭尽所能解释这个梦，还补充说，如果他能透露一些私生活里的额外细节，那我就能给出更充分的解释。弗洛伊德听了，古怪地看了我一眼——极其怀疑的一眼。然后他说："我可不能拿我的权威冒险！"那时，他一下子威风扫地。这句话深深印刻在我的记忆中，也已然预示了我们关系的结束。弗洛伊德把个人权威放在真理之上。

我说过，弗洛伊德对我当时做的梦，要么只能解释一部分，要么完全没法解释。这些梦有集体性的内容，包含大量象征材料。其中一个梦对我特别重要，因为它第一次把我引向"集体无意识"这个概念，由此为我的一本书——《力比多的转化与象征》[①]拉开了某种序幕。

梦是这样的：我在一所自己从没来过的房子里，它有两层楼，是"我的房子"。我发现自己在上面一层，那里像个客厅，摆放着精致古老的洛可可家具，墙上挂着些珍贵古老的油画。我怀疑这是不是我的家，心想："不赖。"然后，我突然想到，还不知道下面一层是什么样子。我顺着楼梯走到一楼，这里的东西更加古老，我意识到房子的这一部分可以追溯到十五或十六世纪。家具是中世纪的，地板是红砖，每个地方都很暗。我从一个房间走到另一个，心想："现在真该好好看看这所房子了。"我来到一扇厚重的门前，把它打开，门后有一条通往地下室的石砌台阶。我又沿着台阶往下走，发现自己来到一个漂亮的拱形房间，这地方看来极其古老。我查看四周墙壁，发现普通的石块之间有一层层的砖，砂浆里也有一些碎砖。我

① 英译名为《无意识心理学》，修订版名为《转化的象征》（《荣格文集》第5卷）。

立即明白，这些墙是罗马时代的。这时，我兴致高涨，又仔细看了看地面。地面由石板铺成，我还在一块石板里发现了一个指环。我一拉指环，石板也被抬起来了，又出现一道楼梯，窄窄的，石头砌成，通向更深的地方。我又走了下去，来到一个从岩石里凿出来的低矮洞穴中。地上覆盖着厚厚的尘土，中间散落着骨骼和碎陶器，像是原始文化的遗迹。我发现了两个人类的头骨，显然已经非常古老，多半要碎裂了。然后我就醒了。

在这个梦里，弗洛伊德最感兴趣的是那两个头骨。他反复谈起，督促我找到一个与之相关的愿望。我对这些头骨是怎么想的？他们是谁？我当然十分清楚他指的是什么：梦里隐藏着一个秘密的死亡愿望。“但是，他到底期待我怎样呢？”我心想。我是想让谁死呢？对任何这样的解释，我都感到相当抵触。这个梦是什么意思，我自己也有一些想法。但那时，我并不信任自己的判断，而是想听听弗洛伊德的看法、向他学习。于是，我顺着他的意思说:“我的妻子和妻妹”——毕竟，我得说出两个人的名字，她们的死值得成为我的念想！

那时我刚刚结婚，很清楚自己心里并没有什么事指向这样的愿望。但我做不到既把自己对这个梦的解释告诉弗洛伊德，又不引起误解和强烈的反对。我不觉得自己有能力和他争吵，也担心如果坚持自己的观点可能会失去他的友谊。另外，我也想知道他对我的答案会有什么看法；还有，如果我说了一些符合他理论的话来欺骗他，他会有什么反应；所以我对他撒了谎。

我十分清楚，自己的行为并非无可指摘，但是，战争就是战争！我不可能向他提供任何对自己内心世界的洞见。我们内心世界之间的鸿沟太大了。事实上，听到我的回答，弗洛伊德似乎大大地松了一口气。我由此看到，他对某些类型的梦毫无办法，只能躲进自己的教条里避难。我意识到，得自己找到这个梦真正的意思。

对我来说，那个房子的意象显然是代表心灵——也就是代表我当时的意识状态，以及到此时为止的无意识附加物。那间客厅就代表意识，除了古色古香，还有一种居住的氛围。

一楼代表无意识的第一层。我越往地下走，场景就变得越陌生、越昏暗。在洞穴里，我发现了史前文化的遗迹，那就是我内心的原始人的世界——那个世界难以企及，或者说，难以被意识照亮。人的原始心灵接近动物灵魂的生命。就像史前时代的洞穴，在被人类占有之前常常住着动物。

这一时期，我开始意识到，弗洛伊德对智识的态度和我有多么强烈的反差。我在十九世纪巴塞尔浓厚的历史氛围中长大，获得了一些心理学史方面的知识——这要感谢我读过的那些古代哲学家的作品。我对梦和无意识进行思考时，从来不会不进行历史的比较。学生时代的我经常查阅克鲁格的那本老哲学词典。我对十八世纪和十九世纪早期的作家尤其熟悉，正是他们那个世界构成了二楼客厅的氛围。相比之下，我觉得弗洛伊德的智识历史开始于毕希纳（Büchner）、莫莱肖特（Moleschott）、杜布瓦-雷蒙（Du Bois-Reymond）和达尔文。

这个梦指出，我刚才描述的意识状态还有更深的层面：中世纪风格、久无人居的一楼，然后是罗马式的地下室，最后是史前洞穴。这些是指过去的时代、过去的意识阶段。

做这个梦的前几天，我经常想到的问题是：弗洛伊德心理学是以什么为基础的？它属于人类思想的什么范畴？这种近乎排外的人格主义跟一般的历史假设有何关联？这个梦给了我答案：它显然指向了文化史的基础——文化史就是意识逐层堆积的历史。这样，我的梦构成了一幅人类心灵的结构图，它假设心灵的基础是某种完全非个人的天性。就像英语里说的，“咔哒”一声，这个梦成了一个指引我的意象，在后来的日子里给了我出乎意料的支持。这是我第一次依稀想到，集体先验地存在于个人心灵之下。开始，我以为这是早期功能模式的痕迹，后来我的经验不断丰富，也有了更可靠的知识作为基础，于是认为这些就是本能的各种形式，也就是原型。

弗洛伊德认为梦是“外观”，意义隐藏在背后——这种意义已经被知晓，但被意识怀着敌意给隐瞒了。对我来说，梦是自然的一部分，它没有什么隐瞒的意图，只是尽全力在表达什么，就像植物尽全力生长、动物尽全力觅食一样。这些生命形式也并不想欺骗我们的眼睛，但我们会由于目光短浅而欺骗自己。见到弗洛伊德之前很久，我就把无意识和梦当作自然的过程，它们要说的就是它们自己，其中没有什么任意性，最重要的是没有什么矫情饰诈。要说意识的弄虚作假可以推及无意识的自然过程，我找不出什么理由可以支持这样的假设。相反，日常经验告诉我，无意识是多么强烈地反对意识的种种倾向。

这个房子的梦带给我一个奇怪的影响，它让我恢复了旧时对考古学的兴趣。回到苏黎世后，我开始阅读一本有关巴比伦古迹的书，还读了许多神话方面的著作。阅读过程中，我遇到了弗里德里希·克鲁泽（Friedrich Creuzer）的《古人的象征手法和神话》[1]——这本书让我激情澎湃。我发疯一样地阅读，兴致勃勃地研究了一大堆神话材料，又读了诺斯替教的作品，然后一头雾水。我发现自己所处的迷茫状态，就像当年在医院里试图理解精神疾病的意义一样。我仿佛身处一座想象中的疯人院，开始对克鲁泽书里的所有半人马、仙女、男神和女神进行治疗和分析，好像他们是我的病人一样。在这样的忙碌中，我不禁发现，古代神话和原始人心理有密切的联系，这导致我对原始人心理进行了深入的研究。

做这些研究期间，我偶然读到了一位完全不认识的美国年轻人——米勒小姐的幻想。我敬重的慈父般的朋友泰奥多尔·弗卢努瓦（Théodore Flournoy）把这一材料发表在《心理学档案》（日内瓦）上。我立即被这份幻想材料的神话特性所震惊，它像是给我心中层层堆积杂乱无章的想法加了一份催化剂。慢慢地，从这些想法中、从我掌握的神话知识中，形成了我的新书《力比多的转化与象征》。

写这本书时，我做了些预示着即将和弗洛伊德断交的梦。其中最重要的梦之一，场景是在瑞士和奥地利边境的山区里。天色渐晚，我看到一位老人穿着奥地利帝国海关官员的制服，有点驼背地从我身边走过，对我不理不睬。他看上去脾气不

①《古人的象征手法和神话》（莱比锡和达姆施塔特，1810—1823年）。

好，神情忧郁而苦恼。当时还有其他人在，有人告诉我，这位老人并不真的存在，那只是多年前死去的一位海关官员的鬼魂。“他就是那种还不能完全死去的人。”这就是梦的第一部分。

我开始对这个梦进行分析。我当时想到和“海关”有关的词就是“审查”。“边境”让我想到意识和无意识之间的边境，又想到弗洛伊德的观点和我的观点之间的边境。边境上极其严格的海关检查，对我来说似乎是在影射精神分析。边境上，行李要被打开，检查是否有违禁品。这个检查的过程会发现无意识的假设。对这位老海关官员来说，这份工作带给他的快乐和满足显然很少，以致他会尖酸刻薄地看待这个世界。我没法不拿弗洛伊德来作比照。

那时，弗洛伊德已经丧失了对我的大部分权威，但他还是一个让我仰视的人。我把父亲的形象投射在他身上，而且做这个梦的时候，这种投射还远没有消除。投射发生时，我们就不再客观，会执着于作出分裂的评判。我们一面依赖，一面抗拒。做这个梦时，我仍然高度评价弗洛伊德，但又对他很挑剔。这种分裂的态度意味着我仍然没有意识到这整个局面，没有找到解决方法。这是一切投射共有的特性。梦催促我必须去澄清这个局面。

在弗洛伊德个性的影响下，我尽可能把自己的判断放到一边，也压抑了自己的批评。这是跟他合作的前提条件。我曾对自己说：“无论智慧还是经验，弗洛伊德都远胜于你，这会儿你就应该听他说，好好学习。”让我惊讶的是，梦居然把他塑造成奥地利帝国一位脾气暴躁的官员，一个已故海关检查员仍然游荡人间的鬼魂。这会不会就是弗洛伊德暗示我有的那种想让他死掉的愿望？我在自己身上找不到什么地方可能会有这样的愿望，因为我不惜一切代价地想和弗洛伊德一起工作，并以一种坦白的自私自利的方式分享他经验的财富。他的友谊对我意义重大，我没有什么理由想让他死。但这个梦可以理解为一种矫正，对我意识层面的高度评价和崇拜进行的补偿或解毒。这样的话，这个梦显示了一种对弗洛伊德相当批判的态度。这显然让我震惊，尽管在我看来，梦的最后一句话像是在暗示弗洛伊德有可能名垂青史。

海关官员这一段之后，梦并没有就此结束，间断过后出现的第二部分更引人注目。我在一个意大利城市，时近正午，十二点到一点之间。阳光照在狭窄的街道上，烈日炎炎。城市建在小山上，让我想起了巴塞尔一个特别的地方——科伦伯格（Kohlenberg）。那里的小街向下通到波西格塔尔（Birsigtal）的山谷，直穿城市，街道有些部分就是台阶。在梦里，这样一条台阶路向下通往赤足广场（Barfüsserplatz）。地方是巴塞尔，但也是一座像贝加莫（Bergamo）那样的意大利城市。时值夏天，烈日当空，一切都沐浴在强烈的光线中。人群朝我这边涌来，我知道店铺正在关门，人们赶着回家吃饭。这群人中，有一位全副武装的骑士，从下面朝我走上来。他戴着一副中世纪的轻钢盔，眼睛的地方有狭缝，身上还有锁子甲，上面罩有一件白色法衣，衣服前后都织着一个大大的红色十字。

人们很容易想象我的感受：在一座现代城市，正午的高峰时间，突然看到一位十字军骑士朝我走来。更古怪的是，周围的路人似乎都没有留意到他。没有人转头，也没有人盯着他看。仿佛除我之外，他对所有人都完全是隐身的。我问自己，这样的异象是什么意思；然后，仿佛有人回答了我——但其实没有人在那里说话。这回答是:“没错，这是个定期发生的异象，这位骑士经常在十二点到一点间从这里经过，这样做已经好长时间了（我想有几个世纪了吧），每个人都知道这件事。”

这位骑士和海关官员很不一样。海关官员形象模糊，“还不能完全死去”——是一个正在消退的异象。而这位骑士充满活力，完全是真实的。梦的第二部分神秘极了，边境上的一幕则平淡乏味，并不引人注目，只是我对它的反思让自己感到吃惊。

后来的一段时间里，关于这个神秘的骑士，我想了很多。但直到很久以后，等我对梦境做了很长时间的冥想，才对其意义有了些想法。即便在梦里，我也知道这个骑士来自十二世纪。那是炼金术开始的时代，也是开始圣杯追寻的时候。自从十五岁第一次读到圣杯的故事，这些故事对我来说就十分重要。我隐约觉得，故事背后隐藏着一个巨大的秘密。所以我很自然地觉得，这个梦召唤出了圣杯骑士和追寻圣杯的世界——在最深的意义上，那就是我自己的世界，它和弗洛伊德的世界几乎没什么关系。我的整个存在是要寻找某种尚不为人知的东西，这种东西也许会给生活的平庸琐碎赋予意义。

让我深感失望的是，所有探究心智的努力最终在心灵深处找到的，只是些再熟悉不过、“人之常情”的局限。我在乡下、在农民中间长大，牛棚马厩里无法学会的东西被我在拉伯雷式的机智和农民讲的故事里那自由不羁的幻想中找到。乱伦和性变态对我来说不是什么了不起的新鲜事儿，也不需要任何特别的解释。这些事和犯罪行为一起，构成了一种黑色沉淀物的一部分，这种沉淀物直白地向我展示人类存在的丑陋和无意义，从而毁掉了生活的滋味。这在粪堆里茁壮生长的卷心菜早已让我习以为常。老实说，我在这知识里没发现什么有用的洞见。我心想:“这些家伙都是城里人，一点儿也不了解大自然，不了解人类的肮脏。”这些丑陋的东西让我感到恶心而疲惫。

一点儿也不了解大自然的人当然会得神经症，因为他们无法适应现实。他们太天真，像孩子一样，有必要告诉他们生活的真相，也就是让他们明白，他们和其他人是一样的。不是说这样的开导能治疗神经症，而是只有当他们从平庸陈腐的泥沼里爬出来时，才能恢复健康。但是，他们太喜欢在之前压抑的东西里逗留。即便是理论，也把他们紧紧抓住，只提供给他们理性或“合理”的禁令来摆脱这种孩子气。所以，如果分析没有让他们看到一些不同的、更好的东西，他们怎么可能摆脱出来呢？这正是他们做不到的事。如果他们不发现新的立足之地，又怎能做到呢？一种生活方式无法被简单地抛弃，除非换成另一种。经验表明，一种完全理性的生活方法并不存在，尤其是当一个人天生就像神经症一样不讲理的时候。

我现在意识到，为什么弗洛伊德的个人心理学让我那么感兴趣。我非常想知道他那“理性解决方案”的真相。而且，为了得到答案，我已准备好做出相当的牺牲。现在，我正在路上。弗洛伊德自己就有神经症，这无疑是可以诊断的，而且有让人十分困扰的症状，正如在美国之行中发现的那样。当然，他曾经教导我，每个人在某种程度上都有神经症，我们应该学会容忍。但我对此一点儿也不满足；相反，我想知道，人怎样才能摆脱神经症。显然，无论是弗洛伊德还是他的弟子都不能理解，如果连大师也解决不了自己的神经症，这对精神分析的理论和实践来说意味着什么。那时候，当弗洛伊德宣称他想确定理论和方法，使之变成某种教条时，我就再也没法跟他合作了；我别无选择，只能离开。

当我在写那本关于力比多的书，快写到“牺牲”这一章的结尾时，我已经知道这本书的出版会让我失去弗洛伊德的友谊，因为我打算在里面写出自己对乱伦的想法、力比多这一概念的决定性转化，以及其他很多和弗洛伊德不同的见解。对我而言，乱伦只在很少的情况下意味着个人的精神错乱。通常，乱伦有宗教性很强的一面，出于这个原因，乱伦在几乎所有的宇宙起源论和大量的神话中都起着决定性作用。但弗洛伊德紧紧抓住它的字面解释，不能理解乱伦作为一种象征的精神意义。我知道他永远无法接受我在这个问题上的观点。

我和妻子谈起此事，告诉她我的顾虑。她试着安抚我，认为尽管弗洛伊德也许不能接受我的观点，但他会宽宏大量，不提出什么反对意见。我自己则确信他不会。我有两个月时间无法动笔，为这一矛盾饱受折磨。我应该把自己的想法放在心里，还是冒险失去一段如此重要的友谊？最终，我决定继续写这本书——而这的确断送了我和弗洛伊德的友谊。

和弗洛伊德决裂后，我的朋友和熟人一下子少了很多。我的书被认为是垃圾，说我是个神秘主义者就把问题给解决了。只有瑞克林和马埃德尔（Maeder）还忠实于我。但我已经预见到自己会被孤立，对所谓的朋友的反应不抱幻想。我之前就彻底地考虑过这一点。我已经知道一切都濒于险境，而且我必须为自己的信念表明立场。我意识到，“牺牲”这一章意味着我自己的牺牲。有了这样的顿悟，我就又能写书了，即便我知道我的观点不会被人理解。

现在回想起来，我可以推断，只有我一个人继续追寻弗洛伊德最感兴趣的两个问题:“古老遗迹”和性欲。以为我没有看到性欲的价值，是一种广为流传的错误。恰恰相反，性欲在我的心理学中起着很大的作用，它是心灵完整性的一种基本表达——尽管不是唯一的。但我主要想探讨在个人意义和生物学功能之外，性欲的灵性层面和它的超自然意义。这样就能解释，弗洛伊德如此着迷却无法把握的到底是什么。我在这方面的想法收录在《移情心理学》①和《神秘融合》②中。性欲作为地底精神的表达，有着头等重要性。这种精神是“上帝的另一面”，是上帝意象的黑暗一面。自从我开始探究炼金术世界，地底精神的问题就一直困扰着我。基本上，是早期和弗洛伊德的对话唤醒了这一兴趣，当时我迷惑地感觉到，性欲现象给他

① 见《心理治疗实践》(《荣格文集》第 16 卷)。

②《荣格文集》第 14 卷。

带来了多么深的扰动。

弗洛伊德最伟大的成就之一，很可能是认真对待神经症病人，进入到他们独特的个人心理世界。他有勇气让案例材料自己说话，他可以用这种方法深入病人真实的内心。他可谓是用病人的眼光来看问题，所以对心理疾病达到了比前人更深刻的理解。在这方面，他没有成见，勇敢无畏，而且成功战胜了大量偏见。他像一位《旧约》先知，着手推翻虚假的神祇，揭开大量不诚实和伪善的面纱，无情地揭露当代心灵的腐败。面对这一事业带来的冷落，他毫不动摇。他发现了通向无意识的大道，由此推进了我们的文明。通过把梦视为无意识过程相关信息最重要的来源，他把一个人类看似无法挽回地失去的工具还到人类手中。他用经验主义的方式证实了无意识心灵的存在；此前，无意识心灵只存在于哲学假设中，尤其是在C.G.卡鲁斯和爱德华·冯·哈特曼的哲学里。

可以说，尽管现代人遇到无意识这一观念已经超过半个世纪，但当代文化意识还没有把这一观念及其所有意义吸收到它的一般哲学中。心灵生活具有两极性，要消化这一基本洞察仍需假以时日。

6. 直面无意识

和弗洛伊德分道扬镳后，我进入了一个心里没有把握的阶段。可以毫不夸张地说，这是一种迷茫的状态。由于还没找到自己的立足点，我感觉完全悬浮在半空中。最重要的是，我觉得必须发展出一种新的态度来对待病人。当时，我决定不要再把任何理论假设施加到他们身上，而是等等看他们自己会想说些什么。我想要顺其自然。于是，病人自发地向我报告梦境和幻想，而我只是问:“这让你想到什么？”或者“你说的是什么意思？这是从哪儿来的？对此你怎么看？”解释似乎就随着病人自己的回答或联想出现了。我避开所有的理论观点，只是帮助病人自己来理解梦的意象，而不去套用规则和理论。

不久我意识到，把这种处理梦的方式作为解释的基础是正确的，因为这就是梦的目的。梦就是事实，我们应该从这里继续推进。自然，这种方法带来的结果不胜枚举，所以也就越来越迫切地需要一种标准——几乎可以说，这种需要是为了确立一些最初的方向。

这回，有一刻我感受到一种罕见的清晰。在这种状态中，我回顾自己之前走过的路，心想："你现在已经有了一把开启神话学的钥匙，可以随心所欲打开无意识心灵的每一扇门。"但随后，一个声音在我心中低语道："为什么要打开每一扇门呢？"一个问题立即浮现：归根结底，我到底成就了什么？我解释了古人的神话，写了一本关于英雄的书，人们经常生活在英雄主题的神话里。但是，当今的人们生活在怎样的神话里呢？答案也许是基督教神话吧。"你生活在里面吗？"我自问道。坦率地说，答案是"否"。对我来说，这并不是支持我活下去的东西。"那么，我们是否不再有神话了呢？""的确，我们显然已经没有什么神话了。""那么你的神话——你生活在其中的神话是什么呢？"这时，这种自我对话开始变得不舒服，我停止了思考。我已经走进一个死胡同。

而后，在1912年圣诞节前后，我做了一个梦。梦里，我发现自己身处一座富丽堂皇的意大利凉廊，有柱子、有大理石地面，还有大理石栏杆。我坐在一把文艺复兴风格的金椅子里，面前是一张美轮美奂的桌子。它由绿色的石头做成，像翡翠一样。我坐在那里，极目远眺，这个凉廊高高建在一座城堡的塔楼上。我的孩子们也坐在桌前。

突然，飞来一只白色的鸟，一只小海鸥或是一只鸽子，优雅地落在桌上。我示意孩子们不要动，以免吓跑这只可爱的白鸟。突然，这只鸽子变成了一个小女孩，约有八岁，头发金黄。她和孩子们一起跑开，在城堡的柱廊间玩耍。

我还陷在沉思中，想着刚才的经历。这个小女孩回来了，用手臂温柔地搂着我的脖子。然后，她突然消失，鸽子又回来了，而且用人类的声音缓缓说道："我只有在晚间的最初几个小时里才能变成人类，那时雄鸽正忙着处理那十二个死者。"然后，她飞进湛蓝的天空，而我也醒了过来。

我受到相当的扰动。一只雄鸽会对十二个死人做什么呢？那张翡翠桌让我想起翡翠石板的故事，那是魔法护神赫耳墨斯的炼金术传说中的翡翠桌子。据说他死后留下一张桌子，上面用希腊文刻着炼金术智慧的基本原理。

我也想到十二使徒、一年的十二个月、黄道十二宫的符号，等等，但还是解不开谜题。最终，我不得不放弃。我只能确定，这个梦表达了无意识的一种罕见的激活状态。但我没什么技术可以对自己的内心过程深究到底，所以我什么都做不了，只能等待，继续我的生活，同时密切关注我的幻想。

有一个幻想不断出现：某种东西已经死了，但仍然活着。比如，有些尸体被放进焚化炉，但后来发现还活着。这些幻想出现在头脑中，同时也在一个梦里得到了解决。

我梦见自己来到一个地方，就像阿尔勒（Arles）附近的阿利斯堪普斯（Alyscamps）①，那里有一条石棺构成的巷道，可以追溯至墨洛温王朝时代。梦中，我从城里来到此处，看见一条相似的巷道，里面有一长排墓穴。这些墓穴是带石板的基座，死者摆放在上面。这让我想起教堂里的古老墓穴，身穿盔甲的骑士四肢摊开躺在那儿。梦里的死人就是这样躺着，身穿古代的衣服，双手相扣，区别在于他们不是用石头凿出来的，

① 阿利斯堪普斯墓地是法国的一处重要文化古迹。——译者

而是用一种奇怪的方式做成了木乃伊。我一动不动站在第一个墓前，瞅着那位男性死者，他是十八世纪三十年代的人。我饶有兴趣地看他的衣服，他突然动了动，活了过来。他松开双手，但那只是因为我在看着他。我有种很不舒服的感觉，但还是继续朝前走，来到第二具尸体前，这是个十八世纪的人。同样的事情发生了：当我看着他时，他活过来，动了动自己的手。于是，我顺着这整排尸体，一直走到十二世纪的尸体那里。那是个十字军战士，穿着锁子甲躺在那里，双手相扣。他的身体似乎是木头雕成的。我看了他很长时间，心想他是真的死了。但突然，我看到他左手的一根手指轻轻地动起来。

起先，我坚持弗洛伊德的看法，认为旧时经验的遗迹存在于无意识中。[①]但像这样的梦以及我对无意识的实际体验，让我明白这些东西并不是死去的、过失的形式，而是属于我们有生命的存在。我的工作证实了这一假设，后来几年里，我从中发展出了原型理论。

然而，这些梦并不能帮我克服那种迷茫的感觉。相反，我仿佛生活在持续的内在压力下。这种压力有时如此强大，以致我怀疑自己可能出现了一些心理困扰。于是，我把一生中所有的细节回顾了两遍，对童年记忆尤其关注。我认为，可能是过去某些我没法看到的事造成了现在这种困扰。但这样的反思没有任何结果，只是让我重新承认了自己的无知。于是，我对自己说："既然我什么都不知道，那就想到什么做什么吧。"这

---

① 弗洛伊德说起的"古老遗迹"。

样，我有意识地让自己听命于无意识冲动。

第一件浮现出来的事，是一段童年记忆，大概发生在十岁或十一岁。那时候，我有一段时间非常喜欢玩积木。我生动地回忆起自己怎么搭建那些小房子和小城堡，怎么用瓶子来做门柱和拱顶。后来，我开始用普通的石头，并用泥浆来做砂浆。这些建造让我着迷了很久。让我惊奇的是，这个回忆伴随着好多情感出现。“啊哈，”我对自己说，“这些事里仍然有生命力，这个小男孩还在旁边，他有一种我所缺乏的创造性生命力。但我怎样才能成为这个样子呢？”作为一个成年人，我似乎不可能跨越从现在到十一岁之间的这段距离。然而，如果我想和那个时期重新建立联系，那就别无选择，只能回到过去，再次进入那个孩子的生活，玩他那种孩子气的游戏。这一刻是我命运的转折点，但经历了漫长的抗拒后，我才带着顺从的感觉做出让步。因为意识到除了玩孩子气的游戏之外什么也做不了，那种丢人的感觉很痛苦。

总之，我开始收集合适的石头，从湖边找了一些，又从水里找了一些。然后我开始建造：大量村舍、一个城堡、一整个村庄。还缺教堂，于是我造了个方形建筑，顶上有一个六边形的鼓状物，还有一个圆屋顶。教堂还需要一个圣坛，但我犹豫起来。

一天，我像往常一样沿着湖滨散步，在湖畔的砾石中挑挑拣拣，想着怎样才能完成这个任务。突然，我看见一块红色的石头，是金字塔形的四面体，约一英尺半高。这是一块石头的碎片，经湖水冲刷被打磨成现在的样子——浑然天成。我立刻明白：这就是祭坛！我把它放在圆屋顶正下方，这样做时，我想起了童年梦中的那个地下阴茎。这种联系给了我一种满足的感觉。

每天午饭后，我都继续自己的建造游戏，不论天气是否允许。一吃完饭，我就开始玩，一直玩到病人前来；如果晚上我能早一点完成工作，就会去继续建造。做这件事的过程中，我的想法日益清晰，也能把握那些隐约感觉到的幻想了。

我自然想到了这事的意义，自问："现在，你到底在做什么呢？你在建造一个小镇，仿佛这是个仪式！"我没有答案，只是在心里确信，我将发现自己的神话。这个建造游戏只是个开始，它释放出来的幻想之流我后来仔细地写了下来。

这种事和我是相通的。后来的年岁里，每当遇到无法克服的障碍，我就作画或者凿石头。对难以进行下去的想法或工作，这就像是个入门仪式。我今年[1]和去年写的东西：《未发现的自我》、《飞碟：一个现代神话》、《心理学视角看良心》，都是从妻子去世[2]后做的石雕中得到灵感的。她生命的结束、终结的感觉以及这让我意识到的东西，粗暴地把我从自身中扭拽出来。我花了相当大的力气才重新站稳，而和石头的接触给了我帮助。

1913 年秋天，我在自己内部感觉到的压力似乎在向外移动，仿佛空气里有什么东西一样。在我看来，周遭的氛围似乎

① 1957 年。

② 1955 年 11 月 27 日。

比以前更阴暗，仿佛压迫的感受不再完全来源于一种心理状态，而是来自具体的现实。这种感觉越来越强烈。

十月里，有一次我独自旅行时突然被一种难以抑制的画面镇住。我看到可怕的洪水淹没了整个北部以及北海和阿尔卑斯山之间的低地。洪水来到瑞士时，我看到群山为了保护我们的国家变得越来越高。我意识到一场可怕的灾难正在酝酿。我看见黄色的巨浪，文明的瓦砾漂浮着，淹死的尸体千千万万。而后，海洋变成一片血海。整个景象持续了大约一小时。我感到迷惑混乱、恶心想吐，又为自己的软弱而惭愧。

两周后，同样的情形下，这个视象再次出现，甚至比之前更生动，鲜血的意象更突出。一个内在的声音说："好好看看吧，这全是真的，而且必将如此。你无需怀疑。"那年冬天，有人问我对不久后世界的政治局势有什么展望。我回答说，我对这件事没什么想法，但我看见血流成河。

我问自己这些画面是否意味着一场革命，但没法真的去想象这类事情。然后我得出结论，认为这和我自己有关，断定自己正面临精神病的威胁。我根本没有产生会有战争的想法。

不久后，在 1914 年春天和初夏，我做了一个重复三次的梦。梦中正值仲夏，一股北极的寒流降临，把大地都冻成了冰。我看见整个洛林地区（Lorraine）及其运河都结了冰，荒无人烟，所有的绿色植物都被寒霜冻死。这个梦出现在 4 月和 5 月，最后一次出现在 1914 年 6 月。

第三个梦中，可怕的严寒又从天而降，不过这一次结局出乎意料。梦里有一棵长着叶子的树，但没有果实（我想这是我的生命之树），在寒霜的影响下树叶转变成甘甜的葡萄，充满疗愈的果汁。我把葡萄摘下来，分给许多等在那里的人。

1914 年 7 月底，我受英国医学协会的邀请，去阿伯丁（Aberdeen）的学术大会上做一次报告，题目是“论无意识在精神病理学中的重要性”。我做好了会发生意外的准备，因为这种视象和梦境是预言性的。那时在我心里，恐惧追赶着我，我似乎命中注定要在这样一个时机去谈论无意识的重要性！

8 月 1 日，世界大战爆发了。现在我的任务清楚了：我必须试着去理解发生了什么，去理解我自己的体验在多大程度上和人类的普遍经验吻合。所以，我的第一个义务是探索自己心灵的深处。我记下玩建造游戏时产生的那些幻想，以此作为开头，这项工作比其他任何事都重要。

一个持续不断的幻想流被释放出来，我竭尽所能不失去理智，而是去寻找能理解这些奇怪事物的方式。我无助地站在一个陌生的世界跟前，其中的一切都显得困难而无法理解。我活在一种持续的紧张状态里，经常感觉仿佛许多巨大的石块朝我滚落下来。雷电交加的暴风雨一阵接着一阵，人们全凭蛮力去承受。其他人曾在里面痛不欲生——尼采、荷尔德林，不胜枚举。但我内心有种恶魔般的力量，而且一开始就坚信，自己必须找到这些幻想中的体验所具有的意义。经受无意识的进攻时，我有个坚不可摧的信念，认为自己是在服从一个更高的意志。这种感觉支撑着我，直到熟练掌握了这个任务。

我常常如此激动，以致要用特定的瑜伽练习来控制自己的情绪。我的目的就是想知道自己内心发生了什么，所以会持续练习，直到足够平静，可以继续和无意识工作。一旦感觉恢复正常，我就会放弃对情绪的控制，让意象和内在的声音重新开始说话。印度人做瑜伽则完全是为了消除众多的心灵内容和意象。

等我能把情绪转译成意象——也就是找到那些隐藏在情绪中的意象——我内心就会变得平静而安宁。如果我让这些意象藏在情绪里，就有可能被它们撕成碎片；我也有可能成功地把它们撕成碎片，但那样我就会无可挽回地陷入一种神经症，最终还是会被它们摧毁。我的实验结果表明，从治疗的角度看，找到情绪背后特定的意象是多么有用。

我尽可能地写下这些幻想，而且相当真诚地分析这些幻想产生的心理条件。但我只能用笨拙的语言来完成。首先，我常常用一种“夸张的语言”来描述自己观察到的东西，因为这种语言符合原型的风格。原型使用的语言十分华丽，甚至浮夸。这种风格让我感到尴尬，它会刺激我的神经，就像有人用指甲沿着灰泥墙刮擦，或拿刀在盘子上刮擦一样。但我并不知道在发生什么，所以只能用无意识自己选择的风格把每件事写下来，别无选择。有时，仿佛我是用自己的耳朵在听，用自己的嘴巴在尝，仿佛我的舌头自己在说话，还会听到自己大声地自言自语。在意识的门槛下，一切都生机澎湃。

一开始，我就把自己主动面对无意识这件事当作科学实验，这实验是我自己实施的，其结果我也十分感兴趣。今天，我也许同样会说，这是一个实施在我身上的实验。对我来说，最困难的事情之一，就是处理我的负面感受。我自愿顺从自己其实并不赞同的情绪，而且我经常觉得写下的幻想是一派胡言，对这些幻想有强烈的阻抗。因为，在还不了解这些幻想的意义时，它们就像是崇高和荒谬的残忍混合。我花了很大力气才承受住这些，但我受到了命运的挑战。我竭尽全力，才得以最终逃出迷宫。

为了把握那些“暗地里”扰动我的幻想，我知道必须让自己掉进去。对此，我不仅感到强烈的阻抗，还有明显的害怕。我害怕失去自控力，成为这些幻想的受害者——而且，作为一个精神病学家，我太清楚这意味着什么。然而，犹豫很久之后，我发现没有别的办法。我必须冒险，必须试着征服它们；因为我意识到，如果不这样做，就有可能被它们征服。我做这样的尝试，有个令人信服的动机，就是我相信自己不敢做的事就没法指望我的病人去做。认为助人者应该站在自己这边，这样的借口说不通。我十分清楚，所谓的助人者——也就是我——如果不从自己的直接体验中了解自己的幻想材料，就无法帮助他人；而且目前助人者所拥有的，只是一点价值可疑的理论偏见。去从事这份危险的事业，不仅是为了自己，也是为了我的病人——这样的想法帮我度过了许多关键阶段。

1913 年降临节期间，确切地说是 12 月 12 日，我迈出了关键的一步。当时我又坐在桌前，思索着自己的恐惧。然后，我让自己停了下来。一瞬间，仿佛地面真的在脚下裂开，我掉进了黑暗的深渊。我无法克制恐慌的感觉。但那时，到了一个不太深的地方，我突然踩在一堆软绵绵、黏糊糊的东西上。尽管周围漆黑一片，我还是大大地松了一口气。过了一会儿，我的眼睛渐渐适应了昏暗的光线，这更像是一种强烈的暮光。眼前是一个洞穴的入口，黑漆漆的，一个侏儒站在那儿，皮肤像皮革一样，仿佛被做成了木乃伊。我从他身边挤过去，穿过狭窄的入口，趟过及膝的冰水，来到洞穴另一端。那里，在一块突出的岩石上，我看到一块闪闪发光的红水晶。我抓住这块石头，把它举起来，下面有一个洞。起初我什么也没发现，但后来，我看到里面有流水。一具尸体在里面流过，那是个金发的年轻人，头上有个伤口。他后面跟着一只黑色的巨型圣甲虫[①]，再后面是一轮红红的、初升的太阳，从水里升上来。我被那光线晃花了眼，想把石头放回洞口，但那时一股液体涌了出来。是血，一股浓稠的血水喷了出来。我感到恶心。那血似乎一直往外喷涌，时间长得让人难以忍受。最后，它终于停止了，这段视象也结束了。

这画面让我大吃一惊。我当然意识到，这是个英雄和太阳的神话，一出关于死亡和重生的戏。埃及圣甲虫象征着重生。在最后，新的一天本该破晓而至，但取而代之的却是那喷涌而出让人难以忍受的血水——在我看来完全是异常现象。之后，我回忆起那年秋天看到的关于血的视象，便放弃了进一步理解的尝试。

六天后（1913 年 12 月 18 日），我做了一个梦。我和一个不认识的男人一起，待在一片荒凉、布满岩石的山坡上。他棕

① 圣甲虫的身体外壳闪着青铜色、翠绿色或深蓝色的光芒。在古埃及，人们将这种甲虫作为图腾之物，法老死去时，他的心脏就会被切出来，换上一块缀满圣甲虫的石头。——译者

色皮肤，是个野人。时值黎明前夕，东方的天空已经变亮，星星渐渐隐去。然后，我听到齐格弗里德（Siegfried）[1]的号角在群山间回响，于是明白，我们必须杀死他。我们拿着来复枪，埋伏在岩石中间一条狭窄的小路上，等他出现。

旭日的第一道光芒中，齐格弗里德出现在高高的山顶。他驾着一辆由死人骨头做成的战车，从陡峭的山坡上风驰电掣地驶来。转弯的时候，我们朝他开枪，他摔下来，一命呜呼。毁掉了这么伟大而美丽的东西，我心中充满厌恶和悔恨，于是转身逃跑，害怕谋杀被人发现。但是，天空中下起倾盆大雨，我知道会把死者所有的痕迹冲刷得一干二净。我已经躲过被发现的危险，生活会继续，但一种难以承受的内疚感留了下来。

我从梦中醒来，百思不得其解，于是想继续入睡，但心里有一个声音说："你必须弄明白这个梦，必须现在就弄明白。"内心这种迫切感越来越强烈，直到最可怕的一刻来临，那个声音说："如果你不明白这个梦，就应该一枪毙了自己！"床头柜抽屉里放着一把上了膛的左轮手枪，于是我吓坏了，再次开始思考。突然，我恍然大悟："啊，这不就是这世上正在发生的状况吗？"我心想，齐格弗里德代表德国人想要成功，想大胆地施加自己的意志，拥有自己的方式。"哪里有意志，哪里就有方法！"我之前也想这样做，但现在已经不可能了。这个梦表明，齐格弗里德这位英雄所体现的态度已经不适合我了，所以这种态度必须被杀死。

---

① 古日耳曼民间传奇中的英雄。——译者

这件事过后，我感受到一种强烈的恻隐之心，仿佛自己已经被杀死了。这意味着我对齐格弗里德的秘密认同，以及当一个人被迫牺牲自己的理想和意识层面的态度时所感受到的悲伤。必须放弃这种认同和我的英雄式理想主义，因为有些东西高于自我的意志，人们应该对此俯首称臣。

就目前来说，这些想法已经够了，于是我又睡着了。

陪着我的那位棕色皮肤小野人，其实是他主动开的枪。他是原始阴影的化身。那场雨表明，意识和无意识之间的张力解除了。虽然当时，除了这几个线索，我不明白梦还有什么含义，但已经有新的力量在我心里得到释放，帮助我在无意识的实验上得出结论。

为了把握住这些幻想，我经常想象自己在走一段下坡路，有几次甚至试着走到底。第一次，我走到大约一千英尺深的地方；第二次，我发现自己站在一个无底深渊的边缘。这深渊像是通往月球或虚空。我首先看到火山坑，然后就感觉自己来到了死亡之地。那里的氛围属于另一个世界。在一块岩石形成的陡坡附近，我看到两个人，一个白胡子老头和一个漂亮的年轻姑娘。我鼓起勇气靠近，仿佛他们是真实的人，然后聚精会神地听他们对我说什么。这老头说他就是以利亚（Elijah）[①]，让我吃了一惊。但这个姑娘更让我讶异，因为她说她就是莎乐美（Salome）！她是个盲人。这是多么奇怪的一对：莎乐美和以

① 公元前9世纪的希伯来先知。——译者

利亚。以利亚向我证实说，他和莎乐美从古至今一直是在一起的，这简直让我目瞪口呆……和他们住在一起的一条黑蛇，明显表现出对我的喜爱。我紧贴着以利亚，在我看来，他是他们三个中最有理性、头脑最清楚的人。我显然对莎乐美有疑心，以利亚和我有一次长谈，但我无法理解。

自然，我为《圣经》人物出现在自己的幻想中找了一个貌似合理的解释：我提醒自己说，父亲曾是一个牧师。但这根本解释不了什么。这位老人意味着什么呢？莎乐美又意味着什么？他们为什么在一起？直到许多年后，我懂的比之前多得多，才觉得那老头和那年轻姑娘之间的联系十分自然。

在这样的梦境漫游中，人们经常会遇到一位年轻姑娘陪伴着一位老头，许多神话故事里都可以找到这样的夫妇。根据诺斯替教传统，西门·马加斯（Simon Magus）[①]和一位在妓院里结识的年轻姑娘同游。她的名字叫海伦（Helen），被认为是特洛伊（Troy）海伦[②]的转世。克林索尔（Klingsor）和孔德里（Kundry）[③]、老子和舞女，同样属于这一类。

我提到，在我的幻想里，除了以利亚和莎乐美，还有第三

---

①《旧约》人物，撒玛利亚（Samaria）的一个术士，听了腓力（Philip）的传道后，归信了基督。——译者

② 希腊传说中宙斯（Zeus）和勒达（Leda）之女，以美丽闻名。后嫁为斯巴达国王墨涅拉俄斯（Menelaus）之妻。一次丈夫外出，海伦与特洛伊王子帕里斯（Paris）逃到特洛伊，由此引起特洛伊战争。特洛伊攻陷之后她回归墨涅拉俄斯。——译者

③ 在圣杯故事的传奇中，克林索尔是十二世纪的一位术士，他有个花园，里面住着许多美丽的花之少女，都在他的掌控之中。其中一位就叫孔德里，受命引诱年轻骑士，让他们服从克林索尔。——译者

个形象：那条黑色的巨蛇。在神话中，蛇常常是英雄的对应物，有大量的故事提到他们的密切关系：比如，英雄有一双蛇一样的眼睛，或者他死后变成一条蛇或被尊为一条蛇，或者蛇是英雄的母亲，等等。所以，在我的幻想中，蛇的出现象征着一个英雄神话。

莎乐美是一个阿尼玛人物，双目失明，是因为她看不到事物的意义。以利亚是一个年老的智慧先知的形象，代表着智力和知识；莎乐美代表的是情色。人们可能会说，这两个形象是人格化的逻各斯和厄洛斯。但这样的定义太过理智化，那时对我来说，让这些形象保持他们原来的样子——也就是事件和经验——更有意义。

这个幻想之后不久，无意识中产生了另一个形象。他是从以利亚这个形象发展而来的，我把他称作菲勒蒙（Philemon）。菲勒蒙是一个没有信仰的人，身上有种带着诺斯替教色彩的埃及-希腊文化的气质①。我第一次看到他，是在下面这个梦中。

梦里的天空像大海一样湛蓝，上面飘着的不是云彩，而是扁平的棕色土块。仿佛这些土块散裂开来了，于是可以在其间看到蓝色的海水。但这水就是蓝天。突然间，一个长翅膀的东西从右边出现，飞过天空。我看到那是一位老者，头上长着牛角。他有一串钥匙，一共四把。他紧握着其中一把，仿佛正要

---

① 历史上曾用过菲勒蒙这个名字的人至少有：一，《圣经·腓利门书》中保罗的朋友，译作“腓利门”，名字含有“富于爱心”的意思；二，公元前四世纪的雅典戏剧家，译作“菲莱蒙”；三，古希腊神话中盛情款待乔装打扮的宙斯和赫耳墨斯的一对农家夫妇中的丈夫，译作“菲利门”。——译者

去开一个锁。他长着翠鸟的翅膀，有着翠鸟所特有的颜色。

由于不理解梦中这个意象，我就把它画了下来，这样可以让自己记住。画这幅画那几天，我居然在自己花园里靠近湖边的地方发现一只死去的翠鸟！我如遭雷击，因为翠鸟在苏黎世附近非常罕见，那之后我再也没有遇到过死翠鸟。这只翠鸟刚死不久——最多两三天——而且没有任何外伤。

菲勒蒙和我幻想里的其他人物带给我一个重要的领悟：心灵中有些东西并不是我制造的，他们是自发产生的，有着自己的生命。菲勒蒙代表一种力量，这力量并不是我自己。在幻想中，我和他有过多次交谈，他说到过一些我在意识层面没有想到的事。我清楚地看到，说这些话的是他，而不是我。他说，我以为思想是我自己产生的；但在他看来，思想就像是森林里的动物、房间里的人或天空中的鸟。他说："如果你看到一个房间里有人，你不会认为这些人是你制造出来的，也不会认为你要为他们负什么责任。"正是他教会了我心理客观性，让我明白心灵是现实存在的。在他的帮助下，我和我的思考对象之间的差别得到了澄清。他用一种客观的方式面质我，让我明白我心里有一些东西可以说出我不知道的事、不想说的事，甚至针对我的事。

从心理学上说，菲勒蒙代表一种高级的洞察力。他对我来说是个神秘人物。他有时非常真实，仿佛是个有生命的人。我和他一起在花园里来回踱步，对我来说，他就是印度人所说的导师（古鲁[①]）。

---

① 印度教中受崇敬的灵性导师，单独教示并指导其门徒。——译者

每当一种新的人格化形象出现时，我就觉得这几乎是我个人的一种挫败。这意味着："这里又有些事情，你现在才知道！"恐惧悄然爬上我的心头，我担心这些形象可能会前仆后继、永无穷尽，而我自己会落进蒙昧的无底深渊里。我的自我觉得被贬低，尽管在世俗事务上取得的成功能让我恢复一些信心。在我的黑暗中（"清除我们心中那可怕的黑暗"——《曙光乍现》[①]中这样说道），我最想要的是一位真实的、活生生的导师，拥有高级的知识和能力，能帮我理顺想象中那些不由自主创造出来的东西。菲勒蒙承担了这个职责，在这方面，不管愿不愿意，我都得承认他是我的心灵导师。事实上，他向我表达过许多非常有启发的观点。

过了至少十五年，一位很有修养的印度长者前来拜访我。他是甘地的一位朋友。我们聊起印度的教育，尤其谈到导师和门徒的关系。我吞吞吐吐地问他，能否说说他的导师本人和性格是怎样的。他用一种就事论事的语气答道："啊，是啊，他是商羯罗查尔雅（Shankaracharya）[②]。"

"您指的不是几百年前就已经去世的那位《吠陀经》注解者吧？"我问道。

"是的，我指的就是他。"他的回答让我惊奇。

"所以您指的是一个灵魂？"我问。

"当然是他的灵魂。"他表示赞同。

---

① 一本炼金术专著，相传是托马斯·阿奎那所著。

② 商羯罗查尔雅（788—820），印度吠檀多派哲学家、婆罗门教改革家。——译者

这一刻，我想到了菲勒蒙。

“也有一些导师是鬼魂，”他补充道，“多数人都有活着的导师，但总有一些人，有个灵魂作为导师。”

这一回答让我茅塞顿开、安心落意。显然，当时我虽没有脱离尘世，却已体验到那些付出相似努力的人会经历的事情。

后来，由于出现了另一个形象，菲勒蒙变得不那么绝对了。我称这一形象为“阴灵”。在古埃及，“国王的阴灵”指的是他在尘世的形态、具身的灵魂。在我的幻想中，阴灵灵魂是从下面来的，来自地下，就像来自一口深井。我画了幅他的画，表现他和土地结合在一起的形态：一个有石头基座的半身柱像，上面部分是青铜。画面上方，是一只翠鸟翅膀，翅膀和阴灵的头之间，漂浮着一团发光的圆形星云。阴灵的表情有种魔鬼的气质——可以说是靡菲斯特式的气质。他一手拿着个东西，像是一个有颜色的宝塔，或是个圣骨匣。另一只手拿着一支刻写笔，在圣骨匣上刻画着。他说：“我就是那个把众神埋在黄金和宝石中的人。”

菲勒蒙有一只跛足，但他是个有翅膀的精灵。而阴灵代表一种土魔或是金属魔。菲勒蒙是灵性的，是“意义”，阴灵则是自然的精神，就像希腊炼金术里的金属精灵一样——当时我还不熟悉希腊炼金术[①]。阴灵让一切变得真实，但他也会掩盖

① 金属精灵是一种小人、一种侏儒，出现在公元三世纪一位重要的炼金术士——潘诺普列斯的苏西莫斯——的视象中。金属精灵所属的一群精灵中，还有侏儒守护神、古代的钢铁精和炼金术士的小矮人。作为水银精灵，墨丘利（Mercurius）也是金属精灵之一。——阿尼拉·杰菲

翠鸟的精神[1]，即“意义”，或者用美这一“永恒的反映”来取代它。

后来，学了炼金术，我才把这两个形象整合到一起。

写下这些幻想时，有一次我问自己:“我到底在做什么？这显然和科学毫无关系。那它又是什么呢？”心里的一个声音说:“这是艺术。”我吃了一惊。我从来没想过我写的东西和艺术有什么关系。于是我想:“也许无意识正在形成的一个人格并不是我，但这个人格坚持要通过表达呈现出来。”我肯定地知道这是个女人的声音，我把她认作一位病人的声音。她是个有才华的精神病人，对我有强烈的移情。她已经成了我心中一个有生命的形象。

我所从事的显然并非科学，但如果不是艺术，它还能是什么呢？仿佛这些是世界上仅有的选择。这就是一个女人的思考方式。

我斩钉截铁地对这个声音说，我的幻想和艺术毫不相干，而且我感到内心有很强的阻抗。不过，这声音听不到了，于是我继续写。很快，下一次袭击出现了，还是同样的主张:“那是艺术。”这一次，我抓住她说:“不，这不是艺术！恰恰相反，这是自然。”我准备争论一番，但并没有发生这样的事。我想到，“我心里的女人”并没有我所拥有的语言中枢，于是我建议她使用我的。她照做了，说出一番很长的论述。

---

① 原文为“halcyon spirit”，halcyon 既有“翠鸟的”之意，也有“平静、平稳、愉快、繁荣”之意。——译者

这个女人在我心里干扰我，让我很感兴趣。我的结论是，她应该就是那个原始意义上的“灵魂”。我开始思索，为什么要给这个灵魂命名为“阿尼玛”。为什么她被认为是一个女性呢？后来我发现，这个内在的女性人物在男性的无意识里扮演了一个有代表性的或说是原型的角色。于是我称她为“阿尼玛”，并把女性无意识中对应的人物称为“阿尼姆斯”。

起初，我印象最深的是阿尼玛的消极一面。她让我有点敬畏，那种感觉像是房间里有种不可见的存在。后来，我心里出现一个新的想法：我写下所有这些材料用作分析的过程，事实上是在写信给阿尼玛，也就是写信给我自身中和意识看法不一样的部分。我得到了不同寻常、意料之外的评论。我就像一个被分析的病人，和一个鬼魂、一个女人在一起！我每天晚上都老老实实地写，因为我想，如果我不写下来，就没法让阿尼玛知道我的幻想。而且，写下来，她就没有机会把这些幻想扭曲成阴谋了。想说什么事和真的说出来之间相去甚远。为了尽可能对自己诚实，我认真记下所有的东西，谨遵希腊古训：“给出你的全部，才会有所回报。”

写的时候，我常会有一些奇怪的反应，让自己抽离出来。慢慢地，我学会区分是我自己还是这种干扰。当出现一种情感上粗俗平庸的东西时，我会对自己说：“我的确时不时会有这样的想法和感觉，但不需要现在有这样的想法和感觉。我不需要永远接受自己这种平庸，这是毫无必要的羞辱。”

必要的是，通过把这些无意识的内容拟人化，既让自己和这些内容区别开来，又让它们能和意识产生关联。这就是让它们丧失权力的技巧。要把它们拟人化并不太难，因为它们经常具有一定程度的自主性，一种属于它们自己的独立身份。要跟它们的自主性和解是最不舒服的事，不过无意识用这种方式呈现出来，给了我们处理它的最好办法。

在我看来，阿尼玛对我说的话处处都是老谋深算。如果我把这些无意识幻想当作艺术，它们就不比视觉感知更令人信服，就好像我是在看一部电影。我会觉得不必对它们承担道德上的责任，这样阿尼玛就能轻易诱使我相信：我是个被误解的艺术家，我所谓的艺术本性让我有权忽略现实。如果我听从了她的声音，有一天她很可能会说：“你能想象你做的这些毫无意义的事情真是艺术吗？根本不是。”由此，阿尼玛的言沙射影，无意识的喉舌，能把一个人彻底毁掉。在最后的分析中，意识往往是决定性的因素，它能理解无意识的呈现，并对之采取一个立场。

但阿尼玛也有积极一面。正是她把无意识的意象传递给意识心灵，这是我最看重她的地方。数十年间，每当我感到情绪行为受到扰动、有种东西群集在无意识中时，就经常转向阿尼玛。我会问她：“你现在在做什么？你看到了什么？我想知道。”经过一些阻抗，她通常会产生出一个意象；这个意象一旦出现，那种不安或压迫的感觉就消失了。这些情绪的全部能量都转化成对这个意象的兴趣和好奇。我会和阿尼玛讨论她传达给我的意象，因为我必须尽最大的努力去尝试理解这些意象，就像理解梦境一样。

现在，我不需要再像这样和阿尼玛对话了，因为我再也没有这样的情绪了。但如果有，我会用同样的方法来处理。如今，我可以直接意识到阿尼玛的想法，因为我学会了接纳和理解无意识的内容。我知道应该怎样对待内心的意象。我可以直接从梦境中解读它们的意义，所以不再需要一个中介来和它们交流。

我最早在《黑书》里描述过这些幻想，后来又把这部分放到《红书》里，还点缀了一些插图[①]，里面收录了我的大部分曼荼罗画作。在《红书》中，我尝试对自己的幻想进行一种美学论述，但从来没能完成。我开始意识到，自己并没有找到正确的语言，仍然需要把它翻译成某种别的东西。于是，我适时放弃了这种审美化的倾向，用一种缜密的理解过程取而代之。我知道，这么多幻想需要立足在坚实的地面上，而我首先应该完全回到现实中去。对我来说，现实意味着科学的理解。我必须从无意识带给我的洞察中得出具体结论——这个任务将成为我毕生的工作。

当然，讽刺的是，作为一个精神病学家，我需要在实验的几乎每一步都进入精神病人所拥有的那种心灵素材中。正是这些积攒起来的无意识意象给精神病人带来致命的混乱。但这些也是神话时代的想象基质，此种想象业已从我们这个理性的时

---

① 《黑书》包括六本比较小的黑色皮革封面笔记本。《红书》是红色皮革封面的对开本，里面记述同样的幻想，是用一种精巧的文学形式和语言来表达的，以中世纪手抄本的形式、用哥特式风格的手写体写成。——阿尼拉·杰菲

代消失。这样的想象尽管无处不在，却已成为禁忌、令人畏惧。所以，甚至投入一条通往深层无意识的未知道路，看起来也像一个危险的实验、一次可疑的冒险。人们认为这是一条歧路，一条含糊和误解的道路。我想起歌德的话:“现在让我大胆地打开那扇宽阔的大门，走过人们却步之地。”①《浮士德》的第二部也不止于一种文学练习。它和“黄金锁链”②相关，从哲学炼金术和诺斯替教的起源到尼采的查拉图斯特拉，它一直存在。这是通往世界另一极的发现之旅，它不受欢迎、模糊难辨、充满危险。

在我研究这些幻想的时候，尤其需要在“现世”有一个支点。可以说，我的家庭和职业就是这个支点。在真实世界里拥有一种正常的生活，以此平衡那个陌生的内在世界，这对我来说几乎必不可少。家庭和职业是我的基地，我经常可以回到这里，确定自己是个真实存在的普通人。无意识内容可能会让我丧失理智，但是我有家庭；我知道自己有苏黎世大学的医学文凭，我必须帮助我的病人，我有妻子和五个孩子，住在屈斯纳赫特湖滨大街228号——这些事实向我提出要求，并且一次次向我证明，我是真实存在的，我不是一张在灵性的风中翻飞的白纸，就像尼采那样。尼采脱离了脚下的地面，因为除了思想

---

①《浮士德》第一部。

② 炼金术中的黄金（或荷马式）锁链，指的是一系列伟大智者，以魔法护神赫耳墨斯为首，把天堂和地面连接起来。——阿尼拉·杰菲

的内在世界，他一无所有，而他思想的内在世界不经意地占有了他，远胜他对它的占有。他从地上被连根拔起，悬浮在那里，于是不得不向夸张和虚构屈服。对我来说，这种不现实正是恐惧的典型表现，因为最终，我的目标是在此生此世。不论我多么全神贯注、多么天马行空，我一直知道，我所体验到的一切，最终都指向我的真实生活。我想承担它的责任、实现它的意义。我的口号是：这里有玫瑰花，来这里跳舞吧！

我的家庭和职业一直是种愉快的现实，也是我能拥有正常存在的一份保障。

日积月累，一个内在变化的轮廓慢慢出现在我心中。1916年，我感觉到一种表达的冲动。可以说，内心有种力量推动我，对菲勒蒙可能说过的一些事进行阐释和表达。《向死者的七次布道》[1]及其特有的语言就是这样产生的。

起初有种坐立不安的感觉，但我不知道这意味着什么，也不知道"它们"想从我这儿得到什么。一种不祥的氛围环绕着我。我有种奇怪的感觉，觉得空气中充满了各种幽灵。后来，我的房子好像闹了鬼一样。大女儿看见一个白色的身影穿过房间。二女儿不约而同地说，夜里她的毯子有两次被拿走了。同一天晚上，九岁的儿子做了一个焦虑的梦。第二天一早，他向妈妈要蜡笔，这个从不画画的孩子现在把梦境画了下来。他把这幅画叫作"渔

① 私人出版（未注明日期），使用笔名，副标题是："向死者的七次布道，巴西里德作于亚历山大，东方在此城触碰西方"（见附录5）。

夫画像”。一条河从画面中央流过，一个渔夫拿着鱼竿站在岸边，他钓到了一条鱼。渔夫头上有个烟囱，火焰和烟从里面蹿出来。魔鬼从河对岸的天空中飞来，骂骂咧咧，因为他的鱼被偷走了。不过，一个天使在渔夫头上盘旋，说：“你不能对他做什么，他只是抓走了坏鱼！”儿子画这幅画是在星期六。

星期天下午五点左右，前门的门铃发疯似的响了起来。那是个明媚的夏日，两个女仆在厨房里，从那儿可以看到前门外面的开阔地。大家立即向外张望，想看看谁在那儿，但一个人影也没见到。我就坐在门铃附近，不仅听到响声，还看到它在动。我们彼此面面相觑，相信我，当时的氛围很凝重！然后，我意识到有事要发生了。整幢房子似乎挤进来一大群鬼魂，塞得满满的。他们一直挤到门口，空气如此稠密，简直没法呼吸。至于我，当时胆战心惊地问：“看在上帝的份上，这都是些什么啊？”他们齐声哀叫道：“我们从耶路撒冷回来了，那里找不到我们要找的东西。”这就是《七次布道》的开头。

之后，词句从心中汩汩流出，我用了三个晚上就把它写了出来。我一提笔，所有聚集的鬼魂都消失不见，房间安静下来，氛围也变得明朗。闹鬼的事就此结束。

这件事应以它本来的样子或它呈现出来的样子来看待。它无疑和我当时的情绪状态有关，这种状态会有利于超心理学现象的产生。无意识像星座一样聚集起来，我把它特有的氛围视作一种原型的精灵。“它到处走动，遍布虚空！”[1]当然，知识

① 见《浮士德》第二部。

分子会贸然用一些科学和物理知识来说这件事，或者更有可能认为这件事违反规律而把它一笔勾销。但是，如果规律不会时不时地被违反，那这个世界该有多沉闷啊！

这次经历之前不久，我写下了一个关于我的灵魂从身上飞走的幻想。这是个重要事件：灵魂，也就是阿尼玛，和无意识确立了关系。某种意义上，这也是和全体死者的关系，因为无意识和死者的神话世界、祖先的世界相呼应。所以，如果一个人出现灵魂消失的幻想，说明灵魂退到了无意识中，或者说进入了死者的世界。它在那儿制造了一种神秘的生命，为祖先的痕迹、集体的内容赋予可见的形式。它像是个媒介，给死者一个显现自己的机会。所以，我的灵魂消失后不久，“死者”出现在面前，结果就有了《七次布道》。这就是个所谓“魂丢了”的例子，原始人经常遇到这种现象。

从那时起，死者作为未被回应、未获解决、未得救赎的声音，对我来说显得更加清晰了；既然命运要求我回应的问题和请求不是来自外部，那就应该是来自内在世界了。这些和死者的对话形成了我把关于无意识的种种传达给世人的序幕，而我要传达的，就是无意识一般内容的某种规则模式和解释。

如今，当我回顾过去，思考在研究幻想的这个阶段到底发生了什么时，那看起来像是一条信息带着势不可挡的力量来到我面前。意象里的一些东西不仅和我相关，也和其他许多人相关。就是在那时候，我不再只属于我自己，不再有权只属于我自己。从那时起，我的生命就属于普罗大众了。我所关心或寻找的知识，在当时的科学中还找不到。我自己不得不经历这种原始体验，此外还要尝试把我的实验结果种到现实的土壤里，否则它们就仍然是没有效度的主观假设。我就是在那时献身自己去为心灵服务。我对它既爱又恨，但它是我最大的财富。可以说，为了承受我的存在，让它尽可能充实，唯一的方式就是把自己交付给这样的事业。

现在我可以说，我从来没有和自己最初的体验失去联系。我所有的工作、所有的创造性活动，都是来自这些始于 1912 年的幻想和梦境，那时距今快五十年了。我后来成就的一切都已包含在其中，尽管最初只是以情绪和意象的形式。

我的科学是我所拥有的能让自己摆脱那种混乱的唯一方式。否则，这些错综复杂的材料会让我陷在其中，像丛林里的攀缘植物一样把我绞死。我谨小慎微地试着理解自己心灵库存中的每一个意象、每一件东西，并用科学的方法把它们归类——如果可能的话——最重要的，是在现实生活中实现它们。这是我们经常忽略的事。我们允许意象浮现，也许还会加以思考，但到此为止。我们不想费心去理解它们，更不要说从其中得出道德上的结论。这种戛然而止会引发无意识的消极影响。

认为获得一些对意象的理解就够了，认为知识可以到此为止，这是严重的错误。对意象的洞悉应该转化为道德责任。不这样做，就会被权力原则所害，由此造成的危险后果会害人害己。无意识的意象给人带来很大责任。没有能够理解这些意象，或是逃避了道德责任，会破坏一个人的完整性，给他的生活带来一种痛苦的碎片状态。

这段时间，全神贯注在无意识意象上时，我做了一个决定：要从大学里辞职。当时，我作为编外讲师已经在那里教了八年课（从1905年开始）。对无意识的体验和实验已经让我的智力活动陷于停滞。写完《无意识心理学》[1]后，我发现自己完全没法阅读科学书籍了。这种状况持续了三年。我感觉自己再也没法跟上知识界，也没法谈论到底是什么让自己心事重重。从无意识里发现的东西几乎让我哑口无言——字面意义上的[2]。我既无法理解它，也不能赋予它形式。在大学里，我所处的位置是暴露在人前的。我觉得，如果要在那儿继续讲课，应该先找到一种全新的、不同的方向。当我自己的心智处在大量怀疑中时，继续去教年轻学生是不公平的。

于是，我觉得自己面临一个选择：要么继续学术生涯，这是眼前的一条坦途；要么服从内在人格的规律，服从一种更高的理性，在这个奇妙的任务、这个直面无意识的实验上开拓进取——但在完成这件事之前，我不能在公众面前露面。

于是，我有意识地、故意地放弃了自己的学术生涯，因为我感觉自己身上正在发生一种伟大的事情。我把信任交托给我认为在永恒的面向下更重要的事。我知道它将充满我的生活，为实现这一目标，我已准备好承担任何风险。

---

① 见本书第167页注释①。

② 在这段“休耕时期”，荣格写得很少，只有几篇英文论文，还有后来译成英文出版的《分析心理学论文两篇》（《荣格文集》第7卷）的最初版本。这些版本非常重要。1921年，《心理类型》（《荣格文集》第6卷）一书出版，这一时期随之结束。——阿尼拉·杰菲

说到底，我能不能当上教授有什么关系呢？不得不放弃这件事当然让我烦恼，在很多方面，我都为无法把自己限制在常理内而感到抱歉。我有时甚至会对命运发起反抗。但这种情绪转瞬即逝，不值一提。相反，另一件事才重要，如果我们留心关注内在人格的愿望和声音，这种精神上的刺痛就会消失。这种情况我经历过很多次，不仅是在放弃学术生涯的时候。实际上，最早有这样的体验是在小时候。青少年的我脾气暴躁，但这种情绪一旦达到顶峰，就会突然急转直下，随之而来的是一种广阔的宁静。这种时候，我远离一切事物。而且，前一刻让我激动的事，似乎已经属于遥远的过去了。

我的决心、我对自己和别人都无法理解的事物的专注，带来的后果是极度的孤独。我心中装满无法跟任何人谈论的想法走来走去：他们只会误解我。外部世界和内在意象世界之间的鸿沟让我感到最强烈的痛苦。现在，我已经能理解这两个世界之间的互动了，但当时我还看不到这一点。我看到的只是“内在”和“外在”之间一种无法调和的冲突。

然而，一开始我就知道，要找到和外在世界、和他人的联系，我必须先成功地表明心灵体验的内容是真实的：不仅作为我个人的体验是真实的，作为他人也有的集体体验同样真实——这要呕心沥血才能做到。后来，我尝试在科学研究中论证这一点，并竭力向我的密友传达一种看待事物的新方式。我知道如果没法成功，就注定会落入绝对的孤立中。

直到第一次世界大战快结束时，我才从这种黑暗中逐渐摆脱出来。有两件事促成了这个结果。第一，我和那个想让我相信自己的幻想具有艺术价值的女人决裂了；第二，也是主要的原因，我开始理解曼荼罗绘画了。这发生在1918年至1919年间。1916年写完《七次布道》之后，我画了第一幅曼荼罗[①]。自然，那时候我还并不理解。

1918年至1919年，我作为英军战争演习区指挥官驻扎在代堡（Château d'Oex）。那时，我每天早上都会在笔记本上画一个小的环形图画，一个似乎与我当时内在心境相一致的曼荼罗。借助这些图画，我可以日复一日观察自己内心的变化。比如有一天，那位"美学夫人"又向我传递信息，她固执地认为我无意识里浮现的幻想具有艺术价值，应该被认为是艺术。这一信息让我心烦意乱。它远非蠢话，而是一种危险的劝诱。毕竟，现代艺术家就是想从无意识里创造出艺术。这种论点背后掩藏的功利主义和自视甚高引起了我的疑虑，也就是说，我不确定我产生的这些幻想的确是自发、自然的，而不是我随意的捏造。偏执自大的意识愿意相信，任何半吊子、还过得去的灵感都归功于它自己，而任何低劣的反应都纯属偶然，甚至是来源于异己的东西。我的意识也不能免于这种偏执和自大。由于心怀恼怒和纠结，第二天我就画了另一幅曼荼罗：边缘爆裂开来，对称性被破坏。

我慢慢才发现曼荼罗到底是什么："形成，变化，永恒心灵

① 复制后成为《原型与集体无意识》（《荣格文集》第9卷第一部分）的卷首插图。——阿尼拉·杰菲

的永恒重建。”[1]这就是自性，即人格的完整性；如果一切顺利，它是协调的，但它无法容忍自我欺骗。

我的曼荼罗是关于自性状态的密码，每天都呈现新的面貌。我在其中看到自性——也就是我的整个存在——在活跃地运作。准确地说，起先我只能隐约理解其含义，但它们对我来说非常重要，我像守护宝贵的珍珠一样守护着它们。我明显感觉到它们是至关重要的东西，不久我通过它们获得了一种对自性的鲜活认识。我想，自性就像一种单细胞生物，我就是这个单细胞生物，它就是我的世界。曼荼罗象征着这种单细胞生物，它和心灵那微观世界的本质是呼应的。

我不知道这一时期到底画了多少幅曼荼罗。很多很多。研究这些画的时候，我反复想到一个问题：这个过程通向何方？它的目的何在？根据我自己的经验，我明白到目前为止，我没法想象能选出一个对我来说可靠的目标。事实证明，我必须放弃那种认为自我有一个更高级状态的想法，因为当我试图保持这个想法时，它突然被打断了。我本想继续对神话进行科学分析，此种分析是从《转化与象征》一书开始的。这仍然是我的目标——但我不应该那样想！我被迫经历这一无意识过程，必须让自己顺流而下，不去想它会把我引向何方。不过，开始画曼荼罗时，我发现自己走过的每一条路、迈出的每一步都会回到一个单点——也就是正中央。对我来说，事情越来越清楚：

---

①《浮士德》第二部，菲利普·韦恩翻译（哈蒙兹沃思，英格兰，企鹅图书公司，1959年），第79页。

曼荼罗就是中心；它是一切道路的典型，是通往中心、通往自性化的道路。

1918 年到 1920 年间，我开始明白，心灵发展的目标就是自性。这里没有线性的进化，只有自性一圈一圈的绕行。均匀的发展最多只出现在开始的时候，到后来，一切都指向中心。这一领悟让我稳定下来，慢慢地，内心又恢复了平和。我知道，在找到曼荼罗来表达自性的过程中，我达到了自己的顶峰。也许有人知道的更多，但这不会是我。

几年后（1927），一个梦证实了我对中心和自性的观点。我用一幅曼荼罗来表现它的精髓，称这幅画为“永恒之窗”，它印在《金花的秘密》一书中[①]。一年后，我画了第二幅画，也是曼荼罗[②]，中心有个黄金城堡。画完后，我问自己：“为什么这么有中国味？”形状和色彩的选择让我印象深刻，对我来说似有中国味，尽管表面上没有什么中国的内容，但那就是它给我的感受。巧的是，不久后我收到一封卫礼贤（Richard Wilhelm）的来信，附有一份道教炼丹术文章的手稿，题为《金花的秘密》，信中请我为此撰写一份评论。我立即如饥似渴地阅读这份手稿，因为它为我关于曼荼罗和中心绕行的想法提供了做梦也想不到的证实。这件事第一次打破了我的孤立。我开始意识到一种相似性，能和某些事、某些人建立联系了。[③]

---

① 参看《原型与集体无意识》（《荣格文集》第 9 卷第一部分）中的《关于曼荼罗象征》，图 6 和第 363 页及以后。

② 《金花的秘密》图 10，也参看《关于曼荼罗象征》图 36 和第 377 页。

③《论卫礼贤》，见附录 4。

为了纪念这次巧合、这次“共时性”，我在这幅让我感觉那么有中国味的画下面写道:“1928 年，当我作这幅画、描绘那坚固的黄金城堡时，卫礼贤从法兰克福寄给我这份千年古籍，其中论及黄色城堡那长生不老的起源。”

这就是我前面提到的那个梦：我发现自己在一座脏兮兮、黑乎乎的城市里。那是一个冬天的晚上，黑漆漆的，还下着雨。是在利物浦。我和几个瑞士人——六个左右——步行穿过阴暗的街道。我感觉我们是从港口那里走过来的，而这座城市位于高高的峭壁上。我们是爬上去的。这让我想起巴塞尔，那里的市场在下面；往上走，穿过逝者之谷，就来到上面的高地，到达彼得广场和彼得教堂。我们来到那片高地时，在昏暗的街灯下看到一个宽阔的广场，许多街道汇集在此处。这座城市的各个区域围着广场呈放射状排列开来。广场中央是一个圆形水池，水池中央有一座小岛。四周的一切都在雨雾烟波、黑灯瞎火中模糊不清，只有这个小岛闪耀着明亮的光芒。岛上只有一棵树，是棵木兰花，红色的花朵落英缤纷。这棵树仿佛既在阳光的照耀中，又是这光源本身。同行的伙伴对这糟糕的天气议论纷纷，显然没有看到这棵树。他们谈起住在利物浦的另一个瑞士人，对他居然能定居在这里表示惊讶。我陶醉在小岛上阳光明媚、花开满树的美景中，心想:“我很明白他为什么定居在这里。”然后我就醒了。

对梦里的一个细节我还想补充一点评论：这座城市的每一个区域都是围绕一个中心点放射状分布的。这个点形成了一个小的开放式广场，由一盏更大的街灯照亮，构成那个小岛的一个小复制品。我知道那“另一个瑞士人”住在这些次级中心里其中一个的附近。

这个梦象征了我当时的状态。我仍能看到那些灰黄色的雨衣，上面的雨滴闪闪发光。一切都让人相当不快，又黑又暗——正像我那时的感受。但我看到了人间没有的美景，这就是为什么我能活着。利物浦（Liverpool）是“生命之池”（pool of life）：根据古老观念，“生者”（liver）就是生命的席位（seat），也就是“使之生存”（makes to live）的事物。

这个梦带来一种终结的感觉。在这里，我看到目标被揭示出来，人不可能超越那个中心，中心就是目标，万事万物都指向它。这个梦让我明白，自性就是方向、意义的主旨和原型。自性在那里发挥着疗愈功能。对我来说，这一领悟预示着一条通往中心从而通往目标的道路，其中浮现出我的个人神话的第一个迹象。

做了这个梦之后，我不再画曼荼罗了。这个梦描绘了整个意识发展过程的顶峰。它彻底满足了我，因为它给我的处境提供了一幅全景。我已经知道，我的确被某种重要的东西所占据，但还是不明就里，而且同僚中也没有谁能明白。这个梦带来的澄清，让我有可能客观地看待我的存在中充满的事物。

如果没有这个视象，我可能已经失去方向，被迫放弃自己的事业。但在这儿，意义变得清晰明了。和弗洛伊德断交时，我明白自己正在深入未知的世界。毕竟，我并不知道弗洛伊德之外的任何事，但我已经踏入了黑暗。发生这种情况，又出现了这样的梦，人会觉得是一种恩典。

我花了大概四十五年在我的科学研究“容器”中，“蒸馏”当时体验到和写下的东西。年轻时候我的目标是在自己的科学领域有所成就。但那时，我偶然发现了这个熔岩流，它的热度重塑了我的生活。这就是促使我进行研究的最初材料，而我的工作对于把这种白热的物质整合到当代世界的图景中或多或少是一次成功的努力。

追寻内在意象的这些年，是我一生中最重要的时候——所有精华的东西都是在这时候确定下来的。一切都在这时开始，后面的细节只是对无意识中喷涌而出并在最初淹没了我的材料进行的补充和澄清。这就是我毕生事业的原初物质。

7. 著述

生命进入后半程时，我已经开始直面无意识的内容。这份工作持续了相当长的时间，直到大约二十年后，我才在某种程度上理解了这些幻想。

首先，我必须找到证据，证明我这些内在体验存在历史先例。就是说，我得问自己:“我的这些特定前提在历史上什么时候出现过？”如果找不到这样的证据，就永远无法证实自己的想法。所以，接触炼金术对我来说十分重要，它为我提供了迄今为止我所缺乏的历史基础。

分析心理学根本上是一门自然科学，但比起其他任何一门自然科学，它更受观察者个人偏见的影响。所以，心理学家如果想排除判断过程中哪怕最粗糙的错误，都需要最大限度地依赖历史和文学的并行比较。1918 年至 1926 年间，我认真地研究了诺斯替教作家，因为他们也遇到过无意识的原始世界，也处理过其中的内容，即那些显然被本能的世界所污染的意象。由于缺乏资料，还很难说他们是怎么理解这些意象的——何况这些资料大部分来自他们的对手，那些教父们。我觉得他们不太可能对这些意象有心理学的理解。但是，诺斯替教离我太遥远，在我眼前关心的这些问题上很难跟他们建立起什么联系。就我所知，有可能把诺斯替教和当下联系起来的传统似乎已经被切断了。事实证明，在很长时间里都找不到任何能把诺斯替主义（或新柏拉图主义）和当今世界联系起来的桥梁。但当我开始理解炼金术时，我意识到它代表着和诺斯替主义的历史联系。这样，过去和现在之间就有了一种连续性。炼金术以中世纪自然哲学为基础，在过去和未来之间，也就是诺斯替主义和无意识的现代心理学之间，架起一座桥梁。

这项工作是弗洛伊德开创的，同时他还引入了性欲和邪恶父权这些经典的诺斯替教主题。诺斯替教耶和华和创世主的主题出现在关于原始父亲、来自父亲那里的阴郁超我这些弗洛伊德式神话中。在弗洛伊德的神话里，这位原始父亲成了一位守护神，他创造了这个充斥着失望、幻想和苦难的世界。但是，唯物主义思潮已经从炼金术士对物质秘密的潜心研究中脱胎出来，其结果是向弗洛伊德掩盖了诺斯替主义的另一基本面向：灵性的原发意象是另一个更高的神明，祂把双耳喷口罐（混合器皿）送给了人类，这是灵性转化的器皿。①双耳喷口罐是种女性要素，在弗洛伊德的父权世界里并没有位置。顺便说一

① 在非基督徒的诺斯替教徒波依曼德拉（Poimandres）的作品里，双耳喷口罐是一种装满灵性的容器，创世主把它送到世间，那些追求更高意识境界的人可以在其中接受精神洗礼。这是一种让灵性在其中更新、再生的“子宫”，对应炼金术中的“导管”，物质的转化在其中发生。荣格心理学中与之对应的是被称为“自性化”的内在转化过程（见词汇表）。——阿尼拉·杰菲

句，有这种偏见的绝不只他一个。在天主教思想中，经过几百年的迟疑，圣母马利亚（Blessed Virgin Mary）和基督的新娘直到最近才被允许放入神圣内室（洞房）中，由此至少得到了部分的承认。[①]但在新教和犹太教范围内，父权统治一如既往。另一方面，在哲学炼金术中，女性要素则具有和男性要素一样的地位。

遇到炼金术之前，我做过一系列同一主题的梦。梦里，我的房子旁边有另一个附属建筑，或者说是一所配房，它对我来说很陌生。在梦里，每次我都会想，为什么我不知道有这样一个建筑，虽然它显然一直在那儿。最后，在一个梦里，我终于来到了这所配房，发现是个很好的藏书室，大致建于十六、十七世纪。又大又厚的猪皮封面对开本沿着四壁摆放，其中一些书雕刻着陌生的铜字母作为装饰，插图里有一些我从来没见过的奇怪符号。那时我还不知道这是什么，很久以后我才想起这些是炼金术符号。在梦里，我只是意识到这些符号和整个藏书室展现出来的魅力。这是一个中世纪古版书和十六世纪印刷本的珍藏。

这所未知的配房是我人格的一部分，是我自己的一个面向，代表着某种属于我但我还没有意识到的东西。配房，尤其是藏书室，指的是炼金术。我之前对此一窍不通，但很快就要

① 这里指的是皮乌斯十二世（Pius XII）的教皇诏书《广慈恩宠的天主》（1950），其中宣布圣母马利亚升天。新的教义确定，马利亚作为新娘，与圣子在天堂的洞房中结合，并作为索菲娅（智慧）与神性结合。这样，女性元素变得接近男性元素的三位一体了。参看荣格的《心理学和宗教：西方与东方》（《荣格文集》第 11 卷）第 458 页及以下的《答约伯书》。——阿尼拉·杰菲

开始研究了。大约十五年后，我也收集了一批藏书，有了一个和梦中非常相似的藏书室。

预示着我结识炼金术的一个关键的梦，出现在1926年前后。梦中是在战时的南蒂罗尔（South Tyrol）。我身处意大利战场，和一位小个子农民坐着他的马拉货车从前线回来。四周炮火连天，我知道我们必须尽快赶路，当时的情况非常危险。①

我们要过一座桥，然后穿过一条隧道，隧道的顶已经被炮弹损毁了一部分。来到隧道尽头时，我们看到面前有一片阳光和煦的土地，我认出那是维罗纳（Verona）附近的地区。城市横卧在太阳底下，容光焕发。我感觉松了一口气，我们驱车驶进绿意盎然、生机勃勃的伦巴底平原（Lombard plain）。这条路穿过春意浓浓的乡村，眼前是一片片稻田、橄榄树和葡萄园。后来，在路的斜对面，我看到一个巨大的建筑，是一座比例放大的庄园，更像是北意大利公爵的宫殿。它是典型的庄园式风格，有许多附属建筑和外屋。像卢浮宫一样，这条路穿过一个巨大的庭院和这座宫殿。我和小个子马车夫驱车进了一道门，在这里我们能看到远处的第二道门外，还是阳光和煦的土地。我环顾四周，右边是庄园主建筑的正面，左边是仆人宿舍、马厩、谷仓等附属建筑，一直延伸到远处。

我们刚到达庭院中央，来到庄园主入口前，就发生了一件

① 如果用心理学的方式来解释，从天而降的炮弹就是从“另一边”飞来的导弹，是从无意识、从心灵的阴影一面中产生的。梦里发生的事暗示着几年前在外部世界发生的战争，现在并没有结束，而是在心灵内部继续着。显然，在这里将找到外部世界找不到的解决方式。——荣格

意想不到的事：随着沉闷的铿锵声，两道门都关闭了。这个农民从座位上一跃而下，叫道："现在，我们被困在十七世纪了。"我无可奈何地想："好吧，没错！但我们还能怎样呢？现在，我们得被关在这儿好几年。"一个安慰的想法来到我心里："总有一天，哪怕很多年以后，我会出去的。"

做了这个梦之后，我艰难地阅读世界史、宗教史、哲学史的种种大部头著作，却找不到任何东西能帮我解释这个梦。直到很久以后，我才意识到它指的是炼金术，因为炼金术就是在十七世纪达到顶峰。奇怪的是，我完全忘了赫伯特·西尔贝雷（Herbert Silberer）写的关于炼金术的东西。[①]他的书出版时，我认为炼金术是种冷僻而且相当愚蠢的玩意儿，尽管我欣赏西尔贝雷的神秘解释或是推定观点。当时我和他有通信往来，我告诉他我多么重视他的工作。而他那悲剧性的离世表明，他只是发现了问题，却没能对其有所领悟。[②]他大体上使用了后期的材料，这些东西对我却没什么用。后期炼金术文本不切实际，有巴洛克风格；只有等我们明白怎样解释它们，才能发现其中蕴含的宝藏。

读完《金花》之后，我才开始发现炼金术的本质。这是卫礼贤 1928 年寄给我的中国炼金术的范本。我开始有种愿望，想进一步了解炼金术文本。我委托一名慕尼黑书商，只要遇到任何有关炼金术的书籍就告诉我。不久以后，我收到了第一本：

---

① 《神秘主义及其符号象征的问题》（纽约版，1917 年；德语维也纳版，1914 年）。
② 西尔贝雷是自杀身亡的。

《炼金术卷二》(1593)。这是本内容丰富的拉丁语炼金术论文集，其中一些是炼金术的“经典之作”。

头两年，我几乎没碰这本书。我偶尔会看看里面的图画，而且每次都会想:“好家伙，真是一派胡言，这种东西根本不可能读懂。”但它不断激发我的好奇心，我于是决定好好读一读。之后的那个冬天，我开始认真阅读，很快发现这本书非常刺激，让人兴奋。诚然，对我而言，文本仍然毫无意义，但时不时能发现一些我觉得重要的篇章，偶尔甚至能找到一些我认为我能理解的句子。最后，我终于意识到，炼金术士是用象征来说话的——象征可是我的老相识了。“啊，这太有趣了，”我心想，“我就该学会破译这一切。”到目前，我完全被迷住了，一有时间就沉浸在这些文本中。一天晚上，正研究这些东西时，我突然想起那个被困在十七世纪的梦，终于明白了它的意思。“就是这样！我注定要从头开始研究炼金术。”

我在炼金术思维过程的迷宫中摸索了很久才找到自己的路径，因为没有哪个阿里阿德涅（Ariadne）把线团送到我手中[①]。阅读十六世纪文本《哲人玫瑰园》时，我注意到一些奇怪的表达和短语反复出现。比如“分解和凝结”、“泰一容器”、“哲人石”、“原初物质”、“水银”等。这些表达以一种

① 阿里阿德涅是古典神话中克里特岛国王米诺斯（Minos）的女儿，她的母亲帕西法厄（Pasiphae）生了一个牛头人身的怪物（米诺陶洛斯）。代达洛斯（Daedalus）把它幽禁在一座迷宫里，并命令雅典人民每年进贡七对童男童女喂养这个怪物。雅典王子忒修斯（Theseus）发誓要为民除害，他领着童男童女上了克里特岛。借助阿里阿德涅给他的线球和魔刀，忒修斯杀死这个怪物，并沿着线顺来路走出了迷宫。——译者

特别的含义反复出现，我却搞不懂这含义到底是什么。于是我决定为关键的词和短语建立一个有交叉引用的词汇表。随着时间的推移，我收集了几千个这样的关键词和短语，相关摘录有数卷之多。我使用语言学方法工作，仿佛要破译一门未知的语言。就这样，炼金术的表达方式逐渐呈现出其意义。这项任务，我专心致志地做了十几年。

我很快发现，分析心理学以一种最奇妙的方式和炼金术相吻合。某种意义上，炼金术士的体验就是我的体验，他们的世界就是我的世界。这当然是个重大发现：我偶然发现了我的无意识心理学在历史上的对应物。与炼金术进行比较的可能，以及毫无间断回溯到诺斯替主义的知识链条，为我的心理学提供了依据。当我开始仔细阅读这些古老文本时，一切都变得井井有条：幻想意象、我在行医过程中积累的经验材料以及从中得出的结论。现在，我开始理解这些心灵内容在历史视角下的意思。研究神话时，我已经开始理解这些内容的典型特征，现在这些理解又得到了深化。在我的研究中，原始意象和原型的本质具有核心地位；而且我开始明白，没有历史就没有心理学，当然也就不会有无意识的心理学。无可否认，意识心理学可以从个人生活的材料中得到满足，但是要解释神经症就需要一种比意识层面的知识更深刻的记忆。治疗过程中，如果得做出不寻常的决定，这时出现的梦就需要比个人记忆更多的东西来进行解释了。

我把自己在炼金术上的研究视作和歌德建立起内在联系的标志。歌德的秘密在于，他受到了原型转化过程的支配，这一过程在历史上持续已久。他把他的《浮士德》视为一部杰作，或是神作。他称之为自己的“主业”，他的一生都在这部戏的框架内上演。这样，活跃在他心中的，是一种有生命的物质、一种超个人的过程，是原型世界的伟大的梦。

我自己心中也萦绕着同一个梦。从十一岁起，我就独自开始了一场冒险，这就是我的“主业”。我的人生是被一个想法、一个目标所渗透和维系：洞察人格的秘密。一切都可以从这个中心出发得到解释，我所有的工作都和这一主题相关。

我真正的科学工作，是从 1903 年的联想实验开始的。它是自然科学领域的实践，在这一意义上，我视之为自己的第一次科学研究。《词语联想研究》之后，我又写了两篇精神病学论文：《论早发性痴呆的心理学》和《精神病的内容》。这两篇文章的缘起我已经讨论过。1912 年，我的《力比多的转化与象征》一书出版，和弗洛伊德的友谊也宣告结束。从那时起，我不得不独自前行。

在全神贯注研究自己无意识意象的过程中，我有了一个出发点。这一时期从 1913 年持续到 1917 年，之后幻想的涌流就减退了。直到意象平息，不再被困在这座魔幻山里，我才得以用客观的视角来看待这整段经历，并开始认真反思。我问自己的第一个问题是:“人是如何处理无意识的？”“自我和无意识的关系”[①]这篇文章就是我的答案。1916 年，我在巴黎就这个主

① 收入《分析心理学论文两篇》（《荣格文集》第 7 卷）中。

题做了一次讲座[①]，不过直到十二年后，这篇文章才以德文出版，并做了许多扩充。我在其中描述了一些无意识的典型内容，并指出意识心灵对无意识采取什么样的态度，这绝非无关紧要。

同时，我也忙着准备《心理类型》，该书于1921年首次出版。写这本书，最初是因为我想界定我的观点和弗洛伊德、阿德勒在哪些方面有所不同。尝试回答的过程中，我遇到了类型的问题，因为一个人的心理类型从一开始就决定并限制了这个人的判断。故而，我这本书竭力处理的是个体与世界、他人、万物的关系，其中讨论了意识的方方面面和意识心灵对世界可能采取的各种态度，这样就构成了一种可以说是从临床角度看到的意识心理学。我在这本书中引用了大量的文学作品，写施皮特勒（Spitteler）的那一部分有特殊的地位，尤其是他的《普罗米修斯与埃庇米修斯》。[②]不过，我也讨论了席勒、尼采以及古典时期和中世纪的知识史。我冒昧地给施皮特勒寄了一本我的书，他没有答复我。但不久后发表了一次演讲，明确声称他的《普罗米修斯与埃庇米修斯》并没有什么“言外之意”，他本来可能也会唱“春天来了，啦啦啦啦”。

这本关于类型的书指出，个体所做的每一个判断都受限于他

① “无意识的结构”，《心理学档案16》（日内瓦，1916年），第62页、152—179页。见《荣格文集》第7卷附录2《无意识的结构》。

② 卡尔·施皮特勒（1845—1924），瑞士作家，他最著名的作品除了《普罗米修斯与埃庇米修斯》，还有史诗《奥林匹亚的春天》和小说《意象》。他获得了1919年的诺贝尔文学奖。

的人格类型，每一个观点都必然是相对的。这就提出一个问题：统一必然会抵消这种多样性。这个问题直接把我引向“道”这个中国观念。前面已经讲过我的内在发展和卫礼贤寄给我道教文本一事之间的相互作用。1929 年，我们合著了《金花的秘密》一书。直到我抵达了自己思想和研究的中心点，也就是自性这一概念时，我才再次找到返回这个世界的路。我开始做讲座、旅行。各式各样的文章和讲座形成了多年内在探索的一种平衡，其中也包含着我的读者和病人所提问题的答案。①

《转化与象征》出版后，我一直十分关心的一个主题，就是力比多理论。我把力比多想象成是生理能量的一种心理相似物，它或多或少是个量化的概念，所以也应该用一种量化的术语来定义它。我的想法是，绕过当时流行的对力比多理论的具体化——换句话说，我希望不再去谈饥饿、攻击和性这些本能，而把所有这些现象都看作心灵能量的表达。

在物理学上，我们也谈论能量及其各种表现形式，比如电、光、热等。心理学中情况也完全一样。在这里，我们首先处理的也是能量，即强度的测量、数量的多少。这种能量会以各式各样伪装的形式出现。如果我们把力比多看作一种能量，就能得到一种综合、统一的视角。关于力比多类型的质的问题——不论它是性欲、权力、饥饿，还是别的什么——就退到了背景中。我想为心理学带来一种符合逻辑、严密精确的观点，就像热力学理论给物理学带来的那样。这就是我在“论心

① 这些文章主要散见于《荣格文集》第 4、8、10 和 16 卷。

灵能量”（1928）这篇文章中的追求。比如，我看到人的驱力以能量过程的各种不同方式呈现出来，所以这种驱力跟光、热等类似。就像现代物理学家不会认为所有的驱力都只来源于热能，心理学家也应该警惕把所有的本能都混到性欲这个概念下。这是弗洛伊德最初的错误，他后来通过提出“自我本能”这个概念予以修正；再后来，他引入了“超我”，并赋予它最高的地位。

在《自我和无意识的关系》中，我只讨论了自己对无意识的关注，讨论了这种关注的一些本质，但对无意识本身却着墨不多。和我的幻想一起工作时，我开始意识到，无意识会经历或者产生变化。等到我熟悉了炼金术，才意识到无意识是一个过程，心灵通过与自我的关系得到转化和发展，成为无意识的内容。在个体案例里，这种转化可以从梦境和幻想中看出来。在集体生活里，这种转化大部分储存在各种宗教体系及其变化的象征中。通过对这些集体转化过程的研究和对炼金术符号象征的理解，我抵达了我的心理学的核心概念：自性化过程。

我的工作的一个本质方面在于，它很快就开始触碰到人的世界观问题，触碰到心理学和宗教之间关系的问题。我第一次详细讨论这些问题，是在《心理学和宗教》（1938）一书中；之后作为延伸，又在《巴拉塞尔苏斯》（1942）中进行了讨论。从这一观点来看，这本书中的第二篇文章“作为一种灵性现象的巴拉塞尔苏斯”尤其重要。关于巴拉塞尔苏斯的作品中有大量原创想法，包括把炼金术士提出的各种问题进行了清晰的表述，尽管这些问题提出得比较晚，而且穿着巴洛克式的外衣。经由巴拉塞尔苏斯，我最终讨论了与宗教和心理学有关的炼金术本质——换句话说，即作为一种宗教哲学的炼金术的本质。这部分内容收录在《心理学与炼金术》（1944）里。这样，我终于抵达了自己在1913年至1917年间体验到的东西的基础，我在那段时间里经历的过程和这本书中讨论的炼金术转化过程是一致的。

我经常在想，无意识的符号象征与基督教和其他宗教有怎样的关系。这种思考再自然不过。我不仅对基督教的启示敞开大门，也认为这对西方人来说非常重要。然而，有必要用新的眼光，秉承当代精神所锻造的改变，来看待这种启示；否则就会和时代脱节，对人的完整性没有任何帮助。我在自己的作品中竭力表明这一点。我为三位一体教义和弥撒文本提供了心理学上的解释——不仅如此，我还拿来和三世纪炼金术士、诺斯替教徒潘诺普列斯的苏西莫斯（Zosimos of Panopolis）所描述的视象做比较[①]。我把分析心理学和基督教联系在一起的尝试最终引向一个主题：作为心理形象的基督。早在1944年，在《心理学与炼金术》中，我已经论证了耶稣形象和炼金术士的核心概念——哲人石——之间的对应。

1939年，我就依纳爵·罗耀拉（Ignatius Loyola）的《灵性练习》做了一次学术研讨会。与此同时，我正专心为《心理学

① 两个研究都收录在《心理学和宗教：西方与东方》（《荣格文集》第11卷）中。

与炼金术》的写作做研究。一天夜里，我醒过来，看见床尾有一个钉在十字架上的耶稣形象沐浴在明亮的光线中。他并不是真人大小，但非常清晰，我还看到他的身体是用泛着绿色的黄金做的。这一景象美丽绝伦，让我深受震撼。这样的视象对我来说并不罕见，因为我经常在半睡眠状态中看到极其生动的意象。

我对基督之魂进行了大量思考，这是《灵性练习》中的一个冥想内容。这个视象的显现仿佛是要指出，我的思考中忽略了某种东西：基督的非凡之金和炼金术士的翠化[1]是相似的。[2]当我意识到那个视象指的是炼金术的这一核心象征，且我拥有了一个本质上属于炼金术的基督视象，我就感到安慰。

绿色的黄金是一种鲜活的品质，在炼金术士看来，它不仅存在于人身上，也存在于自然界的无机物中。它表达的是生命精神、世界灵魂、大宇宙之子、让整个宇宙生机勃勃的“人类”。这种精神倾注到万事万物，乃至无机物中，金属和石头里都有其身影。所以，我的视象是基督意象及其在物质中的对应物——大宇宙之子的结合。如果没有为那泛着绿色的黄金感到如此惊讶，我也许会认为是我的“基督教”观念里失去了某种本质的东西——换句话说，我的传统基督意象有些缺陷，仍

---

① 在炼金术中，哲人石要转化成非凡之金需要经过白化、黑化、翠化、黄化、赤化等过程。——译者

② 比较严肃的炼金术士意识到，他们工作的目的不是把贱金属转化为黄金，而是制造非凡之金，或说是哲人之金。换句话说，他们关心的是灵性价值和心灵转化的问题。——阿尼拉·杰菲

需赶上基督教的部分发展。不过，对金属的强调让我看到，炼金术那毫不掩饰的基督观念是灵性上活着的物质和身体上死去的物质的结合。

我在《移涌》[1]中再次提到基督的问题。在这里，我关心的不是种种并行的历史事件，而是基督形象和心理学的关系。我也并不把基督当成一个剥离了种种外在性的人物，相反，我希望能呈现他所代表的宗教内容在这千百年间的发展。对我来说同样重要的是，表明占星学何以预测基督的出现；怎样既用他那个时代的精神来理解他，也在基督教文明两千年的发展过程中理解他。这些，以及千百年间围绕他积累起来的种种奇妙的“页边注释”，就是我想要描绘的。

在我钻研这些问题时，耶稣本人这个历史人物的问题也出现了。这个问题很重要，因为那个时代的集体心理——也可以说是已经聚集起来的原型、“人类”的原初意象——已经凝聚在他这位籍籍无名的犹太先知身上。关于“人类”的古老观念，一方面植根于犹太传统，另一方面植根于埃及荷鲁斯（Horus）[2]神话，并在基督教时代开始时就已深入人心，因为它就是时代精神的一部分。它和人子、上帝自己的儿子有本质上的关系，此人反对世界的统治者、被神话的奥古斯都[3]。这

① 英译本用的是同样的标题，1959 年出版（《荣格文集》第 9 卷第 2 部分）。

② 古埃及的太阳神。——译者

③ 罗马第一代皇帝。——译者

一观念抓住了犹太人的本源问题——弥赛亚（Messiah）[①]，并把它变成了一个世界性问题。

木匠的儿子耶稣传播了福音，并成为世界的拯救者，如果认为这一事实“纯属偶然”，那就是个严重的误解。考虑到他的年龄，能够如此彻底地为民众表达并代表民众，尽管是无意识地，他也必然是个天赋异禀之人。除他之外，没有谁能成为这样一个启示的传播者，这一点只有耶稣这个特定的人才能做到。

当时，由神圣恺撒所体现的无所不在、无坚不摧的罗马权力创造了这样一个世界：在其中，无数个体，事实上是所有的民族，都被剥夺了文化独立性和精神自主权。如今，个体和文化面临着同样的威胁，就是说，有可能被大众吞没。于是，许多地方出现一波波渴望基督再临的浪潮，而且出现一种预言性的谣传，其中表达出对救赎的期待。然而，它所采取的形式与过去全然不同，是一种“技术时代”的典型产儿。这就是风靡世界的 UFO（不明飞行物）现象。[②]

由于我的目标是充分阐明我的心理学与炼金术的对应之处——反之亦然——我想连同宗教问题一起，看看心理治疗中

---

① 最初的意思是受膏者，指上帝所选中的人，具有特殊的权力。犹太教用这个词来指出自大卫家的拯救者，由他带领以色列国恢复大卫统治时期的辉煌盛世。《新约圣经》主张拿撒勒人耶稣就是弥赛亚，因为耶稣的出现，应验了《旧约圣经》中的许多预言；而犹太教信徒则予以否认，并仍然期待他们心中的弥赛亚来临。——译者

② 参看《飞碟：一个空中所见物体的现代神话》（纽约和伦敦，1959 年），亦参看《转型中的文明》（《荣格文集》第 10 卷）。

有哪些特殊的问题在炼金术的工作中得到了处理。医学心理治疗的主要问题是移情。在这一点上，弗洛伊德和我看法完全一致。我可以证明炼金术中也有和移情对应的概念——就是融合。西尔贝雷已经注意到这个概念非凡的重要性。这种对应的证据写在我的《心理学与炼金术》一书中。两年后，也就是1946年，我在《移情心理学》[①]一书中进一步探讨了这个问题，这些研究最终带来了《神秘融合》[②]一书的出版。

同我关心的所有个人问题和科学问题一样，融合问题的出现也伴随着梦境，或说是由梦境做出了预示。其中一个梦里，这个问题和基督的问题浓缩在一个非凡的意象中。

我曾经梦见过我的房子有一个很大的、从来没去过的配房。我决定去看看，最后走了进去。我来到一个很大的双扇门前，把门打开，发现自己进了一间摆设得像实验室的屋子。窗前放着一张桌子，上面摆满了玻璃器皿，还有做动物实验的所有用具。这是父亲的工作间，但他不在那里。沿墙的架子上放着几百个瓶子，里面装着各种各样想象得到的鱼类。我感到惊讶：原来父亲现在在研究鱼类学！

我站在那儿，环顾四周，看见一道帘子时不时鼓起来，仿佛那里吹着一股强风。突然，汉斯出现了，他是个从农村来的年轻人。我让他去瞧瞧帘子后面的房间是不是有窗户打开着。他去了有一会儿，回来时，我看到他脸上有种可怕的表情。他

---

① 收入《心理治疗实践》(《荣格文集》第16卷)。

②《荣格文集》第14卷。

只说:“是啊，有东西在那儿，它就在那儿出没!”

然后，我自己走了过去，发现一扇门，通往母亲的房间。里面空无一人，气氛诡异。这个房间非常大，有两排箱子从天花板上悬挂下来，每排五个，离地约两英尺高。它们看起来像是小型的花园亭子，每一个面积大约六平方英尺，里面有两张床。母亲在现实中已经去世很久，我知道这个房间是她接待访客的地方，她架起的这些床是给来访的灵魂睡觉用的。这些灵魂成双成对地来，可以说是结为夫妇的鬼，他们在这里过夜，甚至白天也在这里。

母亲房间对面有一扇门，我把它打开，来到一间宽敞的大厅里。它让我想起一家大饭店的门厅，里面配有安乐椅、小桌子、柱子、华丽的帷幔等。一个铜管乐队正在大声演奏，我一直能听到背景中的音乐声，但不知道是从哪儿传来的。大厅里一个人也没有，只有铜管乐队奏出刺耳的舞曲和进行曲。

大厅里的铜管乐队暗示着浮华的快乐和俗气。谁也猜不到，在这喧闹的表面背后，这座建筑中还存在着另一个世界。可以说，梦中这个大厅的意象是对我的温和友好或说世俗愉悦的一幅讽刺漫画。但这只是表面，后面有种很不一样的东西，它是无法在乐队音乐的吵闹声中进行探究的:那就是鱼类实验室和为灵魂悬挂的小亭子。这两个地方都令人敬畏，弥漫着一种神秘的宁静。我感觉，这两个地方是夜晚逗留之处，而大厅代表白天的世界及其浅薄。

这个梦里最重要的意象是“鬼魂接待室”和鱼类实验室。前者以一种略显滑稽的方式表现了融合，后者暗示了我对基督的潜心研究——基督自己就是鱼[1]。这两个主题各自都让我持续研究了十多年。

不寻常的是，对鱼的研究归功给了我父亲。在梦里，他是基督徒灵魂的守护者，因为根据传统观念，他们就是彼得网里的鱼[2]。同样不寻常的是，母亲在梦里是死去的灵魂的保护者。这样，我的父母似乎都肩负了“治愈灵魂”的担子，而这其实是我的工作。有些事情没有完成，仍和我的父母在一起，也就是说，仍然潜伏在无意识中，留待以后解决。我想起来，我还没有处理“哲学”炼金术关心的主要问题——融合，所以还没有回答基督徒灵魂向我提出的问题。圣杯传奇的研究——这项主要的工作也没有完成，我妻子把这项工作视为她的终身事业。[3]我还记得研究《移涌》中的鱼类象征时，探索圣杯和渔王[4]的愿望有多少次来到我心中。如果不是因为不愿侵入妻子的领地，我一定会把圣杯传奇纳入我的炼金术研究中。

在我记忆中，父亲是个遭受安福塔斯（Amfortas）[5]之伤折磨的人，一个伤口无法痊愈的“渔王”——炼金术士正是为

① 鱼的希腊语（Ichthys）是“耶稣基督，上帝的儿子，救主”（Iesous Christos Theou Yios Soter）的希腊首字母缩略词。——译者

② 耶稣曾召唤彼得放弃打鱼事业，他曾对渔夫们说：“来，跟从我！我要叫你们得人如得鱼一样。”——译者

③ 1955 年荣格夫人去世后，玛丽·路易斯·冯·弗兰兹博士（Dr. Marie-Louise von Franz）接手了对圣杯的研究，并于 1958 年顺利结束。参看埃玛·荣格（Emma Jung）和玛丽·路易斯·冯·弗兰兹的《圣杯传奇》〔安德里亚·戴克斯（Andrea Dykes）译，纽约和伦敦，1930 年〕。——阿尼拉·杰菲

④ 渔王是亚瑟王时期的一个传奇人物，是“圣杯”的最后一位守卫者。——译者

⑤ 安福塔斯是中世纪传奇中圣杯骑士的首领。——译者

基督徒的这种苦难寻找解药。我作为“傻瓜”帕西法尔（Parsifal），在孩提时代许多年间目睹了这种病痛，而且像帕西法尔一样说不出话来[1]。我只有一些模糊的感觉。在现实中，父亲从来没有对兽形的基督象征产生过兴趣。另一方面，他一直遭受着基督所预示和允诺的痛苦，直到离世，却从没意识到这是效法基督的结果。他把他的苦难看作一种需要向医生寻求建议的个人苦恼，而不认为这是普遍意义上的基督徒的痛苦。《加拉太书》第二章第二十节说道：“现在活着的，不再是我，乃是基督在我里面活着。”他心中从来没体会到这句话的全部重要性，因为任何关于宗教问题的思考都会给他带来恐惧的颤抖。他想满足于信仰即止，但信仰却背弃了他。这往往就是知性的牺牲[2]的回报。“这话不是人都能领受的，唯独赐给谁，谁才能领受。因为有（人）……为天国的缘故自阉的。这话谁能领受，就可以领受。”（《马太福音》第十九章第十一节）盲目接受从来不解决问题，最好的情况下，它只带来停滞，而后让下一代人付出沉重代价。

众神的兽形特质表明，众神的存在不仅延伸到超越人类的范畴中，也延伸到低于人类的范畴中。可以说，动物就是他们

① 在圣杯传奇中，有人预言治好安福塔斯之伤的人是一个“纯洁的傻子”，后来此人就是年轻的帕西法尔。——译者

② “知性的牺牲”指一种基督教献身精神，尤其被耶稣会会士看重，是他们所要求的“第三种”牺牲。在存在主义思想家克尔恺郭尔那里，这种思想得到发挥，意为“信仰的跳跃”，指牺牲智力和理性而直接走向信仰。此处参见“中学时代”一章中荣格提到的，其父不允许对教义进行任何怀疑和理性思考。——译者

的影子，是自然界自己把动物和神圣形象联系在一起。“基督之鱼”表明那些效仿基督的人是鱼——就是那些需要灵魂疗愈的无意识灵魂。鱼类实验室和基督教的“灵魂疗愈”有相同的意思。正如受伤者伤害了他自己，疗愈者也疗愈了他自己。意味深长的是，在梦里，这一决定性的工作是死人为死人做的，而且发生在超越意识的世界里，也就是无意识的世界。

因此，在人生中的那个阶段，我还没有意识到我的工作一个必不可少的方面，也还不能对这个梦给出一个满意的解释。我只能感觉到它的意思。在写《答约伯书》之前，我还必须克服心里那些最强大的阻抗。

这本书的内在根基可以在《移涌》中找到，我在那本书里讨论了基督教的心理学，而约伯是基督的一种预兆。他们之间的联系就是受难的观念。基督是上帝的受难仆人，约伯也是。在基督的例子中，世界的罪愆带来了苦难，而基督徒的受难是个笼统的回答。这就不可避免引出了这样的问题：谁来为这些罪愆负责？归根结底，是上帝创造了这个世界及其罪愆；于是，为了承受人类命运的苦难，上帝也变成了基督。

《移涌》中提到过神圣形象的光明面和黑暗面。我引用了“上帝之怒”、“害怕上帝”这条戒律，以及“引领我们不受诱惑”这样的祈求。矛盾的上帝意象在《约伯记》中起了关键的作用。某种意义上，约伯期待上帝站在他这边和他一起反对上帝；这里，我们有了一幅关于上帝悲剧性矛盾的画面。这就是《答约伯书》的主要内容。

推动我写这本书的，还有一些外在的力量。许多来自公众和病人的问题让我觉得，我应该更清楚地表达自己对现代人的宗教问题的看法。多年以来，我对此一直犹豫不决，因为我完全清楚会掀起怎样的风暴。然而最终，我不禁被这个急迫而艰难的问题紧紧抓住，发现自己不得不给出一个回答。我的回答方式是让问题作为一种负载着情绪的体验，自己呈现在我面前。我故意选择这种方式，是为了避免给人一种我热衷宣扬某些永恒真理的印象。《答约伯书》不过是种个人的表达，希望能在公众中引发一些思考。我一点儿也不想阐述形而上的真理。然而神学家正是为此而责备我，因为神学思想家太习惯处理永恒真理，以至于不知道还有其他的真理。当物理学家说原子是这样那样构成的时候，当他为此描述一个模型的时候，他也并不想表达任何永恒真理之类的东西。但神学家并不理解自然科学，尤其不理解心理学思想。分析心理学的材料，它主要的事实，是由陈述构成的——那些在不同地方、不同时代，以相同形式反复出现的陈述。

约伯的问题及其延伸也在一个梦里得到预示。梦一开始，我去看望当时已经去世多年的父亲，他住在乡下——我不知道那个地方。我看见一座十八世纪风格的房子，非常宽敞，有几个很大的外屋。我发现这房子最早是一家温泉旅馆，似乎住过许多名流要人、王公贵族；其中一些人已经去世了，他们的石棺放在这座房子附属的教堂地下室里。我父亲是托管人，看守着这些死者。

我很快发现，他不仅是托管人，还是个著名的学者——他生前可从没成为这样的人。我在他的书房里见到他，奇怪的是，Y

医生——大约和我一般年纪——和他的儿子当时也在场，两人都是精神病学家。不知道我是不是问了一个问题，也不知道父亲是不是主动想解释什么，但不管怎样，他从书架上取下一本厚厚的《圣经》。这是一本沉甸甸的对开本，就像我藏书室里那本梅里安《圣经》。父亲手里这本《圣经》是用闪亮的鱼皮做的封面。他翻到了《旧约全书》——我猜是翻到了《摩西五经》——然后就开始解释其中一个篇章。他讲得如此思路敏捷、博学多识，让我都跟不上了。我只注意到，他的话泄露了大量纷繁驳杂的知识，我隐约理解这些知识的重要性，但无法作出恰当的判断和把握。我看到 Y 医生对此一窍不通，他儿子笑了起来。他们觉得我父亲神志不清，说的话只是老年人的碎碎念。但我很清楚，这不是出于病态的兴奋，他的话里也没什么愚蠢的内容。相反，他的论述如此聪明博学，我等愚钝之辈就是跟不上。他讨论的事情非常重要，让他相当着迷，这就是为什么他如此滔滔不绝。他脑海中流溢着深刻的观点。我被惹恼了，心想，他不得不在我们这三个蠢货面前说话，真是个遗憾。

这两位精神病学家代表一种局限的观点，这种观点当然也影响了身为医生的我。他们代表着我的阴影——阴影的第一个版本和第二个版本：父亲和儿子。

之后，场景就变了。父亲和我在房子前，正对一个堆着木头的棚子，我们听到很响的砰砰声，仿佛大块大块的木头被扔下来或翻来翻去。我感觉至少有两个工人在里面忙活，但父亲向我表示，这地方是在闹鬼。显然，是某种搞恶作剧的鬼在制造声音。

我们走进这所棚子，我看到墙壁非常厚。沿着狭窄的楼梯爬到二楼，眼前出现一幅奇怪的景象：这是一间和法塔赫布尔西格里（Fatehpur Sikri）[①]的苏丹阿克巴（Sultan Akbar）的议事厅一模一样的大厅。高高的房间呈圆形，沿墙有一条走廊，走廊里有四座桥，通向一个盆形的中心。盆形区域坐落在一根巨大的圆柱上面，形成苏丹的圆形座椅。苏丹就是从这个高高的地方向走廊里沿墙而坐的谋士和智囊说话。整个地方是个巨大的曼荼罗，和现实中的议事厅精确对应。

在梦里，我突然看见一段陡峭的楼梯，从中心向上延伸到墙上一个很高的地方——这是现实里没有的。楼梯顶端有一扇小门，父亲说："现在，我要带你进入最高的存在。"然后，他跪下来，用前额触碰地板。我学着他的样子跪下来，心潮澎湃。出于某种原因，我无法把前额贴到地面上，也许还有一毫米的距离，但最终完成了和他一样的姿势。我突然明白——也许父亲告诉过我——上面那道门通向一间单独的内室，里面住着乌利亚（Uriah），他是大卫王的勇士，大卫为了他的妻子拔示巴（Bathsheba）而可耻地背叛了他，命令手下人在敌军面前抛下乌利亚而逃[②]。

---

① 印度北部北方邦一座废弃的城市，曾为莫卧儿帝国的首都，其宫殿、清真寺和门楼为莫卧儿建筑的典范。——译者

② 见《圣经·旧约·撒母耳记下》，大卫让乌利亚的妻子怀孕，怕丑事张扬，先将乌利亚从战场上召回来，叫他回家与妻子同住。但乌利亚忠心耿耿，认为战友和主帅约押(Joab)都在战场上打仗，自己不应回家与妻子亲近。于是大卫写了一封信，叫乌利亚带给约押。他在信中叫约押派乌利亚到阵前最危险的地方，然后全军忽然退后，使乌利亚被杀。——译者

关于这个梦，我要做一些解释性的评论。开始的场景描述我留给“父亲”，也就是无意识的任务是怎样完成的。他显然全心投入《圣经》——《创世记》？——中，而且渴望与人交流他的看法。鱼皮封面表明《圣经》的内容是无意识的，因为鱼不能说话、没有意识。我可怜的父亲也没能成功表达自己的意思，因为听众在某种程度上没有能力理解，愚蠢又有敌意。

这次挫败之后，我们穿过街道来到了“另一边”，恶作剧的鬼在那里活动。恶作剧鬼的现象经常发生在青春期前的年轻人周围，也就是说，我仍然不成熟、意识太弱。印度氛围表明的是“另一边”。在印度的时候，议事厅的曼荼罗结构作为与中心有关的内容的象征，给我留下了深刻的印象。中心是阿克巴大帝（Akbar the Great）的座位，他统治着一个次大陆，像大卫一样，是“这个世界的君王”。但在大卫王之上，是他无辜的受害者，他忠诚的勇士乌利亚，大卫却把他留给了敌人。乌利亚是基督的前兆，基督是被上帝抛弃的人神。“我的神，我的神，为何离弃我？”[①]重要的是，大卫把乌利亚的妻子“给了自己”。直到后来，我才明白乌利亚这个典故的含义：我不仅被迫公开言说《旧约全书》中上帝意象的矛盾性（这对我十分不利），而且我的妻子会被死亡夺走。

这就是藏在无意识中等待着我的事。我不得不向命运屈服，而且的确应该让我的前额碰到地面，这样就完成了屈服。但是，某种东西阻碍我做得如此彻底，让我保持了短短一毫米

---

① 见《圣经·诗篇》第二十二章第一节，大卫语。——译者

的距离。我心中有个声音说:“一切都很好，但不要太彻底。”我心中有种桀骜不驯的东西，它决定不做一条缄口不言的鱼:如果自由的人身上没有这种东西，《约伯记》就不会在基督诞生前几百年问世。人在精神上总会有所保留，即便是在神的意旨面前。否则，他的自由在哪里呢?而且，如果自由不能威胁到威胁自由的祂[①]，自由又有什么用呢?

因此，乌利亚住在比阿克巴更高的地方。如梦中所说，甚至他就是那“最高的存在”——这话只有用在上帝身上才合适，除非我们是在拜占庭风格下进行讨论。在这儿，我不禁想起佛陀及他和诸神的关系。对虔诚的亚洲人来说，如来(Tathagata)就是至高无上的绝对存在。出于这个原因，小乘佛教被怀疑是无神论——这是十分错误的。凭借诸神的力量，人能获得对其造物主的洞察。人甚至被赋予了在本质层面上消灭造物的力量，这就是人对这个世界的意识。今天，人可以用放射性能量来消灭地球上所有的高等生命。佛陀已经提出过世界毁灭的观念:通过觉悟的方式，因缘链条——无可避免将人引向老、病、死的因果链条——会被打碎，这样存在的幻象就终结了。叔本华对意志的否定预见性地指向了未来的一个问题，这个问题已经迫近，局势凶险。这个梦揭示了长期存在于人性中的想法和预感:一个不起眼但却是决定性的因素，让造物的观念超越了它的创造者。

---

① 此处指上帝。——译者

结束了这次梦境世界的游览，我应该再回到写作上来。在《移涌》中，我触及了一系列需要分别加以解决的问题。我试图解释基督的出现怎样和一个新纪元——双鱼时代的开始形成一致。基督的一生和春分进入双鱼座这一客观天文事件之间存在共时性。所以，基督就是“鱼”，正如他之前的汉穆拉比（Hammurabi）[①]是“羊”[②]一样，且基督是作为一个新纪元的统治者出现。这就引出了共时性的问题，我在《共时性：一种非因果联系的原理》[③]一文中进行了讨论。

《移涌》中的基督话题最终把我引向这样一个问题：人类——用心理学的话说，就是自性——这一现象怎样在个体的经验中得到表达。对此，我试图在《出自意识之根》（1954）[④]一书中给出回答。在其中，我关注的是意识和无意识之间的相互作用、意识怎样从无意识中发展出来，以及内在人物这个更大的人格对每个人生活的影响。

这些考察在《神秘融合》这本书中变得更加丰满，我在里面再次谈到移情问题，但主要是延续我最初的想法：把炼金术的整个光谱作为一种炼金术心理学，或是作为深层心理学的炼金术基础来呈现。在《神秘融合》里，我的心理学最终在现实中找到了位置，并在现实的历史基础上得以建立。这样，我的

---

① 古代巴比伦国王（公元前 1792—公元前 1750）。——译者

② 此处对应白羊座。——译者

③ 收入荣格和 W. 保利（W. Pauli）合著的《自然与心灵的阐释》（纽约和伦敦，1954 年），也收入《心灵的结构与动力》（《荣格文集》第 8 卷）。

④ 这本书中的文章大部分收录在《荣格文集》第 8、9（第 1 部分）和 11 卷。

任务完成了，我的工作结束了，现在它可以成立了。触到底的那一刻，我就抵达了科学理解的边界，抵达了先验，抵达了原型的本质。关于这些，已经无法作出进一步的科学表述了。

我在这里对自己作品所做的回顾，当然只是一份简短的概要。我要说的，的确应该多得多，或者少得多。这是一种即兴创作，跟我在这里谈到的一切是一样的。它是当下孕育出来的。那些知道我作品的人可能会有所获益，其他人也许不得不去深入了解我的观点。我的生命就是我所做之事，即我的科学研究，二者不可分割。我的工作是我内在发展的表达，因为正是对无意识内容的义务让人得以成形，让他的转化得以发生。我的著述可以被看作我毕生道路沿线的站点。

我所有的写作都可以看成是从内在施加的任务，来源于一种命中注定的冲动。我写下的，是那些从内心向我发动袭击的事物。我允许那触动我的灵魂公开表达。我从没指望我的作品得到任何有力的回应、任何强烈的共鸣。它们代表着对我们这个时代的一种补偿，而且我不得不说一些没人想听的话。所以，我经常感觉孤独无依，尤其是在开始的时候。我知道我说的话不受欢迎，因为我们这个时代的人很难接受对意识世界起到平衡作用的东西。今天我可以说，我所得到的这么多成功让我相当吃惊，远远超出了我的预料。我觉得自己已经做了所有可能做到的事。毫无疑问，我这一生的工作本可以做得更大、更好，但更多就不是我的能力所及了。

8. 塔楼

通过学术工作，我渐渐能把自己的幻想和无意识内容落到实处。不过对我来说，语词和文章显得不够真实，还需要某种东西。我必须让自己最内心的想法和自己掌握的知识在石头中完成某种表现。换句话说，我必须用石头来作一个信仰声明。这就是我在波林根为自己建造的房子——“塔楼”的缘起。

一开始我就决定把它建在水边。说来也怪，苏黎世湖上游的美丽风景一直吸引着我。于是，1922年，我在波林根买下少许土地，这地方位于圣曼拉德区（St.Meinrad），是一块古老的教会地产，曾属于圣加尔（St. Gall）的修道院。

起初我没打算建一幢好房子，只想建个简单的一层住所。我想把它建成圆形，中间有一个炉膛，沿墙有一些铺位。我心中多少想象着一种非洲式棚屋，正中有几块石头圈起一个燃烧的火堆，这样全部家庭生活都围绕这个中心展开。原始棚屋把一种整体的观念具体化，这是一种家族性的整体，连所有的小型家畜都参与其中。但是，在建造的最初阶段我就改变了计划，因为觉得这样太原始了。我意识到它应该是一幢规则的双层住宅，而不是个蹲伏在地上的小屋。于是，1923 年，我建起了第一幢圆形房屋，完工时我发现它成了一个适合居住的塔楼。

我在这座塔楼里感受到的宁静和重生的感觉一开始就很强烈。对我来说，它代表着母性的温暖。但我越来越意识到，它还没有表达出需要表达的一切，还缺着某种东西。于是，四年后，也就是 1927 年，我又加了一个中心结构，上面有个像塔一样的附属物。

过了一段时间——还是时隔四年——我又有了一种没完工的感觉，这建筑在我看来还是太原始。于是，1931 年，我扩建了那个塔形的附属建筑。我希望这座塔楼里有一个房间，我可以一个人待在那儿，心无旁骛。我心里想的是在印度住宅里看到的样子，里面经常有一个区域可供居住者隐退，即便也许只是屋里一个由帘子隔开的角落。他们在那里冥想一刻钟或半小时，要么练练瑜伽。这样的隐退区域在印度必不可少，那里的人居住拥挤，彼此靠得太近。

在退居的房间里，我感到自在。我一直把钥匙带在身边，没有我的允许，谁也不能进去。那些年间，我在墙上画了些画，表达了所有把我从现世带向隐居、从当下带向永恒的东西。这样，第二座塔楼成了一个让我凝神的地方。

1935 年，我开始想要一块围起来的地方，我需要一个更大的空间，朝着天空和大自然洞开。于是——又是间隔四年——我在湖边增加了一个院子和一个凉廊，形成了跟三部分构成的房屋整体相分离的第四种元素。就这样，“四位一体”出现了，建筑的四个部分完成在十二年间。

1955年妻子去世后，我感到一种内在的义务，要成为我自己的样子。用波林根这所房屋的语言来说，我突然意识到，中心那个小小的部分低低蹲伏在那里，匿影藏形，就是我自己！我再也不能把自己藏在"母性"和"灵性"的塔楼后面了。于是，同年，我给这部分加盖了一层，用来代表我自己，或说是我的自我人格。此前，我没有能力这样做，我会把它当作一种自以为是的自我强调。现在，它意味着暮年完成的一次意识延伸。到此，这座建筑就完工了。1923年开始建造第一部分时，是我母亲去世后两个月。这两个日期很有意义，正如我们会看到的那样，这座塔楼和死亡有关。

我一开始就觉得，这座塔楼能以某种方式促进人的成熟——就像母体的子宫或母性形象，在里面我能成为自己过去所是、现在所是和未来所是。它让我感觉仿佛在石头中得到了重生。它是自性化过程的具体体现，是永垂不朽的纪念物。当然，在建造的过程中，我从没考虑过这些事。我一部分一部分地建造，经常都是跟随当下的具体需要。也可以说，我是以一种梦的方式来建造的。只有在事后，我才看到每一部分怎样组合起来，产生了一种有意义的形式：心灵整体性的一种象征。

在波林根，我身处自己的真实生活中，在心灵最深处成为了我自己。可以说，在这里，我是"母亲的老儿子"。这就是炼金术称为"老人"、"古人"的状态，这种说法很有智慧。我在小时候就已经体验过这种状态，就是那个第二人格，他一直存在着，也将永远存在。他存在在时间之外，是母性无意识的儿子。在我的幻想中，他以菲勒蒙的形式出现，在波林根，他再次拥有了生命。

有时，我感觉自己仿佛扩散出去，来到周围的景色中，进入事物内部，仿佛我活在每一棵树里、活在水波的拍打中、活在来来去去的云彩和动物里、活在四季的更替中。在那几十年间，塔楼里的一切都长成它自己的形态，一切都和我有连接。在这儿，万事万物都有它的历史，我也一样；这里就是世界和心灵的腹地，是二者那广袤无垠的国度的所在地。

我没有用电，亲自照管壁炉和火炉。到了晚上，就点几盏老式油灯。那里没有自来水，水是从井里打来的。我劈柴做饭。这些简单的活动让人变得简单，而变得简单是多么困难！

在波林根，周围的安静几乎可以听到，而且我"和自然适意融洽"①地活着。浮现脑海的思绪既回顾悠久的历史，也展望遥远的未来。在这里，创造的痛苦减轻了，创造力和游戏的关系变得紧密起来。

1950 年，我用石头雕刻了一个类似纪念碑的东西，以此表达塔楼对我的意义。这块石头来到我面前的经历，是个奇妙的故事。我需要些石头来建造那个所谓的花园的篱墙，于是从波林根附近的采石场去订购。石匠把所有尺寸告诉采石场的主人，对方在自己笔记本上做了记录，当时我就站在旁边。当船把石头运来卸到岸上时，发现基石的尺寸全都搞错了，本来要一块三角形的石头，结果运来一块方形的。这块石头是个完美

① 一幅古老中国木刻的标题，表现一位矮小的老者站在壮美的风景中。

的立方体，比预定的大得多，约有二十英寸厚。石匠气坏了，要求驳船上的人把石头运回去。

但我一见到这块石头就说:“不，这就是我的石头，就要这块！”因为我立即发现，它非常适合我，我想拿来派点用场，只是还不知道怎么用。

我最先想到的，就是炼金术士阿纳尔都斯·德·维拉诺瓦（Arnaldus de Villanova，死于1313年）的一首拉丁语诗。我把它凿在了石头上，翻译如下:

这块石头丑陋无奇，
价钱非常便宜！
越受愚人轻视，
越被智者珍爱。

诗里指的是炼金术士的石头——哲人石——遭到轻视和拒绝。

不久后出现了别的东西。我发现在这块石头的正面有一个小圈，是石头的自然纹理，像一只眼睛正看着我。我把它凿了进去，在中心刻出一个小矮人。这对应着“小娃娃”（瞳孔）——你自己——也就是你在别人瞳孔里看到的东西。这类似卡比尔，或是阿斯克勒庇奥斯的忒勒斯福罗斯:古代雕塑表现他穿着一件带帽斗篷，手持一盏灯。他同时也是个指路人。我把干活时想到的几句话题献给他。原文是用希腊语凿刻的，翻译如下:

> 时间是个孩子——像孩子一样玩耍——玩一个棋盘游戏——孩子的王国。这是忒勒斯福罗斯，在这个宇宙的黑暗区域里遨游，像星星一样，在黑暗深处闪闪发光。他指向通往太阳之门和梦想世界的道路。[1]

当我在石头上雕刻时，这些话一句接一句浮现在脑海中。

在石头的第三面，也就是朝着湖水的那一面，我让石头用拉丁语碑文来说话。这些句子多多少少是从炼金术里引用的，翻译如下：

> 我是个孤儿，独自一人，却又无处不在。我是一体，却又反对自己。我既是青年，也是老人。我不知有父有母，因为我像一条鱼，从幽深中诞生，又像一块白色石头，从天而降。我在森林和群山间漫游，也隐藏在人类灵魂的最深处。我对每个人来说都终有一死，但又不在世代轮回中。

最后，在阿纳尔都斯·德·维拉诺瓦的话下面，我用拉丁语刻了这样一句："1950 年，卡尔·古斯塔夫·荣格为纪念他七十五岁生日，雕刻并放于此处，作为感恩祭。"

石头完工后，我一遍又一遍地审视、思索，自问雕刻它的

---

① 第一句话取自赫拉克利特作品的片段，第二句话意指弥特剌斯（Mithras）的礼拜仪式，最后一句指的是荷马（《奥德赛》，第二十四卷，第十二节）。

冲动背后是什么。

石头立在塔楼外面，像是对它的诠释。它是塔楼居住者的声明，但仍然无法被人理解。你们知道我想在石头背面凿什么吗？“墨林（*Merlin*）的喊叫！”[①]因为石头表达的东西，让我想起墨林从世间消失后待在森林里的一生。根据传说，人们还能听见他的喊叫，但无法理解其中的含义。

墨林代表中世纪无意识想创造一个和帕西法尔相同的人物的尝试。帕西法尔是个基督教英雄，墨林则是魔鬼和纯洁处女生下的儿子，是帕西法尔的黑暗兄弟。在这个传说兴起的十二世纪，还不具备可以理解墨林内在意义的条件。所以，他最终被流放，而且在他死后，“墨林的尖叫”仍从森林里传出来。这种无人能懂的叫喊，表明他以尚未得救的形式继续存在着。他的故事还没有结束，他仍然浪迹四海。可以说，炼金术延续了墨林的秘密，主要是在墨丘利这个人物身上。之后，墨林又在我的无意识心理学中被提到——直到今天仍不能被人理解！因为大部分人发现，他们没法和无意识密切地生活在一起。我已经一次又一次看到，这对人们有多困难。

第一幢塔楼快完工时，我正住在波林根，那是1923年到1924年间的冬天。就我记忆所及，地面上没有积雪，也许那时

① 传说墨林是帮助亚瑟王继位的巫师，后爱上一位湖之仙女。因为墨林精通法术，仙女逼他发誓“不得对自身使用法术”，然后才和他一起旅行。途中仙女想方设法摆脱墨林，但他始终痴心追随。仙女不胜其扰，骗他表演穿石魔术，趁他进入石头时将石头封印。墨林信守誓言，没有对自己使用法术，就这样永远困在岩石中。——译者

已经是早春时候。我一个人待了大约一周，也许更久。一种难以言喻的宁静弥散开来。

一天晚上——我至今仍记忆犹新——我坐在壁炉前，放了一只大水壶在火上，想烧点热水用来洗涤。水开了，水壶响了起来。那听起来像许多声音，像弦乐器，甚至像整个管弦乐队。这就像是复调音乐，我在现实中是无法忍受的。但这一次，听起来似乎格外有趣，仿佛塔楼里有一个管弦乐队，外面还有一个，一会儿这个主导，一会儿那个主导，彼此呼应。

我坐在那儿，听得入了迷。这个音乐会，这个自然的旋律，我听了远不止一小时。这是一种轻音乐，也包含了大自然所有的嘈杂声。这就对了，因为大自然不仅是和谐的，也相当矛盾、混乱。这段音乐也是这样：声音倾泻而出，如行云流水——这般奇怪，简直难以描述。

我独自在波林根的另一个这样宁静的夜晚（那是1924年残冬或是初春的时候），我醒过来，听见轻轻的脚步声绕着塔楼走动。远处响起音乐声，越来越近，然后我听到了笑声和说话声。“谁在这附近走来走去？这都是怎么回事？只有湖边有一条小路，那里几乎没什么人走！”想到这些，我越发清醒了，于是来到窗边。我打开百叶窗——一切都静了下来。一个人也看不见，什么声音都听不到——没有风——没有——什么都没有。

“真奇怪。”我心想。我确信那脚步声、笑声和说话声都是真的。但我显然只是做梦罢了。我回到床上，心想我们究竟会怎样欺骗自己，是什么引起了这样一个奇怪的梦。想着想着，我又睡着了，于是同样的梦立即开始了：我又听到脚步声、说话声、笑声和音乐声。同时，我还看到一个视觉意象：几百个身穿黑衣的人，很可能是穿着节日礼服的农村男孩，从山上下来，沿着两侧涌到塔楼周围，发出大量踩踏声、笑声、唱歌声和手风琴声。我不耐烦地想："真受够了！我以为这是个梦，现在变成真的了！"这时，我醒了，又跳起来，打开窗户和百叶窗，却发现一切如常：月光的照耀下，这个夜晚万籁俱寂。我心想："这可不是在闹鬼吗！"

我问自己，一个梦对它的真实性如此执着，又一心想让我醒过来，这到底意味着什么。通常，我们只有在遇见鬼的时候才有这样的体验。醒过来意味着感受到现实，所以，这个梦代表着一种与现实等同的情境，它在其中创造了一种醒来的状态。和一般的梦不同，在这样的梦里，无意识一心要向做梦者传递一种对现实的强烈印象，这种印象会通过重复来被强调。这种现实的来源被认为有两个方面：一是身体感觉，二是原型人物。

那天晚上的一切都如此逼真，至少看起来是这样，以至于我几乎找不出这两种现实。我也理解不了这个梦本身。演奏音乐的农村男孩组成长长的队列从旁经过，到底是什么意思呢？我觉得，他们似乎是出于好奇前来，想看看这座塔楼。

之后，我再也没有经历或梦到过类似的东西，也不记得曾经听说过类似的事。直到很久以后，我才找到一个解释。我偶然翻到一本伦瓦德·塞萨特（Rennward Cysat）写的十七世纪卢塞恩编年史，他讲到这样一个故事：皮拉图斯山上的一片高山草甸因闹鬼而臭名远扬，据说时至今日，沃丹（Wotan）[1]仍在那里施展魔法。塞萨特攀登那座山时，被一列队伍吵醒，队伍分成两路，从他的棚屋两侧经过，奏着乐、唱着歌——这正是我在塔楼里经历的事。

第二天一早，塞萨特向那位和他一起过夜的牧人请教这是怎么回事。牧人有个现成的答案：那是些死去的人，在瑞士方言中称为“sälig Lüt”，这个词也指受到祝福的人——就是说，那是死去的灵魂组成的沃丹军队。他说，他们习惯于四处行军、耀武扬威。

这有可能是孤独产生的一种现象，外在的空无和寂静被一大群人的意象所补偿。这种现象可能跟隐士的幻觉属于同一类，后者也是一种补偿。但是，我们知道这样的故事是以什么样的现实为基础吗？也有可能孤独让我变得过于敏感，所以能感知到“死去的人”经过的队伍。

把这种体验解释为一种心理补偿现象一直没能让我完全满意，而把它说成是幻觉，对我来说又像是在回避问题的实质。我觉得有必要考虑它的现实可能性，尤其是在我看到这段十七世纪的记载后。

似乎这最有可能是一种共时性现象。这种现象表明，预感或视象经常和外部现实有某种对应关系。我发现，我的体验确有一个真实存在过的对应事件。这种年轻人的聚会就发生在中世纪。这些人是雇佣兵，经常在春天召集起来，从瑞士中心游

---

[1] 大神，其地位相当于斯堪的纳维亚神话传说中的奥丁。——译者

行到洛迦诺，在米努西奥（Minusio）的卡萨帝菲罗（Casa di Ferro）汇合，然后一起游行到米兰。在意大利，他们当兵服役，为外国的王公贵族作战。所以，我看到的也许就是这样一次经常发生在春天的集会，年轻人欢歌笑语，告别自己的家乡。

1923 年，我们开始在波林根动工时，大女儿来现场看过。她说："什么？你要建在这儿？这儿到处都是死尸！"我很自然地想："荒唐！哪有这种事！"但是四年后，当我们修建附属建筑时，的确发现一具骷髅。它埋在七英尺深的土里，肘部嵌着一颗步枪子弹。种种迹象表明，尸体显然是在腐烂时被扔进这座坟墓的。1799 年，有许多法国士兵淹死在林特河（Linth）里，后来被冲到上湖（Upper Lake）沿岸，这具尸体就是其中之一。当年法国人对格里瑙桥（Grynau）发动袭击时，奥地利人炸毁了这座桥，于是这些人都掉进水里淹死了。塔楼里现在还保存着一张打开这个墓穴时拍摄的照片，上面写着发现这具骷髅的时间：1927 年 8 月 22 日。

我在自己的土地上安排了一次正规的葬礼，并在这位士兵墓前鸣枪三响，然后为他刻了一块墓碑立在那里。之前我女儿感觉到了这具尸体的存在，她对这类事情的感知能力是从我外婆那里继承过来的。

1955 年至 1956 年冬天，我把父辈祖先的名字凿在三块石碑上，然后把它们立在塔楼的院子里。我在顶端画上了我和妻子以及女婿们的纹章图案。荣格家族最早的纹章上有一只凤凰，这只鸟显然和"年轻"、"青春"、"返老还童"有关。我的祖父更改了纹章上的元素，很可能是出于对他父亲的反抗。他是一位狂热的共济会成员，也是共济会瑞士分会的领导人，这和他对纹章的修改有很大关系。提到这件无关紧要的事，是因为它是我的思考和我人生的一部分历史纽带。

为了和祖父的这一修订保持一致，我的纹章上就不再有最初的凤凰了；取而代之的是右上方的一块十字形蓝色图案和左下方金色区域里的一串蓝色葡萄，把它们分开的是一条有星状花纹的蓝带。[①]这些纹章象征不是共济会的，就是玫瑰十字会的。就像十字和玫瑰代表玫瑰十字会的对立问题（十字架对玫瑰），也就是基督教元素和酒神元素，十字和葡萄也是天堂精神和地府精神的象征。金色的星星象征着联合，也就是哲人之金。

玫瑰十字会来源于赫耳墨斯哲学或是炼金术哲学，其中一位创始人名叫米歇尔·梅耶（Michael Maier，1568—1622），是位著名的炼金术士，也是比格拉尔杜斯·多诺尔斯（Gerardus Dorneus，十六世纪末）年轻些的同辈人；后者相对没有名气，却更为重要，1602 年出版的《炼金术剧场》第一卷里全是他的论文。他们二人住在法兰克福，那里似乎是当时炼金术哲学的中心。不论如何，作为巴拉丁伯爵[②]和鲁道夫二世（Rudolph

① 用纹章学的语言翻译过来就是：蓝色十字在右上方，蓝色葡萄在左下方的一片金色区域，一条有金星的蓝带。

② 巴拉丁（Palatine），意为在领地内享有王权的封建贵族。它起初用于罗马皇帝宫殿的侍从和卫队，中世纪时成为日耳曼民族的一些官职，其中最重要的就是巴拉丁伯爵，是墨洛温王朝和加洛林王朝时期的宫廷事务官和君主法庭法官。——译者

II）的御医，米歇尔·梅耶算得上当地名流。那时，在邻近的美因茨，住着医学兼法学博士卡尔·荣格（死于1654年），他的身世无人知晓，因为家谱在生活于十八世纪初的高祖父那里中断了。高祖父叫西格蒙德·荣格，是美因茨市民。家谱中断，是因为美因茨市档案馆在西班牙王位继承战争期间的一次围城战役中被焚毁。完全可以猜测这位显然博学多识的卡尔·荣格博士熟悉这两位炼金术士的作品，因为当时的药理学在很大程度上受到巴拉塞尔苏斯的影响。多诺尔斯是位公开的巴拉塞尔苏斯主义者，甚至就巴拉塞尔苏斯的作品《长生》写了长长一篇洋洋洒洒的评论。他也讨论过自性化的过程，在这一点上，比其他炼金术士谈得更多。我一生中大部分工作都是围绕对立物问题进行研究，尤其是它们的炼金术符号象征，因而这一切的确引起了我的某种兴趣。

雕刻石碑时，我开始意识到我和祖先之间那宿命式的联系。我有种强烈的感受，觉得父母、祖父母和更早的祖先没有完成的事和没有回答的问题正在影响我。一个家庭里常常仿佛有某种非个人的业，代代相传。我经常觉得自己必须去回答命运施加给我的祖先却没有被回答的那些问题，抑或仿佛我必须去完成或继续先人留下的未竟之事。很难确定这些问题本质上更多是个人的还是普遍的（集体的）。对我来说似乎是后者。一个集体问题，如果不被承认，就常常会呈现为个人问题，在个体案例中也许会让人觉得是个人心灵领域的某种东西出了问题。个人层面的确受到了干扰，但这种干扰不一定是原发的，也可能是继发的，是社会氛围中一种难以忍受的改变造成的结果。所以，这种干扰的原因不应该到个人的环境中寻找，而应该到集体的处境里探查。迄今为止，心理治疗对这一问题的考虑还远远不够。

像任何一个有些反思能力的人一样，我很早就想当然地认为，我自身人格中的分裂纯属我个人的问题和责任。诚然，浮士德已经通过忏悔让这个问题变得对我来说容易一些："哎，我的心中住着两个灵魂。"但他并没有对这种一分为二的原因给出任何提示。某种意义上，他的洞察似乎是直接针对我的。第一次阅读《浮士德》时，我一点儿也猜不到歌德这个奇异的英雄神话是一种集体经验，并且未卜先知地预感到德国人的命运。所以，我只觉得是我自己被卷进去了。而且，当骄傲自大、自我膨胀的浮士德致使菲勒蒙和博西斯（Baucis）被谋杀时，我感到内疚，仿佛自己曾经协助谋杀了这两位老人[①]。这个奇怪的想法提醒了我，我认为自己有责任弥补这一罪过，或者避免它再次发生。

早年间，我无意听到的另一个奇怪的消息进一步支持了这一错误的结论。我听到谣传，说我祖父荣格是歌德的私生

---

① 菲勒蒙和博西斯是希腊神话中生活在弗里吉亚（Phrygia）的一对贫穷而虔诚的老夫妻。宙斯和赫耳墨斯化作凡人巡访人间，受到这对老夫妻的慷慨款待，而富有的邻人们却把两位神明赶了出去。作为奖赏，宙斯发洪水淹没村庄，却让他俩幸免于难。神把他们的房子变成了神殿，使他们如愿成为祭司，终生看守神殿。后来，他们同时死去的愿望得以实现，死后分别化作栎树和菩提树。两棵树的树枝相交，永远相守。《浮士德》中，志得意满的浮士德想占有这对夫妇小屋所在的地方，靡菲斯特于是焚毁小屋，烧死了两位老人。——译者

子。[1]这个讨厌的故事，就因为立即证实并似乎解释了我对《浮士德》的古怪反应，于是给我留下了深刻的印象。我的确不相信轮回，但对印度人所说的“业”这一概念有种本能的熟悉。那时我还不知道无意识的存在，所以不可能从心理学上来理解自己的反应。我也并不知道——即便在今天，大部分人对此知道的也并不多——未来早就事先在无意识中酝酿好了，因而能被通灵的人猜到。所以，当威廉一世在凡尔赛加冕的消息传来时，雅各布·布尔克哈特惊呼道：“德国的厄运来了。”瓦格纳的原型已经在敲门，随之而来的是尼采的酒神体验——也许把这种体验归到狂喜之神沃丹那里更合适。威廉时代的狂妄自大离间了欧洲，并为1914年的灾难铺平了道路。

年轻时（1890年前后），我毫无意识地被这种时代精神缠住，而且没有办法从中解脱。《浮士德》让我产生了共鸣，并用一种我只能认为是个人化的方式穿透了我。最重要的是，它在我心中唤起了对立面的问题，善与恶、精神与物质、光明与黑暗的问题。浮士德这位无能而愚蠢的哲学家，遇到了自身存在中的黑暗面，即他的邪恶阴影靡菲斯特。后者除了具有否定的气质，还代表了真正的生命精神，这种精神和那位徘徊在自杀边缘的无趣学者正好相反。在这里，我自己内心的矛盾以戏剧化的方式呈现出来。事实上，歌德描绘了我自己的冲突和解决的基本轮廓和方式。浮士德-靡菲斯特的这种二分在我心里汇集起来，成为一个人，这个人就是我。换句话说，我受到了

① 参看第二章注释。

直接的震动，并意识到这就是我的命运。所以，剧中所有的危机都影响到我个人：前一刻，我慷慨激昂地赞同；后一刻，我又慷慨激昂地反对。每一种解决对我来说都非同小可。后来，我在意识层面把自己的工作和浮士德置之不理的事联系起来：尊重人类的永恒的权利，承认“古老”以及文化和智识史的延续性。①

构成我们灵魂和身体的众多元素都已经存在于祖先那里。个人心灵中所谓的“新事物”，是各种年代久远的要素重新组合的结果。这种重组变化之多，无穷无尽。所以，身体和灵魂有种强烈的历史特性，并在新的、刚开始存在的事物里找不到任何合适的位置。也就是说，我们祖传的部分并不能完全精通这些事物。我们还远未完全结束中世纪、古典时代和原始状态，尽管我们的现代心灵假装如此。然而，我们已经跳进一股排山倒海的激流中，被裹挟着冲向未来。离我们的根越远，这股激流也越狂暴。过去一旦被破坏，常常就会彻底溃散，这样向前的动力就无可阻挡。但正是因为和过去失去了连接，被连根拔起，才导致了文明的“不满情绪”，导致了一种骚动和急迫，即我们更多生活在未来及其黄金时代的空想承诺里，而不是生活在我们的整个进化背景还没有跟上的现在。日益增加的匮乏感、不满和心神不宁，驱使我们心急火燎地奔向新事物。我们再也不依靠我们拥有的东西，而是依靠承诺生活；我们再

① 荣格的这一态度体现在他刻在塔楼大门上的铭文：菲勒蒙的神庙-浮士德的忏悔。后来大门封上时，他又把同样的话放在第二座塔楼的入口。——阿尼拉·杰菲

也不活在今时今日的亮光中，而是活在未来的黑暗里，而我们期待这样的黑暗最终能带来黎明。我们拒绝承认，每得到一件更好的事物都要以一件更糟的事物为代价。比如国家的奴役加强，破灭了得到更大自由的希望，更不要说大部分耀眼的科学发现给我们带来的可怕危险。越不理解父辈和祖辈所探寻的东西，就越不理解我们自己。于是，我们不遗余力夺走个体的根基和本能的引导，这样，人成了乌合之众中的一颗粒子，只有尼采所说的重力精神①才能左右他。

通过新方法和新玩意儿进行的改革进步，一开始当然让人印象深刻，但长远看来是靠不住的，无论如何需要付出昂贵代价。总的来说，它们并没有增加人的满意和幸福。大多数情况下，它们有种欺骗性的甜味，就像便捷的通讯令人不悦地加快了生活的节奏，留给我们的时间比以前任何时候都少。正如古代大师们所言：一切忙碌都属于魔鬼。

另一方面，倒退的改革代价更小，而且更为持久，只需回归到过去那些简单、经过考验的方式，而且尽量少地使用报纸、收音机、电视以及所有看似节省时间的新发明。

在这本书里，我花了相当的篇幅来描述我对这个世界的主观看法。然而，这些看法并不是理性思考的产物，相反是一种意象，就像一个人有意用半闭着的眼睛去观看存在的形式，用半蒙着的耳朵去聆听存在的声音时进入他感官里的东西。如果

---

① 重力精神（the spirit of gravity），受到尼采笔下的查拉图斯特拉驳斥，指一种以言语和价值观的形式先天施加在人身上的善恶判断。——译者

我们得到的印象太清晰，就会执着于当下的分分秒秒，而无法知道我们的祖传心灵是如何聆听和理解当下的——换句话说，就是我们的无意识是怎样对当下作出回应的。这样，我们就不知道自己心中那些古老的部分有没有在生活中得到基本的满足，或者有没有被排斥。内心的平静和满足很大程度上取决于个人心中的历史祖先是否能和当下临时的条件相协调。

住在波林根的塔楼里，仿佛同时生活在许多个世纪。这地方会存在得比我更久，在位置和风格上，它又指向了很久以前的事物。很少有什么关于它的细节会让人想到当下。如果一个十六世纪的人搬进这所房子，只有煤油灯和火柴是他没见过的；如果没有这两样东西，他适应起来就一点儿不困难了。没有什么会打扰到死者，既没有电灯，也没有电话。不仅如此，房子的氛围让我祖先的灵魂得以延续，因为我为他们回答了他们曾经遗留下来的那些问题。我给出的粗糙答案是辛勤工作、竭尽全力的结果。我甚至把这些答案画在了墙上，仿佛有一个沉默的、代代延续的庞大家族住满了这所房子。在那儿，我活在我的第二人格中，并从所有的角度审视生命，仿佛有某种东西生生死死、永无穷尽。

9. 旅行

(1) 北非

1920年初，一位朋友告诉我，他要去突尼斯出趟差，问我是否愿意陪同。我立即同意了。我们三月出发，先去了阿尔及尔，然后沿着海岸到突尼斯，又从那里来到苏塞（Sousse）。在苏塞，我们分开，他办事去了。

我终于来到梦寐以求的地方：一个非欧洲国家，没有人说欧洲语言，基督教观念也不盛行。这里住着一个完全不同的民族，往来的人们脸上印刻着另外一种历史传统和哲学。我以前经常希望能有机会从外部来看欧洲人，其形象会经由一个完全陌生的环境反射回来。诚然，不懂阿拉伯语让我深感遗憾，但作为弥补，我格外细心地观察当地人和他们的行为。我经常在一家阿拉伯咖啡馆里一坐就是几个小时，听着那些一点儿也听不懂的谈话。但我会研究他们的姿势，尤其是情绪表达。我观察到他们跟欧洲人说话时微妙的姿势改变，于是学会在某种程度上用不同的视角来看，也对离开自己环境的白种人有了了解。

在我看来，欧洲人眼中的东方式镇定和漠然其实是个面具，在这背后我感受到一种难以解释的不安和些许焦躁。奇怪的是，一踏上摩尔人的土地，我就发现自己被一种无法理解的印象所笼罩：我一直在想，这地方有股怪味儿。那是种血腥味儿，仿佛土壤里浸透了血水。我想到，这一带的土地已经承载了三个文明的冲击：迦太基文明、罗马文明和基督教文明。技术时代会给伊斯兰教带来什么，仍需拭目以待。

离开苏塞后，我往南来到斯法克斯（Sfax），从那里进入撒哈拉沙漠，来到绿洲城市托泽尔（Tozeur）。该市坐落在一片低矮的高地上，处在高原的边缘地带，大量略含盐分的温泉水从高原脚下汩汩涌出，通过上千条细小的水渠灌溉整个绿洲。高耸入云的海枣树形成一个绿色的遮阴顶棚，下面的桃树、杏树和无花果树枝繁叶茂，再下面的苜蓿又连成一片让人惊叹的绿色。几只翠鸟闪烁着宝石一样的光泽，轻盈地穿过树叶。身穿白衣的人们在凉快的树荫下漫步，其中有许多情侣深情地拥抱在一起——显然是同性恋伙伴。我感觉好像突然回到了古希腊时代，那时同性恋倾向是男性社会的粘合剂，也成为以这个社会为基础的城邦政治的粘合剂。显然，在这里，男人和男人讲话，女人和女人讲话。女人很少能见到，她们穿得像修女一样，裹着厚厚的面纱。我看到几个没有戴面纱的女人，向导说她们是妓女。在主干道上，一眼望去，大部分都是男人和儿童。

向导向我证实了此处同性恋盛行的印象，他说同性恋在这里被视为理所当然，还立刻向我求欢。这位善良的家伙一定想不到，一些想法像闪电一样出现在我心中，突然澄清了我的观察。我感觉回到了许多世纪之前一个天真得多的少年世界。这些少年借着些许关于《古兰经》的知识，从他们原有的意识的拂晓状态中脱离出来（他们自古以来一直待在这种状态中），在用自我防卫抵御来自北方的威胁的过程中，开始意识到自己的存在。

我正沉浸在这个静态、古老的存在的梦中，突然想起了我的怀表，它象征着欧洲的快节奏。毫无疑问，就是这朵阴云漂浮在这些毫无戒备的灵魂头顶，给他们带来威胁。我突然觉得他们就像猎物，没有看到猎人，但已经隐约而不安地嗅到了他的气息——“他”就是时间之神，势不可挡地把连续的时间切碎成天、小时、分钟、秒，而这连续的时间仍是最接近永恒的东西。

我从托泽尔继续向前，来到内夫塔绿洲（Nefta）。大清早，太阳出来没多久，我就和向导一起出门了。我们骑着个头高大、脚步敏捷的骡子快速前进。接近绿洲时，一位全身罩在白袍里的人朝我们靠近。他神情傲慢地从旁经过，根本没和我们打招呼。他骑一匹黑色的骡子，挽具上有条纹，还镶着银子。他仪态高雅，让人印象深刻。这人显然没有怀表，更别说腕表，他显然一直这样，而且对此没有自我意识。他没有欧洲人身上那种摆脱不掉的微弱的愚蠢劲儿。欧洲人当然确信自己不再是从前的样子，但并不知道自己从此以后成为了什么。他的表告诉他，自“中世纪”以来，时间及其同义词“进步”，已经逐渐逼近他，而且不可挽回地从他身上拿走了一些东西。

他轻装上阵，继续前行，速度稳步加快，朝向朦胧的目标。对丧失的重力和相应的不完整感，他用胜利的幻觉来补偿：汽船、铁路、飞机、火箭，这些东西剥夺了他的连续感，把他带进另一个现实，那是速度和剧烈加速的现实。

越深入撒哈拉沙漠，时间对我来说越慢，甚至要倒退回去。涌起的热浪闪闪发光，很大程度上造成了我的恍惚状态。当我们到达绿洲的第一片棕榈林、第一片住宅时，在我看来，这里的一切似乎都该如此，而且一直如此。

第二天一早，我被旅馆外面各种陌生的喧闹吵醒。那儿有一个巨大的露天广场，头天晚上还空空如也，现在却挤满了人、骆驼、骡子、毛驴。骆驼呻吟着，用各种丰富的语调抱怨一贯的不满，毛驴发出粗腔横调的叫声一争高下。人们兴奋不已，跑来跑去，大声喊叫，打着手势。他们看起来野蛮而且十分警觉。向导解释说，人们正在庆祝一个重要的节日。几个沙漠部落夜间来到此处，为伊斯兰教修士干两天的农活。这位修士管理济贫事业，在绿洲拥有许多土地。这些人要开垦一块新的土地，并修好灌溉水渠。

广场的另一头突然扬起灰尘，一面绿旗展开，鼓声隆隆。几百个相貌粗野的男人拿着篮子和又短又宽的锄头，组成一列长长的队伍，领头的是位德高望重的白胡子老人。他流露出一种天然的无与伦比的尊贵，仿佛已经百岁高龄。这位就是伊斯兰教修士。他两腿分开，骑在一头白色的骡子上。男人们围着他，跳着舞，打着小鼓。场面非常兴奋，叫声粗哑，尘埃四起，热浪滚滚。人群带着狂热的目的性，熙熙攘攘走进绿洲，宛若奔赴战场。

我隔着一段距离小心地跟着这群人，向导没有试图鼓励我靠近些，直到我们来到“干活”的地方。更强烈的兴奋（如果还有可能的话）在这里弥漫开来，人们打着鼓大喊大叫。这地方就像一个受到惊扰的蚁冢，每件事都做得急不可耐。男人们提着装满沉重土块的篮子，跟着鼓点一路跳舞。其他人疯狂地犁地，挖出沟渠，筑起水坝。修士骑着他的白骡子穿行在这乱哄哄的场面中，用他那长者特有的高贵、和缓、疲倦的手势作出指示，所到之处，那匆忙、叫喊和鼓点变得更加强烈，构成一个背景，衬托出这位圣人镇定的身姿和非凡的威信。时近傍晚，人群显然被疲劳战胜，躺在他们的骆驼身边，沉沉入睡。夜晚，在那声势浩大的犬吠音乐会之后，周围变得悄无声息。直到旭日射出第一缕光线，宣礼员的祈祷声响起——经常让我深受扰动——唤醒人们做晨祷。

这个场面给我上了一课：这些人活在他们的情感中，受情绪感召，在情绪中存在。他们的意识指导他们在空间中的方位，传输来自外界的印象，也受到内在冲动和情感的干扰。但是意识并没有被反思，自我几乎没有自主性。这种情况和欧洲人没有太大不同，但毕竟我们在某种程度上更加复杂。欧洲人至少拥有一定的意志和目的。我们缺乏的，是生活的密度。

我并不想陷入这种原始的魔力中，但还是在心灵上受到了沾染。这在外部表现为传染性肠炎，多亏用了米汤和甘汞的本土疗法，没几天就好了。

我脑子里装满各种想法，最终回到了突尼斯。从马赛登船的前夜，我做了一个梦，感觉这个梦总结了这整段经历。这是理所当然的，因为我已经习惯了经常同时生活在两个层面：一个是意识的层面，它力图理解却无法做到；另一个是无意识的层面，它想要表达，而梦是它所能想到的最好的形式。

我梦见自己在一座阿拉伯城市，那里像大多数这类城市一样，有个要塞，就是一座城堡。城市在一片开阔的平原上，周围有一圈城墙。城墙是方形的，有四道大门。城堡位于城市的腹地，被一条宽阔的护城河围着（真正的阿拉伯国家并不是这个样子）。我站在一座木桥前，这座桥跨过水面，通向一道敞开的、黑漆漆的马蹄形桥门。我还很想看看城堡的内部，于是迈步上桥。走到一半，一位相貌英俊、皮肤黝黑的阿拉伯贵族，似乎是皇族，从门里朝我走来。我知道这位穿着白色长袍、戴着头巾的年轻人是城堡里的王子。他走到面前袭击我，要把我打倒。我们搏斗起来。扭打中，我们撞到栏杆上，栏杆被撞开，我们都掉进了护城河，他想把我的头按进水里淹死我。我心想，不行，太过分了。于是，我反过来把他的头按在水里。尽管我非常钦佩他，还是这样做了，我不想让自己被杀死。我不想杀他，只想让他失去知觉和战斗力。

后来，梦的场景转换了，他和我一起待在城堡中心一个拱形的八角形房间里。整个房间都是白色，十分素雅。浅色的大理石墙边摆着一些低矮的沙发床，我面前的地上放着一本打开的书，乳白色的羊皮纸上用华丽的书法写着黑色的字母。上面不是阿拉伯字，更像是维吾尔文字，在我看来和吐鲁番的摩尼教残片上的文字有些相似。我不理解里面的内容，但感觉这是

“我的书”，是我写的。刚才和我搏斗的年轻王子坐在我右边的地上。我向他解释说，既然我打赢了他，他就该读读这本书。但他拒绝了。我用手搂着他的肩膀催促他，有种父亲般的友善和耐心。我知道这很有必要，最终，他顺从了。

梦里这位阿拉伯青年是那位骑马经过我们、招呼也不打的阿拉伯人的加强版。作为城堡居民，他是自性的一个形象，确切地说，是自性的信差或使者。这是因为，他走出来的那座城堡是个完美的曼荼罗：被有四个大门的方形围墙围起来。他想杀死我，这类似雅各和天使摔跤的主题，用《圣经》的语言来说，他就像主的天使、上帝的信差，想杀死人是因为不认识人。

事实上，这位天使应该已经住在我心里，但他只知道天国的真理，对人类一无所知。所以，他起先是以敌人的面貌出现。不过，我还是和他较了较劲。梦的第二部分，我成了城堡的主人，他坐在我脚边，必须学习理解我的想法，确切地说，是学习了解人类。

和阿拉伯文化的相遇显然给我带来了巨大影响。这些不反思的人和生活的距离比我们近多了，他们的情绪本性给我们内心的历史沉淀带来强烈的提醒，我们刚刚战胜（或说自以为战胜）了这些历史沉淀，并把它们抛在脑后。那就像一个童年的天堂，我们想象自己已经从中脱离，但只要稍一挑衅，它就会给我们带来新的挫败。事实上，我们的“进步邪教”有可能给我们施加更孩子气的未来梦想，并更有力地推动我们逃离过去。

另一方面，多亏了童年的天真和无意识，与成年人相比，关于自性，关于纯粹个体性中的完整的人，童年描绘出一幅更全面的图画。所以，孩子和原始人的样子，会在成年人和文明人心中唤起一定程度的渴望——为了满足适应性的人格面具，人格中的某些部分从整幅画面中被抹掉，这种渴望正和这些部分的未被满足的愿望和需要有关。

我去非洲旅行，寻找一个欧洲之外的心灵观察点，在此过程中，无意识想要找到自己人格中的那个部分，它在作为一个欧洲人的影响和压力下是不可见的。这个部分毫无意识地反对我自己，而其实是我试图压制它。为了遵从它的本性，它想让我变得无意识（把我按到水下），以此杀死我；但我的目标是通过领悟让它变得更有意识，这样我们可以共同达成妥协。阿拉伯人的黝黑色皮肤表明他是一个“阴影”，但不是人格阴影，而是一个种族阴影，和我的人格面具没关系，而是和我的整个人格，也就是自性有关。作为城堡的主人，他应该被看作自性的阴影。理性主义主导的欧洲人发现了许多人性的东西，这些东西对他自己来说是生疏的，而他以此为傲，完全没意识到他赢得理性是以失去生命活力为代价的。结果，他人格中原始的部分就或多或少陷入一种地下的存在状态。

这个梦反映了与北非的相遇对我的影响。首先出现的是一个危险，我的欧洲意识有可能被无意识心灵意料之外的暴力袭击所压倒。在意识层面，我一点儿也没发现这样的状况，恰恰相反，我情不自禁地有种优越感，因为每走一步，我都会想起自己的欧洲主义。这是不可避免的，欧洲人的身份让我对这些人持有特定的观念。他们和我截然不同，而且彻底地把我从他们中标记出来。但我对这些无意识力量存在在我身上毫无准备，这些力量会坚定地站在那些陌生人一边，从而造成了一次强烈的冲突。梦用一个谋杀企图来表达这个冲突。

几年后我才意识到这次扰动的真正本质，那时我正待在热带非洲。事实上，这是“骨子里变黑”的第一个迹象，是一种精神险境，会威胁到待在非洲的失根的欧洲人，其程度尚未得到充分的认识。“哪里有危险，哪里就有拯救”——在这样的处境中，我经常想起荷尔德林的这句话。我们借助梦的警示，把无意识冲动带到意识层面的能力，就是拯救所在。这些梦表明，我们心中有些东西不是被动臣服于无意识的影响，而是急切想要见到无意识，让自己和阴影认同。就像一段童年记忆会突然带着栩栩如生的情感占据意识，让我们感觉完全回到了过去的场景；同样，这些看似陌生且截然不同的阿拉伯事物，唤醒了一段众所周知的史前时光的原型记忆，这段记忆显然已经被我们完全遗忘。我们回想起一种生活的可能性，这种生活已经被文明的发展盖过，但它仍然存在于某些地方。如果我们天真地重温这种生活，就会退回野蛮状态，所以我们更愿意忘记它。但它以冲突的形式再次出现在我们面前，所以我们应该把它保存在意识中，并测试这两种相反的可能性——我们正在过的生活和我们遗忘的生活。这是因为，如果不是有充分的原因，显然已经失去的东西并不会再次出现。在鲜活的心灵结构中，没有什么事情会以单纯的机械方式发生，每件事都符合整体的秩序，都和整体相关。也就是说，一切都是有目的、有意义的。但是，意识从来看不到整体，所以通常无法理解其意义。故而，我们当前应该满足于注意到这种现象，希望未来或者进一步的研究能揭示这种与自性的阴影碰撞的意义。不管怎样，目前我对这种原型体验的本质并没什么高见，对历史上是否出现过类似的事，我知道的就更少了。不过，尽管当时没有理解这个梦的全部意义，它却一直留存在我记忆中；同时存在的，还有再次去非洲的强烈愿望。又等了五年，这一愿望才得以实现。

（2）美洲：普韦布洛（Pueblo）印第安人（摘自一篇未发表的手稿）

我们常常需要一个外部支点来撬动批判的杠杆。心理学中尤其如此，在这里，由于材料的特性，相比其他科学，我们会更主观地卷入其中。比如，如果我们从来没有机会从外部观察自己的民族，又怎能意识到自己民族的特色呢？从外部观察，意味着从另一个民族的视角来观察它。要做到这一点，我们必须获取足够多关于异国集体心灵的知识。而且，在这个消化吸收的过程中，我们会遇到所有不兼容的东西，正是这些东西构成了民族偏见和民族特色。别人那里任何刺激我们的东西，都能帮助我们了解自身。只有当我作为一个瑞士人，发现自己不适应英国的某些方面时，我才理解了英国。只有当我作为一个欧洲人，发现自己不适应这个世界时，我才理解了欧洲这个最大的问题。通过结识许多美国人，以及去美国、在美国的旅行，我获得了大量对欧洲人性格的洞察。我经常觉得，对欧洲人来说，最有用的莫过于时不时从摩天大楼顶上看一看欧洲。当我第一次从撒哈拉沙漠上凝视欧洲景观时，我身边的文明和我们文明的关系，或多或少就像是古罗马和现代的关系。我开始意识到，即便在美国，我仍然完全受困于白人的文化意识。于是，我心中生出一种愿望，想去一个更低水平的文化，来做进一步的历史比较。

之后一次我去美国时，和一群美国朋友一起拜访了新墨西哥州的印第安人，就是那些建造城市的普韦布洛人。然而，“城市”这个词太大了。实际上，他们建造的只是一些小村庄，但他们的房子密密麻麻、层层叠叠地排列在一起，让人想到“城市”这个词，他们的整个语言和风俗也是如此。在那儿，我第一次有幸和一位非欧洲人，也就是一位非白人谈话。他是陶斯村（Taos）普韦布洛人的首领，是个聪明的人，年纪在四十到五十之间。他名叫高山湖（Ochwiay Biano）。我和他谈话，比跟一个欧洲人谈话容易多了。诚然，他也像欧洲人一样局限在自己的世界里，但那是怎样一个世界啊！和欧洲人谈话，就像一直在一片沙洲上奔跑，沙粒就是那些早已知道却从不理解的事。而和这位印第安人谈话，就像一艘船自由地漂浮在深邃、遥远的大海上。同时，永远无法知道哪一种更愉快：是看到新的海岸线，还是发现通向那几乎被遗忘的古老知识的新路途。

“瞧，”高山湖说，“白人看起来多么残忍。薄薄的嘴唇、尖尖的鼻子、脸上布满皱纹，扭曲变形。他们的眼睛有种目不转睛的神情，总是在寻找着什么。他们在寻找什么呢？白人总想要点什么，他们一直心神不宁、坐立不安。我们不知道他们想要什么，我们不理解他们。我们认为他们疯了。”

我问他为什么认为白人都疯了。

“他们说他们用脑袋思考。”他答道。

“那当然了，你以为思考是用什么？”我吃惊地问。

“我们是用这里思考。”他指着自己的心说。

我陷入长久的沉思。在我看来，这是人生中第一次有人为我刻画出真正的白人形象。仿佛在此之前，我见到的都是伤感、美化的彩印图片。这位印第安人击中了我们的痛处，揭露了我们熟视无睹的真相。我感觉心中升起一种未知却相当熟悉的东西，像是一团无形的雾。在这团雾外面，意象一个接一个地剥离开来：先是罗马军团攻破高卢城镇，然后是尤里乌斯·恺撒、大西庇阿（Scipio Africanus）、庞培这些线条分明的人物。我看到北海和白尼罗河岸上的罗马鹰[①]。接着，看到圣奥古斯丁[②]把基督教纲领放在罗马长矛上交给不列颠人，看到查理曼强迫异教徒改宗的壮举[③]，然后是十字军队伍的洗劫和屠杀。我带着隐秘的刺痛，意识到关于十字军的古老传奇有多么空洞。然后是哥伦布、科尔特斯和其他征服者。他们带着火

① 鹰是罗马军团的象征物，出现在其旗帜上。——译者

② 此奥古斯丁不是基督教神学家“希波的奥古斯丁”（354—430），而是英国圣徒“坎特拉伯雷的奥古斯丁”。公元 597 年，罗马教皇格列高利一世派他到英格兰传教。到 7 世纪下半叶，英格兰全境基本都皈依了罗马基督教。——译者

③ 查理曼是法兰克王国加洛林王朝国王（768—814），建立了囊括西欧大部分地区的庞大帝国。他极力维护和提高罗马教会的权益，在自己征服的土地上强化基督教势力，并强迫当地人皈依基督教。——译者

器、武力、酷刑和基督教，长驱直入，甚至来到这些在阳光下安宁地做着美梦的印第安人村庄，来到他们的祖先那里。我还看到太平洋岛屿上的人被烈酒、梅毒和传教士强制他们穿上的衣服里的猩红热所毁灭。

这就够了。我们在自己的立场上所说的殖民、向异教徒传教、传播文明，如此种种都拥有另一副面孔——那是一只猛禽搜寻远处猎物时残忍而专注的面孔——跟海盗和强盗有一比。在我看来，所有装饰在我们纹章和盾徽上的鹰和其他掠食动物，都是我们真实本性的恰当心理象征。

我也记得高山湖说的另一些事。在我看来，此事和我们谈话的独特氛围有十分密切的联系，如果不说出来，我的表述就不完整。我们的谈话是在一幢主楼五楼的屋顶上进行的，从那儿常常可以看到其他印第安人的身影：他们裹着羊毛毯子，凝视着那日复一日在碧空中移动的太阳。周围是一群群用风干砖块建造的低矮的方形建筑。一些独特的梯子从地面通到屋顶，或者从屋顶通到更高的屋顶。（在早先那些危险的时代，房屋的入口建在屋顶。）面前是延绵起伏的陶斯高原（海拔大约七千英尺），一直延伸到地平线，那里耸立的几座锥形山峰（古火山）高度超过一万两千英尺。身后，一条清澈的小河从这些房屋旁流过，河对岸是另一个红色风干砖房组成的印第安人村落。房屋层层叠叠，顺着通往村落中心的方向一座比一座高，奇妙地预示了以摩天大楼为中心的美国大城市景观。沿河逆流而上大约半小时的地方，有一座拔地而起的高峰，这座山没有名字。传说在它被云雾笼罩的日子里，男人们会消失在那个方向，去举行一些神秘的仪式。

普韦布洛印第安人通常口风很紧，涉及他们的宗教问题时更是守口如瓶。他们习惯让宗教活动成为一个秘密，保守得十分严密，我绝望地放弃了任何探问的尝试。此前，我从没进入过这样一种秘密的氛围；当今世界各个文明民族的宗教都是可以接触到的，它们的圣礼很早以前就不再神秘。然而在这里，空气中充满秘密的气氛，所有的教友都明白这个秘密，白人却一无所知。这种奇怪的局面让我想到埃勒夫西斯[1]，它的秘密只有一个民族知道，从未泄露。我理解了当保萨尼阿斯（Pausanias）和希罗多德（Herodotus）写道“我不被允许道出神的名字”时的感受。我觉得，这不是刻意神秘化，它就是个重要的秘密：一旦泄露，就会导致族群和个人的没落。保留这个秘密，让普韦布洛印第安人拥有了自豪感以及抵抗白人统治的力量。这给他们带来凝聚力和团结，而且我确信，只要他们的秘密没有被亵渎，普韦布洛就会作为独立的社区一直存在下去。

当他们谈到自己的宗教观念时流露出的印第安人的情绪变化让我大吃一惊。在日常生活中，他们表现出某种程度的自我控制和尊严，这种尊严近乎宿命式的镇定。但当他们谈到和秘密有关的事，就会笼罩在一种掩饰不住的大惊失色里——这个事实极大地帮助我满足了好奇心。我说过，直接提问一无所获。所以，我如果想知道一些重要的事情，就会发表一些试探

① 古希腊神秘教派，盛行于地中海沿岸国度。——译者

性的评论，然后观察对方流露出的情绪。这对我来说轻而易举。如果我无意中碰到问题的实质，对方就会沉默不语或者闪烁其词，同时有深受触动的迹象，常常会热泪盈眶。宗教观念对他们来说并不是理论（能让一个男人流泪的理论必定也是非常奇特的理论），而是事实，和相应的外部现实一样重要、一样打动人的事实。

我和高山湖一起坐在屋顶上，耀眼的太阳越升越高。他指着太阳说："在那儿移动的不就是我们的父亲吗？怎么会有人不同意呢？怎么会有别的神？没有太阳就什么都没有。"他的兴奋已经很明显，而且越来越强烈。他搜肠刮肚，最后大声说道："人在这些山里能做什么呢？没有太阳，连火都生不起来。"

我问他，有没有想过太阳可能是一个看不见的神创造的火球。我的问题都没有让他惊讶，更不要说让他生气了。他显然不为所动，甚至不认为我的问题愚蠢。这个问题只是让他默然。我感觉碰到了一堵不可逾越的墙。他仅有的回答是："太阳就是神，人人都明白。"

尽管人人都能感受到太阳的伟力，但看到这些成熟而高贵的人谈到它时陷入一种压倒一切的情感，对我来说还是新颖而深受触动的体验。

还有一次，我站在河边，仰望那些比高原还高出六千英尺的群山，心想这就是美洲大陆的屋顶，住在这里的人们面对太阳，就像印第安人裹着毯子、站在普韦布洛最高的屋顶上一样，沉默不语、一心一意地看着它。突然，一个低沉的声音，饱含抑制住的情感，从身后在我的左耳边响起：“你难道不认为所有的生命都来自大山吗？”一位年长的印第安人穿着鹿皮鞋，听不到脚步声，走到跟前问了我这个天知道多么意义深远的问题。我瞥了一眼从山上流下来的河水，明白是这一外部景象让他得出了这样的结论。所有的生命都是从山上来，因为哪里有水，哪里就有生命。这是显而易见的。在他的问题里，我感觉到一种和“大山”这个词有关的骄傲情绪，也想到了在山里举行秘密仪式的传说。我答道：“人人都知道你说的没错。”

不幸的是，对话很快被打断，所以我没能深入了解水和大山的象征。

我观察到，普韦布洛印第安人虽不愿谈论任何关于他们宗教的问题，却十分乐意热烈地谈论他们和美国人的关系。高山湖说：“为什么美国人总是让我们不得安宁呢？他们为什么要禁止我们跳舞？我们要把我们的年轻人从学校接走，带他们去基瓦会堂（仪式场所），用我们的宗教指导他们，美国人为什么要横加阻挠？我们可没做过伤害美国人的事啊！”沉默良久，他继续道：“美国人想消灭我们的宗教。他们为什么非要干涉我们呢？我们所做的，不仅是为了我们自己，也是为了美国人。是的，我们做的，是为了全世界，每个人都从中受益。”

我从他的兴奋中看出，他指的是他们宗教中某种极其重要的东西。于是我问：“你认为，你们在宗教中做的事情，对全世界都有好处？”他兴致勃勃地答道：“那当然，如果我们不做，世界会变成什么样呢？”他一边说，一边用意味深长的手势指着太阳。

我觉得，我们在这里接近了一些十分微妙的基本原则，濒临部落的秘密。他说：“说到底，我们是居住在世界屋顶的人，我们是太阳父亲的子孙，我们每天都借助宗教帮父亲走过天空。这样做不是为了自己，而是为了整个世界。如果我们停止宗教活动，十年后太阳就不会再升起来了，接着就是永远的黑暗。”

之后我就意识到，印第安人的“尊严”，那平静的镇定，是以什么为基础的。这种尊严来源于他们是“太阳之子”，他们的生活拥有宇宙意义，因为他们帮助父亲，即所有生命的保护者，日复一日来来去去。如果拿我们的自我辩护、我们为自己生命的意义构想的理由来与之相比，就不禁看到我们的贫乏。出于纯粹的嫉妒，我们不得不对印第安人的纯真报以一笑，并用我们的聪明来装扮自己，否则就会发现自己多么穷困潦倒、衣衫褴褛。知识没有让我们富足，而是让我们越来越远离神话世界，那是我们生而拥有的家园。

那片孤寂的高原，一侧向下延伸至广袤的北美大陆草原，另一侧延伸至太平洋。如果我们暂时抛开所有的欧洲理性主义，置身于其清新的高山空气中；如果我们也把对世界的内部知识搁置一旁，换来一个似乎无可限量的眼界，以及对此外的事物一无所知的状态，我们就能开始对普韦布洛印第安人的观点获得一种内在的理解。“所有的生命都来自大山”对他们来说确凿无疑，他们同样确信自己住在一个无边无垠的世界的屋顶，最接近上帝。他们独有神性之耳，他们的仪式能最快地抵达遥远的太阳。高山的神圣、耶和华在西奈山（Sinai）的启示、尼采在恩加丁（Engadine）得到的灵感，都在述说同一种语言。仪式会对太阳有魔法般的影响，这个观念在我们看来很荒唐，但如果进一步审视，会发现它依旧非理性，但远比我们最初认为的要熟悉得多。我们的基督教——碰巧和其他所有宗教一样——渗透了这样一种观念，即某些特定的行为或活动能够影响上帝——比如一定的仪式、祈祷，或者神所喜欢的道德行为。

人类的仪式行为，是就神对人所为的回答和反应。或许不仅如此，仪式行为也想触发某种东西，是一种用魔法施压的方式。人类觉得有能力对上帝的压倒性影响作出有效回应，觉得能用一些即便对上帝来说都很重要的东西作为报答，这让人感到自豪，因为这赋予个体一种形而上的尊严。“上帝与我们”——即便只是一种无意识的暗示——这样一种对等，无疑给普韦布洛印第安人带来了令人羡慕的平静，这样的人在最充分的意义上适得其所。

（3）肯尼亚和乌干达

出自造物主之手的东西，都是好的。

——卢梭[1]

1925 年参观伦敦的温布利（Wembley）展览会时，对英国

① 此句出自卢梭的《爱弥儿》，全句为“出自造物主之手的东西，都是好的，而一到了人的手里，就全变坏了”。——译者

统治下的各个部落进行的出色调研给我留下深刻印象，我决定不久后去一趟热带非洲。

同年秋天，我和两位朋友，一个英国人和一个美国人，起程前往蒙巴萨（Mombassa）[①]。我们乘坐一艘沃尔曼轮船，船上有许多年轻的英国人，他们去非洲的各个殖民地工作。从船上的氛围来看，他们此行显然不是为了找乐子，而是要领受他们的命运。虽然那里弥漫着欢欣鼓舞的情绪，但严肃的底色也很明显。事实上，在我踏上回程之前，就听说了几位旅伴的命运。有几个人在之后的两个月内就在热带地区丧生，死于热带疟疾、阿米巴痢疾和肺炎。其中一位死去的年轻人之前在船上用餐时就坐在我对面。另一位是艾克利博士（Dr. Akley），他因创建了中非大猩猩保护区而知名，这次旅行前不久，我还在纽约见过他。

在我记忆中，蒙巴萨仍然是一个隐藏在棕榈和芒果树林中的定居点，又湿又热，住着欧洲人、印第安人和黑人。它所处的环境非常别致，位于一个天然港口，高高耸立着一座古老的葡萄牙堡垒。我们在那儿待了两天，傍晚乘坐窄轨火车前往内陆的内罗毕，几乎立即进入了热带的夜晚。

在沿海地带，我们一路经过许多黑人村庄，那里的人围坐在小小的火堆周围聊天。没过多久，火车开始爬坡。定居点看不见了，夜晚变得漆黑一片。天气渐渐转凉，我睡着了。当第一缕阳光宣布一天的开始时，我醒了。火车被一团红色的尘埃

① 肯尼亚第二大城市，滨海省省会，位于东南沿海，临印度洋。——译者

包裹着，正沿一条陡峭的红色悬崖转弯。在我们上方一块参差不齐的岩石上，一个苗条的棕黑色身影站在那里一动不动，拄着一支长矛，俯视着这列火车，旁边立着一棵巨大的烛台仙人掌。

这一景象让我像着了魔一样，画面上的内容完全陌生，在我的经验之外，但又有一种极其强烈的似曾相识感。我感觉曾经经历过这样的时刻，而且一直知道这个世界，它和我之间只因时间而相隔。仿佛这一刻，我又回到了自己的故土；仿佛我知道，这个黑皮肤的人已经等了我五千年。

穿越野性非洲的整个旅程中，这个奇妙体验的感觉基调一直伴随着我。就我记忆所及，这种认出早已知道的事物的经历，除了这次，只有一次。那是我第一次观察到超心理现象，当时我和以前的上司欧根·布洛伊勒教授在一起。之前我曾以为，如果看到这么不可思议的事，一定会目瞪口呆。但当它发生的时候，我一点儿也不奇怪，觉得它再自然不过了，是一种由于早已知晓，所以觉得理所当然的事。

我不知道那个孤独的黑人猎手的画面拨动了我内心的哪根琴弦。我只知道，千万年来，他的世界一直也是我的世界。

时近中午，我带着几分迷惑到达了海拔六千英尺的内罗毕。那里的光线耀眼夺目，让我想起在恩加丁，当人从低地的冬雾中走出来时看到的阳光。让我惊奇的是，一大群“男孩儿”聚集在火车站，他们戴着老式的灰白羊毛滑雪帽。在恩加丁，我看到过这种帽子，自己也戴过。这种帽子很受好评，因为上翘的帽边可以放下来，像一块挡板——在阿尔卑斯山可以很好地抵御寒风；在这儿可以挡住炙热的高温。

我们从内罗毕出发，坐着一辆小福特汽车，前往阿西平原（Athi Plains）——一块巨大的禁猎区。在这片广袤的稀树平原的一座小山上，壮丽的风景尽收眼底。大群大群的动物一直延伸到地平线边缘：瞪羚、羚羊、角马、斑马、疣猪……这些兽群吃着草、点着头，像缓慢流动的河水一样行进。除了一只猛禽凄厉的叫声，几乎没有任何声音。这就是在非存在的状态中永恒之初的寂静，是世界一直以来的样子，因为直到那一刻，知道世界是这个样子的人还没有出现。我从同伴身边走开，直到再也看不见他们，细细品味这种完全独自一人的感觉。我就在那儿，是第一个认出这世界的人，但他并不知道，在这一刻他最先真正创造了这个世界。

在那儿，意识的宇宙意义对我来说变得无比清晰。炼金术士曾说："自然留下的不完美之处，艺术使之完美。"人，我，在一种看不见的创造活动中，通过赋予世界客观的存在，给它打上了完美的标记。我们通常只把这种活动归功于造物主，却没有考虑到，这样做我们就把生命看成了一台机器，事无巨细都已经计算好。这台机器和人类的心灵一起，毫无感觉地运转着，符合预先知道和制定好的规则。在这种了无生趣的机械幻想中，没有了人、世界和上帝的戏剧。没有了通向"新的彼岸"的"新的一天"，只有凄凉沉寂的计算过程。我想到了我的普韦布洛老朋友：他认为他的村庄存在的理由，就是每天帮助他们的太阳父亲走过天空。我羡慕他的信仰如此充满意义，也一直无望地寻找一个我自己的神话。现在我知道它是什么了，甚至明白了更多：人在创造的实现中是不可缺少的，事实上，他自己就是世界的第二创造者。他仅凭一己之力就为世界赋予了客观存在性——没有他，世界就不被看见，不被听到，亿万年间默默地进食、分娩、死亡、点头。世界将继续在最深的非存在的黑夜里前行，直到那无人知晓的最后。人类的意识创造了客观存在和意义，而人类在这了不起的存在过程中找到了自己不可或缺的位置。

我们沿着当时正在修建的乌干达铁路来到了临时终点站：第六十四站。男孩儿们卸下我们的大量装备。我坐在一个装食物的板条箱上，这种箱子每人头上顶着一个。我点燃一支烟斗，心想在这里我们可谓已经到达了文明世界的边缘，即地球上人类居住地区的边缘。诸多小径从这里延伸出去，无穷无尽，穿越整个大陆。过了一会儿，一位年长的英国人，显然是个擅自占地的人，走到我跟前坐下，也掏出一支烟斗。他问我们打算去哪儿。我大致介绍了我们各自的目的地，他问："这是你第一次来非洲吧？我在这儿已经四十年了。"

"是的，"我告诉他，"至少非洲的这个地区是第一次来。"

"那我能给你一个建议吗？你知道，先生，这里不是人的国度，而是上帝的国度。所以，如果发生了什么事，你就坐下来，不要担心。"说着他站起来，一句话也没有，消失在我们周围的一大群黑人中。

他的话触动了我，让我觉得很重要，我试着想象这话是从怎样的心理状态中产生的。显然，这代表了他的体验的精髓。主宰这里的，不是人，而是上帝——换句话说，不是意愿和意图，而是奇妙莫测的设计。

还没想明白，我们的两辆汽车就准备好出发了。我们八个壮汉和行李挤在一起，尽可能坐稳。接下来几个小时的颠簸摇晃让我无暇思考。下一站比我想象的远多了：卡卡梅加（Kakamegas）①，区行政长官的所在地，一小支非洲步枪守备部队的指挥部，有一所医院和——真是难以置信——一个小精神病院。傍晚将近，夜幕很快降临。突然，一阵热带风暴袭来，顿时电闪雷鸣、持续不断，倾盆大雨把我们从头到脚淋了个透，每条小溪都成了水势凶猛的急流。

午夜过后半小时，天气开始放晴，我们来到了卡卡梅加。大家疲惫不堪，受到了行政区长官的热情接待。他把我们安置在他的客厅里，用威士忌款待。壁炉里的火焰愉快地跳动着，像是在欢迎我们。这间美观的屋子中央放着一只大桌子，上面展示着一些英国杂志。这里就像萨塞克斯（Sussex）②的一所乡居。我劳累不堪，已经分不清自己是从现实来到了梦中，还是从梦里来到了现实。不过，我们仍然需要搭帐篷——第一次。幸运的是，什么也没丢。

第二天早上醒来，我有点喉炎，发了烧，不得不在床上待了一天。值得纪念的是，在这种情况下，我认识了“脑热鸟”

① 肯尼亚城市，西部省的首府。——译者

② 原英格兰南部一郡。——译者

(鹰鹃)。这种鸟的奇特之处在于，它能准确地唱出一段音阶，却把最后一个音符漏掉，然后又从头开始。发烧卧床时听到这样的声音，简直要把人的神经崩断。

香蕉种植园里另一种有羽毛的动物的叫声包含两声最甜美、最动听的笛音，然后以第三声吓人而别扭的音调作为结束。“自然留下的不完美之处……”不过，钟鸟的声音却是一种纯粹的美，它的歌声就像钟声沿着地平线在飘荡。

第二天，在行政区长官的帮助下，我们集合了一支搬运队伍，增加了三个土著民兵作为护卫，开始了前往埃尔贡火山(Mt. Elgon)的艰难跋涉。没多久，我们就在地平线上看到了它那一万四千英尺高的火山口壁。小路穿过相对干燥的稀树草原，上面生长着伞状的合欢树。整个地区遍布着六英尺到十英尺高的圆形小丘，那些是旧的白蚁冢。

沿途有供旅行者使用的休息处——圆形的夯土小屋，草做的屋顶敞开着，里面什么也没有。夜晚，为了防止有人闯入，会在门口放一盏灯。我们的厨子没有灯；作为补偿，有一间很小的屋子让他独享，他对此相当满意，但那几乎要了他的命。之前一天，他在自己小屋门口杀了一只羊，那是我们用五个乌干达先令买来的。厨子为我们的晚餐准备了美味的羊排。饭后，我们围坐在火堆前抽烟，听到不远处传来奇怪的声音。那声音越来越近，一会儿像熊叫，一会儿像狗吠，然后又变得刺耳，就像尖叫和歇斯底里的大笑。我的第一印象觉得这是巴纳姆和贝利马戏团的滑稽戏。然而没过多久，场面变得更加骇人：我们被一大群饥饿的鬣狗团团围住，它们显然是闻到了羊的血腥味。它们奏响了一场“地狱音乐会”，火光的照耀下，它们的眼睛在高高的象草丛中熠熠闪光。

我们虽然懂得一些傲慢的知识，宣称鬣狗的本性不会攻击人类，但现在已经不是很确定了——突然，一声可怕的人的尖叫从屋子后面传来。我们抄起武器（一支九毫米的曼利谢尔[①]步枪和一把鸟枪），朝那些闪着光亮的地方扫射了几回。这时，厨子惊慌失措地冲进我们中间，语无伦次地说，一只肥狗跑进他的小屋，差点儿把他咬死。整个营地陷入一片骚动。那群鬣狗似乎受到这阵骚动的惊吓，发出抗议的叫声，渐渐退去。搬运工们哈哈大笑了很久，后半夜悄无声息地度过，再也没有受到搅扰。第二天一早，当地的族长来了，他带着两只鸡和满满一篮鸡蛋作为礼物，恳求我们再待一天，射杀那些鬣狗。他说，头天晚上鬣狗把小屋里一个熟睡的老人拖出来吃了。非洲真是让人难以理解！

天亮时，小伙子们的住处又传来喧闹的笑声，看来他们是在重演昨晚发生的事：其中一人扮演正在睡觉的厨子，一位民兵扮演鬣狗，匍匐向前想要咬死睡觉的人。这出短剧不知演了多少次，观众们总是兴致勃勃。

从那以后，厨子就有了一个绰号：“肥狗”。我们三个白人已经有了自己的“标签”。我的朋友，一位英国人，被称作“红脖子”——在当地人看来，英国人都长着红脖子。那位美国人，穿衣打扮引人注目，被称作“潇洒先生”。我由于头发

① 奥地利武器设计师。——译者

已经变灰（当时五十岁），被称为“老头子”，他们觉得我有一百岁了。“老头子”也是一种尊称，因为我是“布基苏心理学考察队”的头——这是伦敦外事局强加的称号，是种文理不通的说法。我们的确拜访了布基苏人，但和埃尔贡族人待的时间要长得多。

总之，黑人的确很擅长判断性格，所用的方法之一就是他们的模仿才能。他们对人的表情、姿势、步态的模仿准确得惊人，不论带有什么样的意图和目的，他们都能惟妙惟肖地表现出来。我发现他们对别人情感本质的理解让人惊叹不已。他们相当喜欢滔滔不绝的空谈，我经常花时间参与其中。通过这种方式，我学到了许多东西。

这趟旅行的半官方性质后来证明是有好处的，这让我们更容易雇到搬运工，还得到了士兵的护送。后者绝非多余，因为我们要进入不受白人管辖的地区。一位下士和两位二等兵陪着我们向埃尔贡山进发。

我们无法通过猎杀鬣狗来帮助族长，于是继续前行。地势缓缓上抬，第三纪[①]的熔岩层标志越来越多。我们穿过大片丛林，巨大的楠迪凤凰木红花盛开、争芳斗艳。数不胜数的甲虫和颜色灿烂的蝴蝶让林间空地和树林的边缘生机勃勃。我们深入林间，好奇的猴子把树枝弄得摇来晃去。这是个天堂般的世

① 新生代最老的一个纪，距今六千五百万年至二百六十万年，重要生物类别是被子植物、哺乳动物、鸟类、真骨鱼类、双壳类、腹足类、有孔虫等，标志着“现代生物时代”的来临。——译者

界。大部分时候，我们还是在穿越平坦的稀树草原，踩在深红色的泥土上。我们几乎都是沿着当地的小路步行前进。这些小路曲折迂回，有很多毫无目的的急转弯。道路把我们带进楠迪地区，穿过楠迪森林，那是一片相当大的丛林。我们顺利到达埃尔贡山脚下的一个休息处。这几天，埃尔贡山在我们头顶变得越来越高。从这里，就要开始沿着狭窄的小路爬山了。当地的族长前来问候，他的父亲是拉伊邦（laibon）[①]，也就是土著大夫。他骑一匹小马——这是迄今为止我们看到的唯一一匹马。从他那儿，我们知道他的部落属于马赛人[②]，但他们独自生活在埃尔贡山坡上。

乌干达总督的一封信在这儿等着我们，请我们保护一位英国女士，她要取道苏丹返回埃及。总督发现我们走的是同一条路，而且因为我们已经在内罗毕见过这位女士，知道她是个意气相投的旅伴；何况总督在许多方面给我们提供了帮助，这件事我们责无旁贷。

我提起这段插曲是为了说明，原型通过微妙的形式影响了我们的行为。我们一行三位男士，纯属偶然。我曾邀请另一位朋友加入，那样就有四个人了。但外在条件不允许他接受我的请求。这就足以造成一种无意识或是命定的局面：三个一组的原型，需要第四个来使之完整，正如我们在这一原型的历史上一次次看到的那样。

① 东非部落里兼占卜者和医者身份的人。——译者

② 肯尼亚和坦桑尼亚的尼洛特人，操苏丹语支。——译者

我一向“既来之则安之”，所以欢迎这位女士加入我们三位男士的小组。她吃苦耐劳、强壮勇敢，对我们一边倒的男子气概形成了有益的平衡。一位伙伴因严重的热带疟疾病倒时，我们都很感激她在一战期间当护士获得的经验。

经过几个小时的攀登，我们来到一片宽阔迷人的林中空地，它被一条清澈凉爽的小溪一分为二，溪上有一挂约十英尺高的瀑布。瀑布下面的水池成了我们的澡堂。我们的营地在大约三百码外一条平缓干燥的斜坡上，有伞形相思树遮阴。附近——就是大约十五分钟的步行路程——有一个本地村庄，由几间小屋和一道围栏组成，也就是一个用荆棘树篱围成的院子。这个村庄为我们提供了运水工：一个女人和她两个半大的女儿。她们一丝不挂，只系着贝壳做的带子。她们的皮肤是巧克力色，长相迷人、体型纤巧，举手投足间有种贵族式的从容。每天早晨，她们从溪边走来，铁脚镯传来清脆的叮咚声；没多久又从高高的黄色象草中走出，步态摇曳，平衡着头上的水罐。这些声音和画面让我觉得赏心悦目。她们佩戴着脚镯、黄铜手镯和项圈、紫铜或木质的线轴形小耳环，下嘴唇上穿着骨片或铁钉。她们很有礼貌，常用羞涩迷人的笑容问候我们。

除了一会儿会提到的一次例外，我从来没和当地女人说过话，这就是别人期待我的表现。就像在南欧，男人和男人讲话，女人和女人讲话，不然就意味着男女之情。做这种事的白人不仅丧失了权威，而且冒着“变黑”的严重风险。我见到过几个有训诫意义的例子。我经常听到当地人这样评价某个白人:“他是个坏蛋。”我问为什么，回答无不是:“他和我们的女人睡觉。”

在眼前这批埃尔贡族人中，男人忙于喂养牲口、打猎，女人则在耕地上干活，种植香蕉、甘薯、高粱和玉米。她们在一家人居住的小屋里喂养孩子、山羊和鸡。她们的尊严和天性是从自己的经济功能中产生的，她们是相当积极的经营伙伴。女人拥有平等权利的概念，是在这样的合作关系失去意义的年代产生的。原始社会受到无意识的利己主义和利他主义的调控，这两种态度都巧妙地各司其职。一旦发生任何扰动，这种无意识秩序就会立即中断，此时就需要意识行动来补救。

在埃尔贡族人的家庭关系上，有个人给我提供了非常重要的信息，想起他我会感到愉快。他是个相当英俊的年轻人，名叫吉布洛特（Gibroat），是族长的儿子，相貌迷人、举止高贵，我显然得到了他的信任。他的确高兴地接受了我的香烟，但并不贪婪——其他人什么礼物都想要。他不时会像绅士一样来拜访我，告诉我各种各样有趣的事情。我感觉他心里有事，似乎是种说不出口的请求。等我们已经认识了一段时间，他邀请我见见他的家人，这让我吃了一惊。我知道他还没结婚，双亲都已去世。原来这是他姐姐的家。姐姐是丈夫的第二个妻子，有四个孩子。吉布洛特非常希望我去看望她，这样她就有机会见到我了。显然，她在吉布洛特生命中填补了母亲的空缺。我同意了，因为我希望用这种社交方式了解当地人的家庭生活。

“夫人已恭候多时”——我们到达时，她从小屋里走出来，相当自然地向我问候。她是个漂亮的中年女人——大约三十岁。除了必佩的贝壳带子，她还戴着手镯和脚镯，一些紫铜装饰物挂在拉得长长的耳垂上，胸部有一些小猎物的毛皮。她把四个小孩锁在屋里，他们从门上的裂缝中往外窥视，兴奋得笑个不停。在我的请求下，她把门打开了，但他们等了一会儿才敢出来。她和弟弟一样举止出众，弟弟正因妙计成功而面露喜色。

我们没有坐下来，因为那儿只有满是尘土的地面，覆盖着鸡屎和羊粪球。我们的聊天进入到半家庭式客厅对话的惯有框架，围绕着家庭、孩子、房子和菜园。她丈夫的第一位妻子住在她家旁边，有六个孩子。这位“姐姐”的院子离这儿约八十码。丈夫的房子位于两个女人的房子之间正中一个三角形顶点的位置上。屋子背后大约五十码远的地方有一个小屋，被第一位妻子已经成年的儿子占据。每个女人都有自己的耕地，我这位女主人显然为她自己的耕地感到自豪。

我觉得，她态度中的信心和自信很大程度建立在她对自身完整性的认同上，即她的私人世界，这个世界包括孩子、房子、小家畜、耕地和——最后但同样重要的是——她那迷人的体型。她的丈夫只以一种暗示的方式被提到，仿佛他有时在那儿、有时不在，当时不知道他待在什么地方。对丈夫来说，这位女主人是稳定感的化身，清楚明白、毫无疑问，是名副其实的备用公寓。问题似乎不是他在不在那儿，而是她是否存在在自己的完整性里，为漫山遍野放牧的丈夫提供一个地磁中心。发生在这些“简单的”灵魂里的事不是意识层面的，所以也无从知晓，我们只能从“先进的”欧洲分化物提供的比较性证据来进行推断。

我自问，白人女性日渐增长的男性倾向是否和丧失自己天然的完整性（耕地、孩子、家畜、炉火）有关，是否对她们贫困状态的补偿；而白人男性的女性化倾向是否进一步的后果。政体越是理性，性别差异就越模糊。同性恋在现代社会扮演着重要角色，它部分是恋母情结的结果，部分是一种有意图的现象（避免繁殖）。

此行结束之前，我和旅伴有幸体验到非洲的世界，一睹它那难以置信的美和同样难以置信的苦难。我们的营地生活是我一生中最美妙的插曲之一，我很享受原始地区那种“神圣的平静”。我从来没有如此清晰地看到过“人与其他动物”（希罗多德）。欧洲——一切邪恶之母，远在千里之外。这些邪恶对这里的我鞭长莫及——没有电报，没有电话，没有书信，没有访客。我的心灵力量得到解放，幸福地涌入广阔的原始世界。

一些本地人成天蹲在我们营地周围，看我们做事，兴趣不减，每天早晨我们都很容易找到闲聊的人。我的头领易卜拉欣（Ibrahim）向我介绍聊天的礼节。所有男人（女人从来不会在附近出现）都必须坐在地上。易卜拉欣为我拿来一只四条腿的桃花心木凳子让我坐下，这是首领用的凳子。然后，我开始发言，并制定一个聊天议程。大部分本地人说一口勉强能听懂的洋泾浜斯瓦希里语，而我通过充分利用一本小字典得以和他们交谈。这本小书不断受到赞赏。有限的词汇量给了我一种必要的质朴。这些谈话经常就像一个有趣的猜谜游戏，因而大受欢迎。对话持续的时间很少超过一个或一个半小时，他们明显会变得疲惫，然后用各种戏剧化的手势来抱怨：“啊，我们累坏了!”

我自然对当地人的梦很感兴趣，但起初没法让他们告诉我。我提供一些小小的回报：香烟、火柴、安全别针之类他们很想要的东西，但毫无用处。我无法完整地解释他们对讲梦的羞怯，我怀疑是因为害怕和不信任。众所周知，黑人害怕被拍照，他们担心拍下照片的人会偷走他们的灵魂。也许他们同样担心，如果有人知道了他们的梦，会对他们有害。顺便说一句，我们的小伙子并不这样。他们是沿海的索马里人和斯瓦希里人。他们有一本阿拉伯释梦书，旅途期间每天都会翻翻。如果他们对解释有任何疑问，就会来找我寻求意见。他们称我为“书人”，因为我知道《古兰经》的知识。在他们心里，我是个隐藏身份的伊斯兰教徒。

一次，我和老医者拉伊邦聊了聊。他穿一件用青长尾猴皮做成的华丽斗篷——那是可以炫耀的贵重物品。当我问到他的梦时，他眼里含着泪水答道:“古时候的拉伊邦都会做梦，他们知道会不会有战争、疾病或是雨水，还知道应该把牲口赶到哪儿去。”他爷爷也会做梦；但他说，自从白人来了非洲，就没有人做梦了。梦再也不需要了，因为现在英国人什么都知道!

这个回答让我明白，这位医者已经失去了存在的理由。为部落提供建议的神圣声音已经不再需要，因为“英国人知道的更多”。从前，医者和众神或命运的力量谈判，给他的人民提供建议。他有巨大的影响力，就像在古希腊，皮提亚（Pythia）[1]的话

---

① 德尔斐(Delphi)的阿波罗神殿中著名的女祭司。——译者

拥有最高权威。如今，医者的权威被地区指挥官代替[①]。生命的价值现在全都在这个世界中，黑人何时意识到物质力量的重要性只是个时间和活力的问题。

我们的拉伊邦远非气宇轩昂，他只是个泪水涟涟的老绅士。他是那个逐渐瓦解的、隐蔽、过时、不可复原的世界的活化身。

我多次把话题引向保护神，尤其是相关的习俗和仪式。关于这些，我只有一个证据：在一条繁忙的村道中央的一所空屋前，我看到一片直径约有几码的地方，被仔细清扫过，中央放着一条贝壳带子，一些脚镯、手镯、耳环，各种陶罐的碎片，还有一根挖掘棍。我们只知道有个女人在这屋里死去，人们对这个葬礼只字未提。

他们在闲聊中向我着重强调，说西面的邻居是“坏人”。如果那儿有人死了，旁边的村子就会得到消息。夜晚，人们把尸体搬到两个村子正中央，那边村子的人则会把各种各样的礼物放在那儿。到了早晨，尸体就不见了。这明显是在影射另一个村子的人吃了那具尸体。他们说，埃尔贡族人中从来没发生过这种事。也就是说，他们的死者是被放在灌木丛里，夜间鬣狗会处理。实际上，我们从来没发现过任何安葬死者的迹象。

不过，有人跟我说，如果一个男人死了，他的尸体会被放在屋子中央的地面上。拉伊邦绕着尸体行走，把碗里的牛奶洒在地上，念道：“阿伊克-阿迪斯塔（*Ayík adhísta*），阿迪斯塔-阿

① 原文为“D.C.”，可能是“地区指挥官”（district commander）的缩写。——译者

伊克！”

我从之前一次难忘的聊天中得知这些词的意思。那次聊天结束时，一位老人突然说:“早上太阳升起时，我们从屋里出来，在两只手里吐唾沫，然后把手举起来伸向太阳。”我让他演示这个仪式，并准确地描述。他们把手放在嘴巴前，用力吐口水或是吹气，然后把手掌伸向太阳。我问这是什么意思，他们为什么要往手里吹气或者吐口水。没有人回答我的问题。他们说:“我们一直是这样做的。”得不到什么解释，而且我意识到，他们其实只知道这样做，但并不知道在做什么。他们自己在这样的动作中看不出什么意义。不过，我们也在举行那些不知道为什么而做的仪式，比如点亮圣诞树上的蜡烛、藏起复活节彩蛋等。

老人说，这就是大家真正的宗教。所有的卡维龙多人、所有的布干达人，从山上目力所及之处到无限遥远之地；所有的部落都崇拜“阿迪斯塔”——就是初升的太阳。太阳只有在这时才是神，是上帝。紫色的西天中初升的金色新月微光闪闪，那也是上帝。但只在那一刻，其他时候就不是。

显然，埃尔贡族人仪式的意义就是在太阳神升起的那一刻献出某种供奉。如果献出的是唾液，在原始人看来，这种物质含有个人的魔力、治疗的力量、魔法和生命。如果是呼出的气，那就是“roho”——阿拉伯语中的“ruch”，希伯来语中的“ruach”，希腊语中的“pneuma”——就是风和灵。所以，这个动作就是在说：我把我活的灵魂献给上帝。这是一种无言的、付诸行动的祈祷，也可以翻译为:“上帝，我把我的灵交到你手中。”

除了阿迪斯塔，我们听说埃尔贡族人也崇拜阿伊克，他是在地上居住的灵，是个魔鬼。他制造恐惧，是一股潜伏着等待夜行旅人的冷风。这位老人用口哨吹出一种洛基（Loki）[1]风格的旋律，栩栩如生地描绘出阿伊克匍匐穿过高大、神秘的灌木草丛的情景。

总之，大家宣称，造物主已经让万物变得好而美，祂是超越善与恶的。祂是“m'zuri”，即美，祂所做的一切都是美。

我问：“那些杀死你们牲畜的凶恶野兽呢？”他们说：“狮子是好而美的。”“那可怕的疾病呢？”他们说：“你躺在阳光下，它就好了。”

这种乐观主义让我印象深刻。但我很快发现，到了晚上六点，它很快就没有了。从日落开始，世界就不一样了——那是阿伊克的黑暗世界，是邪恶、危险和恐惧的世界。乐观主义哲学让位于对鬼魂的恐惧，以及为了抵御魔鬼而实施的法术。黎明时分，乐观主义又回归，没有任何内在矛盾冲突。

古埃及的俄赛里斯（Osiris）[2]有两个侍从，一个叫荷鲁斯，一个叫赛特（Set）[3]。在尼罗河发源地的这些见闻让我想起这两个概念，这种体验让我深受鼓舞。显然，这里的原始非洲体验沿着尼罗河的神圣河水流到了地中海沿岸：阿迪斯塔，

① 古代斯堪的纳维亚神话中常喜欢恶作剧的巨人。——译者

② 古埃及冥神。——译者

③ 古埃及沙漠、外国之神，象征风雨不顺的季节。荷鲁斯被看作天神，赛特被看作土地之神。——译者

初升的太阳，像荷鲁斯一样，掌管光明；阿伊克则掌管黑暗，是恐惧的由来。在为死者举行的简单仪式中，拉伊邦的祝词和洒牛奶的举动把对立的二者结合起来。他同时向二者献出供奉，自它们统治之时，二者就具有同等的力量和意义。白天和黑夜的统治显然都各占十二小时。不过，重要的是，由于热带地区特有的天象的猝然变化，那一刻第一缕阳光像箭一般射来，黑夜变成了充满生命的光明。

这一纬度上的日出，每天都会重新让我感到震撼。真正有戏剧性的还不在于万丈光芒从地平线上射出时的壮丽景象，而在于后来发生的事。我养成习惯，会在黎明前拿着我的折凳坐在伞形相思树下。眼前，在一个小山谷的底部，有一片幽暗、几乎是深绿色的丛林，高原的边缘则在山谷的另一侧高高耸立。起初，光明与黑暗之间的对比相当强烈，之后景物的轮廓慢慢在光线中显露出来，光线似乎让山谷变得十分明亮。上面的地平线变成一片辉煌的白色。扩大的光线似乎渐渐穿透了景物的内在结构，它们由内而外变得明亮起来，直到最后像彩色玻璃片一样闪耀着半透明的光芒。一切都变成了火红的水晶。钟鸟的叫声在地平线上回旋。那一刻，我感觉自己宛若身处庙宇之中。这是一天中最神圣的时候。我沉浸在这一壮美景象中，带着不知餍足的快乐，确切地说，是永恒的狂喜。

在我观景的地方附近有一块高高的峭壁，上面住着些大狒狒。每天早晨，它们都安静地坐在峭壁面朝太阳的一边，几乎一动不动。而一天中的其余时间，它们都在林子里吵吵闹闹，一会儿刺耳尖叫，一会儿吱吱嘎嘎。它们似乎像我一样，也在等待日出。它们让我想起埃及阿布-辛贝勒神庙（temple of Abu Simbel）里那些了不起的狒狒，它们在那儿做出顶礼膜拜的姿势。这些狒狒讲述着同一个故事：数不清的世代里，人们都在崇拜那伟大的神明，祂作为天堂里闪耀的光明，从黑暗中升起拯救了世界。

那时我明白，从最初诞生之时起，灵魂内部就有一种对光明的渴望和一种难以抑制的挣脱原始黑暗的冲动。伟大的黑夜降临时，万物都染上一种深深的沮丧，对光明的渴望难以形容，占据了每一个灵魂。这种郁结的情感可以在原始人眼中窥见，也可以在动物的眼中看到。动物眼里有一种悲伤，我们永远不知道这悲伤是和动物的灵魂有密切关系，还是一种从宁静的无意识存在中向我们传递出来的黯然神伤的信息。这种悲伤同样反映了非洲的情绪，它所体验到的孤独。这种原始黑暗是一种母性的神秘。这就是为什么太阳在清晨的“出生”给当地人带来如此重大深远的意义。光明到来的那一刻就是上帝。那一刻带来了救赎和赦免。说太阳是上帝，就模糊并遗忘了那一刻的原型体验。“我们很高兴，那灵魂在外游荡的夜晚现在已经过去。”当地人会这样说，但这已经是一种理智化。事实上，一种和大自然的夜晚完全不同的黑暗笼罩在大地上。这是心灵的原始暗夜，它今天的样子和过去的亿万年间别无二致。对光明的渴望，就是对意识的渴望。

在埃尔贡山愉快的停留即将结束。我们怀着沉重的心情收起帐篷，对自己许诺还会回来。我没法去想这是我第一次，也将是最后一次体验到这种意外的荣耀。自那以后，卡卡梅加附近发现黄金，采掘开始了。天真而友好的当地人开始发起“茅茅运动”[1]，我们也看到了从文明的美梦中猛然惊醒的状况。

我们沿着埃尔贡山南坡艰难前行，眼前的景色逐渐变化。覆盖着浓密丛林的高山已经和平原接壤。当地居民的肤色更黑了，他们的身体变得更笨拙、更魁梧，缺少马赛人的优雅。我们进入了布基苏地界，在布南贝尔（Bunambale）的休息处待了几天。那里海拔较高，我们饱览了尼罗河河谷的美景。接着又去了姆巴拉（Mbala），在那儿搭乘两辆福特卡车来到维多利亚湖畔的金贾（Jinja）。我们把行李装到一列窄轨火车上，这列火车两周一趟，开往基奥加湖（Lake Kioga）。我们坐上一艘锅炉里烧木头的明轮汽船，经过一些事故后来到了马辛迪港（Masindi Port），在那里换乘卡车来到马辛迪镇。该镇位于一片把基奥加湖和艾尔伯特非洲内陆湖（Albert Nyanza）分开的高原上。

在从艾尔伯特湖到苏丹的雷贾夫（Rejâf）途中的一个村子里，我们有一次让人相当兴奋的经历。当地首领，一位个头很高但还很年轻的男子，和他的随从一起出现。他们是我见过的最黑的黑人。这伙人有些地方让人放心不下。尼穆莱（Nimule）的地方官[2]派了三个土著民兵给我们做护卫，但我发现他们和我们自己的小伙子都一点儿没感觉轻松。毕竟，他们

① 二十世纪五十年代肯尼亚人民反对英国殖民者的武装斗争运动。——译者

② El mamur，字面意思是地方官、执政官。

的每支步枪只有三夹弹药。所以，他们的出现只是政府方面一种象征性的姿态。

首领提议晚上跳舞，我欣然同意。我希望这种狂欢能引出他们性格中更好的一面。夜幕降临，当鼓声响起、号角吹起时，我们都困极了。很快就来了约六十个男人，像打仗一样拿着些闪闪发光的长矛、大棒和刀剑。女人和孩子们隔着一段距离跟着，连婴儿也被母亲背着来了，这显然是个盛大的社交场面。尽管天气炎热，气温在九十三华氏度（约三十四摄氏度）以上，还是点了一大堆篝火，女人和孩子围着篝火形成一个圈，男人围着他们形成一个外圈。我曾见过一群紧张的大象这样做。我不知道应该为这样的大场面感到高兴还是担忧。我四下张望，寻找我们的小伙子和政府兵——他们全都从营地消失了！为了表示善意，我开始分发香烟、火柴和别针。男人的合唱开始了，旋律充满活力、威武雄壮又不失和谐。同时，他们开始摆动双腿。女人和孩子围着篝火跳起来，男人朝着篝火跳舞，挥舞手中的武器；然后退回来，再次向前，伴随着野性的歌声、鼓声和号声。

这个野性而激动人心的场面沐浴在火光和神奇的月光之中。英国朋友和我起身加入跳舞的人群。我和他们一起跳，挥舞着我的犀牛鞭，那是我唯一的武器。从他们眉开眼笑的脸上，我看得出他们赞赏我们的加入。他们热情倍增，所有人都一个劲儿地跺脚、唱歌、喊叫、大汗淋漓，舞蹈和鼓声的节奏渐渐加快。

在这样的舞蹈中，伴随着这样的音乐，当地人很容易陷入一种着魔状态。当时的情况就是这样，接近十一点时他们的兴奋渐渐超出常规；突然，整个局面变得非常奇特，跳舞的人进入野蛮状态，我开始担心如何收场。我示意首领是时候结束了，他和他的人应该回去睡觉，但他不断地要“再来一个”。

我想起我的一位同胞，萨拉森（Sarasin）[①]堂兄弟中的一位，去西里伯斯岛（Celebes）[②]探险时，在这样的舞蹈中意外被一支长矛射中。于是，我不顾首领的话，把大家叫了过来，分发香烟，还做了睡觉的手势。然后，我一面挥舞犀牛鞭威胁，一面笑着：由于找不到更好的语言，还用瑞士德语大声咒骂他们，说这就够了，现在他们应该回家上床睡觉了。他们显然看出来，某种程度上我是在假装发怒，但这恰好起了作用。大家笑起来，欢呼雀跃，然后四散离去，消失在夜色中。有好长时间，我们还能远远听到他们快活的嚎叫声和击鼓声。最终，万籁俱寂，我们疲惫不堪，沉沉睡去。

一路的艰难跋涉在尼罗河畔的雷贾夫结束，我们把行李装上一艘成功停靠在雷贾夫的明轮汽船，那里的水位对它来说太浅了。这时，我才感觉到经历的这一切让我多么劳累。万千思绪萦绕于心，我痛苦地发现，自己消化新印象的能力很快就到了极限。我需要回顾所有的观察和体验，发现其中的内在联系。我写下了所有值得记录的事。

---

① 瑞士人类学家，与其堂弟一同探险。——译者

② 印尼苏拉威西岛（Salaweisi Isaland）之旧称。——译者

整个旅行期间，我的梦顽固地遵从忽视非洲的策略。这些梦完全描绘家中场景，似乎是在说——如果可以把无意识过程拟人化到这种程度的话——它们认为非洲之行并不真实，更像是某种症状性或象征性的行为。就连旅途中最难忘的事件都被梦境粗鲁地排除在外。整个考察过程中，只有一次，我梦见了一个黑人。他的脸让我有种奇特的熟悉感，但我用了好长时间回想之前在哪儿见过他。最后终于想起来：他是我在田纳西州查塔努加（Chattanooga）的理发师！他是位美国黑人，在梦里他拿一根巨大、火红的烫发棒对着我的头，想把我的头发烫卷——也就是变成黑人的发型。我能感觉到那灼热的疼痛，并在一阵恐惧中醒来。

我把这个梦看作来自无意识的警告，意思是原始人对我构成危险。那时，我显然太接近“变黑”的状态了。当时患的白蛉热很可能降低了我的心灵防御能力。无意识为了表现一个威胁我的黑人，唤醒了十二年前在美国的黑人理发师的记忆，这样就可以避免涉及当下的人和事。

梦境的这一奇怪行为，不经意间正好符合第一次世界大战中记录到的一种现象。战场上的士兵梦到战争的情景比梦到故乡要少得多。随军的精神病学家有一条基本原则：如果一个人开始做太多战争场景的梦，就应该让他撤离前线，因为这意味着他已经失去了抵御外部印象的心理防御能力。

我虽身处艰苦的非洲环境中，但梦中的内在防线得到了成功的保护。这些梦境处理的是我的个人问题，我从中得出的唯一结论是，我的欧洲人格在任何情况下都必须保存完好。

让我惊讶的是，我开始怀疑这趟非洲考察有一个隐秘的目的，就是要逃离欧洲和它复杂的问题，即便冒着留在非洲的危险。在我之前，许多人就是这样做的；当时这样做的人也不少。结果表明，这趟旅行不太算是一次对原始人心理的考察（“布基苏心理学考察队”的缩写B.P.E的黑色字母还印在运输箱上！），而是在探索一个更尴尬的问题：心理学家荣格在野性非洲会遭遇什么？这个问题我一直试图回避，尽管在理智上，我的确想研究欧洲人对原始环境的反应。我发现这研究不太是一个客观的科学项目，而是极具个人性，任何深入的尝试都会碰到我自己心里的各个痛处。我必须对自己承认，让我决心开始这趟旅行的，远不仅仅是温布利展览会，更重要的是欧洲的氛围对我来说已经变得高度紧张。

我沉浸在这样的思绪中，顺着平静的尼罗河水一路向北——去到欧洲，去到未来。航行最终到达喀土穆（Khartoum），这里就是埃及了。这样，我实现了自己的愿望和计划，即不是从西面的欧洲和希腊方向，而是从南面，从尼罗河的源头接近这片文化领域。我对埃及文化中含米特（Hamite）的部分，比对其中复杂的亚洲元素更感兴趣。沿着尼罗河的地理流向，也随着时光的流逝，我在这方面有所收获：其中最大的启发，就是在埃尔贡族人中发现了对荷鲁斯的崇拜。当我在埃及南大门的阿布-辛贝勒神庙看到狗头狒狒的雕像时，再次戏剧性地想起这整件事及其全部意义。

荷鲁斯神话是关于新生的神圣之光的古老故事。这个神话应该出现在人类文化——即意识——第一次把人从史前时代的黑暗中解放出来之后。这样，从非洲中心到埃及的旅程，在我看来就成了一出光明诞生的戏剧。这出戏跟我和我的内心有密切联系。我意识到了这一点，但又感觉难以言表。我并没有预知非洲会带给我什么，但这儿已经有了让人满意的答案和经历。对我来说，这比任何民族学成就——武器、装饰物、陶罐、狩猎战利品的收集——都更有价值。我曾经想知道非洲会给我带来怎样的影响，终于如愿以偿了。

(4) 印度[①]

1938 年的印度之行并不是我主动前往，当时印度的英国政府邀请我出席加尔各答大学二十五周年相关的纪念活动。

那时，我已经读过大量印度哲学和宗教史方面的书，对东方智慧的价值深信不疑。但我必须去那儿得出自己的结论，同时像蒸馏瓶中的“人造人”一样待在自己内心中[②]。印度就像一个梦一样影响我，因为我一直并且仍然在探索自己，探索关于自己的独特真相。

当时，我正在对炼金术哲学进行紧锣密鼓的研究，这次旅行构成了其间的一段插曲。这项研究让我十分着迷，因而随身

① 荣格从印度回来后，在《亚洲》杂志（纽约，1939 年一二月刊）发表了两篇文章:《印度的如梦世界》和《印度能教给我们什么》，收录于《转型中的文明》(《荣格文集》第 10 卷）一书中。——阿尼拉·杰菲

② 人造人是指利用炼金术造出来的小矮人，相传具有神奇能力，可以预知未来。据说它们住在蒸馏瓶中非常沉默，只有当炼金术士轻轻拍打瓶子时，他们之间才用一种奇怪的语言进行交谈。——译者

携带了1602年版《炼金术剧场》的第一卷，其中包含格拉尔杜斯·多诺尔斯的主要著述。旅行途中，我把这本书从头到尾研究了一遍。于是，属于欧洲思想基本岩层的这一材料和我对异国思想文化的印象形成一种持续的对位关系。二者都来源于最初的无意识心灵体验，所以带来了同样、相似至少是可以比较的启发。

印度让我第一次直接体验到一种异域的、高度迥异的文化。中非之旅也贯穿着截然不同的元素，但文化在那里并不占据主导。至于北非，我在那儿从来没有机会和一个能把他的文化付诸言语的人交谈。不过，在印度，我有机会和能代表印度思想的人谈话，并将其与欧洲作比较。我曾经和迈索尔（Mysore）[①]土邦主的古鲁（智慧导师）S. 苏勃拉马尼亚·艾耶尔（S. Subramanya-Iyer）有过深入交谈，我在他那里做客了一段时间。我还和其他许多人交谈过，可惜已经记不起他们的名字。另一方面，我有意避开一切所谓的“圣人”，因为我必须获得我自己的真理，而不是从他人那里接受我无法自己获得的东西。如果从圣人那里学习，把他们的真理当作自己的，我会觉得是一种偷窃。在欧洲，我也一样不能向东方借用任何东西，而必须自己来塑造我的生命——用我内在的存在告诉我的，或是大自然带给我的。

在印度，我关心的主要问题是邪恶的心理本质。这个问题融入印度人精神生活的方式给我留下相当深刻的印象，并让我用新

---

① 印度卡纳塔克邦（Karnataka）城市。——译者

的视角来看它。一次，我和一位有教养的中国人谈话，其中一件事也多次让我印象深刻——这些人能够整合所谓的“恶”而不“丢脸”。我们西方人做不到这一点。对东方人来说，道德问题似乎不是首要的，不像我们那样。对东方人而言，善和恶都有意义地包含在自然之中，且只是同一种事物的不同程度。

我发现，印度精神中包含的恶和善一样多。基督徒努力追求善，并屈从于恶；印度人则觉得自己存在于善恶之外，并试图通过冥想和瑜伽来实现这一状态。我反对的理由是，在这样的态度下，善和恶都没有了真正的边界，这就造成一种停滞。人既不真的相信恶，也不真的相信善，这样善或恶最多被看成是我的善或我的恶，看成对我来说的善或恶——这给我们留下似是而非的表述，即印度精神既缺乏善也缺乏恶，或者说，印度精神背负了太多的矛盾，以至于需要无诤[1]，即从对立双方和万事万物中解放出来。

印度人的目标并不是道德完善，而是达到无诤的状态。他们希望从自然中解脱出来，为了实现这一目标在冥想中寻求无象和空性的境界；而我则希望一直处在对自然和心灵意象进行活跃沉思的状态中。我并不想从人类的存在、我自己或是自然中挣脱出来，因为这一切对我来说都是最伟大的奇迹。自然、心灵和生活，在我看来就像是神性的展现——夫复何求？对我来说，存在的最高意义只在于其当下所是，而不在于其所不是或不再是。

在我看来，没有不惜一切代价的解脱。我不能从某种自己

---

① “不分别”的意思。——译者

并不拥有、没有做过或没有体验过的事中解脱出来。只有当我做了能做的一切，当我完全献身于某事并最大限度参与其中，才有可能实现真正的解脱。否则，我就斩断了自己心灵中相应的部分。当然，我没能完全投入某种体验可能有充分的理由。但这样，我就不得不承认自己的无能，而且必须明白，我可能忽视了一些非常重要的事。这样，我就通过对自己无能的清楚认识弥补了积极行动的缺乏。

一个人如果还没有穿越自己激情的地狱，是永远无法克服这些东西的。他们会住在隔壁的屋子里，随时投掷出火焰点燃他自己的房子。每当我们半途而废、抛诸脑后、忘记太多，我们忽略的事就有卷土重来的危险。

在科纳拉克（Konarak）〔奥里萨邦（Orissa）〕，我遇到一位梵学家，他亲切地提出要和我一道参观寺庙和神舆。那里的塔身自下而上全刻满了精美的色情雕像。我们就这一非凡的事实讨论了很久，他解释说，这是一种实现心灵净化的方式。我表示反对——指着一群站在遗迹前的年轻农民，他们张着嘴，欣赏着这些华丽的雕刻——那一刻，这些年轻人不太可能正在经历心灵净化，而更有可能满脑子充斥着性幻想。对此，他答道:“但这就是关键。如果他们不首先实现自己的业，又怎么能得到净化呢？这些公认的色情雕像，就是为了让人想起他们的达摩（法）[1]，否则这些没有意识的家伙会忘记达摩的。”

---

[1] 意为正道，即应该去做的事情。——译者

我想认为年轻人可以像过了发情期的动物一样忘记自己的性欲，真是种奇怪的观念。然而，这位圣人坚持认为，他们像动物一样无意识，确实需要及时告诫。为此他说，在他们踏进寺庙之前，就会在这些外部装饰的提醒下想起他们的达摩，因为如果他们没有意识到自己的达摩并实现它，就不可能参与心灵的净化。

步入寺庙大门时，我的伙伴指给我看两位“引诱女”，即跳舞女孩的雕像，有着诱人的臀部曲线，对走进来的人微笑致意。“你看到这两个跳舞的女孩了吗？”他说，“这是一样的意思。当然，这并不适用于你我这样的人，因为我们已经获得了一种超越这些东西的意识水平。但对那些农村小伙子来说，这是不可或缺的指导和训诫。”

当我们离开神庙沿着一条旁边有男性生殖器雕像的小道前行时，他突然说：“看见这些石头了吗？你知道它们的意思吗？我要告诉你一个大秘密。”我吃了一惊，心想每个孩子都看得出来这些石雕刻的是阴茎，但他无比严肃地在我耳边小声说道：“这些石头，是男人的私处。”我以为他会告诉我这些阴茎象征着湿婆大神。我目瞪口呆地看着他，但他只是自命不凡地点点头，像是在说：“是啊，就是这样的。你们这些无知的欧洲人显然永远想不到！”我把这个故事告诉海因里希·齐默尔（Heinrich Zimmer）时，他欢呼道：“终于听到关于印度的真人真事了，算是有所改变！”

我参观了桑奇佛塔（the stupas of Sanchi），佛陀在那里开示了《一切燃烧经》。当时，一阵强烈的情绪袭来。当我遇到一个重要的事件、人或是想法，但自己还没有意识到其重要性的时候，常常就会出现这种情绪。佛塔建在一座石头很多的小山上，沿着一条大石板铺成的舒适小路，穿过一片绿色的草地就能到达山顶。佛塔保存着佛陀的遗骨，呈半球形，仿佛两个巨大的碗扣在一起，凹面对凹面，就像佛陀在《大般涅槃经》中描述的那样。英国人带着无比崇敬的精神完成了其修复。这些建筑中最大的一座被围墙环绕，围墙有四道精制的门。你从其中一道门进去，沿着道路转向左侧，然后就会围着佛塔顺时针转一圈。四个方位基点上各有一尊佛陀的雕像。绕完一圈后，你就进入了位置更高、方向一致的第二圈。远处平原的景色、佛塔、寺庙遗迹、这片圣地孤独的宁静，让我沉醉其中。我向旅伴告辞，独自沉浸在这里的强烈氛围中。

不多久，我听到有节奏的锣声由远及近。一队日本朝圣者一个跟着一个走了过来，每人都敲着一只小锣。他们敲出古老咒词唵嘛呢叭咪吽的节奏，锣声落在吽字上。他们在佛塔外深深鞠躬，然后穿过大门。佛陀的雕像前，他们再次鞠躬，吟唱着赞美诗一样的歌。他们绕完两圈，在佛陀的每一尊雕像前都唱一首圣歌。看着他们时，我的心和灵也跟他们在一起，心里有某种东西在默默感谢他们神奇的到来，帮我抒发了难以言表的情怀。

如此强烈的情感，表明桑奇山对我来说意味着某种核心的东西。我在这里看到了佛教的新的一面。我把佛陀的一生看作自性的现实，它成功突围，并成为一种个人生活。对佛陀而言，自性高于一切神明，是个统一的宇宙，代表人类存在的本质和世界整体的本质。自性同时体现了固有的存在和已知的存在两个方面，没有这两方面世界便不复存在。佛陀看见并领悟了人类意识在宇宙起源意义上的尊严，因此他很清楚，如果人熄灭了这道光，世界将沉入虚无。叔本华的伟大成就在于，他也认识到了这一点，或者说，是重新独立发现了这一点。

和佛陀一样，基督也是自性的一个体现，但是在一种截然不同的意义上。二人都代表着对世界的征服：佛陀是出自理性的洞察，基督是作为命中注定的牺牲者。基督教中有更多的苦难，佛教中有更多的洞见和作为。两条路都是对的，但在印度人的理解中，佛陀是个更圆满的人。他是个历史人物，所以更容易被人理解。基督既是历史人物，又是神，所以更难被领会。说到底，他自己都不理解自己，他只知道必须牺牲自己，这个要求是发自内心的。这一牺牲像天命一样发生在他身上。佛陀活出了自己的人生，寿终正寝；而基督作为基督的活动，很可能只持续了不到一年。

后来，佛教经历了和基督教一样的转变：佛陀成为自性发展的意象，成了供人效仿的楷模。而事实上，佛陀曾开示说，跳出因果轮回，每个人都能觉悟成佛。同样，在基督教里，基督是一个典范，他的完整人格存在于每一个基督徒心中。但历史潮流导致了效法基督。个体不再追求自己命中注定的通向完整之路，而是试图模仿基督的道路。东方也一样，历史潮流导致了对佛陀的虔诚模仿。佛陀应该成为被效仿的楷模，这种观点本身就削弱了他的思想，正如在基督教思想的演化过程中效法基督成了其致命停滞的先兆。佛陀凭借自己的领悟力，远超梵天诸神，基督也曾对犹太人喊道:“你们就是神”（《约翰福音》第十章第三十四节），但人们无法理解他的意思。相反，我们发现，所谓的基督教西方远没有创造出一个新世界，而是迈开大步朝向毁灭现有世界的可能性。[1]

印度授予我三个博士头衔，来自安拉阿巴德（Allahabad）、贝拿勒斯（Benares）和加尔各答大学，它们分别代表了伊斯兰教、印度教和英属印度的医学与科学。好事太多反成坏事，而且我需要休养。在加尔各答，我终因痢疾病倒，在医院里住了十天，“如愿以偿”。在浩如烟海的新印象中，医院就像一个安全岛，我找到了立足之地，可以深入思考万千变化的扑朔迷离。

身体痊愈回到旅馆后，我做了一个非常特别的梦，详述在此：我发现我和许多苏黎世的朋友、熟人一起待在一个无名岛上，可能离英格兰南部海岸不远。这个岛很小，几乎无人居住，地形狭长，呈带状，约二十英里长，南北走向。小岛南段的岩石海岸上有一座中世纪城堡。我们是一群观光客，站在城堡的院子里，面前矗立着一座宏伟的钟楼，透过它的大门可以看到一条宽阔的石阶。我们只能望见石阶通向上方一个立有圆柱的大厅，里面透出微弱的烛光。我明白这里就是圣杯城堡（castle of the Grail），今晚这里将举行“圣杯庆典”。这件事似乎是个秘密，因为我们中一位长相酷似老蒙森（old Mommsen）[2]的德国教授

---

① 关于效法的问题，参见《心理学与炼金术》第一部分（《荣格文集》第 12 卷）。

② 此处可能是指德国历史学家和政治家特奥多尔·蒙森(Theodor Mommsen)。——译者

对此一无所知。我十分愉快地和他聊天，惊叹于他的博学和机智。只有一件事让我困扰：他不断谈论不复存在的过去，旁征博引地讲述圣杯故事在法国的起源和在英国的起源之间有什么关系。显然，他既没有意识到传奇的意义，也没有意识到它在当下活生生的体现，而我强烈地意识到了这二者。而且，他似乎并没有感觉到我们周遭的真实环境，表现得像是在教室里给学生上课。我试着让他注意到当时的奇特场合，却是徒劳。他既没有看到楼梯，也没有看到大厅里的节庆氛围。

我有些无助地环顾四周，发现自己站在一座高大城堡的墙边，墙体下面的部分覆盖着一种格架，不是用普通木头做的，而是用黑铁精巧地铸成葡萄藤的样子，有叶子、缠绕的卷须和葡萄。每隔六英尺的横枝上有些小房子，也是铁质的，像鸟屋一样。突然，我看见枝叶里动了一下，起先以为是老鼠，而后我清楚地看到一个小小的、铁质的地精，戴着帽兜，就是帽兜地精，从一栋小房子快步跑到另一栋。“哇，”我惊讶地对教授说，“看看这个，你会……”

那一刻，梦突然中断，然后就转变了。我们——还是同一群人，但教授不在——在城堡外面一片没有树木、满是岩石的地方。我知道会有事发生，因为圣杯还不在城堡里，而当晚仍要为它举行庆典。据说圣杯在岛的北面，藏在一所无人居住的小房子里——是那里唯一的房子。我知道把圣杯带到城堡是我们的任务。我们中的六个人动身向北，徒步前行。

经过几个小时的艰难跋涉，我们到达了岛上最狭窄的地方。我发现，小岛事实上是被一条海湾分成两半，最窄的地方水面约有一百码宽。太阳落山，夜幕降临，我们疲惫不堪，就地宿营。这地方荒无人烟，放眼望去，没有树木，只有草和岩石。没有桥，也没有船。天气非常冷，伙伴们一个接一个睡着了。我在想能做什么，结论是，我应该独自游过海峡，取回圣杯。我脱下衣服。就在这时，我醒了过来。

好容易才挣脱汹涌而来的印度印象，就做了这么个具有欧洲性质的梦。大约十年前，我发现在英格兰的许多地方，圣杯神话是一种鲜活的东西，尽管已经有许多围绕这一传统进行的学术研究。当我意识到这个诗意的神话和炼金术中所说的泰一容器、泰一妙药、泰一哲人石之间的一致性时，此事越发让我印象深刻。白天遗忘的神话，夜晚继续传诵。那些有力的形象，被意识概括为荒谬平庸的琐碎之物，但被诗人再次认出，并按照预言复活过来。所以，它们也会被有思想的人“以改变了的形式”辨认出来。过去的伟大人物并没有像我们以为的那样已经死去，他们只是改换了名字。“小而轻、力无穷”，蒙着面纱的卡比尔走进一所新房子。

这个梦蛮横地驱走了印度留给我的所有强烈印象，让我回到忽视已久的西方问题上。这些问题原先在对圣杯的追寻和对哲人石的探索中得到了表达。我被带离印度世界，想起印度并非我的任务，只是道路的一部分——我承认是一个重要的部分——这条路让我接近目标。这个梦仿佛是在问我:“你在印度做什么？怎么不去为自己和你的同胞寻找治疗的容器，寻找世界的保护者？那才是你亟需的。因为你的国家岌岌可危，形势迫在眉睫，你们很可能毁掉几百年间建立的一切。”

我此行的最后一站锡兰（Ceylon）并没有像印度那样带给我冲击。那里已经有点南洋的味道，还有点像天堂，人不能在这样的地方驻留太久。科伦坡是个繁忙的国际港口，每天五点到六点间，晴空中都会下起倾盆大雨。我们很快离开这里，前往内陆的丘陵地区。那里的康提（Kandy）是一座古老的皇城，包裹在一片细雾中，温暖湿润的雾气使得这里的植物生长茂盛。佛牙寺（Dalada-Maligawa Temple）里保存着佛牙（佛陀的），寺庙不大，却散发着独特的魅力。我在它的藏经阁里待了很长时间，和僧侣们交谈，观看那些刻在银箔上的佛教教规。

我在那儿目睹了一次难忘的晚课。年轻男女把大堆的茉莉花倒在供桌前，同时低声吟唱一句真言。我以为他们是在向佛陀祈祷，但为我做向导的和尚解释说："不，佛陀不在了，他已进入涅槃，我们没法向他祈祷。他们唱的是：'生如夏花，转瞬即逝，祈愿神明[①]，歆享此奉。'"

作为仪式的前奏，他们在寺庙前厅（印度寺庙里称之为"等候厅"的地方）里击了一小时的鼓。击鼓的人有五位，其中四人分别站在方形大厅的四个角落，第五人是个年轻男子，站在正中间。他是独奏，一个非常好的鼓手。他赤裸上身，深棕色的躯干闪闪发光，系一根红色腰带，穿一条白色 shoka（及踝长裙），缠着白头巾，手臂上戴着闪亮的手环，背着一只双面鼓，朝着金色佛像走去。这是"伎乐供养"。他通过身体和手臂的优美动作独自击出一种奇特的旋律，炉火纯青。我从后

① 此处神明指的是提婆（Deva），一位守护神。

面看他，他站在寺庙前厅入口前，那里点了许多小油灯。鼓使用的是腹部和太阳神经丛的古老语言，腹部并不“祈祷”，而是产生“有功德”的真言或是冥想式表达。所以，这不是在崇拜一个不存在的佛陀，而是觉醒之人所做的众多自我救赎行动之一。

时近初春，我踏上返家的旅程，心中保存着太多印象，以致一点儿也不想下船看看孟买。相反，我埋头阅读拉丁文的炼金术文章。但印度并非雁过无痕，它留下的踪迹，把我从一种无限引向另一种无限。

(5) 拉韦纳(Ravenna)和罗马

1913 年第一次到拉韦纳时，加拉·普拉西第亚墓（the tomb of Galla Placidia）在我看来已经相当重要而迷人。二十年后，我又有了同样的感觉。在加拉·普拉西第亚墓中，我又陷入一种奇特的情感，又一次深受触动。我和一位熟人在那里，从陵墓直接走进了东正教的洗礼堂。

在这儿，最先打动我的是照亮整座屋子的淡蓝色光线。不过，我一点儿也没想这件事。我没想去寻找光源，所以这种没有任何可见光源的奇妙光线并没困扰我。有些惊奇的是，我记得第一次来时看到窗户的地方，现在是四幅精美绝伦的马赛克壁画，而我似乎把这全忘了。发现记忆如此靠不住，让我有些烦恼。南面的马赛克壁画表现的是约旦河的洗礼；北面的第二幅表现的是以色列子民渡过红海；东面的第三幅很快就从我记忆中消失了，它表现的可能是乃缦（Naaman）[1]在约旦河洗去他的麻风病。我藏书室里那本古老的梅里安《圣经》中就有一幅关于这一主题的插图，很像马赛克。洗礼堂西面的第四幅画最让我难忘。我们最后参观这幅画，它表现的是基督把手伸给彼得，彼得正要被波涛淹没。我们在这幅壁画前驻足了至少二十分钟，讨论洗礼仪式的起源，尤其是那个奇怪的古老观念，即认为它是和真实的死亡危险有关的入会仪式。这样的入会仪式经常和死亡危险有关，用来表达死亡和重生的原型观念。洗礼最初是一种真实的浸没，至少表达了溺死的危险。

彼得溺水的马赛克壁画在我心里留下了最清楚的记忆，时至今日，每处细节仍历历在目：大海的蓝色，单独的马赛克片，彼得和耶稣说出来的刻在卷轴上的话。我曾试图辨认这些语句。离开洗礼堂后，我立刻去阿里娜利（Alinari）购买壁画照片，但一张也没找到。时间紧迫，这只是一次短暂的游览。于是我推迟了买照片的事，心想可以从苏黎世订购。

回家后，我请一位要去拉韦纳的熟人帮我购买这些照片。他没找到，因为他发现我所描绘的马赛克壁画并不存在。

与此同时，我已经在研讨会上讲了洗礼概念的起源，也在这一场合提到我在东正教洗礼堂见到的马赛克壁画。[2]这些壁画的记忆仍然栩栩如生，和我同行的那位女士一直不愿相信她“亲眼看见”的东西并不存在。

---

①《旧约》人物，亚兰国的将军，以利沙先知(Elisha)曾医好他的麻风。——译者

② 谭崔瑜伽研讨会，1932 年。

我们知道，很难确定两个人在多大程度上会同时看到一样的东西。不过在这件事上，我可以确定，至少我们看到的东西主要特征是相同的。

拉韦纳的这次经历是我一生中最奇怪的事之一。加拉·普拉西第亚皇后（死于公元450年）的一件轶事也许可以为此提供线索。在一个天寒地冻的冬天，她冒着暴风雨从拜占庭前往拉韦纳，当时她发下誓言，如果能平安抵达，就修建一座教堂，并在其中描绘海上的历险。她遵守誓言，在拉韦纳修建了圣乔瓦尼人教堂（San Giovanni），并用马赛克壁画进行装饰。中世纪早期，圣乔瓦尼大教堂和其中的马赛克壁画被大火烧毁，但后来在米兰的安布罗西亚纳（Ambrosiana）发现了一幅素描，描绘的是船上的加拉·普拉西第亚。

第一次去那儿，加拉·普拉西第亚的形象就给我带来一种个人化的感染。我经常在想，这样一位修养极高、挑剔讲究的女子怎样生活在一位野蛮的君王身边。她的墓对我来说是最后一份遗产，也许可以借此来了解她的性格。她的命运和整个存在生动地展现在我眼前。由于她强烈的个性，她是我阿尼玛的一个合适的化身。①

男性的阿尼玛有种强烈的历史特性。阿尼玛作为无意识的

① 荣格把这一视象解释为无意识的一个短暂的新创造，产生自他对入会仪式原型的想法。在他看来，当时诱发这种具体化的原因，是他的阿尼玛投射在了加拉·普拉西第亚身上。——阿尼拉·杰菲

人格化身，可以追溯至史前时代，能体现过去的内容。她为个体提供的那些元素，是他应该知道的、和自己过往经历有关的东西。对个体来说，阿尼玛是现在还活在他心中的所有过去的生命。和她相比，我经常觉得自己是个毫无历史的野蛮人——就像一个从虚无中蹦出来的生物，既没有过去，也没有未来。

面对阿尼玛的过程中，我的确遇到过马赛克壁画里描绘的那些危险，曾经差点被淹没。同样的事情也发生在彼得身上：他呼喊求救，并被耶稣救起。法老军队的命运[①]也有可能是我的。我像彼得和乃缦一样，毫发无损逃过一劫，而且无意识内容的整合为我人格的完善做出了至关重要的贡献。

当一个人把之前没有意识到的内容整合进意识中时，内心发生的事很难用语言描绘，只能体验。这是一种主观体验，超出了讨论范畴。我们对自己和我们存在的方式有种独特的感受，这是事实，既没有质疑的可能，也没有质疑的意义。同样，我们也向他人传达一种独特的感受，这也是个不容置疑的事实。就我们所知，没有什么更高的权威能消除所有这些印象和观点之间可能的差异。整合有没有带来变化、这种变化的本质是什么，仍然是个主观信念的问题。当然，这不是一个能从科学角度证明的事实，所以在官方的世界观里也找不到一席之地。但它仍然是个事实，在实践中极其重要，而且会带来很多后果。现实的心理治疗师和对治疗感兴趣的心理学家无论如何

① 法老军队追赶离开埃及的以色列人，耶和华把红海海水分开，摩西带领以色列人成功穿过，尾随而来的埃及人则淹死在红海中。见《圣经》。——译者

也承担不起忽视这类事实的代价。

拉韦纳洗礼堂的这次经历之后，我开始确信，有些内在的东西看起来像是外在的，而有些外在的东西看起来像是内在的。洗礼堂中那些真实的墙壁，尽管一定被我的肉眼看见，却覆盖了一层截然不同的视象，看上去完全真实，就像那不变的洗礼池一样。那一刻，哪个才是真实的呢？

我的事绝非孤例。当这种事发生在一个人身上时，他不禁会比对听说和读到的事情更加严肃地对待。总之，对这类奇事，人很快会想出各种各样的解释。我得出的结论是，在确立任何关于无意识的理论之前，我们还需要更多、更多相关的体验

我一生中去过许多地方。本应很想去罗马，但我感觉自己并不能真正承受这个城市可能带给我的印象。光是庞贝，就快要超出我的接受能力了。通过1910年至1912年间的研究，我对古典时代的心理学形成了一些看法，此后才能去庞贝。1912年，我乘船从热那亚前往那不勒斯。当船接近罗马的纬度时，我凭栏眺望。罗马就在那儿，是个仍然热气腾腾的炉膛，古代文化从这里散发出去，基督教和西方中世纪在这里盘根错节，古典时代仍然在这里辉煌而残酷地存活着。

我一直好奇那些本可以去巴黎或伦敦这样的地方却去了罗马的人。当然，罗马和这些城市一样，可以让人在审美上尽情享受。但如果每走一步，那里孕育的精神都深深触动你的存在；如果这里一段残墙、那里一根石柱，都用似曾相识的面孔

注视着你，那就是另一回事了。即便在庞贝，没有预料到的景象也呈现出来，意外的事情也被我意识到，诸多问题暴露，我却无力应对。

晚年——1949 年——我想要弥补这一缺失，却在买票时突然晕厥。自那以后，去罗马的计划就再一次并彻底搁置了。

10. 视象

1944年初，我的脚受了伤，祸不单行，紧接着又犯了心脏病。在无意识状态中，我多次体验到谵妄，看到许多视象，这是从我濒临死亡、接受输氧和樟脑注射时开始的。那些意象如此可怕，以致我觉得自己快死了。护士后来告诉我："当时你仿佛被明亮的光芒环绕。"她补充说，有几次，她在濒死的人身上见到过这种现象。我当时已经抵达了最远的极限，不知道自己是身处梦境还是灵魂出窍。不管怎样，我身上发生了相当奇怪的事情。

我仿佛高悬在空中，下方的远处，地球沐浴在一片辉煌的蓝光之中。我看到深蓝色的大海，还有大陆。锡兰在我脚下很远的地方，正前方则是印度次大陆。我的视野并没有囊括整个地球，但它的球形轮廓清晰可辨，它的边缘透过那奇妙的蓝光闪烁着一层银色。地球上许多地方似乎都是有颜色的，要不就是一些深绿色的斑点，像氧化的银器那样。左边远处有一片广阔的区域——是赤黄色的阿拉伯沙漠，仿佛地球的银色在那里呈现出一种金红的色调。然后就是红海，更远更远的地方——

仿佛是在地图的左上方——只能看到地中海的一角。我的目光主要望着那边，其他一切似乎都模糊不清；也能看见白雪皑皑的喜马拉雅山，但那个方向云遮雾绕。我根本没有朝右边看。我知道自己快要离开地球了。

后来我发现，要有这么广阔的视野需要到达怎样的高度——大约一千英里！从这个高度看到的地球，是我见过最壮丽的景象。

我注视了一会儿，转过身来。之前我是背靠印度洋站着，面朝北方；现在似乎转了个身，朝向南方。新的东西进入我的视野。不远处，我看见一块黑色的巨石浮在空中，像是块陨石，约有我的房子那么大，或是更大些；它漂浮在太空中，而我自己也漂浮在太空中。

我在孟加拉湾的海岸上见过类似的石头，是黄褐色的花岗石，其中一些被挖空，凿成了寺庙。我的石头就是这样一块黑色巨石，上面有个入口，通向一个小前厅。入口右侧，一个皮肤黝黑的印度人以莲花坐姿势静静坐在一条石凳上。他身穿白袍，我知道他正在等我。走上两级台阶就进了前厅，厅内左侧是神殿的大门。大门周围环绕着无数个小壁龛，每个壁龛里都有个茶碟状的凹穴，里面灌满椰子油，配有点燃的小灯芯，大门就被这些明亮的火焰包围着。我在锡兰康提的佛牙寺里见到过这样的景象，佛殿大门也是被好几圈这样的油灯所环绕。

当我走上通向岩石入口的台阶时，奇怪的事发生了：我感觉一切都渐渐蜕去，我的追求、渴望和思想，尘世间的万千风景，全都离我而去，或说是从我身上剥离——这个过程极其痛苦。不过还是有些东西留了下来，仿佛现在我带着所有自己经历过、做过的和发生在我身边的事。可以说：这一切与我同在，我就是这一切。也就是说，这一切构成了我。我由自己的历史构成，而且很确信：这就是我。我就是存在过的这一切和完成了的这一切。

这体验给我一种极其匮乏的感觉，但同时又相当充盈。再也没有什么是我想要的、渴望的。我以一种客观的形式存在，我就是我所经历和生活过的。起先，湮灭感占据主导，那种被剥夺或被劫掠的湮灭感。但突然间，这变得无关紧要。一切似乎都过去了，留下来的只有既成事实，而没有任何对过往的指涉。我对逝去或被剥夺的东西不再感到遗憾，相反我拥有我所是的全部，而这就是一切。

另一件事引起了我的注意：走进寺庙时，我确信自己将进入一间明亮的屋子，在里面见到我在现实中的亲朋好友。在那儿，我终将明白——这也是确定的——我或我的一生，是历史中的哪一环。我会知道我之前是什么，为什么我会存在，我的生命流向何方。在我看来，我的一生常常像是个没头没尾的故事。我觉得我是个历史碎片，是一段丢失了上下文的摘录。我的人生仿佛是从一长串事件中剪下来的，许多问题都没有得到解答。为什么选了这个部分？我为什么带着这些特定的预设？我用它们做了什么？接下来会怎样？我确信一旦进入这座石庙，所有这些问题都能得到解答。在那儿，我会明白为什么一切是这样而不是那样。关于过去是怎样、未来会怎样的问题，我将在那儿遇见知道答案的人。

正思考这些问题时，发生的事引起了我的注意。一个意象从欧洲方向浮了上来，那是我的医生 H 博士——或者说，是他的样子——头戴一条金链，或是一个金桂冠。我立刻发现："啊，这是我的医生，当然啦，就是那个一直在给我看病的人。但现在，他以最初的形式出现了，就是科斯（Kos）的巴塞勒斯。[①]现实中，他是这位巴塞勒斯的化身，是这个自古以来存在的原初形式的世俗体现。现在，他以原初形式出现了。"

想来，我也是以原初形式出现的，尽管我并没有观察到这一点，只是想当然地认为。他站在面前时，我们之间出现了无声的思想交流。H 医生受地球派遣，给我送来一条消息，说有人反对我离去，我还没有权利离开地球，必须返回。话音刚落，视象就消失了。

我深感失望，因为现在看来，一切都没有意义。痛苦的剥离过程只是徒劳，还不允许我进入寺庙加入昔日的亲朋好友之列。

在现实中，我又花了三个星期才下决心活过来。我没法进食，因为所有的食物都让我厌恶。病床上见到的城市和山峦的景色，在我看来就像一块有黑洞的彩绘帘子，或是一张破报纸，印满毫无意义的照片。我失望地想："现在，我又要回到'盒子系统'了。"因为我觉得，在宇宙的界限外面，仿佛人为建起了一个三维世界，其中每个人都独自坐在一个

---

① 巴塞勒斯，国王之意。在古代，科斯作为阿斯克勒庇奥斯神庙的所在地和希波克拉底的出生地而闻名。——阿尼拉·杰菲

小盒子里。而现在，我得重新说服自己那是重要的！生活和整个世界就像一座监狱，而要再次对这一切安之若素真是让我不胜其烦。我很高兴摆脱了这一切，而现在又要——和其他人一起——被一根绳子吊在一个盒子里。漂浮在太空中时，我没有重量，也没什么东西拽着我。但现在，这一切都成了过去！

医生让我活了过来，这使我对他相当抗拒。同时，我也替他担忧："天哪，他有生命危险！他以原初形式出现在我面前！有人以这样的形式出现，就意味着他快死了，因为他已经属于那'更大的群体'了！"我突然有一个可怕的想法，觉得H医生会代替我死去。我竭尽全力和他谈这件事，但他不能理解我。然后，我开始生他的气："他为什么总是假装不知道自己是科斯的巴塞勒斯？他不是已经具有原初形式了吗？他想让我相信他根本不知道！"这让我恼火。妻子责备我对他如此不友善。她是对的，但那时我生他的气，是因为他执意不愿谈论在我的视象中发生过的事。"该死，他应该当心点。他没有权利这样不顾危险！我要告诉他得好好照顾自己。"我坚信他的生命危在旦夕。

事实上，我是他最后一位病人。1944年4月4日——我仍记得确切的日期——自从生病以后，我第一次获准在床边坐起来。同一天，H医生却病倒了，而且再也没有下过床。我听说他患上间歇性发热，不久就死于败血症。他是个好医生，有几分天赋，否则不会以科斯国王的样子出现在我眼前。

那几周，我活在一种奇怪的节奏里。白天我总觉得抑郁，虚弱难过，几乎不敢动。我哀怨地想："现在我得回到这个乏味的世界了。"傍晚我会睡着，一直睡到午夜时分，恢复知觉后醒着躺大约一小时，但在一种完全不同的状态里，仿佛灵魂出窍。我感觉自己像是漂浮在太空中，就像安全地待在宇宙的子宫里——待在巨大的虚空中，心里却充满无与伦比的快乐。"这就是永恒的极乐，"我心想，"难以形容，真是太奇妙了！"

我周围的一切似乎都中了魔法。半夜的这个时候，护士给我送来一些加热过的食物——因为只有在那时我才吃得下东西，而且有食欲。我一度觉得她是位犹太老妇，比实际年龄老得多，而且在为我准备仪式用的犹太食品。我看她的时候，她脑袋周围似乎有一圈蓝色光环。我仿佛置身石榴园中[①]，泰福瑞（Tifereth）和玛寇（Malchuth）的婚礼正在那里举行。或者我是西蒙·本·约斋拉比（Rabbi Simon ben Jochai），那里正在庆祝他来世的婚礼。那就是卡巴拉传统中的神秘婚礼。我描绘不出这场婚礼多么美妙，只能不断地想着："这里就是石榴园！这里就是泰福瑞和玛寇的婚礼！"我不知道我在其中是什么角色，说到底，这就是我自己：我就是这场婚礼，而我的至福就是这场极乐婚礼的至福。

石榴园渐渐消失，场景改变了。接下来是羔羊婚娶，耶路

---

① 《石榴园》是摩西·科尔多沃罗（Moses Cordovero，十六世纪）撰写的一本古老的卡巴拉著作。在卡巴拉教义中，上帝从隐匿状态中显灵为十个源体，其中两个便是玛寇和泰福瑞，他们分别代表上帝头脑中的女性观念和男性观念。

撒冷张灯结彩[1]。我无法描绘其细节，那种喜乐妙不可言，天使出席、明光烁亮，而我自己就是“羔羊婚娶”。

这一场景也消失了，接着出现了新的也是最后的视象。我沿着开阔的山谷走到尽头，前方是一片起伏的丘陵。山谷尽头有一座古典的圆形露天剧场，坐落在一片绿色的风景中，宏伟壮丽。剧场里正在庆祝圣婚[2]，男女舞者登上舞台，众神之父宙斯和赫拉在一条鲜花装饰的躺椅上圆房，完成了神秘的婚礼，就像《伊利亚特》中描写的一样。

这些体验都非常愉快。夜复一夜，我漂浮在一种单纯的极乐状态中，“周围簇拥着一切造物的意象”。[3]渐渐地，各种主题融合在一起，变得暗淡。通常，这些视象会持续大约一小时，然后我再次入睡。渐近黎明时，我会觉得：现在，灰暗的早晨又来了，灰暗的世界带着那些盒子又来了！愚蠢至极，毫无意义！内在状态如此美妙迷人，相形之下，这个世界显得荒唐无比。我越恢复元气，这些视象越是微弱；第一次视象出现不到三周之后，它们就完全停止了。

那些视象出现时美好而强烈的感情实在难以言传。这是我体验过最美妙的事物。而白天的对比多么强烈：我深受折磨、

---

① 羔羊指基督，婚娶的对象是耶路撒冷；羔羊婚娶，是指基督在耶路撒冷登基为王。参见《圣经》。——译者

② 圣婚主题出现在许多文化中，相似之处是膜拜一个具有母性特质的女神，认为只有为女神找到爱侣（神或凡人），才能使人畜多产、庄稼丰收。圣婚就是为这一缔结举行的庆祝仪式。——译者

③《浮士德》第二部。

烦躁不安，每件事都能激怒我，每件事都那么物质、那么粗鲁、那么笨拙，在空间和精神上都大受限制。这简直是在坐牢，却不知道为什么。然而，它有一种催眠的力量、一种说服力，仿佛这就是现实，因为我已经清楚地感受到了它的空洞。虽然我对世界的信念又回来了，但自此之后，我再也无法完全摆脱一个印象，即生命是种片段的存在，在一个专门为它而设的盒子般的三维宇宙里演绎。

还有一件事我记得很清楚。起先，当我看到石榴园的视象时，我请护士原谅我可能给她带来的伤害。我说，房间里会变得非常圣洁，可能对她有害。她当然没有理解我的意思。对我来说，圣洁的到来伴随一种神奇的氛围，我担心别人可能无法承受。那时，我理解了为什么有人会谈论神圣的气味，谈论圣灵的“香气”。就是这个。房间里有种无法言传的圣洁的气，神秘融合就是它的显现形式。[①]

我从没想到能有这样的体验，这并不是想象的产物。这些视象和体验完全是真实的，其中没有任何主观的东西，它们都有种绝对客观的品质。

我们不好意思使用“永恒”这个词，但我可以把这种体验描述成一种非时间性的狂喜状态，当下、过去、未来在其中合为一体。时间中发生的一切都被聚集成一个有形的整体。没有任何东西分散在时间里，没有任何东西能被时间的概念度量。

---

① 此处应指前面三个婚礼的意象，即这种圣洁的氛围以视象的形式呈现出来。——译者

最好把这一体验定义为一种感受状态，但它是一种无法通过想象来制造的感受状态。我怎能想象自己同时存在在前天、今天和后天？有些事应该还没有开始，另一些事无疑正在发生，还有一些事已经完成——然而，所有这些都是同一个东西。感受所能把握的，只是一种概要、一个色彩斑斓的整体，它同时包含着对开始的期待、对正在发生之事的惊讶和对结果的满意或失望。人交织在一个难以描述的整体之中，但可以带着彻底的客观性观察它。

后来，我又一次体验到这种客观性。那是在妻子去世之后。我在一个很像视象的梦里见到她。她站在一段距离之外直视着我。她正值最好的年华，大概三十岁上下，穿着许多年前我的灵媒表妹给她做的衣服。那可能是她穿过最漂亮的衣服。她的表情不悲不喜，而是相当客观、智慧、通情达理，没有一点情绪化的反应，似乎已经超越了情感的迷雾。我知道那不是她，而是她留给我的肖像；不是她自己画的，就是委托别人画的，其中包含了我们关系的开始、五十三年婚姻中的重大事件，还有她生命的结束。面对这样一种整体，人无话可说，因为它很难被理解。

我在这个梦和这些视象里体验到的客观性，是自性化完成之后的一个部分，它意味着从价值判断和我们称为“情感连接”的东西中脱离出来。一般来说，情感连接对人类非常重要，但其中含有投射，必须收回这些投射才能实现自我、实现客观性。情感关系是欲望的关系，被强迫和限制所污染。对他人有所期待，就会让对方和我们自己不得自由。客观的认知藏在情感关系吸引力的后面，这似乎是核心的秘密。只有通过客观的认知，才可能实现真正的融合。

病愈之后，我的工作进入一个硕果累累的阶段。许多主要的作品就是在那时写成。我获得的洞见或是那万物终结的视象，让我有勇气提出新的构想。我不再试图表达自己的观点，而是让自己臣服于思想的流动。这样，问题一个接一个地呈现出来，有条有理。

这场病还带给我其他改变，也许可以称之为对事物当下状态的肯定：对事物无条件的“是啊”，没有任何主观抗议——接受我所看到、理解到的存在的限制，接受我自己碰巧具有的本性。生病之初，我曾感觉自己的态度出了某种问题，而且我在某种程度上对此负有责任。但是，当人走上自性化的道路、过上他自己的生活，就应该考虑到错误。没有错误，生活就不完整。谁也不能保证——即便只是片刻——我们不会犯错，不会落入致命的危险。我们可能会设想一条确定的道路，但那是死亡之路，那之后就什么也不会发生了——至少正确的事情不会发生。走上确定道路的人，与死无异。

这次生病之后我才明白，承认自己的命运有多重要。我们能以此造就一个自我：当不可理解的事发生时，它不会崩溃，而是更加持久，能够承受真相，有能力应对世界、应对命运。这样，经历失败也是在经历成功。不论内在还是外在，都没有什么会受到困扰，因为人自身的延续性能承受生命和时间的流变。但只有当人不过分好奇地插手命运造化时，这一切才可能实现。

我也意识到，人应该接受自己心中自主产生的想法，将它们看作自身现实的一部分。当然，真和假的范畴一直是存在的，但由于它们并非一成不变，所以位居第二。思想的存在比我们对它的主观判断更重要，但这些判断也不应该被压抑，因为它们也是现存的思想，是我们完整性的一部分。

11. 论死后的生活

我要谈的关于来世，关于死后生活的事情，完全由回忆、我经历过的意象和反复冲击我的思想组成。这些回忆在某种程度上也是我作品的基础，因为我的作品本质上只不过是在重新尝试回答“现世”和“来世”之间相互作用的问题。然而，我从来没有专门写过死后的生活，因为那样就需要为我的想法提供证明，但我做不到。尽管如此，我还是想在这里阐明我的观点。

即便到了现在，我能做的，也只是讲讲故事——“编撰神话”。也许只有当人接近死亡时，才能获得必要的自由来谈论这件事。并不是说我希望我们能拥有死后的生活，事实上，我宁愿不要怀有这样的想法。不过，考虑到现实，我得说，虽然我没有这种希望，也没有相应的作为，对此事的想法仍然在我心中盘旋。我没法说这些想法是对是错，但我的确知道它们就在那儿，而且可以被表达出来，只要我不出于某种偏见去压抑它们。偏见会给心灵生活的完整事实带来削弱和损害。而我对心灵生活所知甚少，不觉得自己能用更高级的知识来校正它。

批判理性主义显然把死后生活的观念连同其他许多神话观念一起摒弃了。发生这样的状况，只是因为当今大部分人几乎完全认同了他们的意识，并想象他们了解自己的一切。但是，只要对心理学略知一二，就会发现这种认识多么狭隘。理性主义和教条主义是我们时代的弊病，它们假装无所不知。但是，我们会发现很多在现有的局限观点看来不可能的事。我们关于时空的概念只有粗略的有效性，还很可能存在大大小小的偏差。鉴于这些情况，我会留意倾听心灵的奇妙神话，并仔细审视眼前发生的各种事件，不论它们是否符合我的理论假设。

不幸的是，如今大家对人的神话一面漠不关心。人们再也创造不出传说了，结果就失去了太多东西，因为谈论费解的事是重要而有益的。这样的讨论，就像坐在炉火边抽着烟斗讲一个好的鬼故事。

关于死后生活的神话和故事的真正意义，我们显然并不明白，也不知道这背后藏着怎样一种现实。除了拟人化投射这一毋庸置疑的价值，我们无法断定它们是否还有任何确定之处。而且，对这些超出理解范围的事，我们没法获得定论，这一点必须牢记在心。

我们构想不出一个由完全不同的规律决定的世界，因为我们生活在一个特定的世界里，它帮我们形成了自己的心智，建立起我们最基本的心灵状态。我们严格受限于自己的内在结构，我们的整个存在和思想把我们和这个世界绑在一起。可以说，创造神话的人需要一种“无拘无束”，但相信科学的人无法允许这一点。对知识分子而言，我的所有神话编撰都是无效的思考。但对情感而言，这是一种治愈性的、有成效的活动。它为存在赋予一种魅力；没有这种魅力，我们对存在不会有兴趣，我们也没有什么理由不要这种魅力。

死者会作为鬼魂或借助灵媒显灵，交流一些只有他们才可能知道的事，超心理学把这些现象看作存在死后生活的科学证据。但尽管的确有这类案例的完整记录，问题仍然存在：鬼或者声音就是死者的，还是一种心灵投射？那些事是真的从死者口中说出，还是来自无意识中可能存在的知识？[1]

撇开认为这些事情并不存在的理性论辩，我们不该忘记，对大多数人而言，认为他们的生命在此世之外还能无限延续，这意义重大。他们会活得更通情达理，感觉更好、更加平和。一个人有千百年，有长得不可思议的时间可以自行支配，那为什么还要毫无头绪地忙忙碌碌呢？

自然，这种推理并不适用于每个人。有些人并不渴望永恒，一想到要坐在云端弹一万年竖琴就直哆嗦。也有很多人命运多舛，或者相当厌恶自己的存在，他们更愿意彻底结束而不是持续下去。但在多数情况下，永生的问题如此急迫、如此直接且如此根深蒂固，以致我们应该努力为此形成一些观点。但怎么做呢？

我的假设是，可以借助无意识传递来的线索——比如梦。我们通常会摒弃这些线索，因为我们确信这个问题无解。为了

① 关于无意识中的“绝对知识”，参考《共时性：一种非因果联系的原理》，见《心灵的结构与动力》（《荣格文集》第8卷）第481页及以下。

回应这种可以理解的怀疑主义，我提出如下考虑：如果有些事物我们无法知道，就不应该把它看作一种智识问题。比如，我不知道宇宙起源的原因，也永远不会知道，于是我应该放弃把这个问题看作一个科学或智识的问题。但如果我从梦中或是神话传统中得到了一种相关的见解，就该予以留意。我甚至应该以这些线索为基础建立一种观念，尽管我知道这将永远是一种无法被证实的假设。

一个人应该能够说，他已尽全力形成对死后生活的看法，或者创造了一些关于它的意象——即便他必须承认自己的失败。没有这样做是种致命的损失，因为他面对的这个问题，是人性的古老遗产：一种原型，富含神秘的活力，它试图加入我们的个人生活中，使之变得完整。理性给我们划定了过于狭窄的疆界，会让我们只接受已知的事物——这也伴随着很多限制——并活在一个已知的框架中，仿佛我们知道生命到底能持续多久。实际上，我们日复一日的生活远远超出意识的限制；没有了知识，无意识的生活仍然在我们心中继续着。批判理性主导得越多，生命就变得越贫瘠，但如果能把更多的无意识和神话带到意识层面，我们的生命就会变得更完整。在这一点上，被高估的理性和政治上的专制主义有相同之处：在其统治之下，个体会变得贫穷。

无意识帮助我们的方式，是向我们传达信息，或给出象征性的暗示。它也有别的方式告诉我们一些通过逻辑永远无法知道的事。想想共时性现象、预感和梦境成真。我记得在第二次世界大战期间，有一次我从波林根回家，随身带着一本书，但读不进去，因为火车开动的那一刻，有人溺水的意象就淹没了我。这是一段记忆，和我服兵役期间遇到的一次事故有关。整个旅途中，我都无法摆脱它。我觉得诡异，心想:“发生了什么？真的出事了吗？”

我在埃伦巴赫（Erlenbach）下车，步行回家，路上仍被这段记忆困扰。二女儿的孩子们正在花园里，他们一家人由于战乱，从巴黎回到瑞士和我们一起生活。孩子们看起来很沮丧，我问:“怎么了？出什么事了？”他们告诉我，最小的男孩阿德里安掉进船库的水里。那水很深，他不会游泳，差点儿淹死，是他哥哥把他捞了出来。这件事发生的时间，正好是我在火车上被那段记忆困扰的时候。既然无意识给了我一个提示，那它为什么不可能在其他事情上也给我提示呢？

妻子家中一位亲戚去世之前，我也有过类似的体验。我梦见妻子的床是个石砌的深坑，那是个墓穴，有种古典时期的格调。我听到深深的一声长叹，仿佛有人快死了。一个酷似妻子的人影从坑里坐起来，飘了上来。它穿一件白袍，上面织着奇怪的黑色符号。我醒了，叫醒我妻子，看了看时间，当时是凌晨三点。这个梦如此奇怪，我立刻想到，它可能预示着死亡。七点时，噩耗传来，说我妻子的一位表亲在凌晨三点去世了。

预示经常出现，但不知道到底是谁。一次，我梦见自己在参加一个花园聚会，在那儿看见了我妹妹。我十分诧异，因为她几年前就去世了。一位已故的朋友也在那儿，其他都是还在世的人。不久，我看见一位熟悉的女士陪着我妹妹。即便在梦里，我也得出结论，认为这位女士快死了。“她已经被标记了。”我心想。在梦里，我清楚地知道她是谁，还知道她就住在巴塞尔。可是一醒过来，不管我再怎么努力，都记不起她是谁，尽管整个梦仍然历历在目。我回想巴塞尔的所有熟人，看看能不能对上号，但还是想不起来！

几周之后，我得到消息，一位朋友出了致命事故。我立即明白，她就是我在梦里见到却一直想不起来的人。我对她的记忆相当清楚，细节丰富，因为她有很长时间一直是我的病人，直到去世之前一年。然而，当我尝试回想梦中那个人时，只有她的样子没有出现在巴塞尔熟人“肖像画廊”里，虽然照理说她应该是我最先想起来的人之一。

人有过这样的体验——我会再讲一些类似的经历——就会对无意识的潜能和技艺怀有某种敬意。只是，人应该保持批判的态度，并知道这样的沟通也可能具有主观意义。它们可能符合现实，也可能不符合。然而我发现，我基于这些无意识线索形成的观点非常有意义。当然，我不打算就此写一本启示录，但我承认我有一个“神话”，它鼓励我更深地探索这整个领域。神话是科学的最早形式。当我谈论死后的事时，我是在谈论内在提示，而且仅限于告诉你跟这一主题相关的梦境和神话。

当然，人们可以一开始就宣称，有关死后生活的神话和梦境只不过是我们本性中固有的补偿性幻想——所有的生命都渴望永恒。对此，我能举出的唯一论据，就是神话本身。

然而，许多迹象表明，心灵中至少有一部分并不受时空法则支配。J.B.莱因（J. B. Rhine）的著名实验已经为此提供了科学证据[1]。这些实验，以及大量自发预知、非空间知觉等例子——我已经从自己的生活中给出了一些——证明，心灵有时会在时空的因果规律之外发生作用。这表明，我们对时空的观念，以及随之而来的因果观念，都是不完备的。一幅关于这个世界的完整图景，还需加入另一个维度，只有这样才能为现象整体提供一个统一的解释。理性主义者直到今天都坚称超心理现象并不真的存在，因为他们的世界观成立与否就取决于这个问题。如果这样的现象存在，理性主义的宇宙图景就失效了，因为它不够完备。那样，现象世界之外可能存在一种另有价值的现实，这就成了一个无法回避的问题，而我们必须面对一个事实：我们的世界及其时间、空间、因果关系和隐含其后或其下的另一种秩序有关，在这种秩序里，“此处或彼处”、“先前或后来”并不重要。我一直相信，至少一部分的心灵存在是以时空相对性为特点。这种相对性似乎跟它和意识的距离成正比，趋向一种既没有时间也没有空间的绝对状态。

不仅我自己的梦，有时别人的梦也有助于塑造、修订或确认我对死后生活的看法。我尤其看重一位学生做的一个梦。这位女士六十岁，梦大概发生在她去世前两个月，她在梦里进入了死后的世界：那儿正在上课，她的许多已故女友坐在前排。一种期待的气氛蔓延开来。她环顾四周寻找老师，却一个也没找到。然后，她发现自己就是老师，因为刚刚去世的人需要报告自己的全部生活经历。已去世的人对刚去世的人带来的生活

---

① 见《超感觉印象》（波士顿，1934 年）和《心智的限度》（纽约，1947 年）。

经历饶有兴味，仿佛发生在尘世生活和时空中的行动、经历才是关键。

不管怎样，这个梦描绘出一群最不寻常、不可能在人间找到的“观众”，他们对人这一生的终极心理学结果有浓厚兴趣。在我们的思维方式看来，这些结果根本不足为奇，更别说能从中得出什么结论了。然而，如果这些“观众”存在于一种非时间的状态里，在其中，“终结”、“事件”、“发展”都成了有问题的概念，那他们很可能对那里缺少的东西抱有非常强烈的兴趣。

做这个梦的那段时间，这位女士惧怕死亡，竭尽全力防御任何相关的想法。然而，死亡事关重大，尤其对日渐衰老的人而言。这个问题决然地出现在他们面前，不得不予以回答。为此，人应该拥有一个关于死亡的神话，因为理性呈现给他的，只有一个他即将沉入其中的漆黑坑洞。然而，神话能为他召唤出其他意象，为他描绘出死后生活的画面，这些画面丰富而有益。如果他相信这些东西，或者以某种程度的信任欢迎它们，那他可能是对的，也可能是错的，就像那些不相信它们的人一样。但有人绝望地走向虚无时，也有人相信原型，延续着生命的道路，并在死后依然活着。诚然，两种情况都无法证实，但一种人过着违反本能的生活，另一种人则顺应本能。

来自无意识形象的信息也并不完整，需要人或者和意识的接触来获得知识。刚开始和无意识工作时，我发现自己跟莎乐美和以利亚这两个人物关系十分密切。之后他们逐渐远去，但大约两年后，又重新出现了。他们一点儿没变，言行举止就仿佛这期间什么都没发生过，这让我十分惊讶。实际上，我的生活中发生过一些相当不可思议的事。可以说，我必须从头开始，告诉他们发生的这一切，并加以解释。当时我大为诧异，直到后来才明白怎么回事：这段时间里，他们退回到无意识中，退回到他们自身之中——可以说，是退回到一种没有时间的状态中。他们和自我以及自我的变化一直没有联系，所以并不知道意识世界里发生了什么。

我很早就明白，有必要对无意识中的形象，或是“逝者的灵魂”（二者常常难以区分）进行教导。第一次体验到这一点，是 1911 年和一位朋友骑自行车穿越意大利内陆旅行的时候。回家路上，我们从帕维亚（Pavia）骑到阿罗纳（Arona），来到马焦雷湖（Lake Maggiore）下游，在那里过夜。我们打算沿湖骑行，穿过泰辛（Tessin），行至法伊多（Faido），从那里搭火车前往苏黎世。但在阿罗纳，我做的一个梦扰乱了行程安排。

梦里，我参加了一个近代名人灵魂的集会，那种感觉和我在 1944 年的视象中对黑色岩石庙宇里那些“显赫祖先”的感觉相似。谈话是用拉丁语进行的。一位戴着卷曲长假发的绅士来和我说话，问了我一个很难的问题。醒来后，我再也想不起这个问题的要点。我理解他的意思，但没有能力用拉丁语来回答他，我为此感到非常丢脸，于是醒了过来。

醒来那一刻，我立即想到当时正在写的《力比多的转化与象征》，并为那个自己答不出来的问题感到十分自卑，于是立即乘火车回家，想要继续投入写作。我已经没法继续骑行，再浪费三天时间，我必须工作、必须找到答案。

直到多年以后，我才理解了这个梦和我的反应。戴假发的绅士是一种祖先精神，或是逝者的灵魂，他向我提出一些问题——白费力气！这些问题为时过早，我还没有达到那种水平，但隐约觉得通过写书我就给出了回答。可以说，提问的人是我精神上的祖先，他们希望并期待得知他们在世时没能知道的事，因为答案在后来的几百年间才开始形成。如果问题和答案都已存在于永恒之中，一直在那儿，那我就不需要作出任何努力了，而且这些都可以在别的时代被发现。的确，自然界中似乎已经存在着无限的知识，但只在时机成熟时，它们才会被意识领会。这个过程可能就像发生在个体心灵中的那样：人可能在很多年里都对某些事有着模糊的想法，直到一个特定的时刻才恍然大悟。

后来，在写《向死者的七次布道》时，又是逝者向我提出关键的问题。据他们所说，他们“从耶路撒冷回来，那里找不到要找的东西”。当时，这让我十分诧异，因为根据传统观念，逝者所知甚多。人们认为死去的人知道的比我们多多了，因为基督教教义告诉大家，死后我们会“坦诚相见”。不过显然，逝者的灵魂“知道”的事，并不比他们死时更多。所以他们尝试进入人间，分享活人的知识。我经常觉得他们就站在我们身后，等着听我们会给他们怎样的答复，给命运怎样的交代。我觉得，他们似乎要依靠活人来得到问题的答案，依靠那些幸存下来、活在一个变动不居的世界里的人：仿佛他们并非全知，或者说，并不具有全方位的意识——全方位的意识只能流入活人的心灵，流入受肉体束缚的灵魂。所以，和逝者相比，活人的心智至少有一点优势：有能力获得清晰而明确的认知。在我看来，时空中的三维世界就像一个坐标系；而在无时空的世界中，事物可以出现在不同的横纵坐标上，就像一个有许多面向的原始意象，或像围绕一个原型发散出来的一团认知。然而，必须有一个坐标系，才可能对离散的内容进行区分。在发散的全知状态，或在一种无主观性的状态，如果没有时空界限，任何这样的操作对我们来说都是难以想象的。认知就像生殖一样，首先需要一种对照，需要此和彼、上和下、前和后。

如果死后有一种有意识的存在，在我看来，它会在人性所达到的意识水平上继续。这种水平在任何时代都有一个可变的上限。许多人终其一生到临死之时，都落后于他们的潜能——更重要的是，落后于其他人一生中带入意识层面的知识。所以，他们想在死亡中获得自己生前未能得到的认识。

我是通过考察关于死者的梦境得出这一结论的。一次，我梦见自己前去拜访一位两周前去世的朋友。这位朋友生前只拥护一种传统的世界观，而且冥顽不化、毫无反思。梦里，他的家位于一座像巴塞尔附近图灵格山（Tüllinger hill）那样的小山上。在那儿，古堡围墙围成一个广场，里面有一幢小教堂和几幢更小的建筑。这让我想起拉珀斯维尔城堡（castle of Rapperswil）前面的广场。时值秋季，古树的叶子变成金色，柔和的阳光让整个景象光彩焕发。我的朋友和他女儿坐在桌前，他女儿曾在苏黎世学过心理学。我知道她正在给父亲讲心理学。朋友听得如此着迷，跟我打招呼时只简单地挥了下手，像是对密友说:“不要打扰我。”致意的同时也是辞别。这个梦告诉我，现在他以一种我当然还无法理解的方式，被要求领会他心灵生活的现实，这在他生前一直没能做到。

妻子去世约一年后，我有了另一个关于灵魂在死后进化的体验。一天晚上，我突然醒来，意识到刚才和她一起在法国南部的普罗旺斯待了一整天。她在那里专心研究圣杯。这对我来说很重要，因为她没有完成这一研究就去世了。在主观水平上解释这件事——即我的阿尼玛还没有完成她的工作——会索然无味，我很清楚自己没有完成这件事。但是，想到我妻子死后仍在继续她的精神发展——不论这是不是想象出来的——会让我觉得有意义，并得到一定的宽慰。

当然，这类观点并不准确，会给人错误的印象，就像物体投影在平面上；或是相反，就像从一个三维物体中构造出一个四维模型。它们要使用三维世界的术语来把自己呈现给我们。数学费尽心力为超越我们经验理解范畴的关系创造出表达式。十分相似的是，受过训练的想象力通过逻辑原则，以经验数据（也就是梦的证据）为基础，为难以捉摸的事物建立意象，这是很重要的。所用的方法，我称之为“必要陈述法”，它代表着释梦过程中的放大原则。不过，用简单整数所隐含的陈述最容易说明这一点。

一，作为第一个数字，是个单位，但它也是“统一体”、泰一、合一、个体和不二——不是一个数，而是一个哲学概念，是上帝的一个原型、一种属性，是个单子。人类的智识当然可以作出这番表述，但同时，智识受到关于“一”的观念及其含义的规定和限制。换句话说，这些表述并不是任意的，它们受到“一”的性质的制约，从而是必要陈述。理论上说，同样的逻辑适用于之后每一个数的概念，但在实际中，这个过程很快就会结束，因为复杂性剧增，变得难以把握。

每增加一个单位都会带来新的特质和变化。于是，数字“四”有一个属性，就是四次方程能够求解，五次方程则不能。所以，数字“四”的必要陈述就是：它在其他事物中是一个顶点，同时也是上升过程的结束。由于每增加一个单位就会出现一个或更多新的数学特质，所以陈述会变得相当错综复杂，以致没法进行表述。

自然数的无限序列对应着个体造物的无限数量。这个序列同样由个体组成，即便最初十个数的性质，也代表着从单子中产生的一种抽象宇宙学。然而，数字的性质同时也是物质的性质，正因如此，特定的方程式可以预测物质的变化。

所以我认为，除了数学陈述（比如自然界中隐含的陈述），还有些陈述也能指向超越自身、难以描绘的事实，比如那些被广为接受或是频繁出现的想象的产物，就像所有的原型主题那样。对数学方程里的某些因子，我们并不知道它们对应怎样的物理现实；同理，有些神话产物，我们起先并不知道它们指的是怎样的心理现实。关于热气涡流的方程式存在很久之后，这类气体的问题才得到了精确研究。同样，我们一直以来拥有很多基本的神话主题，它们表达了特定无意识过程的动力，尽管这些过程直到最近才被命名。

在我看来，逝者能够获得的知识的上限，是由所有地方获得的最大意识构成的。很可能，这就是为什么尘世生活如此重要，为什么人在死时“带走”的东西如此重要。对立面在现世生活中相互碰撞，只有在这里，意识的一般水平才能被提升。这似乎就是人类形而上的任务——而如果没有“神话化”，是不可能完成的。神话是无意识和意识认知之间一个自然且不可或缺的中间阶段。无意识的确知道的比意识多，但这是种特殊的知识、不朽的知识，通常没有涉及此时此地，无法用智识的语言来描述。只有当我们让这些陈述把自己放大时，就像前面数字的例子那样，它才能进入我们的理解范围内，进而我们才能感知一个新的层面。这一过程令人信服地反复出现在对梦的成功分析中，这就是为什么不对梦的陈述怀有先入为主的教条观点是如此重要。一旦惊觉某种“千篇一律的解释”，就说明我们的方式已经变成教条，无果而终。

虽然没法收集有效证据证明灵魂在死后的存在，但的确有些值得我们深思的经历。我把这些经历看作提示，而不是重要的洞见。

一天晚上，我躺在床上，想着一位朋友突然离世的事，他的葬礼是在前一天举行的。我深感心忧。突然，我感觉他在房间里。他似乎就站在床尾，请我跟他走。我没有看见鬼的感觉，相反，这是个关于他的内在视觉意象。我对自己解释说，这是幻觉。但我得老实地问问自己：“有什么证据证明这是幻觉？如果不是幻觉，如果我朋友真的在这儿，而我断言他只是个幻觉，那我不是太糟糕了吗？”然而，我也没有证据证明他真的站在我面前。我对自己说:"两边都不能证明！但我也可以假定他不是幻觉；为了实验，相信他是真的，而不把他解释成幻觉。"这样想的那一刻，他走到门边，示意我跟着他。于是，我就得配合他了！这我可没料到。我不得不再对自己重复一遍刚才的论证，然后才在我的想象中跟着他。

他带我走出房子，穿过花园，来到路上，最后进了他家。(现实中，他家离我家只有几百码远。)我走进去，他把我领进他的书房，上了一把椅子，指给我看书架第二排上五本红色封面书的第二本。然后，视象就中断了。我不熟悉他的藏书，不知道有些什么。当然，从下面也看不清书架第二层上他指给我的书的标题。

这次经历让我非常好奇。第二天一早，我就去拜访他的遗孀，问能不能去他书房里找点东西。果然，在视象中所见的书架下面放了一把椅子，我还没走到跟前，就看见了上面那五本红色封面的书。我爬上椅子，以便看清书名。那是埃米尔·左拉(Emile Zola)[①]小说的译本，第二卷的标题是:《死者的遗产》。我对书的内容没什么兴趣，只有标题很有意义，和这次经历有关。

母亲去世前我在梦中的体验也一样重要。她去世的消息传来时，我正在泰辛。我大为震惊，因为这太突然，出人意料。她去世前一晚，我做了一个可怕的梦。梦中，我在一片茂密阴暗的森林里，周围都是参天大树，硕大无比的奇异巨石散落其

① 法国现实主义作家，自然主义文学理论的奠基人。——译者

间，景色豪迈而原始。突然，我听到一声刺耳的呼啸，声震寰宇。我的膝盖哆嗦起来。灌木丛中传来巨响，一头巨大的猎狼犬张着血盆大口蹿了出来。一看到它，我的血液就在血管里凝固起来。他从我身边跑过，我突然明白：是鬼猎人[①]命它去取一个人的灵魂。我惊恐万状地醒过来，第二天一早就收到了母亲去世的消息。

很少有梦让我如此震惊，因为如果肤浅地理解，梦像在说是魔鬼抓走了她。但准确地说，梦指的是鬼猎人，或说是绿帽人，当晚带着他的狼犬巡猎——那是一月里焚风肆虐的时节。他是沃丹，我的阿勒曼尼人[②]祖先的神明，把我母亲带到她的祖先那里——消极地说，是带到“野鬼部落”；积极地说，是带到了“受祝福的死者”那里。是基督教传教士把沃丹说成魔鬼。沃丹本是一位重要的神，罗马人正确地把他当作墨丘利或赫耳墨斯。他是个自然之灵，在圣杯传奇中，他在墨林身上复活，作为水银之灵，成为炼金术士寻求的秘药。所以，这个梦说的是，母亲的灵魂被带到更广阔的自性中，那里超越了基督教伦理的限定；她被带到了自然和灵性的统一体中，那里的矛盾和冲突都不复存在。

我立刻启程回家。坐在夜班火车上，我悲痛欲绝。但在内心深处，我无法哀伤，原因很奇怪：整个旅程中，我一直听到舞曲、笑声、欢闹声，像是在举行一场婚礼。这和梦带给我的

---

① 欧洲民间传说中一群在山野游荡的幽灵猎人。——译者

② 日耳曼人中的一支。——译者

可怕印象形成了强烈对比。这里轻歌曼舞、欢声笑语，我根本不可能沉浸在悲伤中。悲伤一次次快要淹没我，但下一刻，我又发现自己被欢快的音乐包围了。我一半感觉温暖而欢乐，另一半又感觉恐惧而悲伤，就在这两种相反的情绪中被抛来甩去。

如果假设某一刻我们是从自我的角度来表现死亡的，下一刻又是从心灵的角度，那就能解释这种矛盾。第一种情况下，它看起来是个灾难，这是我们感知它的常见方式，仿佛邪恶无情的力量终结了人的生命。

的确，死亡就是一种可怕的暴行，没有必要假装它不是。它不仅作为物理事件是残酷的，作为心理事件更加残酷。一个人离我们而去，只留下死亡那冰冷的寂静。再也没有希望建立任何关系，因为所有的纽带一下就灰飞烟灭。理应长寿的人英年早逝，一无是处的人却长命百岁。这是个残酷的现实，我们无权回避。死亡之残酷和冲动的现实经验让我们心怀怨恨，进而不相信仁慈的上帝、不相信正义、不相信善良。

然而，从另一个角度看，死亡是一件快乐的事。鉴于永恒的存在，死亡是一场婚礼，一次神秘融合。可以说，灵魂得到了它遗失的那一半，实现了完整。希腊石棺上用跳舞的少女来代表快乐的元素，伊特鲁里亚（Etruscan）的墓碑上则用盛宴来代表。卡巴拉教虔诚的西蒙 · 本 · 约斋拉比死时，他的朋友们说他是在庆祝自己的婚礼。直到今天，许多宗教都有万灵节那天在坟墓上野餐的习俗。这样的习俗在表达，死亡的确是件喜庆的事。

母亲去世几个月前，在 1922 年 9 月，我做了一个预示这件事的梦。梦和我父亲有关，给我留下了相当深刻的印象。自从 1896 年父亲死后，我一直没有梦到过他。现在，他又出现在梦里，仿佛远行归来。他看起来变年轻了，而且褪去了威权主义的家长作风。我和他一起走进我的书房，十分愉快地期待了解他这段时间做了什么。我还高兴地想着，要把妻子和孩子们介绍给他，带他看看我的房子，告诉他我的境遇和变化，也想和他聊聊我最近刚出版的讨论心理类型的书。但我很快发现，这些想法都不合时宜，因为父亲看起来心事重重。他显然想从我这儿得到什么。我明显地感觉到这一点，于是把想说的事咽了回去。

他说，既然我好歹是个心理学家，那他想向我咨询婚姻心理学的问题。我准备好就婚姻的复杂性向他发表长篇大论，但就在这时醒了过来。我无法完全理解这个梦，因为我从来没想到会跟母亲的死有关。直到她在 1923 年 1 月突然离世，我才意识到这一点。

父母的婚姻并不幸福，千磨百折，充满对耐心的考验。他们犯过许多夫妻会犯的典型错误。我的梦预示着母亲的去世，因为父亲在离开二十六年后，想听一个心理学家谈谈关于婚姻问题的最新想法和信息，他可能很快就要重新恢复这段关系了。显然，他在非时间的状态中并没有获得更好的理解，所以需要向活人求教。活人享受着时间变迁的好处，也许对整件事有新的理解。

这就是这个梦的信息。如果我考察它的主观意义，无疑能找到更多解释。但为什么在母亲死前梦到呢？我当时并没有预料到她会死。这明显和父亲有关，随着年岁渐长，我对他的同情也日渐加深。

由于无意识的时空相对性，它比意识心灵拥有更好的信息来源。意识只能感知感官接收的内容。要形成关于死后生活的神话，我们需要依靠梦境，或类似的无意识自发暴露所提供的稀少线索。就像我说过的，我们不能为这些暗示赋予知识的价值，更不能把它们当作证据。然而，它们作为神话性放大的基础就很合适，它们为寻求真理的智识提供了原材料，具有不可或缺的生命力。如果切断神话想象的这一中间世界，心智就会成为僵化教条的牺牲品。另一方面，对于虚弱而易受暗示的心智，跟这些神话起源过从甚密是危险的，因为他们倾向于把模糊的暗示当作真实的知识，把纯粹的幻想当真。

一个广为流传的关于死后生活的神话，是由各种围绕转世的想法和意象构成的。在一个智识文化高度发达、比我们古老得多的国家——当然，我指的是印度——转世的观念被认为理所当然，就像上帝创造世界或存在精神领袖的观念在我们之中理所当然一样。受过教育的印度人知道我们不赞同轮回观念，但他们并不在乎。根据这种东方精神，生死交替被看作一个永无穷尽的过程，是个没有目标的永恒轮回。人们活着，获取知识，然后死去，再从头开始。只有在佛陀那里才出现目的的观念，就是跳出三界。

西方人的神话需要一种具有开端和目标的宇宙演化观。西方人反对那种有一个开端和一个结局的宇宙观，也不能接受静态、自给自足、永恒轮回的观念。而东方人似乎能接受这样的观念。对世界的本质，大家的感受显然无法一致，连当代天文学家对这个问题也没有达成共识。对西方人来说，一个没有意义的静态宇宙是无法容忍的，他们必须假设宇宙有意义。东方人则不需要这样的假设，相反，他们自己就是宇宙意义的体现。当西方人觉得需要让世界的意义变得完善时，东方人则努力在人身上实现意义，让自己从世界和存在中解脱出来（佛陀）。

我会说，二者都是对的。西方人似乎外向占主导，而东方人内向占主导。前者把意义投射到外部，认为它存在于客观事物中，而后者觉得意义就在自身之中；但意义既在外部也在内部。

轮回的观念和业分不开。关键问题是，一个人的业是否他个人的。如果是，那么人出生时带着的注定命运，就代表着之前累世的成就，因而存在一种个人性的延续。但如果不是，那人出生时就被赋予一种非个人的业，那么业就在没有任何个人化延续的情况下再次显形。

佛陀有两次被弟子问到一个人的业是否他个人的。每次他都挡开这个问题，没有深究。他说，知道了也无助于摆脱存在的幻象。佛陀认为，对弟子来说，更有用的是对因果轮回进行思考，就是思考生老病死和苦难的因缘果报。

我不知道我现世的业是过去累世的结果，还是继承了祖先的作为。我是不是这些祖先生命的联合体？是不是再次体现了他们的生命？过去的我有没有作为一个特殊的人生活过？我是否在那一世取得了足够的进步，从而能在此世寻找答案？我不知道。佛陀并没有给这个问题下定论，我倾向于认为他自己对此并不确定。

我可以想象自己已经在过去的时代里生活过，在那里遇到一些还不能回答的问题，我必须再次出生，因为还没有完成赋予我的任务。死的时候，我做过的事也跟着我——这就是我所想象的。我会带着我的业，同时确保我最终并非两手空空，这很重要。当佛陀不让他的弟子在这些无用的思索上浪费时间时，他似乎也是这样想的。

我存在的意义是，生活向我提出了一个问题。或者相反，我自己就是提给这个世界的一个问题，而且应该表达我的答案，否则就得依赖这个世界的答案了。这是一个超个人的人生任务，我只有历尽艰辛才能完成。也许这个问题困扰过我的祖先，而他们无法回答。或许这就是为什么我对两件事耿耿于怀：《浮士德》的结尾并没有给出解决；而难倒尼采的问题是，基督教似乎失去了生命的酒神精神一面。抑或，这是我的阿勒曼尼人和法兰克人祖先那不安分的沃丹-赫耳墨斯精神提出来的难解之谜？

我觉得，祖先的生活带给我的结果，或者某个前世获得的业，也可能是一种非个人的原型，它如今压在每一个人身上，尤其是我。这种原型表现为，三元神学思想在千百年来的发展及其跟女性主义的对峙，或是至今仍悬而未决的诺斯替教关于邪恶起源的问题；换种方式说，就是基督教上帝意象的不完整性。

我也在想，或许当人有所成就时，一个问题也随之进入这个世界，而他应该为此提供一些答案。比如，我的提问和回答也许不能让人满意，那么，继承我业的人，或是我自己，就需要再次来到这世上给出一个更完整的回答。也许世界不需要这样的答案，那我可能就不会再出生，这样我也许会被赋予数百年的沉静，直到再次需要一个人对这些事感兴趣，并重新承担这一任务。我想象也许会有一段休息的时间，直到我生前完成的事需要被继续推进。

业的问题对我来说模棱两可，个人转世或灵魂轮回的问题也是如此。我“怀着自由而开放的心态”殷切了解印度人关于转世的教义，并回顾我的个人经历，看看能否发现指向轮回的可靠迹象。自然，我并不把西方出现的大量信仰轮回的证词考虑在内。对我来说，信仰只是信仰这种现象，而不是信仰的内容。我必须看到它在经验中的呈现才能接受它。尽管一直密切留意这类线索，但直到几年之前我都没有发现任何可信的材料。然而最近，我在自己身上观察到一系列梦境，似乎描述了一位已故熟人的转世过程。但我在其他人那里从未听说过这样的梦，所以也没有可供参照的对象。既然这一观察是主观的，又是孤例，我希望只提及它的存在，而不做进一步推论。但我必须承认，这件事之后，我看待转世问题的视角发生了变化，尽管并没有一个观点明确的立场。

如果假定生活在“那边”继续存在，那我们只能构想出心灵这一种存在形式，因为心灵的存在不需要空间，也不需要时间。心灵的存在，尤其是我们在这里关注的内在意象，为所有关于死后生活的神话思考提供了材料，而我把这种存在想象成是在意象世界里的延续。因此，死后的世界可能就位于心灵的存在中。

从心理学角度看，死后的生活似乎是晚年心灵生活的一种逻辑延续。随着年龄、沉思、反观的增长，内在意象自然在人的生活中占有越来越重要的位置。“你们的老年人要做异梦。”[①]这意味着老年人的心灵并没有变得僵化或是完全痴呆——病入膏肓，药至已晚。[②]步入晚年，人开始允许记忆的长卷在心智面前展开，并通过沉思，从过去的内在和外在意象中认出自己。这就像是在为死后的生活做准备，正如在柏拉图看来，哲学是为死亡做的准备。

内在意象让我不至于迷失在个人追忆中。许多老年人过分沉溺于对往事的重构，他们仍然被囚禁在这些记忆中。但如果回忆能被反思，并转化成意象，就能起到以退为进的效果。我想看见那条引领我穿过我的生活进入世界又从世界中出来的线索。

一般而言，人们对死后生活形成的观念多数是一厢情愿和偏见。所以，在大部分观念中，死后的世界被描绘成一片乐土。对我来说，并没有如此想当然。我不认为我们死后会被秘密带到一片花朵盛开的美丽草坪上。如果死后的一切都愉快而美好，那我们和那些神圣的灵魂之间一定能友好地交流，在出

① 《使徒行传》第二章第十七节，《约珥书》第二章第二十八节。

② 原文为拉丁语。

生前的状态里，善和美也会注入我们身上。但并没有这样的事。为什么生死之间横亘着如此难以逾越的屏障呢？遇见死者的人的描述中，至少有一半是遭遇黑暗灵魂的可怕经历。把死者所在之地描绘得冰冷寂静，不为丧亲者的哀恸所动，这已成定规。

按照不由自主出现在心中的想法，我觉得这个世界是高度统一的，以致没有一个对立法则完全不存在的死后世界。那里同样是自然的一部分，从而也是上帝的一部分。我们死后进入的世界会宏大而可怕，就像上帝，就像我们所知的关于自然的一切。我也无法想象苦难会完全停止。我在 1944 年视象中体验到的——从身体的重负中解脱出来，并觉知到意义——的确给了我最深的极乐。然而，那里也有黑暗，也有人情温暖的奇怪中断。想想我去的那块黑石头！它黑森森的，是最坚硬的花岗岩。那是什么意思呢？如果创造的地方没有不完美，没有最初的缺陷，那创造的动力何在？实现的渴望何来？神明又何须对人和造物，对因果轮回的无限延续有丝毫关心？毕竟，佛陀自己并不否认存在的痛苦幻象，而基督教希望现世的终结尽快到来。

在我看来，死后的生活中也有可能存在特定局限，但死者的灵魂只能慢慢发现这一解脱状态的限制。在“那边”的某个地方，必然有某种限定和规律制约着那个世界，并试图终结死后的状态。在我的想象中，这一创造性的限定会决定让什么样的灵魂再度降生于世。我想，有些灵魂会觉得三维空间中的存在状态比永恒更加幸福，但这也许取决于他们从自己作为人的存在中带来多少完整性或不完整性。

或许，一旦灵魂的理解力达到某个水平，三维生活里的魅力就不再有意义了。更完满的理解浇灭了重生的愿望，灵魂就无须再度返还。之后，灵魂会从三维世界里消失，达到佛教所说的涅槃。但如果仍然存在需要处理的业，灵魂就会再次陷入欲望而回到人世。这样做，甚至可能是因为意识到还有事情没完成。

就我而言，让我投生的应该主要是一种对理解的热切愿望，因为这是我性格中最强烈的因素。可以说，这种对理解的不知餍足的欲求创造了一种意识，以便知道事物是什么、发生了什么，并用未知世界的细微线索拼出神话观念。

我们缺乏具体的证据，证明我们的哪怕任何一个部分可以永远留存。我们最多能说，心灵中的某些部分有可能在肉体死后继续存在。我们也不知道，那继续存在的部分能否意识到自身。如果我们觉得有必要对这个问题形成某种看法，也许可以考虑心灵解离现象的意义。在大多数情结分裂出现的情况下，分裂的情结是以一个人格的形式呈现的，仿佛情结拥有一个自己的意识。这样，精神失常的人听到的声音就是拟人化的。很久以前，我在博士论文中讨论过这种情结人格化的现象。如果我们愿意，可以把这些情结视为意识能够延续的证据。在严重脑外伤后深度昏迷的案例中，以及在严重崩溃状态下观察到的惊人现象，同样支持这一假设。这两种情况下，意识的完全丧失可能伴随对外部世界的感知和生动的梦境。由于这时意识所在的大脑皮层并没有运转，这类现象至今还无法解释。它们至少能证明意识能力的主观存留——即便在一种明显没有意识的状态下。[①]

永恒的人、自性和时空中的尘世之人，对三者之间关系这个棘手的问题，我的两个梦提供了启发。

一个是 1958 年 10 月做的。梦中，我从我的房子里看见两个透镜形状、发出金属光泽的圆盘，它们转了个急弯，迅速飞过屋顶向湖中飞去。这是两个 UFO（不明飞行物）。随后，又一个直朝我飞过来，它像个完美的圆形透镜，跟望远镜的物镜一样。它在大约四五百码的距离停了一会儿，然后飞走了。紧接着，又有一个急速飞过天空，它通过金属延伸物连着一只箱子——那是个幻灯机。它在六七十码外的空中停下来，把幻灯机直直打向我。我惊讶地醒来，半梦半醒间，一个想法穿过我的脑海："我们总认为 UFO 是我们的投射，现在知道了，其实我们才是它们的投射。我被幻灯机投影成了卡尔 · 古斯塔夫 · 荣格。但是谁在操控这些机器呢？"

之前，我有一次梦到过自性和自我的问题。梦里，我正在徒步旅行，沿着一条小路穿过一片丘陵，阳光明媚，周围视野开阔。我来到路边一座小教堂，门半开着，我走了进去。奇怪的是，祭坛上没有圣母像，也没有十字架，只摆了些漂亮的鲜花。但我看见一位瑜伽行者面朝我坐在地板上，是莲花坐姿，正在冥想。我走近看他，发现他和我长得一模一样。我大惊失

① 参见《共时性：一种非因果联系的原理》，收入《心灵的结构与动力》（《荣格文集》第 8 卷），第 506 页及其后。

色，醒了过来，心想：“啊，所以他就是那个把我冥想出来的人。他做了一个梦，而我就是这个梦。”我知道，当他醒来时，我就不存在了。

我是在 1944 年生病之后做的这个梦。这是个寓言：我的自性退回到冥想中，想出了我在尘世的形态。换句话说，自性化作人形，从而进入三维存在，仿佛为了潜到海里，人要穿上一件潜水服。当自性在死后的世界里摒弃了存在，它就呈现出一种宗教姿态，就像梦里的小教堂那样。借助尘世的形式，自性可以穿越三维世界的种种体验，并随着意识的增长朝觉悟又迈进一步。

瑜伽行者的形象或多或少代表着我的无意识在生前的完整性，而远东在梦里经常代表一种和我们自己相反的、陌生的心灵状态。瑜伽行者的冥想就像那个幻灯机一样，“投射出”我的经验现实。通常，我们看到的这一因果关系是相反的：在无意识的产物中，我们发现了曼荼罗象征，也就是表达完整性的圆形和四元图案，只要我们想表达完整性，就会使用这类图案。我们以自我的意识为基础，我们的世界就是自我的焦点中心那个有光的区域。从这一点向外，我们看到一个模糊不清的神秘世界，永远无法知道眼前的朦胧形象多大程度上是我们的意识造成的，又在多大程度上具有真实性。肤浅的观察者会满足于第一种假设，但深入研究表明，无意识的意象通常不是由意识产生的，而是具有自己的真实性和自发性，只不过被我们看成是微不足道的现象。

这两个梦的目的是要颠覆自我意识和无意识之间的关系，

并且表明经验人格产生自无意识。这种颠覆意味着在“那边”看来，我们的无意识存在是真实的，而意识世界是一种幻象，是出于特定目的制造出来的表面现实，就像我们身处梦中时认为那是真的一样。显然，这种状态和东方“空幻境界”（Maya）的概念十分相似。①

所以在我看来，无意识的完整性才是一切生物事件和心灵事件的精神领袖。这里有一条基本准则力图达到彻底的实现——在人这里，它意味着获得全部的意识。在最广泛的意义上，意识的获取就是文化，而认识自己是这一过程的核心和精髓。东方人无疑为自性赋予了神圣的意义，而根据古代的基督教观点，认识自己是认识上帝的途径。

对人而言，关键问题是：人是否和某种无限的东西有关？这是人一生中最有力的问题。只有当我们知道无限才是真正重要的事，才能避免沉迷于无用之事，或各种各样并不真正重要的目标。这样，我们需要世界为那些我们认为是个人所有的特质（才能或美貌）而承认我们。一个人越是强调虚假的占有物，对本质的东西就越不敏感，对生活也就越不满意。他感觉受到限制，是因为他的目标狭隘，其结果是羡慕和嫉妒。如果我们明白并感觉到，在此生此世我们已经和无限有了一种联系，那我们的欲望和态度就会改变。总而言之，我们有价值，只是因为我们所体现的本质；如果我们没有体现出来，生命就

① 荣格早年就出现一种质疑现实所在之处的倾向。儿时的他坐在石头上，思考石头会说“我”，或者石头就是“我”。参见著名的“庄子梦蝶”的故事。——阿尼拉·杰菲

荒废了。在和他人的关系中，关键问题也是，一种没有边界的元素是否在关系中得到表达。

然而，只有当我们受到可能的最大限制时，才能感受到无限。人的最大限制就是自性，经验表明了这一点:“我就是这样！”只有意识到我们被限制在自性中，才能和无意识的无限性建立连接。在这种意识状态里，我们体验到的自己既是有限的又是永恒的，既是此也是彼。明白自己在个人化的组合上独一无二——即最终是有限的——我们就拥有了意识到无限的能力；也唯有这样才能够做到！

这个时代完全专注于不惜一切代价扩展生活空间、增加理性知识，要让人意识到自己的独特和局限是极大挑战。独特和局限是同义词，没有它们，就不可能感知到无限——也就没有意识，而只剩对意识的一种狂妄认同；这种认同的表现形式，就是受到大众观点的毒害和对政治权力的贪欲。

我们的时代把所有关注点都放在此时此地，由此导致了人及其世界的妖魔化。独裁者的出现和他们带来的所有不幸起源于这样一个事实：人的超越性被智力超群者的鼠目寸光所剥夺。人像他们一样，成了无意识的受害者。但人的任务恰好相反：要意识到无意识中涌现的内容。人既不应该执着于无意识，也不应该认同于他的存在的无意识因素，继而逃避他的使命：这个使命就是创造出更多更多的意识。在我们所能理解的范围内，人类存在的唯一目的，就是在纯然的存在之黑暗中点亮一盏灯。甚至可以认为，正如无意识影响着我们，我们意识的增长也影响着无意识。

12. 晚期思想

我想，我的任何传记都应该包括下述思想。的确，这些想法对旁人来说可能过于理论化，但为这些事情构建“理论”（theory）[①]也是我的一部分，是我的一种重要功能，就像吃饭喝水一样。

一

基督教值得注意的一点是，它在其教义系统中预料到了神学上的一次转变，即发生在“那边”的历史性转变过程：其表现形式，就是关于天堂纷争的新神话。最早的暗示出现在创世神话中：造物主的对手出现了，长得像蛇一样，通过承诺增长意识知识（分辨善恶）引诱人背叛上帝。第二个暗示是天使的堕落，这是无意识内容对人类世界的过早侵入。天使是个奇怪的物种，他们就是他们所呈现的样子，不可能是别的。他们是没有灵魂的存在，只代表上帝的思想和直觉。所以，堕落的天使无疑是“坏”天使。这就释放了著名的“膨胀”效应，我们在当今独裁者的夸大妄想中也能看到这一点：天使和人生下了巨人族，他们最终威胁要吞掉人类，就像《以诺书》里说的那样。

然而，这一神话的第三个，也是关键的一个阶段，是上帝化作人形自我实现，即实现了《旧约全书》中神圣婚姻的观念及其结果。早在原始基督教存在的时期，“道成肉身”的观念就得到提炼，以囊括“基督在我们之中”的直觉。这样，无意识的完整性就穿透了内在经验的心灵领域，从而让人意识到自己的全部真实样貌。不仅对人，对造物主来说，这也是关键的一步。在那些从黑暗中解脱出来的人眼里，造物主摆脱了它的阴暗特质，变成至善。

这个神话在之后的一个千年中具有不容置疑的重要性，直到十一世纪，意识进一步转化的最初迹象才开始出现。[2]从那时起，骚动和怀疑的征兆日益增加，直到第二个千年末，一场世界性灾难的轮廓开始显现，首先表现为对意识的威胁。这一威胁包含在巨人症中，换句话说，就是意识的妄自尊大，它体现在这样一种断言里：“没有什么比人及其作为更伟大。”基督教神话中的理想世界和超越性不复存在，认为完整性可以在另一个世界里实现的观念也随之消失。

光明之后，如影随形的是造物主的另一面。这一发展在二十世纪达到顶峰。基督教世界现在真实地面对着邪恶：赤裸的

---

① 指在希腊语“theorein”（观看）的最初意义上，“观察世界”或是德语中的“Weltanschauung”（世界观）。——阿尼拉·杰菲

② 见《移涌》（《荣格文集》第9卷第2部分），第82页及以下。

不公、暴虐、谎言、奴役、道德强迫。邪恶的这种赤裸呈现，在俄罗斯民族中显然经久不息，但它的第一次强烈爆发是在德国。邪恶的倾泻而出，反映了基督教教义在二十世纪被削弱的程度。面对这一状况，邪恶不能再被轻描淡写成是善的缺乏。邪恶成了一种决定性的现实，不可能再通过推诿搪塞来消除。我们必须学会对付它，因为它驻留在世间。我们现在想象不出怎样能和它共存而没有可怕的后果。

不管怎样，我们需要重新定位、需要悔改[①]。接触邪恶，会带来向它屈从的可怕危险。所以，我们应该不再屈从于任何事物，甚至不再屈从于善。如果屈从于所谓的善，善便会失去其伦理属性。不是说善有什么不好，而是对它的屈从会带来麻烦。任何形式的成瘾都是坏的，不论这种麻醉剂是酒精、吗啡还是理想主义。我们必须谨防把善和恶当作绝对的对立物。伦理行为的标准不能再是这样一个简单的观点：善具有绝对命令的力量，而所谓的恶能被坚决避开。承认恶的现实，必然会把善变得相对化，而恶也变得相对化，二者成为一个矛盾整体的两半。

在实际中，这意味着善和恶不再是那么不证自明。我们必须意识到，二者各自代表着一种评判。考虑到一切人类评判的不可靠性，我们无法相信自己总能作出正确的评判。我们很容

---

① 基督教基本教义之一，指入教者为自己原先的罪而悔恨，并放弃旧的生命，立志更新，接受耶稣基督作自己的救主。基督教视“悔改”为“重生”的先决条件。——译者

易成为错误判断的受害者。只有对道德评价不那么确定时，伦理问题才受到这一原则的影响。不管怎样，我们必须作出伦理决策。“善”和“恶”的相对性绝不意味着这种分类无效或不存在。道德判断总是存在，而且伴随着特定的心理学后果。我已经多次指出，错误的行动、思想和意图都会给我们的灵魂带来报复，过去如此，未来亦然。只有判断的内容是主观的，会因不同的时间地点表现出不同的形式。道德评价常常基于对一种道德准则的明显确信，这种道德准则表现出可以明辨善恶的样子。但一旦我们知道这一基础多么不确定，伦理决策就成了一种主观的、创造性的活动。我们只有认为这是如神所愿，才能说服自己它是有效的——也就是说，在无意识方面，必然有一种自发的、决定性的动力。道德准则本身，即在善恶之间的选择，并不受这一动力的影响，而只是让情况变得更加困难。什么也不能让我们免受伦理决策的折磨。然而，尽管听起来可能残酷，但如果我们的伦理决策有需要，某些情况下，我们应该有自由避开某种已知的善的标准而去做被认为是恶的事。再次换句话说：我们不应该屈从于对立的任何一方。印度哲学中的“非此亦非彼”[①]为此提供了一种有用的方式。在特定情况下，道德准则无可否认已被废除，伦理选择留给了个人。这本身没什么新鲜的，在心理学出现之前，人们已经知道这样的艰

① 原文为“neti-neti”。印度哲学中有一种名为“遮诠”的论证方法，指用反面否定的方法来达到肯定的目的。比如为了说明梵至高无上、永恒绝对，《奥义书》称梵为“非此亦非彼”（Neti，Neti）。——译者

难选择，将其归入“职责冲突”的范畴。

然而通常个体根本意识不到这些，因而完全没看到自己做决定的潜能。相反，他不断焦虑地环顾四周，寻找外在的标准和规则，以指引自己走出内在的混乱。除了普遍的人性缺陷，大量指责把矛头对准了教育。教育宣讲的是老套的普遍问题，而对私人经验中的秘密只字不提。于是，所有的努力都集中在灌输理想主义的信念和教导，而人们心里知道自己永远也做不到。宣扬这些理想的官员自己也知道，他们从未达到过这么高的标准，也永远达不到。不仅如此，没有人质疑过这类教育的价值。

所以，如果想要给当今面临的邪恶问题一个回答，首先，而且最重要的，是要有自知，就是对自身的完整性尽可能有最大限度的了解。人必须不动私心地了解自己能行多少善，又能犯怎样的罪，并谨防把其中一种认作真实，又把另一种视为幻象。二者都是他本性中的元素，都不免被他发现，如果他希望——他也应该——不过自欺欺人、自我蒙蔽的生活。

然而，总体上讲，大多数人还远未达到可以这样生活的水平，尽管如今也有很多人有能力对自己进行更深的了解。这种自知最为重要，因为我们能通过它接近人性的最深岩层或是核心，那是本能之所在。那些预先存在的动力因素就在这里，它们最终决定了我们意识所做的伦理决策。这一核心就是无意识及其内容，对这些东西，我们无法作出任何终极评判。我们对无意识的想法必然是有缺陷的，因为我们无法从认知角度理解它的本质，也无法用理性来限定它。我们只能通过科学来获得自然的知识，从而扩大意识的范围。所以，深化自我认识也需要科学，即心理学。谁也不能只借助良好的意愿，而不需要光学知识就制造出望远镜或显微镜。

如今，我们需要心理学的原因和我们自身的存在息息相关。我们在纳粹主义和布尔什维克主义的现象面前困惑不解、目瞪口呆，是因为我们对人一无所知，或只有一些歪斜扭曲的印象。如果我们能认识自己，就不会是这种状况。我们站在邪恶这样一个可怕的问题面前，却不知道眼前这是什么，更不要说怎么跟它对抗了。即便我们知道，也仍然不能理解“它怎么发生在这儿”。一位相当天真的政治家自豪地说，他没有“对邪恶的想象力”。太对了：我们没有对邪恶的想象力，但我们却在邪恶的掌控之中。有些人并不想知道这一点，还有些人认同了邪恶。这就是当今世界的心理状况：一些人自称是基督徒，想象着仅凭意念就可以把所谓的邪恶踩在脚下；另一些人屈从于恶，再也看不到善。邪恶如今已成为一种看得见的强权。一半的人性固定在人类推理捏造的教条上茁壮成长，另一半则因缺乏和形势相应的神话而生病枯萎。基督教国家已陷入悔不当初的遗憾，他们的基督教义蛰伏了数百年，没有进一步发展自己的神话。一些人用神话观念表达出黑暗中的萌芽，人们却拒绝倾听：费奥雷的约雅敬（Gioacchino da Fiore）[①]、梅斯特·爱克哈特（Meister Eckhart）[②]、雅各布·波

① 十二世纪意大利基督教神秘主义者、《圣经》注释家。——译者

② 十四世纪德意志神秘主义哲学家、多明我会神学家。——译者

墨（Jacob Boehme）[①]等许多人，在大众看来仍是反启蒙主义者。唯一一线光明，是皮乌斯十二世和他的教义。[②]但当我说这些的时候，人们甚至不知道我指的是什么。他们没有意识到，如果一个神话不继续存活并生长，它就会死去。

我们的神话已经失语，给不出回答。问题并不在神话本身，不在基督教《圣经》里写的那些神话中，而仅仅在于我们，是我们没有进一步发展它，还压抑了任何类似的尝试。神话的最初版本提供了丰富的出发点和发展的可能性。比如，据说基督曾说过："所以你们要灵巧像蛇，驯良像鸽子。"[③]人为什么需要蛇的狡猾呢？这种狡猾和鸽子的单纯又有什么联系呢？"你们若不回转，变成小孩子的样式……"[④]谁考虑过现实中的小孩子是什么样呢？主耶稣为了威风凛凛进入耶路撒冷而牵走一头驴，依据的又是怎样的道德准则呢？不久后，他像孩子一样发脾气，诅咒无花果树，又是怎么回事呢？[⑤]不义管家的寓

① 文艺复兴时期德国神秘主义哲学家、泛神论者。——译者

② 见前文，第七章注释。

③ 原文为"我差你们去，如同羊进入狼群；所以你们要灵巧像蛇，驯良像鸽子"。见《马太福音》第十章第十六节。——译者

④ 原文为"我实在告诉你们，你们若不回转，变成小孩子的样式，断不得进天国"。见《马太福音》第十八章第三节。——译者

⑤ "耶稣和门徒将近耶路撒冷，到了伯法其在橄榄山那里；耶稣就打发两个门徒，对他们说：'你们往对面村子里去，必看见一头驴拴在那里，还有驴驹同在一处；你们解开牵到我这里来。若有人对你们说甚么，你们就说："主要用它。"那人必立时让你们牵来。'……早晨回城的时候，祂饿了；看见路旁有一棵无花果树，就走到跟前，在树上找不着甚么，不过有叶子，就对树说：'从今以后，你永不结果子。'那无花果树就立刻枯干了。"见《马太福音》第二十一章。——译者

言，是想说明怎样的道德呢？[①]“人啊，如果你知道你在做什么，你就有福了；如果你不知道，你就会受到诅咒，是个犯法之人。”[②]——这句可疑的基督格言对我们自己所处的困境，又有怎样深刻的洞见和深远的意义呢？最后，当圣保罗忏悔说：“我所不愿意的恶，我倒去作。”[③]时，到底是什么意思呢？我不想讨论《启示录》中那些显而易见的预言，因为没有人相信它们，这整个主题都让人感到尴尬。

对诺斯替教提出的古老问题：“恶从何而来？”基督教世界并没有给出答案。奥利金（Origen）[④]小心地提出救赎魔鬼的可能，却被认为是异端邪说。如今，我们不得不面对这个问题，但我们两手空空、茫然无措、困惑不解，甚至都没想过尽管我们迫切需要一个神话，但并没有现成的神话能来帮助我们。由于政治局势，由于科学那可怕的甚至可以说是魔鬼般的胜利，

---

① “耶稣又对门徒说：‘有一个财主的管家，别人向他主人告他浪费主人的财物。主人叫他来，对他说：“我听见你这事怎么样呢？把你所经管的交代明白，因你不能再作我的管家。”那管家心里说：“主人辞我，不用我再作管家，我将来作甚么？锄地呢，无力；讨饭呢，怕羞。我知道怎么行，好叫人在我不作管家之后，接我到他们家里去。”于是把欠他主人债的，一个一个地叫了来，问头一个说：“你欠我主人多少？”他说：“一百篓油（每篓约五十斤）。”管家说：“拿你的账快坐下写五十。”又问一个说：“你欠多少？”他说：“一百石麦子。”管家说：“拿你的账写八十。”主人就夸奖这不义的管家做事聪明；因为今世之子在世事之上，较比光明之子更加聪明。’”见《路加福音》第十六章。——译者

② 见《伯撒抄本》。

③ “我所愿意的善，我反不作；我所不愿意的恶，我倒去作。”见《罗马书》第七章第十九节。——译者

④ 三世纪埃及神学家和基督教长老。——译者

我们暗暗颤抖，心怀不祥的预感，但我们不知道出路，也极少有人得出结论说：这一次，问题出在被遗忘已久的人的灵魂上。

神话的进一步发展，也许会从圣灵注入使徒身上开始。这样，使徒就会成为上帝之子，不仅他们，其他所有人也可以经由他们或追随他们成为上帝之子，从而分享一种确定感，即他们不只是地球上土生土长的动物，经过重生，他们扎根在神性之中。他们可见的、物质的生活是在地球上，但内在的不可见的人来自原发的整体意象、来自永恒的天父，也将回归其中，就像基督教的救赎神话所说的那样。

正如造物主是完整的，因而祂的造物、祂的子嗣，也应该是完整的。什么也不能减损神圣完整性这一概念。但大家不知道的是，这一完整性继而发生了一种分裂，出现了光明和黑暗两个世界。甚至在基督到来之前，这一结果已经有了清楚的预兆。在约伯的经历中尤其能观察到这一点，或是在广为流传的《以诺书》中，该书形成于前基督教时代。在基督教里，这种形而上的分裂显然也一直存在：《旧约全书》中的撒旦还只是耶和华的贴身随从，现在却成了神圣世界的根本而永恒的对立面。撒旦不能被根除。所以，早在十一世纪初就兴起的一种信仰，认为是魔鬼而非上帝创造了这个世界，也就不足为奇了。这一基调回响在基督教时代的后半叶，之后天使堕落的神话已被解释为这些堕落的天使教会了人类关于科学和艺术的危险知识。而这些古老的故事作者对广岛又会说些什么呢？

高明远见的天才雅各布·波墨认识到上帝意象的矛盾本

质，于是为这个神话的进一步发展做出了贡献。波墨所绘的曼荼罗符号[1]描绘了分裂的上帝，其内圈被分成两个背对背的半圆。

既然教义认为上帝在三位一体的每一位中都是全然临在的，那祂在流溢出的圣灵的每一部分中也是全然临在的，这样每个人都可以分享上帝的完整性，从而分享和祂的父子关系。由此，上帝意象的对立的复合就进入了人身上，且不是作为统一体，而是作为冲突进入的。这意象的黑暗一面，与通常被认为的上帝是"光明"的观点，形成了对立。这一过程正发生在我们的时代里，但极少被官方的人文学科教师意识到，他们的职责本是去理解这些事。当然，人们普遍觉得我们已经来到了一个重要的时代转折点上，但人们所想象的伟大变化是和原子的裂变聚变或是太空火箭有关。同时发生在人类心灵中的事，通常被忽略了。

从心理学角度看，只要上帝意象是心灵基础的呈现，只要人们越来越清晰地意识到这个意象的分裂是一种深刻的二分性，甚至深入世界政局之中，就会出现一种补偿。这种补偿以统一的圆形符号为形式，该符号代表了心灵内部对立面的整合。我指的是世界范围内关于不明飞行物的传言，这些传言早在 1945 年就开始出现，其基础要么是视象，要么是真实现象。关于 UFO 的故事，通常说它们是从其他星球甚至是第四维度来的宇宙飞船。

---

① 翻印于《原型与集体无意识》中，(《荣格文集》第 9 卷第 1 部分)，第 297 页。

二十多年前（1918），在研究集体无意识的过程中，我发现了一类相似的通用象征——曼荼罗符号。为了自己证实这一点，我花了十多年时间积累额外的材料，之后才首次宣布这一发现。[①]曼荼罗是一种原型意象，它的出现经受了时代的考验，它表达的是自性的完整性。这一原型意象代表着心灵基础的完整性，用神话学术语来说，就是神性在人身上的化身。现代曼荼罗追求统一，这和波墨的完全不同。现代曼荼罗代表对心灵分裂的一种补偿，或是对分裂将被克服的预期。由于这一过程发生在集体无意识中，所以四处显现。遍布世界的UFO故事就是其证据，这是普遍出现的心灵倾向之征兆。

只要分析治疗能让“阴影”意识化，它就会带来一次分裂以及对立面之间的张力，而对立面反过来在统一中寻求补偿。这种调整是通过象征来实现的。如果我们认真对待对立的两面，或者对立的两面认真对待我们，那它们之间的冲突有可能让我们的心灵濒于崩溃。不给予第三者的逻辑就显示出其价值：找不到解决方案。如果一切顺利，解决办法似乎会自然而然出现。之后，也只有在此时，解决方案才是有说服力的。人们觉得这就是“恩典”。由于解决方案来自对立面的直面和碰撞中，它通常是意识因素和无意识因素高深莫测的混合物，所以解决方案是一个象征，就像个裂成两半的

① 参见《〈金花的秘密〉评论》（1931）（《荣格文集》第13卷）。

硬币，可以严丝合缝地拼起来。[①]它代表着意识和无意识共同劳动的成果，并在曼荼罗的形式中获得了和上帝意象的相似性。曼荼罗可能是完整性这一概念最简单的模型，而且它作为对立面斗争与和解的表达，是从心灵中自发产生的。碰撞起先是一种纯粹的个人天性，然而我们很快会发现，主观冲突只是对立面普遍冲突的个别例子。我们的心灵是按照宇宙的结构来建立的，发生在宏观世界中的事也发生在心灵中最细微、最主观的地方。因此，上帝意象通常是内在经验到的一个强大的相对物的投射。象征它的客体，通常是内在经验最初动力的来源。从那一刻起，它便具有了神圣的重要性，或是以这种神圣的超自然性及其巨大力量为特征。想象力以这种方式从客体的具体思维中解放出来，并试图把不可见的意象描绘成某种藏在现象背后的东西。在这儿，我想到了曼荼罗最简单、最基本的形式：圆，以及分割圆的最简单的（精神）形式：即四个象限，或说是“十”字。

这样的经历能给人带来帮助，也可能带来毁灭性的影响。人没法把控、理解、支配它们，也无法摆脱或逃离它们，所以会感觉它们过于强大。人意识到它们并非来自他自己的意识人格，于是称之为“曼纳”[②]、魔鬼或上帝。科学使用了“无意识”这一术语，从而承认它对此一无所知。因为如果心灵是知

---

① “象征”（symbol）的希腊文“Symholon”有个含义，是主人和客人各执一半的欢迎令牌，或是两位朋友分别时各执一半的钱币。——阿尼拉·杰菲

② 美拉尼西亚语 Mana 的音译。中太平洋诸岛土著宗教的基本观念，意指一种无人格的超自然神秘力量，通过自然力量或物体（如水、石、骨等）而起作用；可附着于物体或个人，能被人获得、遗传、转移或丢失。——译者

道任何事的唯一途径，那么科学对心灵的实质就无从知晓了。所以，曼纳、魔鬼、上帝这些术语的有效性，既不能被证伪，也不能被证实。不过我们可以确定，体验到某种客观的、显然在心灵之外的事物时所伴随的陌生感，的确是真实的。

我们知道，我们的确遇到了一些未知、陌生的事物；正如我们知道，并不是我们自己做了一个梦或有了一个灵感，它们是自发产生的。以这种方式发生在我们身上的事，可以说是来自曼纳、魔鬼、上帝或无意识。前三个概念有个很大的优点，就是包含并唤起超自然的情感特质；而最后一个——无意识——是个平凡的概念，因而更接近现实。后面这个概念涵盖了经验领域，也就是我们了如指掌的日常现实。无意识这一术语太过中立和理性，以致无法给想象提供太多动力。毕竟，这一术语是为科学目的而设，更加适合不动情感的观察，它和那些引起争议进而可能滋生狂热的超验概念相比，并没有什么形而上的预设。

所以，我更喜欢“无意识”这一术语，尽管知道如果我想用神话的语言来表达，也可以说“上帝”或“魔鬼”。当我真的使用这些神话语言时，我知道“曼纳”、“魔鬼”和“上帝”都是无意识的同义词——也就是说，我们对它们的理解和对无意识的理解一样多或者一样少。人们只是相信自己对这些概念知道得更多，出于特定的目的，这种相信比科学概念有用也有效得多。“魔鬼”和“上帝”这些概念的一大优点就是有可能把面对的东西更好地对象化，也就是拟人化。它们的情感特质为之赋予了生命力和效力。恨与爱、恐惧与敬畏都进入这一对峙的场景，将其提升为一场戏剧。只是被“呈现”的东西，现在被“行动”出来。[1]整个人受到挑战，并以他全部的现实参与斗争。只有这样，人才能变得完整；也只有这样，“上帝才能降生”——就是进入人类的现实，以“人”的形式和人产生联系。有了这一“道成肉身”的行动，人——也就是他的自我——在内部被“上帝”取代，而上帝在外部变成了人，于是符合了耶稣说的话:“看见了我，就看见了天父。”

神话术语就是在这一点上显示出缺陷。上帝在基督教的一般概念里是位无所不能、无所不知、无比仁慈的天父和创世主。如果这位上帝想变成人，祂就需要经历一种不可思议的神性放弃（清空）[2]，从而把祂的整全性缩小到人类微乎其微的尺寸。即便如此，为什么人的形体没有因这种道成肉身而碎裂，仍然不得而知。于是，神学思想家觉得有必要给耶稣赋予一些让他超凡脱俗的品质。最重要的是，他没有原罪的污点。仅凭这一点，他就至少是个神人，或半神半人。基督教的上帝意象没法毫无矛盾地化身为经验的人——抛开人因其外在特性似乎很不适合代表神这一事实。

最终，神话需要认真对待一神论，并撇开其二元论。尽管官方极力否定二元论，它却一直存在至今，并成了全能的善身边永恒的黑暗反对者。这一体系内，应该为库萨（Cusa）的尼

---

① 见《心理学和宗教：西方与东方》中的《弥撒中的转化象征》，（《荣格文集》第 11 卷），第 249－250 页。

② 见《腓立比书》第二章第六节。

古拉斯[1]的哲学之对立复合思想，以及雅各布·波墨的道德矛盾思想留出空间；只有这样，“唯一神”才能拥有完整性和对立面的整合性，这些应该属于祂。的确，象征就其本性而言，可以把对立面统一起来，让它们不再发生分歧或碰撞，而是相互补充对方，为生命赋予有意义的形态。一旦体验到这一点，自然神或造物神意象的矛盾性就不会再带来困难了。相反，上帝必须实现道成肉身这个神话——基督教义的精髓——可以被理解成人类创造性地面对了对立面的问题，以及对立面在自性中的整合，即人格的完整性。造物神意象中无法避免的内在矛盾可以在自性的统一和整全中得到调和，就像炼金术中的对立调和，就像神秘联合[2]或炼金术士的对立融合那样。在自性的体验中，得到调和的对立双方不再像以前那样是“上帝”和“人”，而是上帝意象内部的两个对立面。这就是圣礼的意义，是人能为上帝提供的服务的意义，即光线会从黑暗中产生，造物主会意识到祂的造物，而人会意识到自己。

这就是目的，或者说是目的之一，它可以把人安排进创造的蓝图中，同时赋予举足轻重的意义。这是个数十年来在我心中缓慢形成的解释性神话，是我能够承认并尊重的目标，它让我心满意足。

人借助其反思能力，从动物世界中脱颖而出，他通过自己的心智表明，大自然十分看重意识的发展。通过意识，人类承

① 十五世纪德国高级教士、学者。——译者

② unio mystica，基督教术语，指灵魂与上帝融合的体验。——译者

认了世界的存在，从而占有了大自然，进而确认了造物主。世界成为了现象世界，如果没有意识的反思，世界就不会是现在这样。如果造物主意识到祂自己，祂就不需要有意识地造物了。创造过程花了数百万年时间，发展出数不胜数的物种和生物。如果造物主意识到祂自己，这一极其间接的方式就不太可能是意图明确的结果。自然历史告诉我们，在数亿年的弱肉强食过程中，物种的转变是随意而偶然的；人类的生物史和政治史只是这同一件事的一次精巧重复。但心智的历史提供了另一幅画面，其中反思性意识的奇迹出现了——这是第二种宇宙起源学。意识如此重要，让人不禁怀疑意义的元素隐藏在所有古怪且显然无知的生物性骚动中，而它最终在拥有分化大脑的恒温脊椎动物那里找到了呈现的途径——仿佛纯属偶然、毫不刻意、始料未及，却不知怎么地，出于某种黑暗的动力，被感知到、探寻到了。

我并不认为我对人的意义及神话的反思已经道出了最终真相，但我想，这是我们的双鱼时代结束之时可以说的话，而且也许正应该在水瓶时代即将到来时说出。水瓶座像一个人形，紧挨着双鱼座。两条方向相反的鱼组成了对立的融合。手持水瓶的人似乎象征着自性，他以一种尊贵的姿态把罐子里的东西倒进南鱼座的嘴里[①]。南鱼座象征一个儿子，仍然是无意识的

① 南鱼星座的鱼嘴是北落师门星（Fomalhaut，阿拉伯语“鱼嘴”的意思），这颗星正好位于水瓶座下方。

内容。经过另一个两千多年的时代之后，这个无意识内容中会出现一种未来，其特点由摩羯座来象征：一个半羊半鱼的怪物[1]，象征着高山和深海，具有两极性，由两个未分化的动物元素长在一起构成。这种奇怪的生物很可能是造物神面对“人类”时的原初意象。这个问题我无法回答，我能得到的任何经验数据——我认识的其他人的无意识产物或是历史记录——也无法回答。如果洞见不是自然产生，冥思苦想也无济于事。只有当我们拥有可以和水瓶时代材料相比的客观资料时，这一观点才有意义。

我们不知道进入意识的过程会延续多久，或者通向何处。在创世故事里，这是一个新的元素，没有什么可供参照。所以，我们没法知道其中蕴含怎样的潜能，也无从知道智人物种会有怎样的未来。它的命运会像其他那些曾在地球上繁荣一时如今却已灭绝的物种一样吗？生物学上没有什么理由表明这种事不会发生。

当我们形成一个足以解释人类在宇宙中存在之意义的世界观，一个产生自我们心灵完整性、产生自意识和无意识之合作的世界观时，神话表述的需要就被满足了。无意义性会阻碍生命的完满，因而相当于是种疾病。意义让许多事物——也许是一切——都变得可以承受。没有任何科学能替代神话，而神话也不可能从任何科学中产生。因为并非“上帝”是一个神话，而是神话揭示了人的神圣生活。上帝的圣言传到我们中间，我

① 摩羯座最早被称为“羊鱼座”。

们无法区分它是否和上帝有区别以及在多大程度上有区别。这些圣言中，没有什么不能被看作是已知的、属于人类的，除了它自发出现并赋予我们责任这一点。它并不受我们意志任意摆布。我们无法解释启示从何而来，我们对它的主要感受就是它并非我们推理的结果，而是来自别的地方。如果我们碰巧做了一个预知的梦，怎么可能认为这是我们自己的力量呢？毕竟，通常我们甚至不知道那是预知的梦，直到过了一段时间才发现这个梦代表着对未来的预知，或是对远方发生的事的感知。

圣言降临到我们身上，我们承受它，因为我们受一种深刻的不确定性所害：由于上帝是对立的复合，一切皆有可能——在这句话最充分的意义上。真理与谬见、善良与邪恶，都同样有可能。神话是或者可以是模棱两可的，就像德尔斐神谕或是梦境一样。我们不能也不应该否认理性，但我们也应期望本能赶来帮忙——在这种情况下，上帝支持我们反对上帝，就像约伯很早以前就明白的那样。表达出“另一意志”的事物，都是产生自人——他的思想，他的言语，他的意象，甚至是他的局限。因而，当人开始用笨拙的心理学术语思考时，他倾向于把一切都归因于自己，认为一切都是来自他的意愿、来自他本身。他怀着孩童般的天真认为自己知道自己能力所及的一切，知道自己的“内心”是怎样的。然而自始至终，他都注定被自己意识的弱点和与之对应的无意识恐惧所妨碍。所以，他完全无法区分什么是他仔细推理出来的，什么又是从另一个地方自发涌上心头的。他无法客观看待自己，也还不能把自己当作一种现象，一种他在存在中找到且不论好坏予以认同的现象。起先，一切都强加于他、发生在他身上，只有经过巨大努力，他才最终为自己成功取得并保留了一块相对自由的领域。只有当他奋力取得了这一成就，才能明白他正面对着自己的本能根基——这些根基一开始就被赋予他，不论他多么想让它们消失，也不可能做到。他的开始绝不仅仅是过去，它们作为他存在的坚实基底，一直伴随着他，它们像他周围的物理世界一样，塑造着他的意识。

这些事实以压倒性的力量从内外两个方向攻击人类。人把它们总结在神性的观念之下，借助神话描绘出它们的影响，并把这种神话解释为“上帝的圣言”，也就是来自“那边”的内在精神带来的灵感和启示。

二

要增强自性化的宝贵感受，最好的方法莫过于拥有一个承诺要保护的秘密。社会结构一开始出现，就显示出对秘密组织的渴望。不存在任何真实可信的秘密时，神秘事物就被发明或构想出来，只有经过秘密的入会仪式方可接近。玫瑰十字会等许多社团就是这种情况。讽刺的是，在这些伪秘密中，存在一些新入会的人完全不知道的真正的秘密，比如那些最初从炼金术传统中借用了“秘密”的社团。

对可供炫耀的秘密的需要，在原始水平上至关重要，因为共享的秘密能像粘合剂一样，把整个部落凝聚在一起。个体人格不断瓦解成对团体其他成员的原初无意识认同，而部落水平上的秘密为个体人格中内聚力缺乏的状况起了有益的补偿作用。实现人类的目标——即让个体意识到自己的独特天性——于是成为一个漫长而几乎无望的教育过程。因为，即便那些加入秘密社团的成员已经以某种方式标明了自己的独特性，他们根本上还是要服从团体的规则，尽管在这种情况下，团体在社会里是与众不同的。

秘密社团是通往自性化的一个中间阶段，个体仍仰赖一个集体组织来为自己提供特异性。也就是说，他还没有意识到，把自己从他人中区分出来、独立地存在，这是他自己的任务。一切集体认同，比如成为某个组织的成员，或者支持某种“主义”等，都会干扰这一任务的实现。这些集体认同是跛子的拐杖、懦夫的盾牌、懒鬼的温床、没有责任能力者的托儿所；但它们也是贫困虚弱者的庇护所、失事船只的港湾、孤儿的温暖家庭、幻想破灭的流浪者和疲乏困倦的朝圣者的应许之地、迷途羔羊的羊群和羊圈、提供滋养和哺育的母亲。所以，把这种中间阶段看成陷阱是错误的，相反，在未来很长时间里，它会代表个体存在的唯一可能形式。当今的个体比以往任何时候都更受到个性泯灭的威胁。今天，集体组织仍然如此必要，以致许多人不无道理地把它看作终极目标。而如果沿着自治的道路越走越远，就显得骄傲自负、异想天开、荒唐愚蠢。

尽管如此，还是会有充分的理由让一个人感觉他必须独自出发，前往更广阔的天地。也许在已经得到的各种装扮、样貌、形态、模式和生活方式中，他并不觉得有什么是自己不可或缺的。他会独自前行，以自己为伴。他会成为自己的团体，由各式各样的观念和倾向组成——它们不需要朝着同一个方向。事实上，他会和自己发生争执，在为了达成一致行动而统一自身多样性的过程中，他会遇到很大困难。即便外部有中间阶段的社会形式保护他，他也无法防御自己内心的多样性。这种内在的分裂也许会让他放弃努力，陷入对周围环境的认同。

正如新加入秘密社团的人逃离了趋同的集体，独行者也需要一个出于各种原因他不会或不能泄露的秘密。这个秘密强化了他的个人目标的孤立状态。太多人无法忍受这种孤立。他们是神经症患者，必须和别人也和自己玩捉迷藏，而不能认真对待这个游戏。通常，他们会放弃个人目标，屈服于对集体一致性的渴求——周遭环境中所有的观点、信念、理想都鼓励这个过程。而且，理性论证无法压倒环境。只有一个无法背叛的秘密才能阻止这种难以避免的退化——那会是个他害怕泄露或无法形诸言语因而像是某种疯狂想法的秘密。

许多时候，对这个秘密的需要如此强烈，以致个体发现陷入自己无法负责的观念和行动中。推动他的，既不是任性，也不是傲慢，而是一种他自己无法理解的迫切需要。这种需要带着残忍的宿命感降临在他身上，让他也许一生中第一次亲眼见识某种异己的东西。在他认为是自己做主的个人领域里，这种东西比他强大得多。雅各的故事就是个生动的例子，他和天使摔跤，结果扭了大腿窝①，但他的角力却避免了一场谋杀。在那些幸运的时代，人们对雅各的故事深信不疑。当代的雅各如果讲这样一个故事，人们会意味深长地笑起来。他会宁愿不去

① 《创世记》第三十二章第二十五节。——译者

说这些事，尤其是如果他想对耶和华信使的本质怀有自己的看法的话。这样，他会发现，不管自己愿不愿意，都有了一个无法和人谈论的秘密，而且成了集体的另类。当然，他保留的想法最终会为人所知，除非他能成功地扮演一辈子伪君子。但是，只要一个人试图兼顾二者，既适应群体，又追求个人目标，就会患上神经症。我们的当代雅各，会对自己隐瞒天使毕竟比他更强壮的事实——本就如此，因为从来没有谁说过天使也跛着脚离开了。

所以，受自己恶魔驱使的人，会走出中间阶段的限制，真正进入那“人迹罕至、步履艰难之地”[①]。那里没有路标，也没什么地方能撑起一片保护的屋顶。遭遇难以预料的情况，比如义务的冲突时，也没什么劝诫可以提供指导。多数情况下，只有当这类冲突没发生时，前往无人之境的旅程才能持续，而且一旦远远嗅到冲突的味道，这种旅程就会迅速结束。我不能责备那些飞快溜之大吉的人，但我也不赞同为自己的懦弱和胆怯辩解。既然我的轻蔑并不会给他带来更多伤害，我也可以说，我觉得这样的投降是无足称道的。

但是，如果遇到义务冲突时，人完全自作主张去解决，那么在一个夜以继日评判他的法官面前，他可能会发现自己陷入孤立境地。如今，他生命中有了一个真正的、不能被讨论的秘密——即便只是因为卷入一场无休无止的内在审判，在其中他是自己的辩护人和无情的检察官，而且没有任何世俗或精神的

①《浮士德》第二部。

法官能让他像从前一样安然入睡。如果不是已经腻烦死了这些法官的判决，他就永远不会发现自己陷入了冲突，因为这样的冲突经常以存在一种更高的责任感为条件。正是这一特质阻止陷入冲突的人接受集体的决定。在这种情况下，法庭被转移到内在世界，裁决是关起门来宣布的。

一旦发生这种情况，个人心灵的重要性就提高了。它不只是那众所周知、由社会定义的自我的所在地，也是衡量它自己内部和外部事物价值的工具。没有什么比在内部直面对立面更能促进意识的成长了。控诉中提到了相当出人意料的事实，被告不得不去寻找至今还不为人知的论据。在这个过程中，外在世界的很大一部分抵达了内在世界，由此外在世界也被耗竭，或者说得到了缓解。另一方面，内在世界也因被提升进入道德决策的法官席而变得越发重要。不过，曾经黑白分明的自我失去了只做起诉人的特权，它现在也得学习被告的角色。自我变得摇摆不定、模棱两可、腹背受敌，它开始意识到一种高于自身的对立性。

我们不可能真正“解决”所有的义务冲突，甚至一个也不可能，尽管在世界末日到来之前，我们尽可以讨论、评估、衡量它们。迟早有一天，决定会突然出现，就像一种快速反应的结果。现实生活不可能在一种悬而未决的矛盾中停滞不前。然而，即便某一刻屈服于行动的冲动，对立面及其矛盾也不会就此消失。它们一直威胁着人格的统一，并一再把生活卷入其二分性中。

明白了这种状态的危险和痛苦也可能让一个人裹足不前，

永远不离开安全的羊圈和温暖的蚕茧，因为只有这些能保护人免受内在压力的困扰。不用非得离开父母的人当然是最安全的。然而，许多人发现自己不得不走上自性化的道路，他们很快就会熟悉人性中正性和负性两个方面。

由于一切能量都来源于对立，心灵也具有它的内在两极性，这是它的活力必不可少的条件。赫拉克利特早就意识到了这一点。不论在理论上还是在实践中，两极性都是一切生命与生俱来的。自我脆弱的统一性与这一强大的力量抗衡，在数千年历程中，它依靠各种数不胜数的保护措施才得以诞生。一切对立物都试图达到平衡状态——自我存在的可能性，似乎来源于这个事实。这发生在热和冷、高和低等对立物碰撞时产生的能量交换里。意识心灵生活下面的能量是先于意识存在的，所以这种能量最初是无意识的。当它接近意识层面时，刚开始似乎投射在曼纳、上帝、魔鬼上，这些形象的内在精神似乎就是能量的重要来源。事实上，当这些超自然形象被接受时，它们就成了能量的重要来源。但是，随着它们渐渐褪色、失去力量，自我（即体验的人）似乎占有了这种能量源，而且是在下面这个歧义陈述最充分的意义上：一方面，他想抓住这种能量，占有它，甚至想象真的占有了它；另一方面，他却被它所占有。

其实，只有当意识里的内容被看作心灵存在的唯一形式时，才会出现这种古怪的状况。发生这种情况时，投射带来的膨胀就不免招致恶果。但只要承认无意识心灵的存在，投射的内容就会被纳入先于意识存在的天生本能的形式里。于是，它们的客观性和自主性得以保存，膨胀也得以避免。原型先于意识存在，并制约着意识。它们表现出在现实中扮演的角色，即意识材料的先验结构形式。在任何意义上，它们都并不代表事物本来的样子，而代表事物可以被感知、被理解的形式。当然，决定知觉独特性质的并不仅仅是原型，原型只负责知觉的集体性成分。作为本能的一种属性，原型具有本能所有的动力学特性，从而具有一种特定的能量，这种能量会导致或推动行为或冲动的具体模式，也就是说，在特定条件下，它们会有一种控制性或强迫性的力量（神秘力量！）。所以，用“鬼神”(daimonia）这一概念来描绘它们，是很符合其本质的。

如果有人相信，事物本质的任何方面都会被这样的表述所改变，那他就太容易轻信言语了。不论我们用怎样的词来命名，事实真相都不会改变，受影响的只是我们自己。如果有人认为“上帝”是“纯粹的虚无”，丝毫不会影响存在一个至高准则这一事实。我们还和从前一样狂热，名字的改变没有对现实产生丝毫减损。如果新的名字意味着否定，我们最多就是对现实怀有错误的态度。另一方面，给不可知的事物一个正向的名字，优点就是让我们对它怀有相应的积极态度。所以，当我们说“上帝”是一个“原型”时，并没有说出祂的真正本质，而只是让人知道在我们心灵中先于意识存在的部分里，“上帝”已经占有一席之地，所以不能认为祂是意识的发明。我们既没有让祂远离，也没有消除祂，而是把祂拉近，让祂更有可能被经验到。后面这种情况绝非无足轻重，因为一种无法被经验到的事物，人们很容易怀疑它并不存在。这种怀疑如此诱人，以致在我尝试复兴原始无意识心灵的努力中，所谓信仰上帝的人只能在里面看到无神论。如果不是无神论，就是诺斯替主义——什么都有可能，但就不是像无意识这样的心灵现实——真是天理不容。如果无意识的确存在，它应该是由我们意识心灵的早期进化阶段所组成。创世第六日，人类在荣光中诞生，没有任何预备工作，这种假设未免太简单陈旧，无法让今天的我们满意。在这一点上，大家的意见相当一致。然而，一涉及心灵，就有一个陈旧的观念冥顽不化：心灵没有前身，它是一块白板，以崭新的面貌诞生，而且它只是它自己所想象的样子。

意识在系统发育和个体发展意义上都是次生现象。是时候认清这一明显的现实了。正如身体在解剖学上拥有数百万年的史前历史，心灵系统也是如此。正如今天人类身体的每一部分都体现了进化的结果，随处可见更早阶段留下的痕迹——心灵也是如此。意识从一种动物般的状态进化而来，这种状态在我们看来像是无意识，同样的演进过程也在每一个孩子身上重复。在发展出意识之前的状态里，孩童心灵绝不是一块白板，它已经在以一种能够识别的个人化的方式运行，还装备了一切人类特有的本能以及各种高级功能的先验基础。

在这一复杂的基础上，自我产生了。终其一生，自我都靠这一基础支撑。当它不再发挥作用时，便出现停滞，死亡随之而来。这一基础的生命力和现实性至关重要。和它相比，外部世界都是次要的，因为如果缺乏把握和处理外部世界的内在动力，那外部世界又有什么要紧呢？长远来看，意识的意志永远无法取代生命本能。这种本能来自内部，表现为冲动、意愿或命令，且如果——就像自古以来或多或少发生的那样——我们赋予它一种个人化的恶魔的名字，那至少是在贴切地表达这种心理状态。而如果我们借助原型的概念试图更贴切地定义恶魔掌控我们的程度，那我们并没有放弃什么，只是更接近了生活的本源。

我作为一个精神病学家（灵魂的医生），拥护这样的观点是很自然的，因为我最感兴趣的就是怎样帮助我的病人找回健康的基础。就我所知，要做到这一点需掌握大量的知识。说到底，医学一般是以相似的方式发展的，它并不是因为发现了某种简单的治疗技术且看似简化了方法而进步。恰恰相反，它发展成了一门相当复杂的科学，最大的原因就是它借鉴了一切可能的领域。所以，我并不关心要向其他学科证明什么，只是尝试把它们的知识有效应用到我自己的领域里。公布这些应用及其结果，在我看来义不容辞。因为，当人把一个领域的知识带到另一个领域并用于实践，就会有新的发现。如果 X 光一直被物理学家所独享，没有应用到医学领域，我们知道的就会比现在少得多。同样，如果放射治疗在某些情况下会导致危险，医生会对此感兴趣，但物理学家不一定感兴趣，他们使用放射线的方法和目的都大不一样；而当医生指出不可见光的害处或益处时，物理学家也不会认为他们侵入了自己的领地。

比如，如果我把历史学或神学思想应用到心理治疗中，这些思想自然会呈现不同的面貌，得出的结论也不会局限在原来的领域。不同领域的目的不同。

所以，心灵动力背后存在着两极性这一事实，意味着在最广泛的意义上，对立面的整个问题及所有相关的宗教和哲学面向，都已纳入了心理学的讨论中。这些面向失去了在其原领域中所具有的自主性——这不可避免，因为我们是从心理学问题入手来接近它们，也就是说，不再从宗教或哲学真理的角度来看待，而是去检验它们在心理学上的有效性和意义。撇开它们声称是独立的真理这一点不谈，在经验层面，也就是科学层面，事实仍然是：它们首先是心理现象。在我看来，这一事实不容置疑。它们为自己辩护，这和心理学路径是一致的，该路径并不意味着这种辩护不合道理，相反是要对这种辩护加以特别的考虑。心理学中没有“只是宗教上的”或“只是哲学上的”这样的判断，尽管我们经常听到某种东西被指控为“只是心理学上的”——尤其是从神学家那儿。

一切可以想象的陈述都是心灵做出的。和其他事物相比，心灵呈现为一个以对立面为基础的动力过程，处在对立两极之间能量的流动之上。“如非必要，勿增原理”是一条普遍的逻辑规则。所以，既然用能量的术语来做解释在自然科学中已经被证明是一条普遍有效的原则，我们在心理学中也应该把自己限定在“能量”这个概念上。没有什么确定的事实支持其他观点，而且心理学经验证实了心灵及其内容的对立性和两极性。[①]

如果心灵的动力观念是正确的，一切试图超越心灵两极性

① 参见《论心灵能量》，收入《心灵的结构与动力》（《荣格文集》第8卷）。

之限制的陈述——比如关于形而上学现实性的陈述——声称具有任何有效性，那必定是自相矛盾的。

心灵无法超越自身，无法建立任何绝对的真理，因为它自身的两极性决定了它的陈述具有相对性。每当心灵宣布绝对真理时——比如“上帝是运动的”或者“上帝是泰一”——它必定陷入了自身对立面中的某一方，因为这两句话也可以说成是“上帝是静止的”或者“上帝是所有”。片面性让心灵分崩离析，失去了它的理解能力。它成了一系列不加思考（因为无法思考）的心灵状态，每个状态都想象自己是有道理的，因为它看不见或者还没有看见任何别的状态。

说这些的时候，并不是在表达一种价值判断，而只是指出这一经常被逾越的界限。事实上，这在所难免，因为就像赫拉克利特所说的:“万物皆流。”正题之后就是反题，二者之间又产生第三个因素，一个之前感知不到的消解因素。这种情况下，心灵只是再次展示其对立性，而一点儿也没有真正跳出自身。

我努力描绘心灵的局限性，并不是要暗示心灵是唯一的存在，只是考虑到知觉和认知，我们无法了解心灵之外的事物。科学不言而喻地深信存在一种非心灵的、先验的客体。但科学也知道要掌握客体的真正本质有多困难，尤其是当知觉器官失效或不足时，当恰当的思维方式并不存在或仍有待建立时。当我们的感觉器官及其人造辅助设备都无法证实真实客体的存在时，难度就大大增加了，所以人想断言真实客体根本不存在。我从没下过这样草率的结论，因为我从不认为我们的感官有能力感知存在的一切形式。故而，我甚至冒险提出，原型构造这一现象——它们是卓绝超群的心理事件——的基础是心理活力，即一种只有部分是心灵的、可能完全不同的存在形式。由于缺少经验数据，我既不知道也不理解这种通常被称为“精神”的存在形式。从科学的观点看，它是非物质的，这一点我可以相信，而且必须接受自己的无知。不过，只要原型仍然作用于我，它们对我来说就真实不虚，即便我不知道它们的真正本质是什么。当然，不仅原型如此，心灵的一般本质也是如此。不管它怎样阐述自身，它永远无法超越自身。一切理解力和理解的内容，本质上都是心灵的，在这个意义上，我们无望地被囚禁在一个排他的心灵世界中。不过，我们有正当的理由假设，这块面纱后面存在着尚未被理解的绝对客体，它影响着我们、支配着我们——甚至可以或者尤其可以假设，它存在于无法被确切描述的心灵现象中。关于可能或不可能的陈述，只在特定领域里才有效，超出这些领域就只是狂妄的推测。

从客观的观点来看，尽管也许作出毫无根据（也就是没有充分理由）的陈述是不允许的，但我们显然不得不作出一些并没有客观推理的陈述：其合理性是心理动力层面的，通常被认为是主观的且纯属私事。但这就犯了一个错误，即没有区分这个陈述是真的只来自一个孤立的主体、只受个人动机激发，还是普遍发生的、来自集体层面的动力模式。在后一种情况下，就不该把它归为主观，而应该归入心理上的客观，因为不计其数的个体觉得自己是因内在冲动而作出完全相同的陈述或感觉某一种观点十分必要。原型不仅是一种惰性形式，更是一种充满特定能量的真实影响力，充满可以把原型视为这些陈述的动因和主题。换句话说，并不是个体人类在作出陈述，而是原型通过他来说话。医学经验和常识都表明，如果这些陈述遭到镇压或忽视，心灵问题就会开始积聚。这些问题会表现为神经症症状，在那些无法患上神经症的人当中则表现为集体妄想。

原型陈述是以本能的预置条件为基础，和理性毫无关系。它们既不基于理性，也无法被理性论据所消除。它们向来是世界景象的一部分，列维-布留尔（Lévy-Bruhl）[①]恰如其分地称之为集体表象（représentations collectives）。自我及其意志当然在生活中拥有重要地位，但自我的意志最大限度受制于原型过程的自主性和神秘性，而自我通常觉察不到这种影响的形式。如果能从心理学观点去接近宗教，那么对这些过程的实际考量就是宗教的本质。

三

此时，一个事实引起了我的注意：在反思的领域之外，还有一个同样广阔的领域（即便不是更广阔），在其中理性的理解和理性的表征方式几乎毫无用武之地——这就是厄洛斯的领域。古典时代，这些事情得到了恰当的理解，厄洛斯被视作一位神祇，其神性超越了人类的限度，所以既无法被理解也无法以任何方式表现。我愿意像许多前人尝试过的那样，冒险接近这位恶魔。它的活动范围无穷无尽，从天堂延

① 法国社会学家、哲学家、民族学家，法国社会学年鉴派的重要成员。——译者

伸到地狱的黑暗深渊。但在这一任务面前，我结结巴巴，找不到足够的语言来表达爱的不计其数的悖论。厄洛斯是宇宙缔造者（kosmogonos），是一切高级意识的创造者和父母。我有时觉得，保罗的一句话也许是一切认知的先决条件和神性的精髓所在："我若能说万人的方言，并天使的话语，却没有爱。"①不论"上帝就是爱"这句话的学术解释是什么，它已经证实了神性的对立复合。在从医经历和自己的生活中，我一次次遭遇爱的神秘，而从未能解释它是什么。我得像约伯一样"用手捂口。我说了一次，再不回答。"②这就是最伟大的和最渺小的、最遥远的和最接近的、最高的和最低的，我们无法只讨论其中一面而不涉及另一面。没有语言足以描绘这种悖论。不论人说什么，都不能完整表达。只谈论部分，往往不是太多就是太少，因为只有整体才有意义。爱"包容一切"，"忍受一切"。③这些话说出了可说的一切，不能再增加什么了。因为，在最深刻的意义上，我们是创造宇宙的"爱"的牺牲品和工具。我把这个词放在引号里，表示我指的不是它的内涵，如欲求、偏好、喜爱、愿望之类的情感，而是某种高于个人的东西，一种统一、不可分割的整体。人作为一个局部，无法把握整体。人任由它的摆布。人可以赞同它或反对它，但总是被它抓住，被它包围在内。人依赖它，靠它维持。爱是人的光明、

---

① 原文为"我若能说万人的方言，并天使的话语，却没有爱，我就成了鸣的锣，响的钹一般。"出自《新约·哥林多前书》第十三章。——译者

②《约伯记》第四十章第四节及以下。

③《哥多林前书》第十三章第七节。

人的黑暗，人看不见它的尽头。“爱无止息”——不论这句话是“天使的话语”还是科学的严密语言，都把细胞的生命追溯到了其最高的源泉。人可以尝试命名爱，把所有能想到的名字都施加给它，但还是会陷入无穷的自我欺骗。如果他稍有智慧，就会缴械投降，用那更未知的事物来命名这未知，用更复杂的方式解释本已复杂的问题——也就是说，以上帝之名。这样，他就承认了自己的臣服、不完美、依赖，但与此同时，也声明了自己能在真理和谬误之间选择的自由。

回　顾

有人说我是个智者、是个圣人，我无法接受。弱水三千，我只取了一瓢，那能有多少呢？我并不是那条河。我在河边，但什么也没做。其他人也在同一条河边，其中大部分人觉得要对河做点什么。我什么也没做。我从不认为我是那种要让枝干上结出樱桃来的人。我站在那里注视着，欣赏大自然能做的事。

有个古老的好故事，说的是一个学生去找拉比，问:“古时候有人见过上帝的面貌，为什么现在没有这样的人了呢？”拉比答道:“因为现在没人能把腰弯得那么低了。”

想从河里打水，需要微微弯腰。

我和大多数人的区别在于，对我而言，“隔墙”是透明的。这就是我的独特之处。其他人觉得这堵墙如此不透明，以至于看不到背后的东西，于是认为那儿什么也没有。我在某种程度上感知背景中发生的事，这给了我一种内在的确定感。什么也看不见的人没有任何确定感，也得不出什么结论——即便得出结论也无法相信。我不知道是什么让我开始感知生命的河流，也许是无意识自身，或是我早年的梦境。它们一开始就决定了我的道路。

早年对背景里发生的事的了解，塑造了我和这个世界的关系。这种关系在儿时和现在基本别无二致。小时候，我感觉自己孤独一人，而今依然如此，因为我知道而且会暗示一些其他人显然一无所知的事，大部分时候他们并不想知道这些事。孤独不是因为周围没有人，而是因为无法交流自己重视的事，或持有一些他人觉得无法接受的观点。孤独伴随着我最早的梦境出现，并在研究无意识时达到了顶峰。如果一个人知道得比别人多，他就会变得孤独。不过孤独并不必然有损友谊，因为没有谁能比一个孤独的人对友谊更加敏感，而只有当每个人都牢记自己的个体性、不让自己认同他人时，友谊才会枝繁叶茂。

拥有一个秘密、一种对未知事物的预感，这非常重要。这为生活注入了非个人的东西，一种神圣的向往感。从来没有这种体验的人，错过了某种重要的东西。他应该明白，他所生活的世界在某些方面是神秘的，有些发生并被体验到的事仍然无法解释，且不是每件事都能被预料到。出乎意料和不可思议的事是这个世界的一部分。只有这样，生命才完整。对我来说，世界从一开始就是无穷无尽、神秘莫测的。

我的观点给我带来了很多麻烦。我心中有一个恶魔，它的存在最终证明是决定性的。它完全压倒了我，如果我有时残忍无情，那是因为处在它的掌控之中。任何东西一旦得到，我就无法安于现状。我必须加快速度，追上我的幻象。可以理解，同代人无法感知我的幻象，所以他们看见的，只是一个拼命往前冲的傻瓜。

我得罪了很多人，因为一旦发现他们不理解我，在我而言事情就结束了。我必须上路。我对人没有耐心——除了我的病人。我必须遵守施加在我身上的内在法则，没有选择的自由。当然，我并不总是遵守它。有谁能活得没有一点矛盾呢?

对有些人，只要他们和我的内在世界有关联，我就一直和他们接近；而有时不再跟他们来往，是因为已经没什么能把我和他们联系在一起了。我得痛苦地认识到，即便当人们已经没什么话想对我说时，他们也仍然存在着。许多人在我心中激起一种活生生的人性的感觉，但那只有当他们出现在心理学的魔圈中时。下一刻，聚光灯打到别处，就没什么可看的了。我可以对很多人产生浓厚兴趣，可一旦看透他们，魔力就消失了。就这样，我没少树敌。一个有创造性的人对他自己的生活并没有多少权力。他并不自由。他的恶魔囚禁着他、驱使着他。

> “一种力量，
> 可耻地霸占了我们的心灵，
> 因为天神个个要求献祭；
> 但如果可以保留，
> 永远不会有好处。”

荷尔德林如是说。

缺少这种自由，对我来说是个很大的遗憾。我经常觉得自己仿佛置身战场，说道:“我的好战友，现在你倒下了，但我必须继续前进，”因为“一种力量可耻地霸占了我们的心灵”。我喜欢你，甚至是爱你，但我不能停留，这让人心如刀绞。而我自己就是牺牲品，我不能停留。恶魔运筹帷幄，好让人穿越，而在神圣矛盾性的看顾下，我忠于信仰的程度始料未及，这和我的“不忠诚”形成鲜明对比。

也许我可以说，我对人的需要程度比其他人更高，同时也比其他人更低。恶魔工作时，人总是近在咫尺又远在天边。只有当恶魔沉默时，人才能不远不近。

创造性的恶魔无情地摆布我。我所计划的普通事业往往最受其害——尽管并非时时处处。我想，由于补偿的作用，我保守到了极点。我从祖父的烟草罐里取烟叶填充我的烟斗，还保留着他的登山杖。这根杖顶端有一块羚羊角，那是他作为新开张的疗养地的第一批客人，从蓬特雷西纳（Pontresina）带回来的。

我对一生中走过的道路感到满意。它丰富多彩，让我受益良多。我怎么会期待过这么多呢？发生在我身上的事，无不是意料之外。如果我是个不一样的人，很多事就会变得不同。但事情必然这样发生，因为我就是我。许多事按我的计划顺利实现，而结果并非总是对我有益。但几乎一切都是自然展开、命中注定。我后悔因固执而犯下许多蠢行，但如果没有这种特质，我也不可能实现目标。所以，我既失望，又不失望。我对人们失望，也对自己失望。我从人们那里学到奇妙的东西、取得的成就也超过自己的预期。我无法作出任何终极判断，因为生命的现象和人的现象如此浩瀚无边。年岁越长，我对自己的理解、洞察和知识就越少。

我对自己感到惊讶、失望又满意。我忧心忡忡、郁郁寡欢又兴高采烈。我同时集此于一身，又不能把它们混合起来。我没有能力决定事物是否有终极价值，我对自己和我的人生都没有定论。没有什么是我确信无疑的。对万事万物，我都没有任何确定的信念。我只知道我生在这世上，并存在着，而且似乎是顺流前行。我存在的基础，是某种我不知道的事物。尽管有着万般不确定，我还是能感觉到一切存在的坚实基础，以及我存在方式的连续性。

我们投生的世界野蛮而残忍，同时又神圣而美丽。我们会认为意义和无意义哪一部分更重，这是个性格问题。如果无意义占了压倒性优势，生活的意义感就会随着我们的步步发展而加速消退。但事情并非如此，或者在我看来并非如此。我心怀迫切希望，但愿意义占上风，取得胜利。

老子云:“众人昭昭，我独昏昏。”他说出了如今我在耄耋之年的感受。老子正是一位洞察力超凡的典范，他看到并体验到了有价值和无价值，在晚年渴望回归自己的存在，回到永恒的、不可知的意义中。这位看遍世事的老人的原型，就是永恒的真。这一原型会出现在每种智力水平上，而且面貌总是相同，不论是在一位老农民身上，还是在老子这样的伟大哲学家身上。这就是晚年，而且是个极限。然而，我心中还是充满了许多东西：植物、动物、云朵、白天、黑夜，以及人的永恒。我越是感觉摸不清自己，心中就越生出对万事万物的亲切感。

实际上，在我看来，长期以来把我和世界分开的疏离感似乎已经转移到我的内心世界，而且让我看到我对自己出乎意料的陌生。

附录一

弗洛伊德写给荣格的信[①]

维也纳第九区，贝格港（Berggasse）十九号
1909 年 4 月 16 日

亲爱的朋友，

……这件事非同小可：在同一个晚上，我正式认你为长子，指定你做我的接班人和“皇太子”——在不信教的国度——彼时彼地，你本可以剥夺我作为父亲的尊严，而且似乎这种剥夺给你带来的乐趣和把这样的地位授予你给我带来的乐趣一样多。现在，我恐怕又得陷入父亲的角色，告诉你我对恶作剧鬼现象的看法。我必须这样做，因为这些事和你乐意认为的并不一样。

我不否认你的意见和实验让我印象深刻。你走之后，我决定做一些观察，结果如下。我起居室里不断出现吱嘎作响的噪音，有两个沉重的埃及石碑放在书架的橡木板上，声音显然是从那儿发出来的。在第二个房间里，也就是我们听到巨响的地

方，这种声音的确很少见。起初，如果我们频繁听到的声音在你走之后再也不出现，那我倾向于认为它是有某种意义的。但自那以后，这种声音一再出现，却从来不跟我的想法有关，也从来不会在我想到你和你的独特问题时出现。（贸然地说一句，此时此刻也没有。）于是，这一现象对我的意义很快就被别的事物取代了。我的轻信，或说至少是我相信的意愿，随着你个人在场的魅力一起消失了。又一次，出于各种各样的内在原因，对我来说，任何这类事情的发生完全不合情理。我面前的家具没有精神，没有生命，就像希腊众神离去之后，诗人面前那寂静无声、没有神明的大自然。

于是，我又戴上父亲范儿的角质框架眼镜，警告亲爱的儿子保持冷静，如果为了理解什么事而付出如此巨大的代价，宁愿不要去理解。对心理综合的问题，我也会摇一摇头发灰白的聪明脑袋，心想：好吧，年轻人就是这样，他们只有在不需要拖着我们一起时，才能真正享受事物，我们呼吸短促、腿脚不便，没法跟上。

现在，我可以倚老卖老、唠唠叨叨，跟你说说天地之间另一件费解的事。几年前，我突然冒出一个念头，觉得自己会在六十一岁到六十二岁之间死去。当时看来，我还是来日方长的。（如今，我离这个年纪只剩八年了。）不久，我和弟弟一起去了趟希腊，十分诡异地发现，凡是有数字的地方，尤其在交通工具上，到处都会冒出“61”这个数字，或是跟“60”在一

---

① 经恩斯特·弗洛伊德（Ernst Freud）的慷慨允许得以再版，伦敦。

起的“1”和“2”。我认真地记录了这些情况。来到雅典时，我感觉心情沮丧。到了旅馆，安排给我们的房间在二楼，我希望这下能透口气了——至少房间号不可能是“61”了。结果，我的房间号是“31”（从宿命的角度看，我把它当作“61”到“62”的一半）。这个数字更狡猾、更巧妙，比之前那个更让我心烦。

从那天起到最近，“31”这个数字一直忠实地跟着我，还总有一个“2”和它在一起。不过，我心灵系统中也有些部分只渴求知识而一点儿不迷信，于是我尝试过分析这个信念。结果如下。当时碰巧发生了两件事，一是我写了《梦的解析》（你知道，它是写于1900年之前），二是我分到了一个新的电话号码，现在还在用：14362。这两件事之间很容易建立联系：1899年写《梦的解析》时我“43”岁，那么电话号码中的其他数字，“61”或“62”，不是显然意味着我生命终结的年纪吗？突然，这种奇怪的想法有了原因。我会在“61”到“62”岁之间死去这种迷信，等于是在说，通过这本关于梦的书，我已经完成自己毕生的工作，不需要再多说什么，可以安然离世了。你会同意，如此一分析，这件事听起来就不再那么离奇了。顺便说一句，威廉·弗利斯（Wilhelm Fliess）[①]的影响也参与其中，这一迷信正是从他攻击我的那一年开始的。

这儿有另一个例子，可以向你证实我的神秘主义所特有的犹太特质。此外，我只想说，像我和数字“62”的这种奇遇，

① 德国著名内科医生，弗洛伊德在和他的激烈交锋中发展出了精神分析。——译者

可以用两件事来解释。第一，是对无意识保持相当高的警惕，这样，人会像浮士德一样，在每个女人身上都看见海伦。第二，就是那不可否认的“偶然因素的参与”，它对形成妄想所起的作用，就像躯体因素在歇斯底里症状中的作用，或是语言因素在双关语中的作用一样。

所以，我希望听你多谈谈对鬼怪情结的研究，我的兴趣是在于一个人不和他人分享的可爱妄想。

向你、你的妻子和孩子们致以热切问候！

你的

弗洛伊德

维也纳第九区，贝格港十九号

1911 年 5 月 12 日

亲爱的朋友，

……我知道你心中最深的志趣正推动你朝向对神秘学的研究，我也并不怀疑你会满载而归。没有什么在阻止这件事，而且听从自己内心的召唤总是正确的。你对痴呆症[①]的研究所获得的声望，会在好一阵子里帮你抵挡别人说你是“神秘主义”的指控。不过，请不要离开我们太久，长期待在草木繁盛的热带殖民地里，守住大本营是有必要的。[……]

① 见第 5 章注释。

致以热切的问候，希望这次你回信给我的时间间隔更短一些。

你忠诚的

弗洛伊德

维也纳第九区，贝格港十九号

1911 年 6 月 15 日

亲爱的朋友，

关于神秘主义的问题，自从费伦齐的事[1]给我上了重要的一课后，我变得谦逊起来。我答应相信任何看上去能有一丁点儿道理的事。你知道，这样做我并不愉快。不过，我的自大已经被打碎了。我希望当你和费伦齐有谁要冒险发表著作时，你们可以相互呼应。我想，在这样的工作过程中，既能十分融洽，又能保持完全的独立性。

向你和你的漂亮房子致以热切问候！

来自你忠诚的

弗洛伊德

① 参看欧内斯特·琼斯（Ernest Jones）的《弗洛伊德的生平和作品》（纽约，1953—1957 年），第三卷，第 387 页及以下。

附录二

从美洲写给埃玛·荣格的信(1909年)

1909年9月6日，星期一
斯坦利·霍尔（Stanley Hall）教授家中
克拉克大学，伍斯特

……现在我们平安抵达了伍斯特！我得跟你说说这趟旅行。上周六，纽约天气阴沉。我们三人都受腹泻所苦，胃疼难耐……虽然身体不适，而且什么都没吃，我还是去了古生物博物馆。所有古老的怪兽、上帝创世的焦虑梦境，都能在那儿见到。博物馆里呈现的第三纪哺乳动物的种系发育举世无双。我没法把看到的东西全告诉你。后来我见了琼斯，他刚从欧洲过来。三点半前后，我们上了高架铁路，从四十二号大街来到码头。在那儿，我们登上一艘大得离奇的汽船，上面大概有五层白色甲板。我们进了客舱，船从韦斯特河（West River）出发，绕过曼哈顿岛，岛上的摩天大楼让人惊叹。然后，沿着布鲁克林和曼哈顿桥下的伊斯特河（East River）逆流而上，从没完没了的拖船、渡轮中穿过，又经过长岛后面的海峡。当时又湿又冷，我们又是肚子疼又是腹泻，还饥饿难耐，所以都躺到了床上。星期天一早，我们已经在福尔里弗市（Fall River City）上岸了。我们冒雨搭上开往波士顿的火车，即刻前往伍斯特。中途，天放晴了。乡间景色美不胜收，平缓的山丘、茂密的丛林、湿地和小湖，巨大的怪石数不胜数。小小的村庄里建着木屋，漆成红色、绿色或灰色，镶着白色的窗框（荷兰！），包裹在郁郁葱葱的大树下。十一点三十分，我们到了伍斯特。斯坦迪什旅馆（Standish Hotel）是个非常舒服的地方，而且便宜，按照他们这儿的说法是“美式服务”，也就是供应膳食。晚上六点，经过必要的休息之后，我们拜访了斯坦利·霍尔。他是位举止文雅、受人敬重的老绅士，年近七旬。他热情周到地接待了我们。他妻子丰满、快活、脾气好，而且相当丑，不过烧得一手好菜。她立即把我和弗洛伊德当成她的“小子们”，用营养丰富的美食和上好的葡萄酒款待我们，于是我们明显开始恢复元气。当晚，我们在旅馆美美地睡了一觉，今天早上就搬到了霍尔家中。他们家的房子布置得相当有趣，每样东西都宽大舒适。里面有间豪华的工作室，放了几千本书，到处都是一盒一盒的雪茄。两个皮肤黝黑的黑人仆从穿着小礼服，严肃的样子显得十分古怪。到处都是地毯，所有的门都打开着，连浴室门和前门也是，人们进进出出，来去自由。所有的窗户都是落地窗。房子周围是一圈英式草坪，没有篱笆。一半的城市（约十八万居民）覆盖着整齐的大树，街道都在树荫之中。多数房子都比我们的小，周围种着漂亮的花草和开花灌木，还长满了五叶爬山虎和紫藤，一切都照料得很好，干净、精心，而且极其幽静适意。一个完全不同的美国！这就是他们所说的新英格兰。这座城市早在1690年就已建立，相当古老，也十分繁荣。这所大学得到丰厚的资助，规模小，但受人尊敬，有种朴实无华却货真价实的优雅。今天上午举行了开幕式，X教授先讲，内容乏味。我们很快溜出来，愉快地散了一次步。穿过城郊，那里四处都是小小的湖泊和凉爽的树林。周遭祥和的美景让我们心醉神迷。经过在纽约的生活，这让人感觉焕然一新、神清气爽……

克拉克大学
马萨诸塞州伍斯特
1909年9月8日，星期三

……这里的人都非常和蔼，文化水平相当高。霍尔家把我们照料得十分周到，我们从纽约的疲惫中日渐恢复。我的胃现在几乎正常了，时不时还有点小痉挛，但除此之外身体相当健康。昨天，弗洛伊德开始做讲座，赢得了热烈的掌声。我们在这儿越来越被人们接受，支持者缓慢而确定无疑地增加着。今天，我和两位教育程度相当高的年长女士谈起精神分析，她们一听就懂，思想也很自由。我相当惊讶，因为我已经准备好会遭到反对。最近，我们和五十个人一起参加了一个大型的花园聚会，期间有五位女士围着我。我甚至能用英语开玩笑了——可那是怎样的英语！我明天要做第一次讲演，原来的忧虑都一扫而空，因为听众不会惹什么麻烦，只是热切地想了解新鲜事物，而这正是我们可以给的。据说下周六，大学会给我们颁授荣誉博士学位，仪式还相当隆重。晚上还要举行“正式接待会”。今天就此搁笔了，因为霍尔夫妇请了一些客人，五点钟要和我们见面。《波士顿晚报》也来采访。事实上，我们是这儿的风云人物。偶尔能像这样传播自己，是件很好的事。我能感觉到我的力比多正狼吞虎咽地享受这件事……

克拉克大学
马萨诸塞州伍斯特
1909 年 9 月 14 日

……昨晚的仪式隆重极了，人们的穿着也很奇特，都是各式各样红色和黑色的长袍，还有挂着金流苏的方帽子。在盛大的庆典上，我被授予名誉法学博士学位，弗洛伊德也是。现在我可以把这个头衔放在我名字后面了。真棒，不是吗？［……］今天，M 教授开车带我们去一个美丽的湖边吃午饭，那里的风景十分怡人。晚上在霍尔家，有一个更“私人的会议”，讨论“性心理学”。我们的时间安排得满满当当，美国人对此真是在行，他们几乎不留个喘气的时间。现在，这些美妙的事情已经让我精疲力竭，我很向往山间的宁静。我的脑袋在快速运转。昨晚授予学位时，我不得不在三百多人面前做了一次即席演说……弗洛伊德喜不自胜，看到他这样，我由衷地高兴……

我非常期待能回到海上，面对那样无限的宁静和广阔的空间，受到过度刺激的心灵就能恢复健康。这儿，人处在一阵几乎永不停歇的旋风中。不过感谢上帝，我完全恢复了享受的能力，所以可以饶有兴味地盼望着一切。现在，我得去迎接暴风雨般来临的事物，然后我要再安定下来，吃饱喝足……

纽约，奥尔巴尼（Albany）

1909 年 9 月 18 日

……还有两天就动身了！所有的事都一团乱。昨天，我站在一个近五千六百英尺高、光秃秃、到处是岩石的山顶，在一大片原始森林中间极目远眺美洲那一望无垠的蓝色，并在彻骨的寒风中瑟瑟发抖。今天，我则待在奥尔巴尼人都市的喧嚣中，这里可是纽约州的首府！我从这片神奇的土地上带走千千万万难以忘怀的印象，实在无法形诸笔墨。一切都太大，太不可限量。过去这些日子里，我逐渐认清一件事：生活的一种理想的可能性在这里已经成为现实。男人在文化允许的范围内过得很体面，女人则相反。这里的所见所闻在我们心中激起热切仰慕，也引发了对社会演进的深刻思考。说到技术文化，我们落后美国好几里远。但这种文化代价巨大，而且已经带来终结的萌芽。我应该告诉你很多很多。我永远不会忘记这趟旅行的经历。现在，我们已经厌倦了美洲。明天一早我们就会离开纽约，9 月 21 日就启航了！［……］

“恺撒 · 威廉大帝号”轮船

1909 年 9 月 22 日

北部德国劳埃德协会

不来梅

……昨天早上，我抖落脚上的美国尘土，心情轻松，头有点痛，因为之前Y一家用上好的香槟款待了我们。自从戒酒以来，我的立场总是相当摇摆。所以，我诚实地退出了各式各样滴酒不沾的圈子。我承认自己是个坦诚的罪人，只希望看到一杯葡萄酒时心中可以不为所动——当然是一杯没喝过的酒。经常如此，只有禁止的事才有吸引力。我想，我不该限制自己太多……

昨天上午十点，我们就启航了。左边是纽约市白白红红、高耸入云的大厦，右边是霍博肯（Hoboken）冒烟的烟囱、码头之类。早晨雾蒙蒙的，纽约很快消失不见。没多久，大海就开始波涛汹涌。我们的美国引航员下到消防船上，然后我们就驶进“大海那悲伤的荒漠中”。大海总是宏伟壮阔、简单质朴，让人无言以对；人在这里还能说什么呢？尤其当夜幕降临，满天星斗之下别无他物时。人默默地看着，放下一切自大，许多古老的传说和意象掠过脑际，一个低沉的声音述说着古老的“一望无际、呢喃低语的大海”、“大海和爱的波涛”。还有琉喀忒亚（Leukothea），这位女神在滚滚波涛的泡沫中出现，把珍珠面纱送给旅途劳顿的奥德修斯（Odysseus），帮他逃过了波塞冬（Poseidon）的暴风雨。大海就像音乐，灵魂的所有梦境在其中回响。我们被迫进入自己心灵中硕果累累的谷底，大海的美丽和壮阔就在其中，我们在“大海那悲伤的荒漠”的活力中面对并重新创造我们自己。眼下，“最后这些日子的磨难”仍然让我们精疲力竭。我们对过去这几个月念念不忘，无意识有很多事要做，要把美洲在我们心中搅起的一切理出头绪来……

“恺撒·威廉大帝号”轮船
1909 年 9 月 25 日
北部德国劳埃德协会
不来梅

……昨天的暴风雨持续了一整天，接近午夜才停。大部分时候，我都站在前部的桥楼下，在一个有保护的高处欣赏着眼前的壮观景象：排山倒海的巨浪滚滚而来，一团团旋转的水泡冲到船上。船开始剧烈摇晃，我们有好几次被咸涩的海水浇了个透。天变冷了，我们走进船舱喝了杯茶。然而在船舱里，脑子好像要顺着脊椎管流下来，然后再从胃里吐出来。我躺到床上，身体很快就恢复了，之后去吃了一顿愉快的晚餐。外面时不时有一阵波浪撞击船身，我舱室里的东西都活了过来：沙发垫趁着半暗的光线在地上爬来爬去，一只横放的鞋站了起来，惊奇地四处张望，然后悄悄地躲进沙发底下。一只站着的鞋疲倦地转了个身，也跟着它的伙伴去了。现在场景转换了。我发现鞋子跑到沙发底下是去接我的提包和公文包，整个队伍接连入场，跑到床底下和大箱子会师。沙发上衬衫的一只袖子热切地朝它们挥舞，箱子和抽屉里吵闹喧哗、喋喋不休。突然，地板下面传来一声可怕的巨响，混杂着吱吱嘎嘎、嘁嘁喳喳、叮叮当当的声音。我房间下面是一间厨房，在那儿，五百个盘子一下从死气沉沉的冬眠中醒过来，英勇一跃，瞬间结束了它们枯燥的奴役生活。附近舱室里，无法形容的叹息声透露了下一顿饭的着落。我睡得很香，今天早上，风又开始从另一侧吹来……

附录三

从北非写给埃玛·荣格的信(1920年)

苏塞大饭店

苏塞，1920年3月15日，星期一

这片非洲真不可思议!

……可惜我没法跟你讲清楚，因为实在太多了。就写点零碎的东西吧。经过海上阴冷凝重的天气，阿尔及尔的早晨熠熠生辉。明亮的房屋和街道，深绿色的树丛，高高的棕榈树冠从其间冒出来。白色的连帽斗篷，红色的土耳其毡帽，其间夹杂着非洲步兵的黄色制服和阿尔及利亚骑兵的红色服装。此外还有植物园，那是一座迷人的热带丛林，有着印度般的景致，神圣的阿克瓦塔（acvatta）树像怪兽一样伸出巨大的气根，奇妙的神殿硕大无朋，颜色浓重的深绿色植物在海风中沙沙作响。

接着，我们坐了三十个小时的火车来到突尼斯。这是一座古老的阿拉伯城市，拥有摩尔人的中世纪景象，宛如格拉纳达（Granada）[①]和神话中的巴格达。在这儿，你不会再想自己的事了，你会消融在这无法估量更无法描绘的集锦中：这里的墙上立着一根罗马柱；那里一个奇丑无比的犹太老妇穿着白色的宽松裤子走过；一个小贩挂满连帽斗篷挤过人群，那刺耳的叫卖声像是从苏黎世州直接传过来的；一小片深蓝色的天空，一个雪白的清真寺圆顶；小小的穹形壁龛里，有位鞋匠在鞋子上飞针走线，面前的垫子上有一小片灼热耀眼的阳光；盲眼艺人拿着一只鼓和一把小小的三弦琴；一位乞丐一无所有，只挂着一些破布；油饼冒着油烟，苍蝇成群结队；上方，一尊白色的尖塔矗立在极乐的天空中，宣礼员正在做晌礼的咏唱；下方是一个有廊柱的阴凉院落，马蹄形门饰以琉璃瓦的门框；一只生疥癣的猫躺在墙根晒太阳；往来的人们穿着红色、白色、黄色、蓝色的衣服，棕色的斗篷，白色的头巾，红色的毡帽，还有制服；面孔的颜色从白到淡黄再到深黑；黄色和红色的拖鞋踢踢踏踏，无声的黑色脚板赤裸着匆匆走过，如此等等，不可详述。

早晨，伟大的神明冉冉升起，在两侧地平线上注满了祂的欢乐和力量，一切生命都臣服于祂。夜晚，月色如银，闪烁着神圣的清辉，让人对阿斯塔特（Astarte）[②]的存在深信不疑。

阿尔及尔和突尼斯之间横亘着五百五十英里的非洲土地，

---

① 西班牙城市，以独特的建筑风格著称。——译者

② 腓尼基（Phoenicia）的爱情和生育女神。——译者

向上高高隆起，连着宏伟的阿特拉斯山脉（Atlas），开阔的山谷和高原上生长着茂盛的葡萄和谷物，深绿色的软木橡木郁郁葱葱。今天，荷鲁斯神从遥远而苍白的群山中升起，照耀着一片无边无际的棕绿色平原，沙漠里刮来一阵强风，一直吹到深蓝色的海上。整座整座的古罗马城市的黄棕色遗迹散落在延绵起伏的苍翠丘陵间，小群小群的黑山羊在遗迹周围啃食牧草，旁边是贝都因人的营地，有黑帐篷、骆驼和毛驴。火车撞上一只没法及时下决心离开铁轨的骆驼，它当场就送了命；身穿白衣的人跑来跑去，尖声叫喊，打着手势；总能看见大海，一会儿是深蓝色，一会儿在太阳下反射出刺眼的光芒。橄榄树、棕榈树和巨型仙人掌的树篱浮动在阳光闪耀的空气中，里面升起一座雪白的城市，有着圣洁的白色圆顶和尖塔，覆盖整个山坡，辉煌夺目。然后就到了苏塞，白色的城墙和塔楼俯视着港口，港口围墙外是深蓝色的大海，里面航行的船只挂着两个三角帆，正是我以前画过的那种船！！！

你语无伦次地讲述着罗马遗迹，我则用手杖从地上挖出了一片罗马陶器的碎片。

通篇都只是些结结巴巴的呓语。我不知道非洲到底在对我说什么，但它在说。想象烈日当头，空气像高山之巅一样洁净，大海比你见过的任何东西都要蓝，所有颜色都具有不可思议的力量。在市场上，你还可以买到古代双耳细颈椭圆土罐那样的东西——还有月亮！！！！［……］

附录四

卫礼贤

第一次见到卫礼贤，是在盖沙令伯爵（Count Keyserling）[①]家，时值“智者学派”会议在达姆施塔特举行。那是二十世纪初的事了。1923 年，我们邀请他来苏黎世，在心理学俱乐部里讲《易经》[②]。

遇到他之前，我已经对东方哲学产生兴趣，并在 1920 年前后开始试验《易经》。一年夏天，在波林根，我决心对这本书的难解之谜发起全面进攻。传统方法要求使用蓍草秸秆，我砍了一把芦苇秆来替代。我在一棵百年老梨树下一坐就是几个小时，旁边放着《易经》，在问和答的交互中，查阅那一个个占卜的结果。各式各样不可否认的显著结果出现了——它们和我的思维过程产生了有意义的联系，而我自己也无法解释。

这个实验唯一的主观干预就是实验者任意地——也就是没有计数——把一束四十九根的芦苇秆随便抓了一把，分成了两份。他并不知道每一把里到底有几根，而结果正取决于它们的数量关系。其他操作都是机械的，没有任何受到意志干扰的可能。如果存在一种心灵的因果关系，那只可能出现在分芦苇秆的时候（如果用另一种方法，就是在抛出硬币的时候）。

整个暑假里，我一直在思考这样的问题：《易经》的回答有没有意义？如果有，心灵和事件发生的物理顺序之间的联系是怎样产生的呢？我屡次三番遇见过惊人的巧合，这些事似乎暗示着一种非因果的对应关系（我后来称之为“共时性”）。我对这些实验如此着迷，以致完全忘了做记录，这让我追悔莫及。然而后来，当我常常和我的病人做这样的实验时，结果变得十分清楚：相当一部分回答的确都切中要害。比如，我还记得一位有强烈恋母情结的年轻人，他想结婚，也认识了一位看起来挺合适的女孩儿。但他拿不准，担心自己在情结的影响下可能又会陷入一位强势母亲的掌控中。我给他卜了一卦，卦辞说的是：“女壮，勿用取女。”③

三十年代中期，我见到了中国哲学家胡适。我询问他对《易经》的看法，得到了这样的回答：“那只不过是本古代的符咒集，没什么重要性。”他没有研究过《易经》——他自己是这么说的。他记忆中只遇到过一次实际的体验：一天，他和一位朋友散步时，对方跟他讲了一次不愉快的恋爱经历，他们当

---

① 德国哲学家，沙皇俄国贵族后裔，后入德国籍。1911 年作环球旅行途经中国，尊崇孔子。——译者

② 《易经》，由卫礼贤译为德文（纽约和伦敦，1950 年），又由卡利 · F. 贝尼斯（Cary F. Baynes）经德文版译为英文。这本古代中国的智慧和预言之书最早可追溯至公元前四千年。

③ 见《易经》第四十四卦，意为：此女强势，不要娶这样的女子。——译者

时正好路过一个道观。胡适开玩笑地对朋友说:“你可以进去占一卦啊!”说到做到,二人一起走进道观,请道士用《易经》算了一卦。不过,胡适对这种胡说八道一点儿也不信。

我问他算得准不准,他不情愿地答道:“啊,是的,当然……”我想起那个著名的“好朋友”的故事,谁有任何自己不情愿做的事,这位好朋友都会去做。于是,我小心翼翼地问他是否从这次机遇中获益。“是的,”他答道,“为了开玩笑,我自己也问了个问题。”

“那占卜有没有给你一个合理的回答呢?”我问。

他犹豫了:“嗯,算是吧,如果你想这样说的话。”这个话题明显让他不自在。

最初用芦苇秆研习《易经》的几年之后,卫礼贤注解的《易经》出版了。我立刻弄到一本,让我高兴的是,对那些有意义的联系,卫礼贤的观点和我十分相似。不过,他了解这整部著作,所以能够填补其中的细节,这一点我无法做到。卫礼贤来苏黎世时,我得以和他充分探讨这一问题,我们就中国哲学和宗教进行了大量讨论。由于他对中国思想有渊博的知识,他告诉我的事帮我澄清了欧洲无意识施加给我的一些最困难的问题。另一方面,我告诉他我对无意识的研究结果,他毫不惊讶,因为在里面认出了他原以为是中国哲学传统特有的东西。

卫礼贤年轻时前往中国是为了进行基督教传教工作。在那里,东方精神世界向他敞开大门。卫礼贤拥有真正的宗教精神,洞明世事、高瞻远瞩。他有种天赋,能够不带偏见地倾听异域心灵的袒露,而且有种奇迹般的同理心,使他得以把中国的智力财富引进欧洲。他深受中国文化影响，有一次曾对我说:“我从来没给一个中国人施洗过，这真让我满意！”他尽管有基督教背景，却不禁要承认中国思想的逻辑性和清晰性。“影响”这个词还不足以描绘中国思想在他身上产生的效果。中国思想淹没了他、同化了他。他的基督教观念退居背景，但并没有完全消失。这些观念形成一片精神保留地、一种道德限制，后来引发了致命后果。

在中国，他有幸遇到一位旧学圣人，此人被革命边缘化。他叫劳乃宣（Lau Nai Süan），向卫礼贤介绍了中国的瑜伽哲学和《易经》心理学。多亏两人的合作，我们才有了这本《易经》译本及其中的精彩注解。东方这本最艰深的著作第一次以生动易懂的方式被介绍到西方。我认为这本书是卫礼贤最重要的著作。尽管他的精神无疑是西方的，但在对《易经》的注解里他却对中国哲学表现出无与伦比的适应。

最后一页翻译完毕，第一版即将付梓时，年迈的劳乃宣大师仙逝，仿佛他的工作已经完成，已经将中国哲学传给了欧洲。而卫礼贤是个完美的弟子，实现了这位圣人的夙愿。

我见到卫礼贤时，他看起来已经完全中国化了，不论是外在举止，还是写作和说话的方式。东方观点和古代中国文化已经把他完完全全浸透。他一到欧洲，就进入美因河畔法兰克福的中国研究所担任教职。然而，不论在教学工作中，还是在对外行的演讲中，他似乎都感觉到了欧洲精神施加的压力。基督教的观点和思想方式稳步走到前台。我去听过几次他的讲座，发现和通常的布道几乎别无二致。

在我看来，这种倒退有点缺乏反思，因而危险。我把这看成是再度被西方同化，而且觉得这会让卫礼贤陷入和自己的冲突中。于是我想，既然这是一种被动的同化，也就是对环境影响力的屈服，就可能出现一种更加无意识的危险冲突，即他的西方心灵和东方心灵之间的碰撞。我认为，如果基督教态度最初让位给中国的影响，那现在发生的可能正好相反：欧洲元素也许又一次占了东方元素的上风。如果发生这样的过程，而没有出现强壮、有意识的努力来面对它，那么无意识的冲突会严重影响到身体的健康状况。

听了他的讲座后，我试图让他注意面临的危险。我是这样说的："亲爱的卫礼贤，请不要见怪，但我感觉西方又在占据你了，把东方精神传入西方是你的使命，你现在越来越不能忠于它了。"

他答道："我想你是对的——这儿有种东西正在压倒我。但能怎么办呢？"

几年后，卫礼贤来我家做客。他因突然患上阿米巴痢疾而病倒。二十年前他也得过这种病。随后的几个月，病情每况愈下，后来我听说他住院了。我去法兰克福看望他，发现他病得很重。医生还没有放弃希望，卫礼贤也谈论着康复之后要去实现的计划。我分享了他的希望，但心里有不祥的预感。他当时告诉我的事证实了我的猜测。他在梦里重返了那无边无际、荒无人烟的"亚洲草原"——那被他留在身后的中国。他摸索着找回中国曾经放在他面前的问题，答案却被西方所阻隔。眼下，他已经意识到问题所在，却找不到解决的办法。他的病拖了好几个月。

我很久没再听到他的消息，直到他去世前几周。有一次我正要睡着时，突然被一个视象惊醒：床前站着一位中国人，身穿深蓝色长袍，两手抄在袖子里。他向我深深鞠了一躬，仿佛要告诉我一个消息。我知道这意味着什么。这个视象非常生动，我不仅能看见这人脸上的每一道皱纹，还能看见长袍布料上的每一根线。

卫礼贤的问题也可以看作意识和无意识之间的一次冲突，在他身上是以西方和东方碰撞的形式出现。我相信我理解他的处境，因为我有和他一样的问题，也知道卷入这样的冲突意味着什么。的确，直到我们最后一次见面时，卫礼贤也没有坦诚相告。尽管当我向他介绍心理学观点时他兴趣浓厚，但他的兴趣仅限于我论及诸如冥想或宗教心理学一类的客观问题时。一旦试图触碰他内在冲突的具体问题，我就会立即感觉到一种退缩、心门紧锁——因为这样的问题直中要害。这种现象我在许多重要人物身上都看到过。歌德在《浮士德》里提到一个“人迹罕至、步履艰难”之地，那里不能也不应该被强行进入，那是一种不容人类干涉的命运。

附录五

向死者的七次布道(1916年)

荣格允许《向死者的七次布道》私下印成小册子。他偶尔会送给朋友，书店里则一直买不到。后来，他把这篇文章描述成年轻时代的罪过，为之追悔。

文章的语言风格接近《红书》，不过《红书》中有和内在人物之间长篇累牍的对话，相比之下《向死者的七次布道》形成了一个自足的整体。它传达出荣格在1913年至1917年间经历的事及他所产生的思想的一种印象，即便只是零碎的印象。

文中包含了对一些思想的暗示和预感，这些思想出现在他后来的科学著作中，尤其是涉及心灵的两极本质、生命在大体上的两极本质，以及一些心理学陈述的两极本质。正是这些以悖论方式所做的思考，让荣格对诺斯替主义产生了兴趣。这就是为什么他在这篇文章中把自己认同为诺斯替作家巴西里德（公元二世纪初），甚至沿用了一些他的术语，比如把上帝说成是阿布拉克萨斯（Abraxas）[①]。这是个有意为之的神秘游戏。

荣格犹豫不决，只是“出于诚实”才同意在他的自传中发表《向死者的七次布道》。直到本书结尾，他也没有披露字谜的答案。

《向死者的七次布道》，巴西里德作于亚历山大，东方在此城触碰西方。

第一次布道

众死者从耶路撒冷回来，在那儿，他们找不到要找的东西。他们恳求我让他们进来，要听我的意见，于是我开始布道。

诸位请听，我从无开始讲起。无和充满是一样的。在无限中，充满并不比空虚更好。无既是空虚，也是充满。你们也可以说无是其他的样子，比如白的或黑的；或者可以说它是，也可以说它不是。一种无限而永恒的东西没有任何性质，因为它拥有所有的性质。

这种无或满，我们称之为“普累若麻”（Pleroma）。在其中，思想和存在都止息了，因为永恒和无限没有任何性质。里面没有存在，因为一旦存在，就会和普累若麻相区别，就拥有了一些性质，这性质会让自身成为和普累若麻不一样的事物。

普累若麻中什么也没有，又什么都有。思考普累若麻会一无所获，因为这意味着自我消解。

受造之物（Creatura）不在普累若麻中，而是在其自身之中。普累若麻既是造物的开始，也是其终结。普累若麻渗透造

---

① 由若干希腊字母组成的神秘词语，读起来像数字“365”，据说颇有法力。十三世纪前多被用作咒语刻写在护符、珍宝及神奇石块上。二世纪诺斯替教赋它以位格，对它进行崇拜。传说与对太阳神的崇拜有关。——译者

物，就像太阳的光芒渗透在空气中每一处一样。尽管普累若麻渗透一切，造物却没有分享到它，就像一个完全透明的物体，并没有因为光的穿透而变亮或变暗。然而，我们就是普累若麻自身，因为我们是永恒和无限的一部分。但我们并没有分享到普累若麻，因为我们离它无限遥远；这既不是精神上的，也不是暂时性的，而是本质上的，因为我们作为受造之物，受到时空的限制，在本质上已经和普累若麻不同。

然而，由于我们是普累若麻的一部分，普累若麻仍在我们内部。即便在一个最微小的点中，普累若麻也是无穷无尽、永恒而完整的，因为小和大都是包含在普累若麻中的性质。正是那无，在处处都是完整而连续的。所以，我只是在比喻的意义上，说造物是普累若麻的一部分。事实上，普累若麻在任何地方都是不可分割的，因为它就是无。我们也是完整的普累若麻，因为在比喻意义上，普累若麻就是我们内部最小的点（只是假定，这样的点并不存在），是我们四周无垠的苍穹。那么，既然普累若麻什么都是又什么都不是，我们为什么要谈论它呢？

我谈论它，是要找一个切入点，也是要把你们从一种幻象中解放出来：即在某个地方，无论是内部还是外部，存在着某种固定不变的东西，或者从一开始就以某种方式确立下来的东西。任何所谓不变和确定的东西都是相对的，只有变化才是不变和确定的。

受造之物是可变的，这是唯一不变而确定的事。这是因为，受造之物拥有性质：它甚至就是性质本身。

问题出现了：受造之物是怎样产生的呢？造物出现了，受造之物却没有，因为造物正是普累若麻的性质，就像非创造是永恒的死亡。创造无时不在、无处不在，死亡也是无时不在、无处不在。普累若麻包含一切，不论是独特性还是非独特性。

独特性就是受造之物。受造之物是独特的，独特性是它的本质，它因此而得以分辨。人与他者相区别，因为独特性就是他的本质。普累若麻的本质不是独特性，所以人也能分辨普累若麻的性质（这些性质又不是普累若麻的）。他是出于自己的本性去做这些区分，所以他会说出那些普累若麻的性质（这些性质又不是普累若麻的）。

你们说，谈这些有什么用呢？你自已不是说过，思考普累若麻会一无所获吗？

我说这些，是想把你们从这样的幻象中解放出来：即我们有能力思考普累若麻。当我们区分普累若麻的性质时，我们是基于自身的独特性来谈的，谈论的内容也是关于自身的独特性。而对于普累若麻，我们什么也没有说出来。然而，谈论我们自身的独特性是有必要的，这样我们可以充分地区分出自己。独特性正是我们的本质。如果我们不忠于这一本性，就无法充分地区分出自己，所以我们应该区分出种种性质。

你们问，不区分出自己，有什么坏处呢？如果不区分，就摆脱了我们的本性，远离了受造之物。我们就落入无差别性，而这是普累若麻的另一个性质。我们落入了普累若麻自身，而不再是造物。我们被放弃，消融在无中。这就是造物的死亡。于是，当我们不再区分时，就以这样的方式死去。所以，造物是自然地朝着独特性努力的，它们和原初的、危险的同质性斗争。这称为自性化原则。这个原则是造物的本质。从这一点，你们可以看到，为什么无差别性和非独特性对造物来说是巨大的危险。

所以，我们应该区分普累若麻的性质。这些性质是成对的相反两极，比如——

有效和无效。

满和空。

生和死。

异和同。

光明和黑暗。

热和冷。

力量和物质。

时间和空间。

善和恶。

美和丑。

一和多，等等。

成对的相反两极是普累若麻的性质，却又不是，因为它们相互制衡。既然我们也是普累若麻自身，我们就也拥有所有这些性质。由于我们本性的基础正是独特性，所以我们以独特性为名义和标志，拥有了这些性质，意即——

一，在我们身上，这些性质彼此之间是区别而分离的，所以它们既不均衡也不空虚，而是有效用的。故而，我们是这些成对的相反两极的牺牲品。普累若麻在我们身上发生了分裂。

二，性质属于普累若麻，而我们只有以独特性为名义和标志才能并且应该占有或经历这些性质。我们应该把自己跟这些性质相区别。在普累若麻中，它们是均衡而空虚的，在我们身上却不是。和它们相区别，就呈现了我们自己。

当我们为善或美而奋斗时，就忘记了自己的本质，即独特性，并且我们就被交给了普累若麻的性质，即成对的相反两极。我们苦苦争取善和美，但同时也得到了恶和丑，因为在普累若麻中它们跟善和美是一体的。然而，当我们忠于自己的本性，即独特性时，就把自己从善和美中区分出来了，与此同时也就从恶和丑中区分出来了。这样，我们就不会落入普累若麻之中，也就是无和消解之中。

你们说，你们不同意异和同也是普累若麻的性质。这样的话，如果我们追求的是差异，又会怎样呢？如果这样做，我们是否就不忠于自己的本性了呢？当我们追求异时，是否还是被交给了同呢？

你们千万别忘了，普累若麻并没有性质，是我们通过思想创造出了这些性质。所以，如果你们追求异或同，或其他任何性质，那你们追求的是从普累若麻中流到你们面前的思想；思想，和普累若麻的非存在性质有关。既然你们追求的是这些思想，你们就再次落入了普累若麻之中，并同时达到了异和同。独特的并非你的思想，而是你的存在。因此，你不应该想当然地追求差异，而应该追求你自己的存在。所以，说到底只有一种追求，就是追求你自己的存在。如果有这种追求，你就不需要再了解普累若麻和它的性质，而且你会凭借自己的存在实现你的正确目标。然而，思想会偏离存在，所以我应该教给你这些知识，让你能控制你的思想。

第二次布道

夜晚，众死者沿墙而立，哭道：

我们想了解上帝。上帝在哪儿？上帝死了吗？

上帝没有死，他活着，一如既往地活着。上帝就是受造之物，因为祂是确定的，从而和普累若麻不同。上帝是普累若麻的性质，我所说的关于受造之物的每件事，也适用于上帝。

然而，上帝有别于造物，祂比造物更加无限、更加不可确定。祂的独特性比造物更少，因为祂存在的基础是有效的充盈状态。只有当祂确定而独特时，祂才是受造之物，也只有这时，祂才是普累若麻有效的充盈状态的显现。

任何我们不予区分的事物，都会落入普累若麻，并被它的对立面所取消。所以，如果我们不分辨神明，有效的充盈状态对我们来说就将不复存在。

不仅如此，上帝就是普累若麻本身。同样，已被创造的和未被创造的事物中每一个最小的点，都是普累若麻本身。

有效的空虚是魔鬼的本质。上帝和魔鬼是无的最初体现，而我们把无称为普累若麻。普累若麻是或者不是并没有差别，因为在一切事物中，普累若麻都是均衡而空虚的。受造之物却并非如此。只要上帝和魔鬼都是受造之物，他们就不会消灭彼此，而是作为有效的对立面反对彼此。我们并不需要他们存在的证据。我们经常谈论他们，这就够了。即便他们都不是拥有本质独特性的受造之物，也会一直从普累若麻中重新区分出来。

所有从普累若麻中区分出来的事物都是成对的相反两极。所以，魔鬼永远追随上帝。

这种不可分离性在你自己的生活中随处可见，它像普累若麻自身一样牢不可破。对立的双方都离普累若麻非常近，而在普累若麻中，一切对立面都会消失并融合。

上帝和魔鬼是被充盈和空虚、生产和破坏这些性质区分开的。二者都是有效的。有效性跟它们相联合。所以，有效性超越二者，它是神的神，因为它有效地联合了充盈和空虚。

这是一位你们不知道的神，因为人类已经忘了它。我们把它称为“阿布拉克萨斯”，它比上帝和魔鬼更加不确定。

相应的神也许和它不同，我们称之为“赫利俄斯”（Helios）或太阳神。阿布拉克萨斯就是效力。唯有无效是它的对立面，所以，它那效力的本质自由地展开。无效性即是没有，因而并不抵抗。阿布拉克萨斯高于太阳和魔鬼，它是不可能的可能性，是不真的真实。如果普累若麻有一种存在，那么阿布拉克萨斯就是其体现。它就是有效性本身，不是某种特殊的效力，而是一般性的效力。

它是不真的真实，因为它没有确定的效力。

它也是受造之物，因为它有别于普累若麻。

太阳有种确定的效力，魔鬼也是。因此，在我们看来，他们比不确定的阿布拉克萨斯更有效力。

它是力量、持续性和变化。

众死者现在大声吵闹起来，因为他们是基督徒。

第三次布道

众死者如同沼泽里升起的迷雾，走上前来哭诉道：

多跟我们说一说那至高无上的神吧。

理解阿布拉克萨斯的神性并不容易。它的力量最为巨大，因为人无法感知。人从太阳那里汲取了至善，从魔鬼那里汲取了至恶，但从阿布拉克萨斯那里，他汲取的是生命，完全不确定的生命，那是善与恶之母。

和至善相比，生命显得渺小而脆弱，因此人很难感知阿布拉克萨斯的力量甚至超越了太阳，毕竟太阳是一切生命力的辐射源。

阿布拉克萨斯是太阳，同时也是虚空那永远吮吸着的腹囊，是贬抑和肢解事物的魔鬼。

阿布拉克萨斯的力量是双重的，但你们看不见，因为在你们眼中，这种力量相互交战的对立面已经消失了。

太阳神的话语是生命。

魔鬼的话语是死亡。

但阿布拉克萨斯说着神圣而诅咒的话语，这话语既是生命，也是死亡。

阿布拉克萨斯在同一个词语和同一个行动中产生的，既有真理也有谎言，既有善良也有邪恶，既有光明也有黑暗。因此，阿布拉克萨斯极其可怕。

它像瞬间扑倒猎物的狮子一样雄壮，像春天一样美好。它就是伟大的潘神，也是一位小神。它还是普瑞尔珀斯[1]。

它是地狱的怪兽，是千足水螅，是盘绕着的、暴怒的有翼大蛇。

它是最初的雌雄同体。

它是蟾蜍和青蛙的君主，住在水中，会爬上陆地，它的吟唱在正午和子夜响起。

它是丰饶，寻求跟空虚的结合。

它是神圣的起源。

它是爱，也是爱的凶手。

它是圣人，也是圣人的叛徒。

它是白天最明亮的光线，也是夜晚最黑暗的疯狂。

直视它，则目盲。

了解它，则生病。

崇拜它，则死亡。

畏惧它，是智慧。

不抗拒它，是为救赎。

上帝住在太阳背后，魔鬼住在黑夜背后。上帝从光中造就的事物，魔鬼把它吸进黑夜。但阿布拉克萨斯就是世界，是世界的变化和流逝。太阳神送来的每一份礼物，魔鬼都会附上他的诅咒。

你们从太阳神那里祈求来的每一件事物，都会引发一次魔鬼的作为。

---

① Priapos，古希腊男性生殖神。——译者

你们和太阳神一起创造的每一件事物，都会增强魔鬼的力量。

这就是可怕的阿布拉克萨斯。

它是最强大的造物，在它之中的造物连自身都畏惧。

它是受造之物对普累若麻及其无的明显反对。

它是儿子对母亲的恐惧。

它是母亲对儿子的爱。

它是尘世的欢愉，是天堂的残酷。

人看到它，会变得像石头一样。

在它面前，没有问题，也没有回答。

它是受造之物的生命。

它是独特性的运作。

它是人的爱。

它是人的话语。

它是人的样貌和阴影。

它是虚幻的现实。

现在，众死者哀号动怒，因为他们变得不完美。

第四次布道

众死者挤满屋子，咕咕哝哝，说道：

该死的人，给我们讲讲众神和魔鬼吧！

太阳神是最高的善，魔鬼则相反。这样，你们就有两位神。不过，有许多崇高而善良的东西，也有许多穷凶极恶。它们之中，有两位半神半魔，一位是燃烧者，一位是成长者。

燃烧者是厄洛斯，拥有火焰的外形。火焰因消耗而发出光亮。

成长者是生命树，它抽枝发芽，在成长中积累有生命的物质。

厄洛斯燃烧并死去，但生命树缓慢而持续地增长，永不停息。

善与恶在火焰中合一。

善与恶在树的成长中合一。在它们的神性中，生命和爱对峙而立。

神和魔的数量，像星辰一样不可尽数。

每一颗星都是一位神，而每一颗星所填充的空间都是一个魔。整体的空-满则是普累若麻。

整体的运作就是阿布拉克萨斯，只有无效性站在它的对立面。

四是主神的数量，正如四是度量世界的数字。

第一位神是开始，也就是太阳神。

第二位神是厄洛斯，因为他让对立双方结合在一起，并在光明中舒展自身。

第三位神是生命树，因为它用实体形式填充空间。

第四位神是魔鬼，因为他打开了关闭的一切。他消融了一切以实体形式存在的事物；他是毁灭者，在他之中，一切都化为空无。

对我来说，关于神的知识变得丰富多样，这是件好事。可你们有祸了，你们用一位神取代了这些各不相容的众神。这样做，你们就引发了痛苦，这痛苦是不理解导致的，你们毁坏了那些以独特性为本质和目标的造物。当你们试图把很多变成唯一时，怎么还能忠于自己的本性呢？你们对众神所做之事，也一样会施加到你们身上。你们都会变得等同，你们的本性从而受到残害。

等同不应该在神那里实现，只应该为了人而实现，因为神为数众多，人却比较少。众神强大，可以承受他们的多样性，因为他们像星辰一样安住在孤独中，彼此相隔甚远；而人类虚弱，无法承受他们的多样本性，所以他们聚群而居，需要交流，这样也许能忍受分离。为了救赎，我教给你们这遭到排斥的真理，为了这真理，我自己遭到了排斥。

神的多样性对应了人的多样性。

无数的神等着化身为人。无数的神亦曾化身为人。人分享了众神的本性。人从神那里来，也将到神那里去。

所以，正如思考普累若麻一无所获，崇拜神的多样性也没有益处。崇拜那最初的神——有效的充盈和至善——尤其没有益处。我们的祈祷不能增添什么，也不能带走什么，因为那有效的空虚吞噬一切。

光明众神构成了天上的世界。这个世界丰富多彩，无限地延伸、增长。太阳神是这个世界的最高主宰。

黑暗众神构成了尘世的世界。他们单一卑微，无限地缩小、衰退。魔鬼是尘世世界最低的主宰，是月亮的灵、地球的卫星，比泥土更小、更冷、更死气沉沉。

天上众神和尘世众神的力量并没有差别。天上众神扩大，尘世众神缩小，二者的活动都不可限量。

第五次布道

众死者嘲弄地喊道：蠢货，给我们讲讲教会和与神交流的事吧。

诸神的世界在灵性和性中显现，天上诸神在灵性中，尘世诸神在性中。

灵性孕育并包纳，它像女人，所以我们称之为天母。性引发并创造，它像男人，所以我们称之为阴茎（phallos），即地父。

男人的性更多是尘世的，女人的性更多是精神的。

男人的灵性更多是天堂的，趋向于宏大。

女人的灵性更多是尘世的，趋向于微小。

男人的灵性如果趋向于微小，就会变得虚假而邪恶。

女人的灵性如果趋向于宏大，就会变得虚假而邪恶。

双方必须各就其位。

如果男人和女人不划分他们的灵性道路，就会变成彼此的魔鬼，因为受造之物的本质是独特性。

男人的性朝向尘世，女人的性朝向精神。如果男人和女人不区分他们的性，就会变成彼此的魔鬼。

男人应当了解微小，女人应当了解宏大。

男人应该把自己既从灵性也从性中区分出来。他应该把灵性称为母亲，并将其置于天堂和尘世之间；他应该把性称为阴茎，并将其置于他自己和尘世之间，因为母亲和阴茎是超越人类的精灵，展现了众神的世界。对我们而言，他们比众神更加有效，因为他们贴近我们自己的本质。如果你们不把自己从性和灵性中区分出来，不把它们视为在你们之上并超越你们的本质，那你们就会被作为普累若麻的性质交到它们手中。灵性和性并不是你们的性质，不是你们拥有和包含的东西。相反，是它们拥有并包含着你们，因为它们是强大的精灵，是众神的显现，故而它们超越你们，存在于自身之中。没人能自己拥有灵性或性。相反，人遵循灵性和性的规律。

所以，没有人能逃脱这些精灵。你应该把它们看作精灵，看作一个普通的任务和危险，一个生活施与你的普通负担。这样，生活对你来说，也是一个普通的任务和危险，众神是这样的任务和危险，那最可怕的阿布拉克萨斯也是如此。

人是脆弱的，所以与神交流不可或缺。你与神的交流，如果不是在天母的授意下，就是在地父的授意下进行。不与神交流，就会受苦、患病。在任何事物中都与神交流，就是肢解和消融。

独特性导致独身，而独身是与神交流的对立面。在众神、精灵和他们不可战胜的规律面前，人是弱小的，故而需要与神交流。所以，需要多少与神交流，就应该有多少，这不是为了人，而是为了众神的缘故。众神逼迫你们与之交流。他们逼你们多少，就需要多少，更多就是邪恶。

在与神交流中，让每个人都臣服于其他人，这样交流就得以维持，因为你们需要它。

在独身状态中，一个人会比其他人更优越，每个人都回到自己，免受奴役。

与神交流中，会有节制。

独身状态中，会有挥霍。

与神交流是深度。

独身状态是高度。

与神交流中正确的措施能带来净化和保存。

独身状态中正确的措施能带来净化和增长。

与神交流给我们温暖，独身状态给我们光明。

第六次布道

性的精灵化作蛇接近我们的灵魂，它一半是人形，显现为一种思想-欲望的形态。

灵性的精灵化作一只白色的鸟降临到我们的灵魂中，它一半是人形，显现为一种欲望-思想的形态。

蛇是尘世的灵魂、半精灵，是一种灵，接近死者的灵。她也像死者的灵一样聚拢在尘世事物周围，不是让我们害怕，就是激起我们放纵的欲望。蛇的本性就像女人。她总是与死者为伴，这些死者受尘世的诅咒所困，除了通向独身的道路，找不到其他出路。她跟魔鬼和恶灵淫乱，还是个淘气的暴君和恶霸，永远诱惑那最邪恶的伙伴。白鸟是一个半神的男性灵魂，他和天母在一起，偶尔降临人间。这鸟的本性就像男人，是有效的思想。他贞洁而孤独，是天母的信使。他高高飞在尘世之上。他命令独身。他从那些疏离而完善的先行者那里汲取知识。他把我们的话带给天母。天母调解斡旋，发出告诫，但她并没有力量反对诸神。她是太阳的容器。蛇在下界爬行，用她的狡诈让阴茎精灵残废，或者煽动他。她放纵尘世间那些极其狡诈的想法，这些想法无孔不入，渴望破坏一切。毫无疑问，尽管蛇不想为我们所用，她对我们却是有用的。她从我们手中逃脱，从而给我们指明道路，而我们仅凭借人类的智慧是不可能找到的。

众死者眼神倨傲，说道：不要再谈诸神、精灵和灵魂了。说到底，这些事我们早就知道了。

第七次布道

然而，夜幕降临时，众死者又靠过来，神情哀伤，说道：还有一件事我们忘了说，给我们讲讲人类吧。

人是一扇门，通过这扇门，你们可以从众神、精灵和灵魂的外在世界进入内在世界，从宏大的世界进入微小的世界。人渺若尘埃，转瞬即逝。人已经在你身后，你却又一次发现自己身处浩瀚无垠的空间，身处微小或最深的无限中。在遥不可测的远方，一颗孤星悬在天顶。

这就是这个人独有的神。这是他的世界，他的普累若麻，他的神性。

在这个世界里，人就是阿布拉克萨斯，是他自己世界的创造者和毁灭者。

这颗星就是人的神，人的目标所在。

这就是他独有的引路神。那里是人的安歇之处。灵魂在死后的漫长旅程就是朝向那里。人从宏大世界里带来的一切，在那里成为闪耀的光芒。人应该向这独有的神祈祷。

祈祷让那颗星变得更亮。祈祷架起一座跨越死亡的桥梁。祈祷让生命为微小的世界作好准备，并平息宏大世界里无望的欲念。

宏大世界冷却时，那颗星就燃烧。

只要人把目光从阿布拉克萨斯熊熊燃烧的奇景上转开，他和他独有的神之间就没有空隙。

人在此，神在彼。

孱弱和虚无在此，永恒的创造力在彼。

这里只有黑暗和寒冷的湿气。

那里阳光普照。

于是，众死者沉默不语，像牧羊人篝火上的烟一样袅袅上升，而牧羊人彻夜看护着他的羊群。

字谜：

NAHTRIHECCUNDE

GAHINNEVERAHTUNIN

ZEHGESSURKLACH

ZUNNUS

〔H. G. 拜内斯(H. G. Baynes)译〕

词汇表

放大(Amplification) 通过直接联想（参看相应条目）以及和其他人文科学（符号学、神话学、神秘学、民俗学、宗教史、民族学等）的对比，来对梦的意象进行阐释和澄清。

阿尼玛(Anima)和阿尼姆斯(Animus) 男性无意识中的女性本质和女性无意识中的男性本质的人格化。这种心理上的雌雄同体现象反映了一种生物学现实：决定性别的关键因素是相应性别基因的数量。数量较小的性别基因，似乎造就了一种相应的性别性格，这一性格经常保留在无意识中。阿尼玛和阿尼姆斯最典型的人格化显现方式，就是梦和幻想中的人物（“梦中女孩”、“梦中情人”），或是男人的非理性情感和女人的非理性思想。作为行为的调节因素，它们是最有影响力的两个原型（参看相应条目）。

荣格说:“每个男人心中都有一个永恒的女性意象，不是某个特定女人的形象，而是一个限定的女性意象。这个意象基本上是无意识的，是镌刻在男性有机生命系统中的起源性遗传因素，是祖先的所有女性经验留下的印刻或‘原型’（参看相应条目），可以说，是女性曾经留下的所有印象的沉淀……由于这个意象是无意识的，它经常被下意识地投射到爱的人身上，并且是情欲魅力或厌恶感的主要原因之一。”（《人格的发展》，《荣格文集》第 17 卷，第 198 页）

“阿尼姆斯在其原初的‘无意识’状态下是自发的、偶然的观念之复合物，它给女性的情感生活带来强大影响；阿尼玛则是类似的情感复合物，会影响或扭曲男性的理解力（‘她冲昏了他的头脑’）。所以，阿尼姆斯喜欢把自己投射在‘知识分子’和各种各样的‘英雄’身上，包括男高音、艺术家、体育明星等；阿尼玛则偏爱女性身上一切无意识的、黑暗的、模棱两可的、没有关联的事物，还有她的虚荣、冷淡、无助，等等。”（《心理治疗实践》，《荣格文集》第 16 卷，第 521 段）

“没有男人能和一位阿尼姆斯交谈五分钟而不成为他自己阿尼玛的受害者。如果谁还有足够的幽默感能客观地倾听后续谈话，会大吃一惊，发现其中充斥着大量老生常谈、公理滥用，报纸上和小说里的老调重弹、陈芝麻烂谷子，点缀着粗俗谩骂，缺乏逻辑，让人头痛欲裂。这是一场不顾及参与者的谈话，在全世界所有语言中重复过千百万次，总是一成不变。”（《移涌》，《荣格文集》第 9 卷，第 2 部分，第 15 页）

“阿尼姆斯（以及阿尼玛）的自然功能保留在个体意识和集体无意识（参看相应条目）之间的（他们的）地方，正如人格面具（参看相应条目）是自我意识和外部世界客体之间的一个中间层一样。阿尼姆斯和阿尼玛可以起到桥梁或门的作用，

通向集体无意识中的意象，正如人格面具可以成为通向世界的桥梁一样。”（未发表的研讨会笔记，“幻象”第一部分，第116页）

原型(Archetype)　荣格说:“原型的概念……是从反复的观察中得来的，比如，世界文学的神话和童话故事中处处都包含着一些特定的主题。我们在当代个人的幻想、梦境、妄想和幻觉中也会遇到这些相同的主题。我把这些典型的意象和联想称为原型观念（archetypal idea）。它们越是生动，越有可能染上相当强烈的情感色调……它们让我们难忘、受影响、着迷。它们来自原型，而原型本身是一种不可描绘的、无意识的、预先存在的形式，它似乎是代代相传的心灵结构的一部分，所以会自发呈现在任何时间、任何地点。原型本质上是一种本能，所以构成了有情感色调的情结（参看相应条目）的基础，也分享着这些情结的自主性。”(《转型中的文明》,《荣格文集》第10卷，第847段)

“我不断遇到一种错误的观念，认为原型的内容是确定的，换句话说，认为原型是一种无意识想法（如果这样的说法可以采纳的话）。有必要重申，原型的内容不是确定的，只有它的形式是确定的，而且是在非常有限的程度上。原初意象（primordial image，参看相应条目）只有在被意识到从而被意识经验的材料所填充时，其内容才是确定的。然而，它的形式……也许可以比作晶体的轴向系统，它在母液中初步形成了晶体结构，尽管它自身并不是一种物质的存在。这最初是依照离子和分子聚合的特定方式出现的。原型本身空无一物，是纯粹的形式，它只是一种预先制造形式的能力（facultas praeformandi），一种先验的进行表征的可能性。表征本身并不是传承的，只有形式是传承的，在这方面，它们和本能完全对应，本能也只有形式是确定的。本能的存在并不比原型的存在有更多证据，因为它们都不具体地显现出来。”（《原型与集体无意识》，《荣格文集》第9卷，第1部分，第79页）

“……在我看来，原型的真正本质很可能无法被意识到，它是超验的，因此，我称之为心理活力（psychoid，参看相应条目）。”（《心灵的结构与动力》，《荣格文集》第8卷，第213页）

联想（Association） 由于相似性、共存性、对立性或因果关系而产生关联的想法、感知等。弗洛伊德派释梦中的自由联想：指做梦人自发产生的想法，不一定需要涉及梦境。荣格派释梦中定向或限制的联想：指从一个特定梦境中自发产生的想法，这些想法和这个梦境一直是有关联的。

联想测验（Association test） 通过测量对给定刺激词的反应时间和解释答案来发现情结（参看相应条目）的方式。情结标志（complex indicator）：当刺激词语触及被测试想要隐瞒或没有意识到的情结时，出现的反应时间延长、错误的反应或古怪的回答。

情结(Complex)　荣格说:"情结是心灵的碎片，因创伤的影响或特定的不相容倾向而分离出来。联想测验证明，情结会干扰意愿的指向，并扰乱意识的运作；它们给记忆带来干扰，阻碍联想（参看相应条目）的流动；它们的出现和消失都遵循自身规律；它们会暂时困扰意识，或以一种无意识的方式影响言语和行动。总之，情结就像是独立的存在，在异常心理状态中这一事实尤为明显。在精神病人听到的声音中，情结甚至会具有一种个人化的自我性格，就像那些通过自动书写等类似技术来显灵的精灵一样。"（《心灵的结构与动力》，《荣格文集》第 8 卷，第 121 页）

意识(Consciousness)　荣格说:"当人反思意识到底是什么时，会为这样一个事实感到相当惊奇：外在世界里发生的一件事，同时引发了一个内在意象，也就是说，它也在内部发生了，这就是所谓的被意识到了。"（巴塞尔研讨会，私人印刷，1934 年，第 1 页）

"事实上，意识并不是它自己创造的——它是从未知的深处涌上来的。它在童年时代逐渐觉醒，一生之中它每天早上都从睡眠深处、从无意识状态中醒来。它就像个孩子，每天都从无意识的原初子宫中诞生。"（《心理学和宗教：西方与东方》，《荣格文集》第 11 卷，第 569 页）

梦(Dream)　荣格说:"梦是心灵最深、最隐秘的地方的一扇小暗门，通向广阔无垠的黑暗。在出现任何自我意识之前，那里已经是心灵，而不论自我意识延伸多远，那里也仍然是心灵……一切意识都是分离的，但在梦中，我们成了另一幅样貌：一个更普遍、更真实、更永恒的人，居住在原初夜晚的黑暗之中。在那儿，他仍然是完整的，完整性就在他身上，和自然难以区分，毫无自我。梦从这一切都联合在一起的深处产生，它绝不幼稚、怪诞、邪恶。”（《转型中的文明》，《荣格文集》第10卷，第304段及以下）

外倾（Extraversion） 一种态度类型，其特点是兴趣集中在外部事物上。见内倾（introversion）。

上帝意象（God-image） 这一术语来源于教父，他们认为神的形象（imago Dei）印刻在人类的灵魂上。当这样的意象自发出现在梦境、幻想、视象中时，从心理学的角度看，它是自性（参看相应条目）的象征，是心灵完整性的象征。荣格说：“只有通过心灵，我们才能确定上帝对我们产生了影响，但我们无法区分这些影响是来自上帝还是来自无意识。我们无法断言上帝和无意识是不是两种不同的实体。二者都是解释超验内容的含糊概念。但在经验上，有很大的可能性可以确定，无意识中有一个完整性的原型，它自发呈现在梦境等现象中，有一种在其他原型和这一中心之间建立联系的倾向，且这种倾向是独立于意识意愿的。所以，有可能这一原型制造了一种象征，总是塑造并表达神性（Deity）……上帝意象并不因此而与无意识相吻合，而是与无意识中的一个特殊内容相吻合，也就是自性的原型。而这个原型，我们在经验上就再也没法把它和上帝意象区分开了。”（《心理学和宗教：西方与东方》，《荣格文集》第11卷，第468页及以下）

“所以，我们可以把上帝意象解释为……自性的一个映像，或者，反过来，把自性解释为人心中的上帝形象。”（同上，第190页）

圣婚（Hierosgamos） 神圣的或是灵性的婚姻，原型人物的结合，存在于古代的重生之谜中，炼金术里也有。典型的例子是基督和教会分别作为新郎和新娘（未婚夫和未婚妻）的结合，以及炼金术中太阳和月亮的结合。

自性化（Individuation） 荣格说：“我用‘自性化’这一术语来指一个人成为心理上的‘个体’的过程，也就是成为一个独立、不可分割的统一体，或是一个‘完整体’。”（《原型与集体无意识》，《荣格文集》第9卷，第1部分，第275页）

“自性化意味着成为一个单独的、均质化的存在，而且由于‘自性化’包含了我们最深的、最后的、无与伦比的独特性，它也意味着成为一个人自己。因而，我们可以把自性化翻译为‘实现自己’或‘自我实现’。”（《分析心理学论文两篇》，《荣格文集》第7卷，第266段）

“但我一再指出，和自性化过程混淆的是，自我进入意识中，结果自我被等同于自性，这自然带来一种没有希望的概念混淆。于是，自性化成了自我中心和自体性欲。但自性包含的内容远不止一个自我而已……它不仅包含自我，也包含个人的自性和其他所有人的自性。自性化并不是把世界拒之门外，而是让世界聚拢到个人身上。”（《心灵的结构与动力》，《荣格文集》第8卷，第226页）

膨胀(Inflation) 由于认同了人格面具（参看相应条目）或一个原型（参看相应条目），或者在病理案例中认同一个历史或宗教人物，而导致个性的扩张逾越了合适的限度。它引发一种夸张的妄自尊大感，而且经常受到自卑感的补偿。

内倾(Introversion) 一种态度类型，其特点是生活中通过主观心灵内容来进行定向。见外倾（Extraversion）。

曼纳(Mana) 美拉尼西亚语，指一种奇特的效力，产生自人类、物体、行动、事件或超自然存在和精灵；也来自健康、声望、权力，有神奇的作用和治愈的力量，是心灵能量的一个原始概念。

曼荼罗(Mandala，梵文) 魔圈。在荣格那里，象征着中心、目标，或作为心灵整体的自性（参看相应条目）；是趋向中心的心灵过程的自我表征；是人格的一个新的中心的产物。可以象征它的图案包括圆形、方形、四位一体（参看相应条目），即数字“4”和它的倍数的对称排列。在喇嘛教和密宗瑜伽中，曼荼罗是一种冥想工具（央陀罗[①]），是众神的席位和发源地。错乱的曼荼罗（Disturbed mandala）：任何偏离圆形、方形、正十字形或基本数字不是“4”或“4”的倍数的图形。

荣格说：“曼荼罗是指一个圈，尤其是一个魔圈，这种象征形式不仅可以在东方各地找到，也可以在我们之中找到；曼荼罗在中世纪得到充分的表现。基督教的曼荼罗来源于中世纪早期。在大部分曼荼罗上，基督处在中心，四个方向上是四位福音传道者或是他们的象征。这一观念应该相当古老，因为埃及人用同样的方式表现荷鲁斯和他的四个儿子……多数情况下，曼荼罗的形式是花、十字或轮形，其结构的基础明显倾向于四个一组。”（《〈金花的秘密〉评论》，《荣格文集》第13卷，第31段，有改动）

“曼荼罗……往往在心灵混乱、迷茫的状态下出现。这一原型得以聚集，代表着一种秩序模式，就像一个心理取景器，上面有个十字，或是分成四份的圆圈，它被叠加到心灵的紊乱上，这样每个内容都能依序排列，翻滚的混乱便被保护性的圆圈聚拢……它们同时也是央陀罗，在这种工具的帮助下，秩序得以形成。”（《转型中的文明》，《荣格文集》第10卷，第803段）

圣秘感(Numinosum)　鲁道夫·奥托（Rudolf Otto）[②]的术

---

① 冥想画出来的图形，用来表示真言。——译者

② 1869—1937，德国宗教史家、宗教现象学家和神学家。——译者

语（在其《论神圣》一书中），指一种只和神性有关、直接体验到的难以言表的、神秘、可怕的感觉。

人格面具(Persona) 起初是指演员所戴的面具。荣格说：“人格面具……是个人适应社会的系统，或是他和世界打交道时呈现的样子。比如，每种职业都有自己特有的人格面具……只是，危险在于（人）认同了他的人格面具——教授认同了他的教科书，男高音认同了他的嗓音……可以略微夸张地说，人格面具就是一个人事实上不是，但他和别人都认为自己是的东西。”（《原型与集体无意识》，《荣格文集》第9卷，第1部分，第122页及以下）

原初意象(Primordial image,源自雅各布·布尔克哈特) 荣格最早把这一术语用于原型（参看相应条目）。

心理活力(Psychoid) “灵魂状的”或是“类心灵的”。荣格说：“……集体无意识……代表着一种心灵……和可以感知的心灵现象相比，它无法被直接感知或‘被表征’，由于它的‘不可被表征’本性，我将它称为‘心理活力’。”（《心灵的结构与动力》，《荣格文集》第8卷，第436页）

四位一体(Quaternity) 荣格说：“四位一体几乎是一切事件的原型。它构成了一切完整判断的逻辑基础。要形成一个这样的判断，必然会有这四重方面。比如，如果你要把地平线作为一个整体来描绘，你就要命名天空的四个部分……经常出现四种元素、四种基本特质、四种颜色、四个种姓、灵性发展的四种方式，等等。同样，心理定向中也有四个方面。为了给我们自己定向，我们必须要有一种确定某物在那里的功能（感觉）；第二个功能确定这一事物是什么（思维）；第三个功能说明它适不适合我们，我们想不想接受它（情感）；第四个功能指示它从哪儿来、要到哪儿去（直觉）。完成了这些，就没有其他可说的了……圆满的典范就是圆形或球形，但它最小的自然分割是四位一体。”（《心理学和宗教：西方与东方》，《荣格文集》第11卷，第167页）

四位一体或四元数经常具有“3+1”的结构，构成它的其中一项拥有特殊的地位，或是一种不同于其他三项的性质。（比如四位福音传道者中，有三位是以动物来象征，而第四位，即圣路加的象征，则是一位天使。）这就是“第四个”，它和其他三个相加，让它们成为“一”，象征着整体性。在分析心理学中，通常是那个“劣势”的功能（比如个体身上那个不受意识支配的功能）代表着“第四个”，把这个功能整合进无意识，是自性化（参看相应条目）过程的主要任务之一。

自性(Self)　核心原型（参看相应条目）；秩序的原型；人格的完整性。它的象征是圆形、方形、四位一体（参看相应条目）、儿童、曼荼罗（参看相应条目）等。

荣格说:“自性体量巨大，高于意识自我。它不仅包含意识，也包含无意识心灵，因此可以说，它是一种人格，而我们也是这种人格……我们几乎不可能靠近自性的意识，因为不论我们能意识到多少，总是存在无可估量的无意识材料，它们属于自性的整体。”（《分析心理学论文两篇》，《荣格文集》第7卷，第274段）

“自性不仅是中心，也是整个圆周，同时囊括了意识和无意识；它是这一整体的中心，就像自我是意识的中心一样。”（《心理学与炼金术》，《荣格文集》第12卷，第44段）

“自性是我们人生的目标，因为它最圆满地表达了我们称为自性化的命定组合……”（《分析心理学论文两篇》，《荣格文集》第7卷，第404段）

阴影（Shadow） 人格的劣势部分；一些个人和集体的心灵元素的总和，这些元素由于和选定的意识态度不能兼容，在生活中得不到表达，从而凝聚成无意识中一个相对自主的“碎片人格”，具有对立的倾向。阴影的行为是对意识的补偿，所以它的效果可能是积极的，也可能是消极的。在梦中，阴影人物的性别通常和做梦者相同。

荣格说：“阴影把任何主体关于自己不愿意承认的东西都拟人化，也经常把自己直接或间接地强加在主体身上——比如劣势的性格特点，和其他不相容的倾向。”（《原型与集体无意识》，《荣格文集》第9卷，第1部分，第284页及以下）

“……阴影是隐藏的、受压抑的，大多数是劣势而让人充满内疚的人格，其主要的衍生物可以追溯至我们动物祖先的世界，从而包含了无意识的整个历史面向……如果人们相信，人类的阴影是一切罪恶的来源，那么现在可以通过进一步的研究确认，人的无意识，即他的阴影，并不只是包含受到道德谴责的倾向，也有许多良好的品质，比如正常的本能、适宜的反应、实在的洞察、创造的冲动等。”（《移涌》，《荣格文集》第9卷，第2部分，第266页）

灵魂(Soul) 荣格说:“如果人类灵魂确有其事，那它的复杂性和丰富性都是不可想象的，所以不可能只通过本能心理学就了解它。面对我们心灵本质的深度和高度，我只能怀着惊奇和赞叹予以凝视。它那非空间的宇宙中隐藏着不知多少丰富的意象，这些意象在生命发展的几百万年间积淀起来，并固定在有机体中。我的意识如同一只眼睛，它洞悉到最远的地方，然而，是心灵的非自我部分用非空间的意象填满了这些地方。这些意象并不是苍白的影子，而是力量惊人的心灵因子……在这幅画面旁边，我想放上一幅夜晚繁星点点的奇景，因为唯一能和内在的宇宙等量齐观的，就是外在的宇宙；而且，正如我以身体为媒介抵达这一外在宇宙，我也以心灵为媒介抵达内在的宇宙。”（《弗洛伊德和精神分析》，《荣格文集》第4卷，第331页及以下）

“如果说上帝可以在任何地方显现，除了人类的灵魂，那便是一种亵渎。事实上，正是上帝和灵魂之间关系的亲密，自动防止了后者的贬值。把这称为吸引力也许太过分，但无论如何，灵魂中应该包含着和上帝建立联系的能力，比如通感的能力，否则二者永远不会发生关联。这种通感能力，用心理学术

语说，就是上帝意象的原型（参看相应条目）。”（《心理学与炼金术》，《荣格文集》第12卷，第11段）

共时性(Synchronicity) 荣格创造的术语，指有意义的巧合或等同现象，这种现象发生的情况有两种。一，在没有因果关系的心灵状态和物理状态或事件之间。比如，当一个内在感知到的事件（梦境、视象、预感等）和外部事件相符合时，即内在预感到的意象“成真”时，就是这样的共时性现象。二，当相似或相同的想法、梦境等在不同地点同时发生时。这两种巧合都不能用因果关系来解释，但似乎主要是和无意识中被激活的原型过程有关。

荣格说:“对无意识心理学的痴迷很早就推动我去寻找另一种解释原则，因为因果原则对我来说还不足以解释无意识心理学中一些特别的现象。于是我发现，有些心灵并行现象之间并没有因果联系，而是通过另一种原则来建立关系的，也就是事件之间的偶然性。在我看来，这些事之所以有关联，是因为它们是同时发生的，所以称之为‘共时性’。时间似乎远不是一种抽象的东西，而是一个实在的连续体，包含着一些特质或是基本条件，它们通过并行现象在不同的地点同时呈现出来，因果关系无法解释，比如，相同的想法、象征或心灵状态会同时发生。”（《纪念卫礼贤》，《荣格文集》第15卷，第81段，有改动）

“选用这一术语，是因为我觉得，两件有意义而没有因果联系的事同时发生，这是一种基本的准则。于是，我使用‘共时性’这个一般概念，是专门指两个或更多没有因果联系的事件的巧合，它们之间有种相同或相似的意义。与之相对的是‘同步性’(synchronism)，它只指两个事件同时发生。”(《心灵的结构与动力》，《荣格文集》第8卷，第441页)

“共时性并不比物理现象的不连续性更费解、更神秘。只不过，人们根深蒂固地认为因果关系具有最高地位，所以带来一些智识上的困难，使人们很难想象会存在和发生没有因果关系的事件……有意义的巧合被认为纯属偶然。但是，当它们逐渐增加，对应关系越来越强、越来越精确时，巧合的可能性就下降，事情变得越来越难以理解，直到不能再认为是纯属偶然；但由于缺乏因果关系的解释，就得把它们看作是有意义的安排……它们‘费解’，不是由于诱因未知，而是由于诱因是无法用智识术语来想象的。”(同上，第518页及以下)

无意识(Unconscious) 荣格说:“理论上讲，我们无法划定意识领域的边界，因为它有无限扩张的潜能。然而在经验上，每当它遭遇未知时，又总能发现它的边界。自我是意识领域的中心，未知事物包括我们所不知道的一切，所以未知事物和自我是没有关联的。未知事物分为两类：一类是外在的，可以通过感官体验到；另一类是内在的，可以直接体验到。第一类是外在世界的未知事物，第二类是内在世界的未知事物。我们把后面这一领域称为无意识。”(《移涌》，《荣格文集》第9卷，第2部分，第3页)

“一切我知道但现在没有想到的事，一切我曾经意识到但现在已经忘却的事，一切我的感官感知到但意识心智没有注意到的事，一切我不自觉地感受、思考、记住、欲求、实践却没有留意到的事，一切在我心中成形、将会进入意识的未来之事——这些都是无意识的内容。”（《心灵的结构与动力》，《荣格文集》第8卷，第185页）

“除了这些，我们还必须纳入所有或多或少有意压抑的痛苦想法和感受。我把这些内容的总和称为‘个体无意识’。但在此之外和之上，我们还能在无意识的特质中找到一些不是个人所获得而是继承下来的东西：比如，本能就是出于需要采取行动的冲动，并不需要意识层面的动机。在这个更深的岩层里，我们也发现了……原型……本能和原型共同构成了‘集体无意识’。我称其为‘集体’，是因为它不像个体无意识那样由个人化的、多多少少独一无二的内容构成，而是由那些普遍的、经常发生的内容构成。”（同上，第133页及以下）

“个体无意识所包含的内容是个体人格的组成部分，所以也可以被意识到；集体无意识则可以说形成了一种无所不在、永恒不变、处处相同的心灵本身的性质或基底。”（《移涌》，《荣格文集》第9卷，第2部分，第7页）

“心灵更深层次的内容越是退到更深的黑暗中，就越失去了其个体独特性。‘下降’是说，当这些内容接近自主功能系统时，就变得更有集体性，直到它们变得普遍化，消失在身体的物质性——比如化学物质中。身体的碳只是碳而已。所以，‘最底层’的心灵只是‘世界’而已。”（《原型与集体无意识》，《荣格文集》第9卷，第1部分，第173页）

荣格文集

荣格文选的第一个完整英文版是由英格兰的劳特利奇和基根·保罗公司和美国的波林根基金会共同出版，编辑委员会成员包括赫伯特·里德爵士（Herbert Read）、迈克尔·福德姆博士（Dr. Michael Fordham）、格哈德·阿德勒博士（Dr. Gerhard Adler）和威廉·麦圭尔（William McGuire）；译者为 R. F. C. 赫尔。1967 年以来，普林斯顿大学出版社成为该书在美国的出版者。

在下表中，初次发表时间用括号表明，多个日期表示再版。

剑号（†）表示还在筹备中的作品。

第 1 卷　精神病学研究（PSYCHIATRIC STUDIES）

《论所谓神秘现象的心理学和病理学》（1902）

On the Psychology and Pathology of So-Called Occult Phenomena

《论癔症的误读》（1904）

On Hysterical Misreading

《潜隐记忆》（1905）

Cryptomnesia

《论躁郁症》(1903)

On Manic Mood Disorder

《一例拘留犯人的癔症性昏迷》(1902)

A Case of Hysterical Stupor in a Prisoner in Detention

《论假装的精神错乱》(1903)

On Simulated Insanity

《对一例假装精神错乱的医学意见》(1904)

A Medical Opinion on a Case of Simulated Insanity

《对两种矛盾的精神病学诊断的第三次亦即最后的意见》(1906)

A Third and Final Opinion on Two Contradictory Psychiatric Diagnoses

《论对事实的心理学诊断》(1905)

On the Psychological Diagnosis of Facts

第2卷 《实验研究》(施泰因·莱奥波德翻译,与黛安娜·里维埃合作)(*EXPERIMENTAL RESEARCHES* TRANSLATED BY LEOPOLD STEIN IN COLLABORATION WITH DIANA RIVIERE)

词语联想研究(1904—1907, 1910)

《正常被试的联想》(荣格和 F. 瑞克林)

The Associations of Normal Subjects (by Jung and F. Riklin)

《对一位癫痫病人的联想的分析》

An Analysis of the Associations of an Epileptic

《联想实验中的反应时间比》

The Reaction-Time Ratio in the Association Experiment

《对记忆能力的实验观察》

Experimental Observations on the Faculty of Memory

《心理分析和联想实验》

Psychoanalysis and Association Experiments

《对证据的心理学诊断》

The Psychological Diagnosis of Evidence

《联想、梦和癔症症状》

Association, Dream, and Hysterical Symptom

《联想实验的心理病理学意义》

The Psychopathological Significance of the Association Experiment

《联想实验再现中的干扰》

Disturbances in Reproduction in the Association Experiment

《联想方法》

The Association Method

《家庭系统排列》

The Family Constellation

心理物理学研究(1907—1908)

《论联想实验的心理物理学关联》

On the Psychophysical Relations of the Association Experiment

《用电流计和呼吸描记器对正常和精神错乱个体的心理物理学研究》(F. 彼得森和荣格)

Psychophysical Investigations with the Galvanometer and Pneumograph in Normal and Insane Individuals (by F. Peterson and Jung)

《对正常和精神错乱个体的电流现象和呼吸的进一步研究》(C. 里克什和荣格)

Further Investigations on the Galvanic Phenomenon and Respiration in Normal and Insane Individuals (by C. Ricksher and Jung)

附录:《取得的统计数据》(1906);《犯罪心理学新方向》(1908);《苏黎世大学精神科门诊中使用的心理学研究方法》(1910);《论情结的教条》([1911] 1913);《论证据的心理学诊断》(1937)

Appendix: *Statistical Details of Enlistment* (1906); *New Aspects of Criminal Psychology* (1908); *The Psychological Methods of Investigation Used in the Psychiatric Clinic of the University of Zurich* (1910); *On the Doctrine of Complexes* ([1911] 1913); *On the Psychological Diagnosis of Evidence* (1937)

第 3 卷 《精神疾病的心理原因》(*THE PSYCHOGENESIS OF MENTAL DISEASE*)

《论早发性痴呆的心理学》(1907)

The Psychology of Dementia Praecox

《精神病的内容》(1908/1914)

The Content of the Psychoses

《论心理学的理解》(1914)

On Psychological Understanding

《对布洛伊勒的精神分裂违拗症理论的批评》(1911)

A Criticism of Bleuler's Theory of Schizophrenic Negativism

《论无意识在心理病理学中的重要性》(1914)

On the Importance of the Unconscious in Psychopathology

《论精神疾病的心理原因问题》(1919)

On the Problem of Psychogenesis in Mental Disease

《精神疾病和心灵》(1928)

Mental Disease and the Psyche

《论精神分裂症的心理原因》(1939)

On the Psychogenesis of Schizophrenia

《关于精神分裂症的新看法》(1957)

Recent Thoughts on Schizophrenia

《精神分裂症》(1958)

Schizophrenia

第4卷 《弗洛伊德和精神分析》(*FREUD AND PSYCHOANALYSIS*)

《弗洛伊德的癔症理论：答阿沙芬堡》(1906)

Freud's Theory of Hysteria: *A Reply to Aschaffenburg*

《弗洛伊德派癔症理论》(1908)

The Freudian Theory of Hysteria

《梦的分析》(1909)

The Analysis of Dreams

《对谣言心理学的贡献》(1910—1911)

A Contribution to the Psychology of Rumour

《论数字梦的重要性》(1910—1911)

On the Significance of Number Dreams

《莫顿·普林斯〈梦的机制和解释〉:批判性回顾》(1911)

Morton Prince, "Mechanism and Interpretation of Dreams": A Critical Review

《论精神分析的批判》(1910)

On the Criticism of Psychoanalysis

《关于精神分析》(1912)

Concerning Psychoanalysis

《精神分析理论》(1913)

The Theory of Psychoanalysis

《精神分析概况》(1913)

General Aspects of Psychoanalysis

《精神分析与神经症》(1916)

Psychoanalysis and Neurosis

《精神分析中的几个关键问题:荣格和洛伊的通信》(1914)

Some Crucial Points in Psychoanalysis: The Jung-Loÿ Correspondence

《〈分析心理学论文集〉序言》(1916, 1917)

Prefaces to "Collected Papers on Analytical Psychology"

《父亲在个体命运中的重要性》(1909/1949)

The Significance of the Father in the Destiny of the Individual

《克兰费尔德〈心智的秘密方法〉引言》(1930)

Introduction to Kranefeldt's "Secret Ways of the Mind"

《弗洛伊德和荣格：对比》(1929)

Freud and Jung: Contrasts

第5卷 《转化的象征》(1912/1952)(*SYMBOLS OF TRANSFORMATION*)

德文原版名为《力比多的转化与象征》(1912)(即《无意识心理学》)，现为1952年的增补版

附录：《米勒的幻想》

Appendix: *The Miller Fantasies*

第6卷 《心理类型》(1921)(*PSYCHOLOGICAL TYPES*)

附录：心理类型学论文四篇(1913，1925，1931，1936)

Appendix: Four Papers on Psychological Typology

第7卷 《分析心理学论文两篇》(*TWO ESSAYS ON ANALYTICAL PSYCHOLOGY*)

《论无意识心理学》(1917/1926/1943)

On the Psychology of the Unconscious

《自我和无意识的关系》(1928)

The Relations between the Ego and the Unconscious

附录：

《心理学的新道路》(1912)

New Paths in Psychology

《无意识的结构》(1916)

The Structure of the Unconscious

第8卷 《心灵的结构与动力》(*THE STRUCTURE AND DYNAMICS OF THE PSYCHE*)

《论心灵能量》(1928)

On Psychic Energy

《超越功能》([1916]/1957)

The Transcendent Function

《情结理论评述》(1934)

A Review of the Complex Theory

《体质和遗传在心理学中的意义》(1929)

The Significance of Constitution and Heredity in Psychology

《决定人类行为的心理因素》(1937)

Psychological Factors Determining Human Behaviour

《本能与无意识》(1919)

Instinct and the Unconscious

《心灵的结构》(1927/1931)

The Structure of the Psyche

《论心灵的本质》(1947/1954)

On the Nature of the Psyche

《梦的心理学概论》(1916/1948)

General Aspects of Dream Psychology

《论梦的本质》(1945/1948)

On the Nature of Dreams

《神灵信仰的心理基础》(1920/1948)

The Psychological Foundations of Belief in Spirits

《神灵与生命》(1926)

Spirit and Life

《分析心理学的基本假设》(1931)

Basic Postulates of Analytical Psychology

《分析心理学与世界观》(1928/1931)

Analytical Psychology and Weltanschauung

《现实与超现实》(1933)

The Real and the Surreal

《生命诸阶段》(1930—1931)

The Stages of Life

《灵魂与死亡》(1934)

The Soul and Death

《共时性：一种非因果联系的原理》(1952)

Synchronicity: An Acausal Connecting Principle

附录:《论共时性》(1951)

Appendix: *On Synchronicity*

第9卷　第一部分《原型与集体无意识》(*THE ARCHETYPES AND THE COLLECTIVE UNCONSCIOUS*)

《集体无意识的原型》(1934/1954)

Archetypes of the Collective Unconscious

《集体无意识的概念》(1936)

The Concept of the Collective Unconscious

《关于原型，特别涉及阿尼玛概念》(1936/1954)

Concerning the Archetypes, with Special Reference to the Anima Concept

《母亲原型的心理学特征》(1938/1954)

Psychological Aspects of the Mother Archetype

《关于重生》(1940/1950)

Concerning Rebirth

《儿童原型的心理学》(1940)

The Psychology of the Child Archetype

《少女立像的心理学特征》(1941)

The Psychological Aspects of the Kore

《童话中神灵的现象学》(1945/1948)

The Phenomenology of the Spirit in Fairytales

《论骗子人物的心理学》(1954)

On the Psychology of the Trickster-Figure

《意识、无意识和自性化》(1939)

Conscious, Unconscious, and Individuation

《自性化过程的一个研究》(1934/1950)

A Study in the Process of Individuation

《关于曼荼罗象征》(1950)

Concerning Mandala Symbolism

附录:《曼荼罗》(1955)

Appendix: Mandalas

第9卷 第二部分《移涌: 对自性现象学的研究》(1951)(*AION: RESEARCHES INTO THE PHENOMENOLOGY OF THE SELF*)

第10卷 《转型中的文明》(*CIVILIZATION IN TRANSITION*)

《无意识的作用》(1918)

The Role of the Unconscious

《心智与大地》(1927/1931)

Mind and Earth

《古代人》(1931)

Archaic Man

《现代人的精神问题》(1928/1931)

The Spiritual Problem of Modern Man

《一位学生的恋爱问题》(1928)

The Love Problem of a Student

《欧洲女性》(1927)

Woman in Europe

《心理学对现代人的意义》(1933/1934)

The Meaning of Psychology for Modern Man

《心理治疗的现状》(1934) 《沃丹》(1936)

The State of Psychotherapy Today *Wotan*

《灾难之后》(1945)

After the Catastrophe

《与阴影的斗争》(1946)

The Fight with the Shadow

《〈当代事件评论〉结语》(1946)

Epilogue to "Essays on Contemporary Events"

《未发现的自性(现在与未来)》(1957)

The Undiscovered Self (Present and Future)

《飞碟:一个现代神话》(1958)

Flying Saucers: A Modern Myth

《心理学的良知观》(1958)

A Psychological View of Conscience

《分析心理学中的善与恶》(1959)

Good and Evil in Analytical Psychology

《沃尔夫〈荣格心理学研究〉引言》(1959)

Introduction to Wolff's "Studies in Jungian Psychology"

《欧洲范围内的瑞士路线》(1928)

The Swiss Line in the European Spectrum

《盖沙令〈自由美国〉评述》(1930)与《盖沙令〈世界革命〉评述》(1934)

Reviews of Keyserling's "America Set Free" and *"La Révolution Mondiale"*

《美国心理学的复杂性》(1930)

Complications of American Psychology

《印度的如梦世界》(1939)

The Dreamlike World of India

《印度能教给我们什么》(1939)

What India Can Teach Us

附录:文献资料(1933—1938)

Appendix: Documents

第 11 卷 《心理学和宗教:西方与东方》(*PSYCHOLOGY AND RELIGION: WEST AND EAST*)

西方宗教

《心理学和宗教》(特里的演讲)(1938/1940)

Psychology and Religion (*The Terry Lectures*)

《三位一体教义的心理学探讨》(1942/1948)

A Psychological Approach to the Dogma of the Trinity

《弥撒中的转化象征》(1942/1954)

Transformation Symbolism in the Mass

《怀特〈上帝与无意识〉和韦尔布娄斯基〈路西法和普罗米修斯〉前言》(1952)

Forewords to White's "God and the Unconscious" and Werblowsky's" Lucifer and Prometheus"

《克劳斯修士》(1933)

Brother Klaus

《心理治疗师或神职人员》(1932)

Psychotherapists or the Clergy

《精神分析与灵魂的疗愈》(1928)

Psychoanalysis and the Cure of Souls

《答约伯书》(1952)

Answer to Job

东方宗教

《对〈西藏大解脱书〉的心理学评论》(1939)和《对〈西藏度亡经〉的心理学评论》(1935/1953)

Psychological Commentaries on "The Tibetan Book of the Great Liberation" (1939) and *"The Tibetan Book of the Dead"* (1935/1953)

《瑜伽与西方》(1936)

Yoga and the West

《铃木大拙〈禅学入门〉前言》(1939)

Foreword to Suzuki's "Introduction to Zen Buddhism"

《东方冥想心理学》(1943)

The Psychology of Eastern Meditation

《印度圣人：齐默尔〈自我之路〉引言》(1944)

The Holy Men of India: Introduction to Zimmer's "Der Weg zum Selbst"

《〈易经〉前言》(1950)

Foreword to the "I Ching"

第12卷 《心理学与炼金术》(1944)(*PSYCHOLOGY AND ALCHEMY*)

《炼金术的宗教和心理学问题引言》

Introduction to the Religious and Psychological Problems of Alchemy

《与炼金术相关的个人梦境象征》(1936)

Individual Dream Symbolism in Relation to Alchemy

《炼金术中的宗教观念》(1937)

Religious Ideas in Alchemy

《结语》

Epilogue

第13卷 《炼金术研究》(*ALCHEMICAL STUDIES*)

《〈金花的秘密〉评论》(1929)

Commentary on "The Secret of the Golden Flower"

《苏西莫斯的视象》(1938/1954)

The Visions of Zosimos

《作为一种精神现象的巴拉塞尔苏斯》(1942)

Paracelsus as a Spiritual Phenomenon

《神灵墨丘利》(1943/1948)

The Spirit Mercurius

《哲学之树》(1945/1954)

The Philosophical Tree

第14卷 《神秘融合：炼金术中心灵对立面的分离与合成的研究》(1955—1956)(*MYSTERIUM CONIUNCTIONIS: AN INQUIRY INTO THE SEPARATION AND SYNTHESIS OF PSYCHIC OPPOSITES IN ALCHEMY*)

第15卷 《人类、艺术和文学中的灵性》(*THE SPIRIT IN MAN, ART, AND LITERATURE*)

《巴拉塞尔苏斯》(1929)

Paracelsus

《医生巴拉塞尔苏斯》(1941)

Paracelsus the Physician

《历史背景中的西格蒙德·弗洛伊德》(1932)

Sigmund Freud in His Historical Setting

《纪念西格蒙德·弗洛伊德》(1939)

In Memory of Sigmund Freud

《纪念卫礼贤》(1930)

Richard Wilhelm: In Memoriam

《论分析心理学与诗歌的关系》(1922)

On the Relation of Analytical Psychology to Poetry

《心理学与文学》(1930/1950)

Psychology and Literature

《〈尤利西斯〉:一部独白》(1932)

"Ulysses": A Monologue

《毕加索》(1932)

Picasso

第16卷 《心理治疗实践》(*THE PRACTICE OF PSYCHOTHERAPY*)

心理治疗的一般问题

《心理治疗实践的原则》(1935)

Principles of Practical Psychotherapy

《心理治疗是什么?》(1935)

What Is Psychotherapy?

《现代心理治疗的几个方面》(1930)

Some Aspects of Modern Psychotherapy

《心理治疗的目标》(1931)

The Aims of Psychotherapy

《现代心理治疗的问题》(1929)

Problems of Modern Psychotherapy

《心理治疗与一种人生哲学》(1943)

Psychotherapy and a Philosophy of Life

《医学与心理治疗》(1945)

Medicine and Psychotherapy

《当今心理治疗》(1945)

Psychotherapy Today

《心理治疗的基本问题》(1951)

Fundamental Questions of Psychotherapy

心理治疗的具体问题

《宣泄的治疗价值》(1921/1928)

The Therapeutic Value of Abreaction

《梦境分析的实践应用》(1934)

The Practical Use of Dream-Analysis

《移情心理学》(1946)

Psychology of the Transference

附录:《心理治疗实践的现实》(1937)

The Realities of Practical Psychotherapy

第17卷 《人格的发展》(*THE DEVELOPMENT OF PERSONALITY*)

《儿童的心灵冲突》(1910/1946)

Psychic Conflicts in a Child

《威克斯〈儿童心灵分析〉引言》(1927/1931)

Introduction to Wickes's "Analyse der Kinderseele"

《儿童发展与教育》(1928)

Child Development and Education

《分析心理学与教育:三次演讲》(1926/1946)

Analytical Psychology and Education: Three Lectures

《神童》(1943)

The Gifted Child

《无意识在个体教育中的重要性》(1928)

The Significance of the Unconscious in Individual Education

《人格的发展》(1934)

The Development of Personality

《婚姻作为一种心理学关系》(1925)

Marriage as a Psychological Relationship

最后的作品†

《遗著及其他》

Posthumous and Other Miscellaneous Works

《荣格著作目录》

Bibliography of C. G. Jung's Writings

《荣格文集总索引》

General Index to the Collected Works

相关书籍：

《荣格书信集（1906—1950）》（*C. G. JUNG：LETTERS，1906—1950*）

〔格哈德·阿德勒和阿尼拉·杰菲合作选编，1972 年，普林斯顿大学出版社（波林根系列第 95）。（第二卷，1951—1961 年书信，筹备中。）〕

《荣格心理学思考——著作新选集（1905—1961）》（*C. G. JUNG：PSYCHOLOGICAL REFLECTIONS. A NEW ANTHOLOGY OF HIS WRITINGS，1905—1961*）

〔乔兰德·雅各比和 R. F. C. 赫尔合作选编，1970 年，普林斯顿大学出版社（波林根系列第 31）。〕

《分析心理学：理论与实践（塔维斯托克演讲集）》（*ANALYTICAL PSYCHOLOGY: ITS THEORY AND PRACTICE（THE TAVISTOCK LECTURES）*）

（荣格著。1968 年，万神殿图书公司；1970 年，古典书局。）

图书在版编目(CIP)数据

回忆、梦、思考：荣格自传/(瑞士)卡尔·古斯塔夫·荣格(Carl Gustav Jung)著；于玲娜译.—上海：上海译文出版社，2020.8（2025.9重印）
(Loft)
书名原文：Memories, Dreams, Reflections
ISBN 978-7-5327-8363-2

Ⅰ.①回… Ⅱ.①卡… ②于… Ⅲ.①荣格(Jung, Carl Gustav 1875-1961)-自传 Ⅳ.①K835.226.2

中国版本图书馆CIP数据核字(2020)第087963号

回忆、梦、思考：荣格自传

[瑞士]卡尔·古斯塔夫·荣格/著 于玲娜/译
责任编辑/范炜炜 装帧设计/观止堂_未氓

上海译文出版社有限公司出版、发行
网址：www.yiwen.com.cn
201101 上海市闵行区号景路159弄B座
苏州市越洋印刷有限公司印刷

开本 787×1092 1/32 印张 15.5 插页 5 字数 281,000
2020年7月第1版 2025年9月第7次印刷
印数：16,001—20,000册

ISBN 978-7-5327-8363-2
定价：68.00元